DER PERFEKTE LOOK

Nina Garcia

DER PERFEKTE LOOK

Umwerfend aussehen – bei jeder Gelegenheit

Illustrationen von Ruben Toledo

Aus dem Amerikanischen
von Isabella Bruckmaier

mosaik

MIX
Papier aus verantwortungsvollen Quellen
FSC® C084279

Verlagsgruppe Random House FSC® N001967
Das für dieses Buch verwendete FSC®-zertifizierte Papier
Tauro liefert Sappi, Werk Stockstadt.

Dieses Buch ist auch als E-Book erhältlich.

1. Auflage
Deutsche Erstausgabe September 2015

Originaltitel: Nina Garcia's Look Book
Originalverlag: Hyperion
Published by arrangement with Hyperion, New York, NY, USA.

Umschlaggestaltung: zeichenpool, München
Umschlagmotiv: Shutterstock/Piotr Zajc, lynea,
All-about-Flowers, Anna Paff, lyeyee
Illustrationen: Ruben Toledo
Layout und Design: Shubani Sarkar
Redaktion: Vera Serafin
Satz: Uhl + Massopust, Aalen
Gesamtherstellung: Print Consult GmbH, München
KW · Herstellung: IH
Printed in Czech Republic
ISBN 978-3-442-39277-3

www.mosaik-verlag.de

DEN FRAUEN DER WELT …

Inhalt

Einleitung 13

Business

Power Chic – *das Vorstellungsgespräch* 20
Ein starker Anfang – *der erste Arbeitstag* 27
Dem Dienstag zu Ehren – *der ganz normale Arbeitsalltag* 34
Leger und doch korrekt – *der Casual Friday* 40
Der große Auftritt – *das entscheidende Meeting* 44
Wenn's ums Geld geht – *die Gehaltsverhandlung* 48
Arbeit und Vergnügen – *die Betriebsfeier* 54
Die Jogginghosen-Falle – *das Home-Office* 59
Fliegen wir davon – *die Geschäftsreise* 63

Liebe

For the Very First Time – *das erste Date* 74
And the Beat Goes On – *die Dates nach dem ersten Date* 83
Ode an die Gemütlichkeit – *der Filmabend daheim* 88
Trennung mit Stil – *Schluss machen* 91
Überraschungseffekte – *das Blind Date* 96
Herz wächst nach – *Verlassen werden* 100
Die neue Clique – *das Treffen mit seinen Freunden* 104
Kante zeigen – *die Begegnung mit seiner Ex* 108
Die Bewährungsprobe – *das Treffen mit seinen Eltern* 113
Kinderfreundlich angezogen – *das Treffen mit seinem Nachwuchs* 118

Der Tag

So viel zu tun – *ein vollgepackter Tag* 122
Schick in jeder Kabine – *der Shoppingtrip* 126
Haargenau – *der Friseurbesuch* 131
Schnörkellose Blütenpracht – *die Gartenarbeit* 134

Für das Volk – *die Freiwilligenarbeit* 140
Stilsitzungen – *die Therapie* 146
Sunny Side Up – *der Sonntagsbrunch* 149

Der Abend

Enchanté – *die Cocktailparty* 156
Guten Appetit, Süßer – *das festliche Abendessen* 164
Vorhang auf – *der Theaterbesuch* 170
Tour durch die Galerien – *die Vernissage* 175
Bordeaux, Baby! – *die Weinprobe* 181
Glam Rock – *das Rockkonzert* 185
La Vogue Bohème – *die Oper* 190
Rauch und Spiegel – *Comedy, Jazz, Varieté* 194
Style in Motion – *tanzen, tanzen, tanzen* 197

Festtage

Stilistische Vorsätze – *Silvester* 204

Hangover-Chic – *der Neujahrsbrunch* 210

Voll das Leben – *der Valentinstag als Single* 214

Love-in – *der Valentinstag mit Herzensmann* 218

Der Frühling ist da – *Ostersonntag* 223

Masken und Verkleidungen – *Maskenball, Fasching, Halloween* 227

Baby, es ist Weihnachten – *das Weihnachtsessen* 233

Bezaubern Sie – *das Weihnachtsfest bei den (potenziellen) Schwiegereltern* 241

Besondere Anlässe

Eilzustellung – *vor der Entbindung* 248

Cool in die Schule – *der Elternsprechtag* 254

Just do it – *Schulaufführungen und Sportveranstaltungen* 257

Glanz und Gloria – *die Abschlussfeier Ihres Kindes* 263

Trauerkleid – *Beerdigung* 265

Hochzeiten

Ein letzter Abend mit den Mädels – *der Junggesellinnenabschied* 272

Wer sich traut, gewinnt – *die festliche Hochzeit* 279

Liebe leicht gemacht – *die legere Hochzeit* 286

Matriarchinnen-Chic – *die Hochzeit der Tochter* 291

Traumreise

Far, far away – *auf Reisen* 296

Haare: ein Glossar 307

Nachwort 309

Dank 311

Einleitung

Finde zuerst heraus, wer du bist,
und schmücke dich dann entsprechend.

Epiktet

Einer der magischsten Orte der Erde ist eine kleine Insel in der Karibik namens Mustique. Mit seinen herrlichen weißen Sandstränden, dem kristallklaren warmen Wasser und der üppigen Vegetation entspricht dieser kleine Fleck Erde meiner Vorstellung vom Paradies. Hier kann ich mich von der Hektik New Yorks und dem nötigen und unnötigen Druck erholen, den ich mir selbst in der Arbeit und im Privatleben auferlege.

Hier auf Mustique kam mir auch die Idee zu diesem Buch. Eines späten Vormittags schmökerte ich im Schatten eines Sonnenschirms in einem Roman, der sich als nicht annähernd so interessant entpuppte wie die lebhafte Diskussion der beiden Frauen neben mir, die plötzlich meine Aufmerksamkeit erregte. Die ältere der beiden, wie sich später herausstellte die Mutter der anderen, schimpfte die jüngere Frau aus, sie kleide sich nicht angemessen, nachdem sie jetzt ihr Studium abgeschlossen habe.

»Du kannst nicht mehr ständig nur in Sandalen und Jeans rumlaufen«, keifte sie. »Man muss sich in jeder Situation darüber klar sein, wie man aussieht. Das solltest du eigentlich wissen.«

»Aber ich sah doch nicht schlecht aus«, entgegnete die Tochter.

»Du kannst mir nicht weismachen, es gäbe keine Jobs, wenn du in dieser Jeans zum Vorstellungsgespräch gehst!«

Lieber Gott, dachte ich. *In Jeans zu einem Vorstellungsgespräch. Nicht wirklich.*

Ich musste an meine Mutter denken, die Eleganz in Person. Einen derartigen Verstoß hätte sie niemals geduldet. In Kolumbien, wo ich geboren und aufgewachsen bin, ist ein gepflegtes Äußeres eine Frage der Ehre. Nicht eine Gelegenheit, bei der meine Mutter nicht wie aus dem Ei gepellt ausgesehen hätte.

Obwohl ich im Urlaub und damit weit entfernt von Gedanken an berufliche Belange war, sah ich vor meinem geistigen Auge, wie sich solche Gespräche zwischen Müttern und Töchtern überall um den Erdball abspielten. Von Delaware bis Düsseldorf meinte ich all diese Frauen zu hören, wie sie wegen ihrer modischen Fauxpas verbal aufeinander losgingen. Frustrierte Mütter, die am liebsten die zerknitterten T-Shirts, zerrissenen Jeans, schmuddeligen Turnschuhe und alten Flipflops aus den Kleiderschränken ihrer Töchter verbannt hätten. Verzweifelte junge Frauen, die sich für den altmodischen Stil ihrer Mütter schämten. Dann fielen mir meine Freundinnen ein, die unzähligen Telefongespräche kurz vor einem wichtigen Ereignis, die stets auf die eine Frage hinauslaufen: »Was soll ich nur anziehen?!« Dieses Telefonat haben wir alle schon geführt, während wir uns mit ein und derselben Frage quälten: Was trägt man zu einem Rockkonzert, einem ersten Date, einem Brunch mit Freundinnen oder zu einem Fußballspiel? Wie kleidet man sich angemessen zu einer Beerdigung, und wie überzeugt man stilmäßig auf einer beruflichen Konferenz?

Ich mache keine Mode, ich bin Mode.

Coco Chanel

Ich bin davon überzeugt, dass 90 Prozent der Verwirrung, die Frauen bei der Zusammenstellung eines modischen Ensembles für eine bestimmte Gelegenheit befällt, auf Angst zurückzuführen ist: Angst, bestimmte Moderegeln zu brechen, Angst, gegen eine längst vergessene Tradition zu verstoßen, oder die grundlegende Angst, schlecht auszusehen. Dabei ist jedes Unterfangen, das aus Angst geboren wird, nahezu zum Scheitern verurteilt – und Spaß macht es mit Sicherheit auch nicht. Doch gerade Stil soll Spaß machen. Sich für eine bestimmte Gelegenheit zurechtzumachen sollte keine Angst in Ihnen wecken, sondern als Herausforderung verstanden werden, der Welt zu zeigen, wer *Sie* sind. Und das ohne Worte. Die sagenhaftesten Stilikonen sind die Frauen, die die Regeln kennen und zugleich das Selbstbewusstsein besitzen, diese zu brechen. Frauen, die Grenzen ausloten, ohne dabei gegen das Gebot der Schicklichkeit zu verstoßen.

Erdrückende, zu eng gefasste Regeln sind der Feind wahren Stils. Aber es gibt für jede Situation bestimmte Anhaltspunkte, Kriterien und eine Modesprache. Wir alle kennen die Binsenweisheit: »Alles zu seiner Zeit und an seinem Ort«. Für Fragen des Stils trifft dies absolut zu. Jeder Augenblick verlangt einen ganz bestimmten Stil, eine bestimmte Note, und ein Gespür hierfür zu besitzen ist eine Kunst – eine Kunst, die man durchaus lernen kann. Dazu muss man das Wesen von Stil verstehen und sich in der Sprache der Mode ausdrücken können. Nicht unbedingt flüssig, aber verstanden möchte man werden.

Nehmen wir zum Beispiel eine meiner ungeliebteren Moderegeln: die Maxime, keine Frau über neunundzwanzig dürfe einen Rock tragen, der mehr als zwei Fingerbreit über dem Knie endet. Lachhaft! Zeigen Sie Ihre

Vorzüge, egal wie alt Sie sind. Aber vergessen Sie dabei nicht den Kontext. Wenn Sie jemanden zum ersten Mal treffen und Sie sich fragen, warum diese Person einen extrem kurzen Minirock und hohe Stiefel zum Fußballspiel ihres Sohnes trägt, dann kann diese Frau faszinierend, witzig, intelligent, ja für den Nobelpreis nominiert sein, sie kann die loyalste Freundin der Welt sein, wenn man sie näher kennt – aber viele Menschen, darunter Sie, werden all das nie erfahren. Weil sie es bei einer kurzen Begrüßung belassen. Ein guter Eindruck hat viel mit Kommunikation und sozialem Know-how zu tun, und Sie müssen die Regeln kennen, vor allem aber: sich selbst. Erst dann können Sie Ihre ganze Energie stilistisch umsetzen – für jedes Ereignis und jede Gelegenheit, die Sie mit Ihrer Anwesenheit beehren.

*Ein großer gesellschaftlicher Erfolg,
das ist ein hübsches Mädchen, das seine Karten
so vorsichtig ausspielt, als wäre es ganz gewöhnlich.*

F. Scott Fitzgerald

In diesem Buch lernen Sie die grundlegenden Regeln der Modesprache, damit Ihr Outfit stets ein perfekter Ausdruck dessen ist, wer Sie sind. Damit Sie angemessen gekleidet sind, ohne spießig zu wirken, einen kreativen, aber keinen grotesken Eindruck machen und Selbstbewusstsein ausstrahlen, ohne dabei Arroganz zu vermitteln. Natürlich kann ich in einem Buch nicht jede mögliche Situation berücksichtigen. Ich beschränke mich auf die wichtigsten Anlässe im Leben, die uns modisch am meisten fordern. Dazu gebe ich Ratschläge, wie man sich in diesen Situationen am besten verhält, Tipps und Kleinigkeiten, die mir helfen, mich zu fokussieren, und mein Selbstbewusstsein stärken. Die Outfits, die ich vorschlage, sind genau das: *Vorschläge*. Dabei illustriere ich jeden Look anhand eines idealen Ensembles. Wirklich authentischer Stil allerdings kommt von innen, das dürfen Sie nicht vergessen. Haben Sie keine Angst, meine Tipps mit Ihrem individuellen Flair zu würzen. Nur frei von Angst kann man Neues schaffen. Und tragen Sie das, was Sie tragen, mit Selbstvertrauen.

Das Leben ist dynamisch, es ändert sich ständig, ist stets im Fluss. Auch unser Stilgefühl muss fließen und sich weiterentwickeln, sich an unterschiedliche Situationen und Menschen anpassen. Ich bin mir immer dessen bewusst, was ich trage und wer mich so sieht. Glauben Sie mir, auch ich spüre einen gewissen Druck, wenn ich mich für ein Meeting mit einem Kultdesigner oder einem Journalisten anziehe. Das kann der Horror sein. Aber statt in Panik zu verfallen, halte ich inne, atme tief durch und rufe mir ins Gedächtnis, dass ich »Mode« spreche. Und wenn Sie dieses Buch gelesen haben, sprechen auch Sie in den entscheidenden Momenten Ihres Lebens die Sprache der Mode. Wahrer Stil besteht nicht darin, einen Schrank voller teurer, schöner Dinge zu besitzen, sondern zu wissen, wann, wo und wie man diese Dinge nutzt. Genau das ist Ihre Aufgabe, und ich helfe Ihnen dabei.

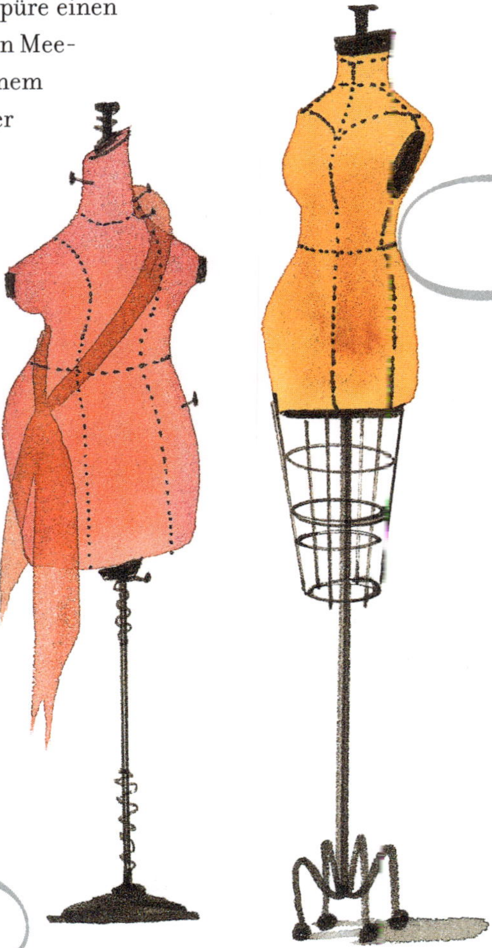

Business

Power Chic

Das Vorstellungsgespräch

Was könnte sich besser für den Einstieg eignen als die Frage, die wir uns sicher alle schon einmal gestellt haben: Was ziehe ich zum Vorstellungsgespräch an? Das Vorstellungsgespräch ist – zusammen mit dem ersten Date, um das wir uns später kümmern werden – der wichtigste aller ersten Eindrücke, ein kurzer Augenblick, in dem ein möglicher Arbeitgeber blitzschnell unser Äußeres und unsere Wirkung erfasst. Vor allem jetzt, da der Wettbewerb hart und der Einsatz hoch ist, kommt es nicht nur darauf an, was Sie sagen, um Ihren Gesprächspartner zu beeindrucken, sondern auch darauf, wie Sie aussehen, wenn Sie sein Büro betreten. Wen bekommt er zu sehen? Was wird er über Sie als mögliche Kollegin denken? Ein winziges Detail kann darüber entscheiden, ob Sie aus der Menge der Bewerber herausstechen. Vor allem möchten Sie professionell, kompetent und selbstbewusst wirken, ohne zu übertreiben. Extreme gehen nämlich gar nicht. Ihr Outfit sollte Ihre Kompetenz unterstreichen, nicht davon ablenken. Es soll sagen: »Ich verfüge über Urteilsvermögen, bin fachlich und sozial ausgesprochen kompetent, und Sie können keine bessere Wahl treffen als die Entscheidung für mich.«

Damit liegt die Messlatte natürlich hoch, aber ich glaube an Sie.

Sie können im Leben alles erreichen,
wenn Sie dafür richtig angezogen sind.

Edith Head

Kostüme sind heute so variantenreich, dass sie nicht mehr spießig und langweilig sein müssen. Ganz im Gegenteil, Glamour und Businesslook gehen gut zusammen. Dass der Look up to date sein muss, kann nicht oft genug betont werden. Modische Trends wiederholen sich – behalten Sie aktuelle Entwicklungen im Auge, aber werden Sie nicht ihr Sklave. Ein Kostüm zeigt, Sie nehmen den Job ernst, und Sie verstehen es, einen Eindruck zu hinterlassen. Eine stromlinienförmige Silhouette steht für Struktur und Organisation, beides wird Ihr potenzieller Arbeitgeber schätzen. Eine Frau in einem schicken, zeitgemäßen Kostüm überzeugt sofort, wenn sie einen Raum betritt.

Die Handtasche und ihr Inhalt

So viele Frauen machen sich vor einem Vorstellungsgespräch zu wenig Gedanken über die passende Handtasche. Achtet auf die Details, Mädels! Die Handtasche sollte zum Outfit passen, ohne übertrieben, das heißt vollkommen Ton in Ton ausgewählt zu sein. Und sie sollte absolut aufgeräumt sein. Kaum etwas wirkt unorganisierter als das hektische Wühlen in der Handtasche auf der Suche nach einem Stift durch einen Haufen Lippenstifte, benutzter Taschentücher, Pfefferminzbonbons und Weiß-der-Kuckuck-Was. Seien Sie vorbereitet und effizient. Stimmen Sie die Handtasche auf die angestrebte Position ab. Für einen Job an der Rezeption ist eine Louis Vuitton übertrieben. Und stehlen Sie vor allem nie dem Boss die Schau.

Ohne Jacke – das geht nicht mal mitten im Sommer. Eine Jacke hält das Outfit zusammen, zeigt Haltung, Reife und die Professionalität, die Sie in dieser Situation ausstrahlen möchten. Außerdem werden Sie, wenn Sie sich nicht von uns Normalsterblichen unterscheiden, bei Stress schwitzen. Umso besser also, wenn sich mehr Schichten zwischen der Haut und dem Rest der Welt befinden. Eine Jacke mag unbequem sein, aber sie wirkt cool, ruhig und gefasst.

Eindruck schinden kann man nur, wenn sich das Publikum auf das konzentriert, was man sagt, ohne dass es davon abgelenkt wird, was man trägt. Also keine knalligen Farben und kühnen Muster. Andererseits weckt man durch den bewussten Einsatz von Farbe oder Mustern in einem raffinierten Outfit positive Aufmerksamkeit. Sie denken an neutrale Farben wie Dunkelblau, Braun, Grau und das allgegenwärtige Schwarz? Kombinieren Sie dazu einen bunten Gürtel oder eine gemusterte Strumpfhose. Oder ergänzen Sie ein zurückhaltendes Outfit durch eine schicke Jacke im Hahnentrittmuster oder eine luftige, bunte Bluse.

Farbenlehre

Sie sind sich unsicher, welche Farben Sie miteinander kombinieren können? Die folgenden harmonieren perfekt.

Dunkelblau – Schwarz
Braun – Dunkelblau
Braungrün – Grau
Grau – Aubergine
Kamelhaarfarben – Cremeweiß

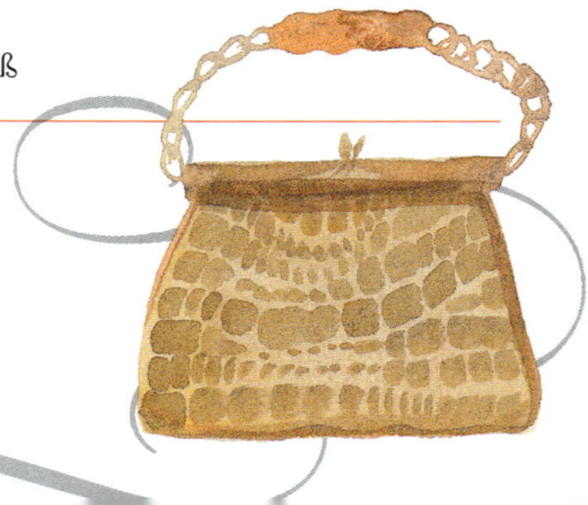

Bei einem Gespräch mit einem potenziellen Angestellten freue ich mich immer über eine persönliche Note. Eine Frau, die ihre Persönlichkeit trotz eines zurückhaltenden Outfits zeigt, ist immer erfrischend. Aber aufgepasst: Schauen Sie lieber zwei-, dreimal in den Spiegel. Ich arbeite in der Modebranche, wo die persönliche Note wichtig ist. Denken Sie jedoch an Ihr Zielpublikum: Passt Ihr Outfit zu dem Job, für den Sie sich bewerben?

Was beim Vorstellungsgespräch schlecht ankommt

- Pelz. Pelz ist umstritten. Ganz abgesehen davon, dass ein Pelz etwas übertrieben ist für ein Vorstellungsgespräch.
- Auffallender Schmuck. In Sachen Schmuck geht eigentlich nur so etwas wie eine klassische Perlenkette, ein dezenter Anhänger oder eine zierliche Kette. Lassen Sie lieber Ihren Witz und Ihre Intelligenz funkeln statt Ihrer Klunker.
- Dickes Make-up. Vielleicht schwitzen Sie ja. Punkten Sie mit Ihrem natürlichen Teint.
- Glänzende Stoffe. Diese Materialien wirken schnell billig und machen einen etwas leichtfertigen Eindruck.
- Kaugummi. Frischer Atem muss sein, aber mit einem Kaugummi im Mund sieht niemand gut aus.
- Tiefes Dekolleté, klaffende Bluse, Durchsichtiges. Sie wollen hier arbeiten, nicht anschaffen.
- Wilde Muster, wilde Rüschen, Schleifen und Spitze. Ein allzu aufgebretzeltes Outfit lenkt bei einem Vorstellungsgespräch ab. Halten Sie Ihr Outfit klar und einfach, rücken Sie Ihre Person und Ihre Qualifikation in den Mittelpunkt.

Was beim Vorstellungsgespräch gut ankommt

Einen ersten Eindruck macht man nur einmal. Also geben Sie Ihr Bestes, treten Sie gepflegt an, jedes Haar an seinem Platz.

- Armbanduhr. Eine klassische Männeruhr ist nicht nur funktional, sondern meines Erachtens kombiniert mit dem Businesslook optimal. Ihr zukünftiger Boss sieht sofort, Pünktlichkeit gehört zu Ihrem Stil. Und Pünktlichkeit ist ein Muss.
- Maniküre. Unsere Hände verraten ungemein viel über uns. Achten Sie auf einen schicken und dezenten Nagellack, vermeiden Sie Acrylkrallen und knallige Farben.
- Hausaufgaben. Recherchieren Sie Informationen über die betreffende Firma und machen Sie sich darauf gefasst, spontan reagieren zu müssen. Wissen ist Macht und Google Ihr Freund.
- Begeisterung und Organisationstalent. Mit dieser Kombination punkten Sie garantiert.

Regeln wurden gemacht, um gebrochen zu werden

»Kombinieren Sie Schwarz nie mit Braun oder Blau.« – Quatsch! Schwarz, kombiniert mit Braun, Blau oder Grau, ist die moderne Version klassischer Kleidung.

In der Arbeit eines Lebens liegt die wahre Verführung.

Pablo Picasso

Es ist ungemein schwer, die Begeisterung aufzubringen, sein Gegenüber zu beeindrucken, während man mit seinem aktuellen Job so unglücklich ist, dass man am liebsten nach Hause gehen und sich stundenlang mit schlechten Serien oder einem Drink betäuben möchte. Hier hilft nur eines: Achten Sie auf sich und legen Sie sich eine positive Haltung zu. Wandeln Sie die negative Energie in positive um und setzen Sie sie für Ihre Belange ein. Und sehen Sie dabei so fantastisch aus wie möglich.

Nach der Frage, was man zum Vorstellungsgespräch anziehen sollte, höre ich am häufigsten: »Worauf achten Sie bei einem Bewerber?«

Ich suche jemanden, der sich selbst ernst nimmt, ohne großspurig oder verbissen zu sein. Eine Frau, die aus dem Stand kreative Lösungen entwickeln kann. Die kompetent ist und zugleich eine angenehme Kollegin zu sein verspricht. Fühlt sich eine Bewerberin in ihrer Kleidung offensichtlich unwohl, steht zu befürchten, dass sie auch als Kollegin eher steif und unangenehm sein könnte – eine abschreckende Vorstellung. Kleidung ist wie eine schützende Rüstung – bewegen Sie sich darin, als wäre sie für Sie gemacht, als wären Sie darin geboren.

Üben Sie das Vorstellungsgespräch mit Freunden, überlegen Sie sich mögliche Fragen und bereiten Sie passende Antworten darauf vor. Ich liebe Vorstellungsgespräche, die tatsächlich Gespräche sind und keine Verhöre. Wenn mein Gegenüber tatsächlich zuhört und nicht sofort eine Antwort hinausbellt. Seien Sie sich Ihrer Schwächen bewusst, aber stellen Sie diese in einem positiven Licht dar. Und haben Sie keine Angst, auf Ihre Stärken hinzuweisen. Man ist selbst sein bester Fürsprecher, das vergessen allzu viele Frauen. Und denken Sie daran, nicht immer stimmt die

Chemie, das klärt man am besten gleich. Vielleicht bleibt Ihnen einiges erspart, wenn Sie eine Stelle nicht bekommen, die nicht zu Ihnen passt. Der Erfolg wartet um die Ecke. Glauben Sie daran, verhalten Sie sich danach, und das Richtige passiert.

Geliebte Regelbrecher

Königin Elisabeth I.

Königin Elisabeth I. ist die Personifizierung des Konzepts »dress to impress«. Mit ihrem extravaganten Stil beeinflusste sie Männer und Frauen nicht nur in England und schüchterte ihre Gegner ein. Sie lebte nach der Philosophie »mehr ist mehr« und schuf damit ein Imperium. Sie ist die ultimative Macherin.

Ein starker Anfang

Der erste Arbeitstag

Details sind keine Details. Sie sind das Design.

Charles Eames

Sie haben es geschafft. Sie haben den Job in der Tasche. Die Nacht vor dem ersten Arbeitstag liegen Sie vor Aufregung wach im Bett. Was wird die Zukunft bringen? Der Himmel steht offen. Sobald aber der Morgen dämmert, erscheint Ihnen keines der Outfits, die Sie heute tragen wollten, mehr passend. Sie werden von Panik ergriffen, die Zukunft erscheint plötzlich schwarz und stürmisch. Und schon wieder stehen die altbekannten Fragen im Raum: Soll ich den Rock oder die Hose anziehen? Sind die Absätze nicht einen Tick zu hoch? Anders ausgedrückt: Falls Sie nicht gerade zur Eröffnung einer Designschule antreten – zu welcher Gelegenheit passt dieser stahlblaue Veloursrock eigentlich? Tief durchatmen. Jetzt heißt es schnell handeln.

Das Schlüsselwort für Ihren ersten Arbeitstag lautet *Detail*. Sie sind die Summe aller Details, die Summe aller Nuancen. Gehen Sie davon aus, dass Sie in der ersten Woche von jedem gemustert werden. Nichts ist eine willkommenere Abwechslung im Büroalltag als die Neue. Und wie man Ihnen begegnet, darüber entscheidet der erste Eindruck.

Frisur und Make-up

Föhnen ist Pflicht. Glänzendes, perfekt geföhntes Haar ist nicht zu toppen. Es ist das Tüpfelchen auf dem i eines gelungenen Outfits. Föhnen Sie wie ein Profi. Das Haar sollte das Gesicht nicht verbergen. Frisieren Sie lange Stirnfransen zur Seite.

Natürliches, neutrales Make-up ist ideal fürs Büro. Knallblauer Lidschatten und Glitzer haben hier nichts zu suchen. Strahlen Sie dezent und heben Sie sich das Funkeln für den Abend und das Wochenende auf. Am Schluss noch etwas rosa Lippenstift, der wirkt Wunder bei hartem Neonlicht.

Vermutlich haben Sie schon beim Vorstellungsgespräch gesehen, was Ihre Kollegen tragen. In der ersten Woche empfiehlt es sich, sich einen Tick förmlicher zu kleiden. Aber nur einen Tick. Denn Sie suchen die Gemeinsamkeit mit Ihren Kollegen und gleichzeitig den Respekt Ihrer Vorgesetzten – ein schwieriger Balanceakt. Sie möchten zugänglich, doch interessant wirken, und vor allem soll Ihr Boss stolz auf Sie sein.

Zeigen Sie sich von Ihrer besten Seite

Ahnen Sie die Probleme im Voraus und lösen Sie sie. Ihr Engagement bleibt nicht unbemerkt.

- Begrüßen Sie jede Herausforderung mit einem »Ja« und gehen Sie die Sache mit voller Kraft an.
- Vermischen Sie nie Liebe und Arbeit. Die Versuchung mag groß sein, aber Büroliebeleien lenken nur ab und enden selten gut.
- Machen Sie keinen Fehler zweimal.
- Fragen Sie. Hören Sie nicht auf, über Ihre Arbeit und Ihre Firma dazuzulernen.
- Haben Sie stets einen Notizblock parat. Das zahlt sich aus, glauben Sie mir.

Ich wiederhole mich, aber wie Sie bereits wissen, sollen Sie Ihren eigenen Stil nicht unterdrücken (als ob Sie das könnten), sondern ihn an die jeweilige Situation anpassen. Lassen Sie Ihren Stil am ersten Tag subtil aufblitzen. Ihr Outfit sollte in etwa ausdrücken: »Ich bin die beste Kandidatin für diesen Job. Ich habe Erfahrung, kann mit Leuten umgehen und weiß, was diese Firma weiterbringt.« Egal, ob Sie Sachbearbeiterin oder die Vizepräsidentin sind, Ihre Kleidung sollte Kompetenz und Effizienz ausstrahlen. Menschen denken gerne in Schubladen, vor allem im Büro. Gut für Sie, wenn Sie mit der Schublade leben können, in die man Sie steckt. Einen guten ersten Eindruck kann man nur schwer auslöschen, aber einen schlechten ersten Eindruck wettzumachen ist so gut wie unmöglich.

Die Handtasche und ihr Inhalt

Fürs Büro ist eine einfache – und aufgeräumte! – Handtasche perfekt. Ein wöchentlicher Handtaschencheck, und Sie müssen sich auf der Suche nach der Börse nie wieder durch Unmengen von Rechnungen und Visitenkarten wühlen. Der Tagesplaner und ein, zwei Stifte, dazu ein paar Pfefferminzbonbons gehören zur Standardausrüstung. Wie groß die Tasche sein soll? Klein genug, um sie in der Schreibtischschublade verschwinden zu lassen.

So sind Sie richtig angezogen

Kleid: Professionell, aber interessant, so lautet die Devise. Ungewöhnliche Details wie Falten oder auffallende Nähte helfen hier. Oder ein aufregender Stoff mit plastischer Oberfläche wie Cloqué oder Bouclé; oder ein subtiles, raffiniertes Muster. Denken Sie an Michael Kors mit einem Hauch Christian Lacroix.

Hose: Greifen Sie zu einer modernen, klar geschnittenen Hose.

Bluse: Eine kühle weiße Button-down-Bluse lässt einen gerader stehen. Eine süße Bluse mit einer kleinen Rüsche am Kragen sieht zu einer strengen Jacke umwerfend aus. Die Kombination von verspielt und kühl macht immer Eindruck.

Jacke: Falls Sie sich für die Hose-und-Jacke-Nummer entschieden haben, spielen Sie mit verschiedenen Silhouetten. Kombinieren Sie zum Beispiel eine kurze, körperbetonte Jacke mit eckigen Schultern mit einer hochtaillierten Hose oder einen weit geschnittenen Blazer mit einer schmalen Röhrenhose.

Pumps und Halbschuhe: Finger weg von Stilettos und Plateausohlen – es sei denn, diese passen in Ihr Arbeitsumfeld und Sie können einen ganzen Tag darin herumlaufen. Greifen Sie zu einem schlichten, einfachen Schuh. Keilabsätze sind okay, können aber etwas zu lässig und klobig wirken. Treffen Sie daher eine weise Wahl.

Strümpfe: Sie sehnen sich nach etwas Farbe? Hier ist Ihre Chance, aber übertreiben Sie es nicht. Schließlich wollen Sie professionell wirken, nicht wie ein Ensemblemitglied des Cirque du Soleil.

Accessoires: Hier gilt: So einfach wie möglich. Ein kleiner Anhänger oder Perlen. Tragen Sie nicht gleich am ersten Tag die größeren Klunker zur Schau. Und bitte nichts, das klirrt oder scheppert.

Geliebte Regelbrecher

Gloria Steinem

Gloria Steinem, die Mitgründerin der amerikanischen feministischen Zeitschrift *Ms.*, zeigte den Frauen, dass *Feminismus* und *Femininität* sich nicht ausschließen. Sie ist clever, stark und selbstbewusst – und so sexy, dass sie einst für eine Story über Frauenrechte undercover als *Playboy*-Bunny arbeitete. Ihre honigblonden Haare und ihre übergroße Brille wurden ihre modischen Markenzeichen.

Da Sie nun wissen, was Sie am ersten Tag im neuen Job tragen, werden Sie bestimmt besser schlafen. Kleidung hin oder her, eine Nacht guter Schlaf ist unerlässlich, um mit scharfem Verstand und kreativen Einfällen durch diesen ersten Tag zu segeln.

Dem Dienstag zu Ehren

Der ganz normale Arbeitsalltag

Alles am Dienstag ist Durchschnitt. Der Montag kann da nicht mithalten mit seinen Wochenendnachwirkungen und seinem Wochenanfangsstress. Auch nicht der Mittwoch, an dem alles aufatmet, weil bereits Licht aufscheint am Ende des Tunnels. Noch dieser aufregende Donnerstag, an dem schon die ersten Afterwork-Partys steigen. Und schon gar nicht der Freitag, dieser herrliche erste Tag des Wochenendes.

Nein, es ist der Dienstag: der Durchschnittstag.

Und damit der mit Blick auf den Stil am schwersten zu fassende Tag. Begreifen Sie es als Stilübung. Sich für einen normalen Tag anzuziehen ist wie ein Kopfsprung in die Zukunft. Sie haben Ihrem Boss und Ihren Kollegen gezeigt, wer Sie sind, zeigen Sie ihnen nun, wer Sie sein wollen.

Was zum Dienstag passt, hängt natürlich extrem vom Arbeitsplatz ab. Die Umgebung gibt den Takt vor, jede Branche hat ihren ausgesprochenen oder unausgesprochenen Dresscode. Natürlich bleibt immer etwas Spielraum für die individuelle Note. Lassen Sie sich bei der Auswahl Ihres Looks von Ihrer Position und von Ihren Zielen leiten. Und krallen Sie sich diesen durchschnittlichen Dienstag. Jedes Mal.

Dabei hilft eine Portion Selbstreflexion.

- Wie möchte ich von meinen Kollegen, Vorgesetzten und Kunden wahrgenommen werden?
- Nimmt man mich in diesem Outfit ernst?
- Fühle ich mich darin wohl genug, um die Ärmel hochzukrempeln und mich in die Arbeit zu stürzen?
- Fühle ich mich vielleicht *zu* wohl?
- Setze ich mich damit von meinen Kollegen ab, vielleicht auf eine unangenehme Weise?

> *Die weibliche Businesskleidung beruht im Prinzip auf einem Trio aus einfachen, lässigen Kostümen oder Anzügen, figurbetonten Kleidern und guten Einzelteilen.*
>
> Edith Head

Überlegen Sie sich Ihre Antworten auf diese Fragen genau.

Sie arbeiten als Assistentin? Ob es Ihnen passt oder nicht, Ihr Look fällt auch auf Ihren Chef zurück. Seien Sie ein Teamspieler, zeigen Sie, dass Ihnen Ihre Position und die Firma etwas bedeuten. Ihr Aussehen ist wichtig, auch für andere.

Wie formell oder lässig Sie sich auch kleiden, entscheidend ist, gut angezogen und gepflegt zu sein. Passen Sie sich an den Firmenstil an. Der beste Rat, den ich zu Beginn meines Arbeitslebens erhielt, war, mir einen »Style-Mentor« zu suchen. Das ist die Frau, die bereits den Job hat, von dem man selbst noch träumt. Sie sieht immer perfekt angezogen aus, trägt diese wunderbare Mischung aus klassisch und modern, professionell und doch entspannt. *Und* sie kennt das Geschäft in- und auswendig. Diese Frau ist Ihr Vorbild.

Geliebte Regelbrecher

Christiane Amanpour

Christiane Amanpour, Moderatorin der ABC-Nachrichtensendung »This Week« und frühere internationale Korrespondentin der CNN, ist eine brillante Journalistin und ausgesprochen schöne Frau. Egal, ob sie aus einem schicken Studio oder einem Kriegsgebiet berichtet, sie sieht immer gut aus. »Normale Arbeitstage« gibt es für Christiane Amanpour nicht. Aber ihr Look ist immer praktisch, geradlinig und angemessen.

So sind Sie richtig angezogen

Ganz ohne Farbtupfer und persönliche Note geht es nicht. Peppen Sie den professionellen Look modisch auf.

- Tragen Sie zur Kostümjacke einen knielangen schwarzen Rock.
- Kombinieren Sie die klassischen schwarzen Pumps mit einer gemusterten Strumpfhose.
- Verlassen Sie das Blazerkorsett und experimentieren Sie mit einer Jacke in einer anderen Silhouette – schulterbetont, geometrisch ge-

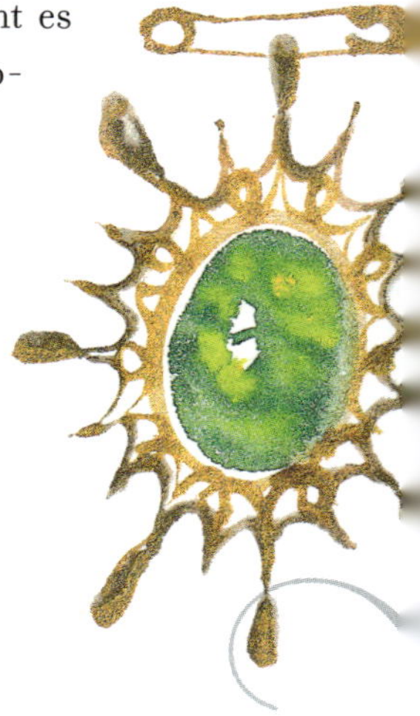

schnitten oder mit verspieltem Schößchen. Vielleicht eine dieser tollen kurzen Jacken. Oder ein klassischer Blazer aus einem nicht klassischen Stoff wie Satin oder einem bunten Karo.

- Tragen Sie Hingucker wie einen Holzring oder einen breiten Armreif.
- Variieren Sie die weiße Bluse. Warum nicht Rüschen, breite Schultern oder ein Origami-Detail?

Leihen Sie sich was von den Jungs

Frauen, die sich aus der Herrengarderobe bedienen, zeigen Vertrauen in ihre Weiblichkeit.

- Maßgearbeitete Herrenhemden. Ein tolles Baumwollhemd mit Monogramm und perfektem Sitz ist der Inbegriff raffinierter Eleganz.
- Übergroße Herrenmäntel. Krempeln Sie die Ärmel hoch, tragen Sie einen Gürtel. Oder locker und offen, wenn's entspannter sein soll.
- Manschettenknöpfe. Mit diesem ungewöhnlichen Detail heben Sie sich ab von den Bürodrohnen.
- Siegelring. Einfach und klassisch, falls Sie ohne Schnickschnack funkeln wollen.
- Männeruhr. Mein liebstes Businessaccessoire. Klassisch, praktisch, und sie zeigt Gespür für Stil und Timing.
- Nadelstreifenhosen. Damit wirken Sie größer.
- Tweed. So chic. Außerdem knittern sie nicht. Die perfekten Einzelteile für die Reise.

Je größer die Einschränkung, desto mehr Kreativität ist verlangt. Nehmen Sie das als Herausforderung. Stellen Sie einen Avantgarde-Look zusammen aus einem dreiteiligen Kostüm, zwei Accessoires, Strümpfen und Schuhen. An einem Dienstag!

Ich weiß, manchmal scheint es unmöglich, an einem durchschnittlichen Tag zu strahlen. Aber wenn Sie gut aussehen, fühlen Sie sich auch gut, und schon brillieren Sie mit Ideen.

Niemandem ist Kleidung gleichgültig.
Wem die eigene Aufmachung nichts bedeutet,
dem bedeutet die anderer umso mehr.

Elizabeth Bowen

Leger und doch korrekt

Der Casual Friday

Wenn Männer die Welt regieren, warum tragen sie dann noch immer Krawatten? Wie schlau ist es, den Tag damit zu beginnen, sich eine Schlinge um den Hals zu legen?

Linda Ellerbee

Ach, Casual Friday. Freitag, dieser lang herbeigesehnte Tag, Licht am Ende des Tunnels. Endlich Wochenende! Der Tag, an dem Sie etwas länger mit Ihren Kollegen plaudern, etwas lauter lachen können. An dem vielleicht sogar Ihr Chef früher geht, um ins Wochenende zu kommen. Der Casual Friday ist tatsächlich ein Kapitel für sich.

Was heißt das eigentlich, Casual Friday? Casual wie lässiger Business-look? Wochenendlässig? Oder lässig-lockerer Freizeitlook? Darüber hat sich schon mancher den Kopf zerbrochen. Vorab: Tauchen Sie keinesfalls in der Jogginghose im Büro auf. Auch nicht im Ledermini. Also, was ist damit gemeint?

Offen gesagt – und ich weiß, ich befinde mich damit in der Minderheit –, ignoriere ich den Casual Friday. Vielleicht liegt es daran, dass ich in der Modebranche arbeite, wo das Outfit immer etwas strenger beurteilt wird. Casual Friday kommt mir vor wie eine einzige große Fashion-Desaster-Falle. Man wartet nur darauf, dass eine bemitleidenswerte Kollegin in einem Overall ins Büro hüpft oder, schlimmer noch, in einer Jogginghose. Ich finde, dieses ganze Leger-und-doch-korrekt-Getue macht es nur komplizierter. Es verführt einen, sich zu sehr gehen zu lassen und Seiten zu zeigen, die besser privat geblieben wären.

Eingeführt wurde der Casual Friday, damit die Männer einen Tag in der Woche ohne Anzug und Krawatte ins Büro gehen konnten. Frauen können mittlerweile auch im Geschäftsumfeld problemlos zwischen Rock und Hose wählen, was dieses Konzept müßig macht. Vielleicht genießen wir es, keine Absätze oder Jacken tragen zu müssen, aber letztlich ist die entscheidende Freitagsfrage für uns Frauen, wie wir es vom Büro in die Happy Hour und ins Wochenende schaffen.

Büro ist Büro, und Freizeit ist Freizeit – so einfach ist das. Erkundigt sich Ihr Chef dann am Montag nach Ihrem Wochenende, dann sagen Sie nicht: »Ach, ich war so kaputt von der Arbeit, dass ich am Freitag etwas zu viel getrunken und mir dann auch noch den Absatz von meinen Lieblingsstilettos ruiniert habe.« Nein, Sie antworten: »Am Samstag habe ich ein paar Dinge zu Hause erledigt und am Sonntag war ich im Park spazieren. War das Wetter nicht großartig?« Genauso wie Ihre Antworten sollten Sie Ihre Garderobe ans Büro anpassen.

Mit etwas Planungsvermögen und Kreativität lässt sich das Büro-Outfit im Nu für die abendliche Cocktailparty aufpeppen. Schichtenlook lautet das Geheimnis. Legen Sie den Arbeitslook ab und enthüllen Sie Ihren glamourösen, funkelnden Ausgehlook. Fünfzehn Minuten reichen dafür locker aus.

Die Handtasche und ihr Inhalt

Sie haben vor, abends nach der Arbeit wegzugehen? Packen Sie in Ihre große Handtasche eine kleine Clutch. In die kommen die Lüster-Ohrringe, der Lippenstift und das Parfüm.

So sind Sie richtig angezogen

- Tauschen Sie die ausgebeulte Hose gegen einen sexy Bleistiftrock.
- Tragen Sie zu der Jacke einen Gürtel. Das betont die Taille. Oder ziehen Sie die Jacke aus, schließlich tragen Sie klugerweise ein schickes Top oder eine schicke Bluse drunter.
- Dazu ein Spritzer Abendparfüm.
- Accessoires wie Ohrringe, eine Halskette oder ein Armreif.
- Frischen Sie Ihr Make-up mit etwas Eyeliner und einer zweiten Lage Mascara auf. Und schütteln Sie kräftig die Haare.
- Wechseln Sie die Schuhe. Tolle Schuhe machen das Glamour-Outfit perfekt.
- Werfen Sie sich einen Kunstpelz über oder einen Schal – Sie werden staunen, wie diese Accessoires Ihren Look verändern.

Das Geheimnis des Casual Friday

Es gibt mehrere Theorien über die Anfänge des Casual Friday. Einige sagen, er begann in den 50er-Jahren, um die Arbeitsmoral zu heben. Andere glauben, er wurde in den Siebzigern von Levi Strauss eingeführt, um mehr Khakis zu verkaufen. Wieder andere sehen die Geburtsstunde in den Neunzigern, als lässigere Bürokleidung en vogue wurde.
Übrigens: 2005 empfahl die japanische Regierung lässige Bürokleidung, um den sommerlichen Energieverbrauch zu senken (dünnere, legerere Kleidung und damit weniger Arbeit für die Klimaanlage). Das kam bei den Japanern, die es gewohnt sind, tagaus, tagein Anzug und Krawatte zu tragen, ausgesprochen schlecht an.

Der große Auftritt

Das entscheidende Meeting

Nicht selten hängt unsere gesamte weitere Karriere davon ab, wie wir uns in einem wichtigen Meeting präsentieren. Vor einem Raum voller Menschen zu sprechen ist einer dieser Bälle, die uns das Universum zuwirft, um zu testen, wie gut wir fangen können. Sie wurden gebeten, Daten vorzubereiten und zu präsentieren, zusammen mit Ihrer Analyse und Empfehlung? Wie Sie das machen, kann darüber entscheiden, ob Sie befördert werden oder nicht. Ob Sie den Respekt Ihrer Kollegen gewinnen oder nicht. Ob Sie auf der Erfolgsleiter aufsteigen oder nicht. Und vergessen Sie nicht: Eine erfolgreiche Präsentation wirkt wahre Wunder fürs Selbstbewusstsein.

> *Bürokleidung hat die Eigenschaft,*
> *Flecken magisch anzuziehen.*
> *Vor allem vor wichtigen Meetings.*
>
> Scott Adams

Eine wichtige Präsentation oder Konferenz steht an? Zeit für das Power-Outfit! Damit ist nicht das klassische Kostüm gemeint, sondern ein Look, der Ihrer Energie, Ihrer Professionalität Ausdruck verleiht. Ein makelloses Outfit, das Ihr Selbstvertrauen, Ihre Sachkenntnis spiegelt, während Sie Ihr Publikum mit Ihrer Kreativität und Ihrer Intelligenz überwältigen. *Das* verstehe ich unter einem Power-Outfit.

Nehmen Sie Ihre Arbeit ernst,
aber niemals sich selbst.

Margot Fonteyn

Frauen haben in den letzten Jahrzehnten ungemein viel erreicht. Wir müssen unsere Weiblichkeit nicht mehr verstecken oder »männlich« daherkommen, um Macht zu demonstrieren. Wir können und sollten unsere Weiblichkeit annehmen, wenn wir uns in dieses Power-Outfit kleiden. Und keine Angst vor etwas Overdressing. Legen Sie diese eine Schippe Styling mehr drauf, damit jeder weiß, Sie nehmen den Job ernst und respektieren Ihr Publikum. Im Gegenzug wird man dafür Sie respektieren.

Ich kann nicht oft genug betonen, wie wichtig bei einer Präsentation die Qualität und der Schnitt der Kleidung sind. Eine Frau in einem körperbetonten Blazer und Rock, die ihre Kurven zeigen, ohne provokant zu wirken, ist immer umwerfend. Diese körperbetonten Kostüme und gut geschnittenen Teile sind Rüstungen, die Ihnen Kraft geben und in denen Sie clever und up to date wirken.

Geliebte Regelbrecher

Eva Perón

Eva Perón, die zweite Frau und politische Partnerin des Präsidenten Juan Perón, wandte sich an ganz Argentinien. Ihre Kostüme saßen perfekt, sie waren der Inbegriff des körperbetonten Stils der 40er- und 50er-Jahre. Mit ihren leuchtend roten Lippen und der perfekten Frisur ist sie eine einzigartige Stilikone mit unvergleichlichem Charisma.

Bei einer Präsentation müssen Sie Selbstvertrauen ausstrahlen, auch wenn Sie innerlich noch so zittern. Ihre Haltung ist entscheidend, das Outfit ist Ihre Rüstung. Schultern zurück, meine Damen. Greifen Sie zu figurformender Shapewear und einem guten BH. Neben einer wohlgeformten Silhouette ist auch die Wahl der richtigen Farbe wichtig. Überlegen Sie, welche Botschaft Sie senden wollen, und wählen Sie die Farben entsprechend. Geht es um striktes Durchgreifen? In diesem Fall passt Stahlgrau. Effizienz? Vielleicht Schwarz und Weiß oder schwarze Nadelstreifen. Einfühlsame Autorität? Greifen Sie zu Apricot, Beige oder Tweed.

> *Kleidung kann andeuten, überreden, suggerieren, sogar lügen und sanften Druck ausüben, während die so bekleidete Person frank und frei von anderen Dingen spricht.*
>
> Anne Hollander

Wie bereiten Sie sich am besten auf das Meeting vor? Überlegen Sie sich einen Look, der Selbstsicherheit und Freundlichkeit ausstrahlt und Sie zugleich von Ihrer besten Seite zeigt. Überlegen Sie sorgfältig. Stellen Sie sich vor, wie Sie souverän Ihre Arbeit erledigen und Ihren großen Auftritt hinlegen. Sie machen das.

Wenn's ums Geld geht

Die Gehaltsverhandlung

Ich kaufe teure Anzüge.
An mir sehen sie billig aus.

Warren Buffett

Um eine Gehaltserhöhung zu bitten ist wahrlich nicht einfach. Vor allem Frauen zögern oft, ein angemessenes Gehalt zu verlangen, weil sie hoffen, ihr Chef würde sie von sich aus für ihre harte Arbeit belohnen. Leider passiert dies viel zu selten, ergreifen Sie also lieber selbst die Initiative und legen Sie sich die Argumente zurecht für den geeigneten Augenblick. Perfekt angezogen flößen Sie Respekt ein, untermauern Ihre Argumente und unterstreichen Ihren Wert.

Das Schwierigste an der Sache ist der Vorlauf. Die meisten Menschen brauchen mehrere Tage oder gar Wochen und natürlich eine Menge Zuspruch von Freunden und Familie, bis sie endlich den Mut aufbringen, ins Büro des Chefs zu marschieren und um die wohlverdiente Gehaltserhöhung zu feilschen. Sie sollten entschlossen wirken und, wichtiger noch, es auch tatsächlich sein.

Ein Blick muss genügen, um zu sehen: »Ich bin unbezahlbar viel wert für dieses Unternehmen und für Sie. Ich weiß, wie man diesen Job macht, was ich immer und immer wieder beweise. Was ich für dieses Unternehmen leiste, sollte sich in meinem Gehalt spiegeln. Ich akzeptiere kein Nein.« Gleichzeitig sollte das Outfit darüber hinaus kommunizieren: »*Und* ich arbeite gerne hier und bin absolut loyal. Wenn ich diese Gehaltserhöhung bekomme, werde ich mich noch mehr ins Zeug legen.«

Das ist ziemlich viel verlangt von einem Outfit.

Ich will nur Menschen um mich haben,
die das Unmögliche vollbringen.

Elizabeth Arden

Gehen Sie es förmlich an, aber nicht *zu* förmlich – Sie wollen ja nicht verzweifelt wirken (als rechneten Sie insgeheim schon mit einem Nein). Ein seriöses Business-Outfit ist genau richtig, um das zu tun, was Sie tun müssen, und sich die Gehaltserhöhung zu sichern.

So sind Sie richtig angezogen

Natürlich müssen Sie Ihrem eigenen Stil folgen. Aber riefe mich eine Freundin am Abend vor einer Gehaltsverhandlung an, würde ich ihr Folgendes empfehlen:

Kostüm oder Hosenanzug: Ein toller Schnitt und ein perfekter Sitz sind das A und O, um deutlich zu machen, dass kein Team ohne Sie auskommt. Ein perfekter Sitz heißt körperbetont – aber nicht zu eng anliegend oder einschnürend. Bei einem Kostüm sollten die Abnäher glatt, die Falten scharf sein sowie Jacken- und Rocklänge perfekt harmonieren. Bei einem Hosenanzug darf die Hose im Schritt keine Falten werfen. Die Hose sollte am Bund perfekt sitzen und schön fallen. Und vergessen Sie nicht: Kostüm oder Hosenanzug müssen nicht klassisch sein, die Einzelteile müssen nur für sich toll wirken und zusammenpassen.

Bluse: Die Bluse sollte so cool und gut geschnitten sein wie der Rest. Ein zu hoher oder zu enger Kragen wirkt steif, halten Sie die Sache lieber locker. Allerdings sollten nie mehr als die obersten drei Knöpfe offen stehen. Eine hübsche, romantische Bluse passt wunderbar zu einem streng geschnittenen Outfit. Rüschen oder eine warme Farbe wie Rosa lassen das Outfit weniger streng wirken.

Schuhe: Tolle Schuhe, die Selbstsicherheit ausstrahlen und Sie zu einer aufrechten Haltung zwingen, wenn Sie ins Büro des Chefs marschieren, sind die richtige Wahl. Zum Beispiel Pumps mit einem vernünftig hohen Absatz. Nicht klobig, niemals. Vielleicht mit gerundeter Spitze.

Farbe: Grau wirkt streng. Auch Schwarz ist eine gute »Ich meine es ernst« -Farbe. Aber tappen Sie nicht in die Falle, Schwarz zu tragen, um sicher zu sein. Wie schon Coco Chanel sagte: »Die beste Farbe ist die, die gut an Ihnen aussieht.«

Kleine Helferchen für die sprichwörtlich letzte Minute: ein Fusselroller und ein Fleckenentferner. Und spülen Sie sich noch schnell den Mund mit erfrischendem Mundwasser, damit Sie sich wach und frisch fühlen.

Nicht nur der Look zählt – die Checkliste für Gehaltsverhandlungen

- Was haben Sie die letzten Jahre geleistet und womit können Sie punkten?
- Wie erledigen Sie Ihren Job und unterstützen darüber hinaus Ihre Firma?
- Seien Sie selbstsicher, aber nicht penetrant.
- Legen Sie sich einen Plan B zurecht, falls keine Gehaltserhöhung drin ist. Vorschläge, wie Ihre Firma Ihre Leistungen anerkennen könnte, vielleicht durch einen neuen Titel, ein größeres Spesenkonto, eine flexiblere Arbeitszeitreglung etc.
- Das Timing ist entscheidend. In der Fachwelt gilt kurz vor Büroschluss als die beste Zeit, um eine Gehaltserhöhung zu bitten.

Und achten Sie darauf, dass Ihr Outfit harmoniert und aussieht, wie für Sie gemacht. Ihre Silhouette sollte schlank und modern sein. Sie sind eine Klinge. Sammeln Sie, bevor Sie loslegen, einen Moment Ihre Gedanken. Atmen Sie tief durch, stehen Sie gerade, Schultern zurück, und machen Sie sich klar: Sie verdienen es! Sie sind bereit, dafür zu kämpfen – und werden gewinnen.

Arbeit und Vergnügen

Die Betriebsfeier

Betriebsfeiern bieten oft Stoff für Legenden. In jeder Firma kursiert sensationeller Klatsch über die letzte Weihnachtsfeier. Und übelster Tratsch, wer auf jenem Empfang bei der Konferenz oder der Messe über die Stränge schlug, als der Alkohol in Strömen floss. Seien wir ehrlich, das ist alles lustig, solange es niemandem schadet. Aber es ist *noch* lustiger, wenn Sie selbst nicht in diese Dramen verwickelt sind. Sie möchten nicht, dass Ihr Name in diesen Geschichten fällt, glauben Sie mir.

Behalten Sie das im Hinterkopf, wenn Sie darüber nachdenken, was Sie zur anstehenden Betriebsfeier anziehen. Jeden Tag bekomme ich E-Mails von Frauen, die mich deshalb um Rat bitten. Es ist eine Party, richtig? Ja, aber irgendwie auch Arbeit. Und was Sie hier anziehen, beeinflusst auf Tage, Wochen, Monate, vielleicht sogar Jahre, wie man Sie wahrnimmt. Das Outfit soll festlich sein, aber nicht aufgedonnert wirken, professionell, aber nicht steif. Ihr Look soll klarmachen: »Kein Problem, ich kann hier meinen Spaß haben wie alle anderen, aber ich bin noch immer die, auf die Sie sich verlassen können. Auch hier.«

Das scheint viel verlangt von einem Outfit, ist aber gar nicht so schwierig umzusetzen.

> *Wer wirklich modisch ist, steht über der Mode.*
>
> Cecil Beaton

Stil ist nicht neutral,
er ist die moralische Messlatte.

Martin Amis

Die Aufgabe wird leichter, wenn alle direkt vom Büro aus auf die Feier gehen, weil dann niemand erwartet, dass Sie besonders aufgetakelt sind. Bei den formelleren Betriebsfeiern findet sich meist in der Einladung ein Dresscode. Halten Sie sich daran. Wenn auf der Einladung Abendkleidung steht, dann heißt das, die Latte liegt sehr, sehr hoch. Heißt es festliche Kleidung, dann liegt die Latte hoch, aber im Bereich des problemlos Machbaren.

Betriebsfeiern finden in der Regel einmal pro Jahr statt, meist um einen Feiertag herum. Angemessenheit ist das Gebot der Stunde. Häufig sind höhere Vorgesetzte anwesend, und diesen möchten Sie nicht wegen Ihres Outfits auffallen. Es sei denn, Sie arbeiten in der Modebranche. Für alle anderen gilt: Ihre Kleidung sollte nicht Ihre berufliche Kompetenz in den Schatten stellen. Nicht dass der falsche Partylook all Ihre Anstrengung und Arbeit zunichtemacht.

Mein Ensemble der Wahl für Betriebsfeiern ist eine schicke, fließende Hose mit einer Jacke im Smokingstil und einer hübschen Seidenbluse. Oder eine schmale Hose im Smokingstil, kombiniert mit einer tollen Seidenbluse und einer raffiniert zurückhaltenden Jacke.

Sparen Sie mit dem Glitzer. Eine solche Feier ist nicht

der Ort für Pailletten und Ähnliches. Auch nicht für ultra-lässigen Hippie-Chic. Lassen Sie Ihren inneren Hippie zu Hause. Beschränken Sie sich stattdessen auf eine Halskette oder Lüster-Ohrringe. Betriebsfeiern sind der Ort für Smalltalk und Networking, nicht für unnötiges Chichi und ausführliche Erklärungen, wo Sie Ihren Schmuck kaufen.

Ach ja, und übertreiben Sie es nicht mit den Cocktails oder dem Essen. Zurückhaltung ist eine bei Betriebsfeiern nicht hoch genug zu schätzende Tugend.

Dresscode: Abendgarderobe

Look: Einfach, klassisch, chic lautet die Devise. Bodenlang oder etwas über Knielänge ist am besten. Keinesfalls kürzer, sparen Sie sich das fürs Wochenende auf. Schwarz funktioniert immer, kann aber etwas streng wirken; ein dunkles Braun oder sattes Aubergine sind wunderbare Alternativen. Und wählen Sie ruhig eine andere Farbe, wenn Sie toll darin aussehen.
Schuhe: Schmale, elegante Pumps oder Seidenballerinas. Sie möchten ein Statement setzen? Das geht wunderbar mit tollen Schuhen, kombiniert mit einem zurückhaltend-eleganten Outfit. Aber bitte keine billig wirkenden High Heels, hier gilt Stil vor Auffallen um jeden Preis.

Dresscode: Festlich

Look: Am besten ist ein einfaches, elegantes Etuikleid. Dazu ein tolles Accessoire wie eine Vintage-Brosche oder ein einfacher, geometrischer Anhänger. Eine kräftige Farbe eignet sich perfekt als Hintergrund für umwerfenden Schmuck. Mithilfe sparsam eingesetzter Pailletten oder Perlen wirkt der Look interessanter. Gehen Sie nie ohne Schal oder leichte Weste, falls Sie noch etwas überziehen möchten.
Schuhe: Auch hier ist Schlichtheit Trumpf. Nicht allzu hoch, Sie sollten in den Schuhen laufen können. Vielleicht wollen Sie ja möglichst schnell verschwinden, um sich woanders wirklich zu amüsieren.

Was auf einer Betriebsfeier gar nicht geht

- Kein tiefes Dekolleté oder andere Ablenkungsmanöver. Man sollte Ihnen vor allem ins Gesicht sehen.
- Keine ultrakurzen Minis. Wie oben gilt: Der Blick ins Gesicht zählt.
- Kein Rüschenfeuerwerk. Sie sind nicht verspielt, Sie sind eine Karrierefrau.
- Keine Acrylabsätze. Ich muss wohl nicht erklären, warum.

Frisur und Make-up

Die Haare sollten hochgesteckt werden, aber nicht zu weit nach oben. Zurückhaltende Eleganz ist das Ziel und nicht unbedingt eine Bienenstock-Frisur. Eine Hochsteckfrisur ist perfekt, so bleiben die Haare den ganzen Tag in Form.

Was das Make-up angeht – eine Betriebsfeier ist nicht unbedingt der ideale Ort für Smokey Eyes. Heben Sie sich das fürs private Ausgehen auf. Bei diesen Gelegenheiten gilt: Weniger ist mehr. Mascara und ein neutraler Lidschatten, etwas Rot auf Wangen und Lippen – mehr brauchen Sie nicht. Stecken Sie sich noch einen Flakon mit Ihrem Lieblingsparfüm in die Tasche, aber keinen zu aufdringlichen Duft.

Was ich an Weihnachtsfeiern nicht ausstehen kann? Dass ich mir am nächsten Tag einen neuen Job suchen muss.

Phyllis Diller

Die Jogginghosen-Falle

Das Home-Office

Viele meiner Freunde arbeiten als freiberuflich Tätige von zu Hause aus. Obwohl ich sie manchmal um diesen Lebensstil beneide, ist auch im Home-Office das Outfit nicht ganz und gar nebensächlich. Warum aber ein ganzes Kapitel darüber, was man bei der Arbeit zu Hause trägt? Weil ein Job, der einen nicht zwingt, sich ab und an im Büro oder zu einem Meeting blicken zu lassen, seine Tücken birgt. Wer nämlich bequem und gemütlich zu Hause werkelt, läuft schnell Gefahr, als chaotische Nudel zu enden, die bei jedem Läuten der Türglocke zusammenzuckt, aus Angst, jemand könnte sie in diesem Zustand sehen. Stil ist ein Muskel. Wird er nicht betätigt, verkümmert er. Je mehr Sie sich an diese Gummizughose und die weiten T-Shirts gewöhnen, desto schwerer fällt es Ihnen, im Falle eines Falles einen ordentlichen Look zusammenzustellen. Andersherum: Je öfter Sie das Haus verlassen und sich wohlfühlen, desto mehr suchen Sie nach Gelegenheiten, sich mit Leuten zu treffen, die Ihnen beruflich weiterhelfen können. Also, liebe Unternehmer, Heimarbeiter und Freiberufliche aller Länder, trainieren wir diesen Stilmuskel.

Struktur ist im Leben ebenso wichtig wie bei einem hübsch gearbeiteten Kleidungsstück. Muss man nicht täglich zu einer bestimmten Uhrzeit das Haus verlassen, ist es wirklich eine sehr gute Idee, seinen Tag zu planen. Dazu gehört, sich am Morgen anzuziehen, als ginge man ins Büro. Damit beginnt man den Tag zu einer bestimmten Uhrzeit und ist produktiver. Machen Sie sich nichts vor: Zu Hause verzettelt man sich schnell; wohin man blickt, gibt es was zu tun: Bücher locken oder das Fernsehen, und niemand sieht, wie oft Sie eine private E-Mail schreiben. Wenn Sie für die

Arbeit angezogen sind, sind Sie auch mental auf Arbeit gepolt. Und wenn Ihr Hund nicht aufhört, Ihnen den Ball so liebenswert penetrant vor die Füße zu legen, oder Ihr Nachbar den ganzen Tag laut Musik hört, können Sie immer noch den ganzen Kram einpacken und in ein ruhiges Café gehen, um zu malochen und dabei wunderschön auszusehen.

> *Eine Frau, die sich ihren Job selbst schafft, wird Ruhm und Reichtum ernten.*
>
> Amelia Earhart

Natürlich müssen Sie sich nicht in ein Büro-Outfit werfen, es sei denn, Sie ziehen diesen Stil jedem anderen vor. Nutzen Sie doch stattdessen Ihren Spielraum – experimentieren Sie jeden Tag mit einem anderen Look. Das macht Spaß, gibt frische Energie, und Sie »üben« Looks für die Momente, wenn Sie das Haus verlassen. Eine wunderbare Gelegenheit, um Kleidung zu tragen, die toll aussieht, die aber in einem normalen Büro nicht funktioniert. Und dann die Schuhe! Sie können sie jederzeit ausziehen – schließlich sind Sie ja zu Hause –, aber ohne Schuhe ist ein Look nicht komplett. Experimentieren Sie mit Ihrem Stil, jetzt, da Sie die Möglichkeit haben.

Einige meiner besten Outfits entstanden, als ich aus Spaß Einzelteile kombinierte und mit Accessoires experimentierte. Manchmal findet man etwas auf den ersten Blick nicht gut, mag es aber dann im Lauf des Tages umso lieber. Oder man legt eine Zwiebelschicht ab, ohne groß darüber nachzudenken, und voilà! Es ist ungemein befreiend, sich nur für sich selbst anzuziehen, ohne jemanden beeindrucken zu müssen. Gönnen Sie sich jeden Tag Zeit zum Anziehen und für das Feintuning Ihres Stilgefühls.

So funktioniert die Arbeit von zu Hause:

Auf die Einstellung kommt es an.

- Planen Sie einen Nachmittagsspaziergang ein. Ohne frische Luft keine frischen Ideen.
- Machen Sie eine Mittagspause. Vermeiden Sie die ständigen Knabbereien zwischendurch.
- Richten Sie sich einen ordentlichen, ruhigen Arbeitsbereich ein. Das wirkt wahre Wunder für die Produktivität.
- Beginnen Sie den Tag mit Joggen oder Yoga. Lassen Sie die Energie fließen.
- Beschränken Sie Ihren Arbeitstag auf acht Stunden. Das zwingt Sie zu Effizienz und Konzentration.
- Frische Blumen im Arbeitsbereich. Schließlich soll Ihr Arbeitsbereich so gut aussehen wie Sie.

Experimentieren Sie nicht nur mit Ihrem Stil, spielen Sie auch mit Ihrer Frisur und dem Make-up. Probieren Sie es mit Locken oder föhnen Sie sich die Haare glatt. Was tun Sie normalerweise? Versuchen Sie es einfach mal mit dem Gegenteil. Dasselbe gilt für Accessoires. Denn Veränderungen fördern die Kreativität und umgekehrt. Sie sind Kapitän auf Ihrem Schiff, der Neid aller Bürodrohnen ist Ihnen sicher. Nutzen Sie Ihre Freiheit. Ihr frischer, neuer Look macht Sie jünger, jetzt, da Sie Herrin über Ihr Schicksal sind.

Wenn ich in den Schlagzeilen erscheinen will,
muss ich nur meine Frisur ändern.

Hillary Rodham Clinton

Fliegen wir davon

Die Geschäftsreise

Mein Job bringt Reisen um die ganze Welt mit sich. Das hat den Nachteil, dass ich meine Familie manchmal wochenlang nicht sehe. Und den Vorteil, dass ich nicht nur Gelegenheit habe, die Welt kennenzulernen, sondern manche Länder und Städte so oft besuche, dass ich an vielen Orten Freunde habe, mit denen ich auf einen Drink ausgehen kann. Meine Frühlings- und Herbstreisen zu den Modewochen nach London, Mailand und Paris sind die stressigste Zeit, aber auch die schönste. Und obwohl ich mehr als professionell bin im Kofferpacken, quält mich am Flughafen doch jedes Mal der Zweifel. Mein Herz beginnt zu rasen. Habe ich etwas vergessen? Wahrscheinlich. Das beste Mittel gegen diese Angst ist Planung, Planung und nochmals Planung.

Die Koffer für eine Geschäftsreise zu packen kann schnell in einen Alptraum ausarten – nicht immer kann man die Dinge noch kaufen, die man vergessen hat. Woher soll man wissen, wo man in Tokio auf die Schnelle Shapewear bekommt? Selbst wenn man es wüsste, hat man sicher kaum Zeit für einen Einkaufstrip. Also, meine Damen, planen lautet die Devise. Damit die karriereentscheidenden Looks auch allesamt im Koffer sind.

Doch bevor Sie den Koffer hervorholen, heißt es recherchieren. Vor allem, wenn Sie nichts über Ihr Ziel wissen. Wissen ist Macht. Ihre weniger gut vorbereiteten Kollegen werden Sie um Ihre Ortskenntnisse beneiden.

Geschäftsreisen – prüfen Sie Ihr Reiseziel

- Wie ist das Klima? Wie lautet die Wettervorhersage?
- Ist die Stadt groß oder eher klein? Liegt das Hotel in einem Vorort?
- Gibt es kulturell bedingte Kleidungsregeln?
- Mit welcher Branche oder Abteilung habe ich es dort zu tun, wie ist deren Geschäftsstil?
- An welchen Meetings nehme ich teil? Vorstandssitzungen, Präsentationen, Seminare, Partys?
- Nehme ich an gesellschaftlichen Events teil?

Lassen Sie sich von diesen Fragen nicht einschüchtern. In der Regel kleiden sich Geschäftsleute weltweit ähnlich, und dank der Globalisierung wissen wir mehr über die Gepflogenheiten andernorts als früher. Klären Sie diese Fragen, konzentrieren Sie sich beim Packen auf die Basics und setzen Sie auf den Zwiebellook. Damit sind Sie bequem, effizient und zugleich schick angezogen.

Was bei Geschäftsreisen gut ankommt

- Greifen Sie zu knitterarmen Stoffen wie Wolle, Nylon und Baumwollmischgeweben.
- Investieren Sie in Business-Basics wie ordentliche Blusen, Röcke und Hosen. Diese sind ihr Geld wert.
- Setzen Sie auf Zwiebellook. Legen Sie die Lagen je nach Bedarf.
- Kleiden Sie sich im Zweifelsfall auf Reisen lieber zu formell. Aber niemals unbequem.

- Packen Sie mindestens einen Tag vor der Abreise. Dann können Sie, falls Sie mitten in der Nacht schweißgebadet aufwachen, weil Sie das zusätzliche Paar Socken vergessen haben, diese immer noch in den Koffer werfen. Vermeiden Sie die Krise bereits im Vorfeld.

Tages-Outfit

Vermutlich müssen Sie an mehr als einem Tag Businesskleidung wie ein Kostüm oder einen Hosenanzug tragen. Nehmen Sie Einzelteile, die sich gut miteinander kombinieren lassen. Also ein oder zwei Basisteile, zum Beispiel ein einfaches schwarzes oder dunkelblaues Kleid, die Sie zu Ihren Outfits ergänzen. Man weiß nie, wie lange eine Sitzung dauert. Vielleicht bleiben Ihnen nur zehn Minuten, um sich für das Abendessen schick zu machen. Seien Sie vorbereitet, mit wenigen Handgriffen für den Abend bereit zu sein. Halten Sie es schlicht. Schick, strukturiert, praktisch lautet die Devise. Für ein witziges Accessoire wie einen Ledergürtel, einen Cocktailring oder eine Klunkerkette, um den Look aufzupeppen, ist immer genug Zeit. Und auf Ihre Grundausstattung ist immer Verlass. Sie werden überrascht sein, wie sich ein Look mit Accessoires nuancieren lässt. So reisen Sie leicht und sind trotzdem für jede Gelegenheit passend angezogen.

Abend-Outfit

Falls nicht gerade eine sehr festliche Abendveranstaltung oder Party stattfindet, lässt sich Ihre modische Grundausstattung im Handumdrehen in festliche Abendgarderobe verwandeln. Weg mit dem Blazer, her mit den High Heels, die Haare etwas lockerer, ein bisschen Glitzer, ein etwas kräftigerer Lippenstift und Lidschatten und ein Spritzer Parfüm – in weniger als dreißig Minuten sehen Sie umwerfend aus.

Geliebte Regelbrecher

Benazir Bhutto

Die einstige Premierministerin Pakistans war eine schöne Frau und eine Politikerin, deren Garderobe ihre Persönlichkeit spiegelte und die komplizierten Anforderungen des nationalen wie internationalen Parketts zugleich spielend erfüllte. Frau Bhutto kombinierte den traditionellen Look mit einem zeitgemäßen Businesslook, Kopftuch und Eyeliner mit Kostüm und Hosenanzug. Sie flößte Respekt ein und blieb ihren Wurzeln treu – keine einfache Aufgabe für eine Frau in der männlich dominierten Wirtschaft und Politik.

Checkliste für die Reise

Kleid: Zwei leichte Kleider, A-Linie oder Etuikleider, die man tagsüber mit einer Jacke kombinieren und abends mit wenigen Accessoires aufpeppen kann. Mindestens eines davon ein kleines Schwarzes, das ist Ihre Grundausstattung. Hier ist beste Qualität gefragt, makellose Verarbeitung und ein Stoff, der sich auf der Haut wunderbar anfühlt.

Hose oder Rock: Packen Sie eine schicke schwarze Hose in den Koffer oder einen schmalen Bleistiftrock, die sich mit Ihrer Jacke kombinieren lassen. Wie immer bei Ensembles heißt es auf Proportionen und Silhouette achten. Damit Sie stets umwerfend aussehen.

Bluse: Packen Sie mindestens drei Tops ein. Eine weiße Button-down-Bluse ist ein Muss. Sie hätten gerne einen Hauch Farbe? Greifen Sie zu Pastell oder einem neutralen Ton – etwas, das zu allen Teilen in Ihrem Koffer passt. Blusen mit Monogramm sind immer schick. Und Materialien wie Seide oder Satin sind am Tag wie am Abend traumhaft.

Weste oder Strickjacke: Wer's lieber lässig mag, kann die Jacke zu Hause lassen und Weste oder Strickjacke überwerfen. Westen machen jedes Outfit einen Tick interessanter, den Look moderner. Eine elegante Kaschmir-

jacke wirkt immer damenhaft und eine schwerere Strickweste mit Gürtel stets weicher als eine Jacke.
Jacke: Schnitt. Schnitt. Schnitt. Darauf kommt es an, ich kann es nicht oft genug betonen. Die Jacke sollte zu allen anderen Teilen im Koffer passen. Ein Blazer in einem warmen Grau, Schwarz oder Dunkelblau ist extrem wandelbar, je nachdem, was Sie darunter tragen, ob Sie ihn mit einem Schal oder Gürtel kombinieren.
Mantel: Ein Trenchcoat ist der perfekte Begleiter des Businesslooks. Er ist schick, variabel und zeitlos. Vielleicht der perfekte Mantel schlechthin.
Schuhe: Mindestens zwei Paar Schuhe müssen mit, ein Paar für den Tag und eins für den Abend. Packen Sie die bequemsten und wandelbarsten High Heels ein. Die Kuhfellstiefel sind weniger ideal, flache Businessschuhe sind da besser. Außerdem ist Leder herrlich wasserdicht. Fürs Schuhepacken gibt es eine goldene Regel: Wollen Sie auf Reisen ständig an Ihre Füße denken? Packen Sie also ein, worin Sie laufen können. Und nicht die Brandneuen, darin bekommen Sie nur Blasen.
Accessoires: Erinnern Sie sich, was wir über Details sagten? Mit dem entscheidenden Schnickschnack erwecken Sie den Eindruck, Sie hätten Ihren ganzen Schrank eingepackt. Ein Schal sorgt für Farbe und Wärme. Ohne Gürtel geht es nicht – er verwandelt alles, Kleid, Jacke und Weste. Nehmen Sie immer etwas Schmuck mit auf die Reise und immer, immer, immer eine Armbanduhr. Solche Details verraten auf subtile Weise etwas über Ihre Person. Sind Sie in Ihrem Innersten eine Freundin alter Dinge oder eine Minimalistin?

Stil und globalisierte Arbeitswelt

- Indien: Hosen sind akzeptierter als Röcke. Sie sind Teil des traditionellen *Salwar*. Kräftige Farben sind allgegenwärtig.
- China: Sehr konservativ. Dunkle Kostüme und Hosenanzüge, Röcke bedecken das Knie, und die Absätze sind niedrig.
- Russland: Wollkostüme und Hosenanzüge, Pelz und dunkle, konservative Farben. Damit rüsten sich die russischen Frauen für ihr eisiges Klima.
- Frankreich: Das Land der Schals – auf jede nur erdenkliche Art gebunden. Perfekte Schnitte, immer stylisch und sehr, sehr sexy. Selbstverständlich dezent sexy.
- Italien: Einfache Eleganz und Schuhe, Schuhe, Schuhe.
- Spanien: Schräg und Avantgarde. Farben, Muster und Freude am Material, wohin man blickt.
- Schweden: Leger. Androgyn. Röcke oder Kleider sind kein Muss.

Mächtig zu sein ist wie eine Lady zu sein.
Muss man es den Leuten erklären,
dann ist man es nicht.

Margaret Thatcher

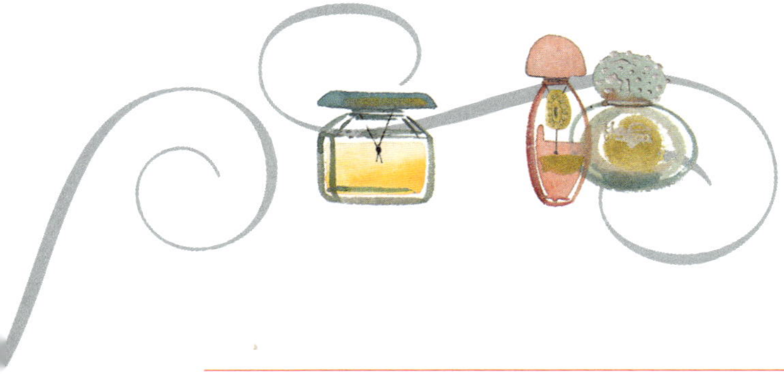

Handgepäck für Anfänger

- Packen Sie Make-up und Schnickschnack in eine mittelgroße Clutch, die Abendtasche und Survivalkit zugleich ist.
- Ballerinas, die in eine kleine Tasche passen, für den Fall, dass Sie die High Heels keine Sekunde länger mehr aushalten.
- Ein Füllfederhalter. Ich liebe edle Füller. Sie verraten so viel über ihren Besitzer.
- Ein Kartenetui. Kontakte sind Gold wert, und ein Kartenetui ist organisierte Perfektion.
- Ein Nähetui für kleine Notfälle.
- Fürs Handgepäck ideal ist ein einfacher, neutraler Rollkoffer von guter Qualität.

Und nun gute Reise! Seien Sie zuversichtlich, und Sie erobern die Welt. *Und vergessen Sie das Handyladegerät nicht* – das wäre ein noch größeres Desaster, als die falschen Schuhe einzupacken.

Liebe

For the Very First Time

Das erste Date

Das große Date. Aufregend. Nervenzerreißend. Schmetterlinge im Bauch und Tagträume im Kopf. Am liebsten würden Sie lachen und weinen zugleich. Und hätten gerne eine Garantie auf einen Good Hair Day und null Überraschungspickel. Das erste Date ist romantisch und aufregend zugleich. Erste Dates, eigentlich alle Dates, gehören zu den schönsten Dingen im Leben eines Singles. Und sich für ein erstes Date anzuziehen ist tausendmal schwieriger, als sich für ein Vorstellungsgespräch anzuziehen, wobei der Unterschied genau betrachtet nicht so groß ist – ein erstes Date ist eine Art Vorstellungsgespräch für eine Beziehung. Würde ich zusammenzählen, wie viel Zeit ich schon damit verbracht habe, meinen Schrank nach dem perfekten Outfit zu durchwühlen, käme ich auf einen ganzen Monat. Mindestens! Ihr Look sendet eine Unmenge subtiler Signale aus, und bei einem ersten Date (vor allem wenn Sie Ihr Date wirklich mögen) müssen Sie diese Signale perfekt ausbalancieren.

> *Am besten sieht man natürlich aus.*
> *Aber dafür braucht man Make-up.*
>
> Calvin Klein

Ihr Outfit soll sagen: Ich bin ...

- ... atemberaubend schön, intelligent, witzig und nicht zickig.
- ... geheimnisvoll, aber nicht unnahbar.
- ... sexy und selbstbewusst, aber nicht billig und aufdringlich.
- ... geschmackvoll, aber nicht langweilig.
- ... bereit zu jedem Spaß, aber keine Ulknudel.
- ... hip, aber nicht eingebildet.
- ... klug, aber keine Besserwisserin.
- ... lässig, aber nicht nachlässig.

Ihr Ensemble soll subtil, sexy und modern sein. Es soll alles ausdrücken und gleichzeitig wirken, als hätten Sie es sich spontan übergeworfen. Einfache Sache, nicht wahr?

Durchaus.

Falls er das Date geplant hat, achten Sie auf die Details, um Ihr Outfit darauf abzustimmen. Falls Sie das Restaurant nicht kennen, recherchieren Sie. Googeln Sie, fragen Sie Freunde, die bereits dort waren, und wenn Sie immer noch nicht sicher sind, wie formell es dort zugeht, dann rufen Sie einfach an. Und, meine Damen, noch ein kleiner Tipp: Beim ersten Date selbst zu bezahlen will wohlüberlegt sein. Wenn Sie ihn eingeladen haben, dann können Sie natürlich bezahlen. Sonst gilt die Regel, dass er beim ersten Date die Rechnung übernimmt. Ein klasse Typ besteht ohnehin darauf.

Der erste Eindruck entsteht in der Amygdala, dem Teil unseres Gehirns, der für die Gefühle zuständig ist. Umso wichtiger, dass Sie den bestmöglichen ersten Eindruck hinterlassen. Toll auszusehen hängt gar nicht so sehr von den Genen ab als vielmehr von dem Geschick, das Beste aus seinen Vorzügen zu machen und zugleich die Problembereiche gekonnt zu kaschieren. Das Gefühl, gut auszusehen, steigert das Selbstbewusstsein ungemein – was wiederum weitaus schmeichelhafter ist als das schönste Kleid. Kennen wir nicht alle eine Frau mit einem wunderbaren Mann oder Freund, die weder aussieht wie ein Victoria's-Secret-Model noch stets die bestangezogene Frau im Raum ist? Und trotzdem den Richtigen angelt. Was ist ihr Geheimnis? Selbstvertrauen. Nichts ist attraktiver.

Geliebte Regelbrecher

Jane Birkin

Sängerin, Model, Schauspielerin, Muse, all das ist Jane Birkin und noch viel mehr. Nach wie vielen Frauen wurde schon eine Hermès-Tasche benannt? Nach Jane Birkin schon, weil sie eben einzigartig ist. Der Pony, die Superminis, diese Augen … So außergewöhnlich wollen wir alle sein.

Der verführerische Look

Ich werde sehr oft nach dem idealen Outfit fürs erste Date gefragt, wahrscheinlich weil Dating für Frauen in der Regel angstbesetzt ist. Und wir alle hatten zumindest ein erstes Date im Leben. Natürlich kann man nicht zu allen Gelegenheiten alles tragen. Zum Bowling würde ich niemals einen Minirock anziehen, andererseits kämen mir ohnehin Zweifel, wenn mich ein Typ beim ersten Date zum Bowling einladen würde. Gehen wir also davon aus, dass es ins Restaurant geht. Halten Sie es cool und einfach, mit einem hübschen, fließenden, die Taille betonenden Kleid, am besten aus einem weichen, natürlichen Material, das die Figur umschmeichelt.

Ihr Date soll sich an *Sie* erinnern, nicht an Ihr Frisch-vom-Laufsteg-Gucci-Outfit. Also nicht zu trendig. Mode soll Ihre Persönlichkeit unterstreichen, aber keinesfalls Ihren Gesamteindruck dominieren. Steht Ihnen die Farbe? Auch hier gilt: Sie stehen im Mittelpunkt – also keine allzu grellen Farben und auch keine Neonfarben. Lieber Burgund statt Feuerrot, lieber Rosa statt Pink. Subtilität, Geheimnis, Romantik lautet die Devise. Dazu ein toller Farbtupfer mit einem Seidenschal – wunderbar.

Ich weiß, die Versuchung ist groß, loszurennen und ein neues Outfit für dieses erste Date zu kaufen. Wir alle kennen dieses prickelnde Gefühl, sich für eine besondere Gelegenheit neu einzukleiden. Aber das hier ist nicht der geeignete Zeitpunkt. Mit der Kleidung aus Ihrem Schrank tun Sie sich einen weitaus größeren Gefallen. Tragen Sie vor allem Schuhe, die Sie bereits eingelaufen haben. Man fühlt sich wohler in seiner Kleidung, wenn man sie kennt. Und man kennt sie, wenn man sie trägt. Achten Sie auf Bequemlichkeit. Können Sie in diesem Outfit bequem sitzen? Können Sie darin tanzen? Welche Accessoires passen dazu? Das alles gilt es zu klären, bevor Sie selbstbewusst durchstarten.

Die Handtasche und ihr Inhalt

Falls Sie nicht insgeheim planen, nach Rio durchzubrennen, ist eine riesige Handtasche bei einem ersten Date fehl am Platze. In diesem Punkt nehme ich es genau: Eine gut angezogene Frau braucht kein Ungetüm von Designerhandtasche. Das lenkt nur ab und – schlimmer noch – lässt sie dicker wirken. Das will man nicht. Greifen Sie lieber zur Clutch. Zu einem Date im Restaurant brauchen Sie nicht mehr als einen Lippenstift, Puder, Ihre Geldbörse und einen Spiegel. Und Pfefferminzbonbons!

Sie peilen beim ersten Date einen coolen, sexy Look an. Wenn der Look für Sie stimmt, stimmt er auch für ihn. Was Sie sicher nicht möchten: den ganzen Abend frieren und jammern, weil die Schuhe drücken. Sie wollen sich in Ihrer Haut wohlfühlen. Also kein enges Korsett, das Ihnen den Atem raubt. Keine kneifende Shapewear. Sie fühlen sich wie eine Naturgewalt? Dann wird auch der Abend umwerfend.

Seien wir realistisch, die meisten Jungs haben einen eher konservativen Geschmack; sie stehen nicht auf Mädchen, die sich anziehen, als würden sie mit dem nächstbesten Jungen davonlaufen. Ihr Date steht genau auf diesen Look? In diesem Fall überlegen Sie, ob Sie wirklich mit ihm ausgehen wollen.

Der Stil, der ihm gefällt

- Natürlich. Natürliches Make-up *und* natürlich fallende Haare. Sie können jeden Mann fragen, die Antwort wird immer lauten, er findet eine Frau morgens am schönsten – verschlafen und mit frischem Gesicht.
- Eng anliegende oder schmal geschnittene Jeans. Nichts finden Männer attraktiver als eine Frau, die in ihrer Jeans gut aussieht – und es weiß.
- Hübsches, gut sitzendes Top, T-Shirt oder Pulli mit V-Ausschnitt. Aber zeigen Sie nicht zu viel, behalten Sie Ihre Geheimnisse für sich.
- Ein einfaches, gut geschnittenes Kleid, feminin, aber weder zu eng noch zu kurz. Auch hier gilt: Lüften Sie nicht gleich alle Geheimnisse.
- Kleiner Absatz, Stiefel oder flache Schuhe. Stilettos sehen toll aus, aber sie wirken leicht gefährlich – nicht gut fürs erste Date.

Was beim ersten Date nicht gut ankommt

- Finger weg von allem, was glänzt, zu kurz oder zu eng ist.
- Kein Dekolleté bis zum Nabel. Geheimnisse sind aphrodisierend.
- Keine Leopardenmuster.
- Keine Piercings. Piercings sind für ein erstes Date etwas furchteinflößend, es sein denn, er ist selbst gepierct.
- Keine langen Nägel in grellen Farben. Krallen sind absolut nicht sexy.
- Behängen Sie sich nicht von Kopf bis Fuß mit Schmuck und Klunkern, das weckt Argwohn.

Ich war so nervös und zitterte so sehr,
dass ich den Kopf nur gerade halten konnte,
indem ich das Kinn gegen die Brust drückte
und zu Bogey hochsah. So entstand DER BLICK.

Lauren Bacall

Nachdem Sie nun das Outfit ausgewählt haben, müssen Sie es vor einem Spiegel prüfen oder einer guten Freundin vorführen. Einer sehr, sehr guten Freundin. Was ist die Botschaft hinter dem Outfit? Sie denken vielleicht Richtung verführerisch und sexy, aber Vorsicht! Die Versuchung ist sicher groß, einen Look wie aus einer Modezeitschrift anzustreben, aber denken Sie daran, diese Fotos sind gestylt und gestellt. Im echten Leben ist der Grat zwischen sexy und billig sehr schmal. Gehen Sie auf Nummer sicher, Sie kommen schon noch zu Ihrem Spaß, versprochen.

Nehmen Sie sich Zeit, um sich für den großen Abend fein zu machen. Der Look muss absolut stimmen, und das auf eine unaufgeregte, spontan wirkende Art. Es gibt nichts Schrecklicheres als dieses Bedürfnis, ständig die Frisur und das Make-up überprüfen zu müssen, während man auf die zarten Anzeichen aufkeimender Liebe achten sollte. Sie möchten Ihr wahres Ich präsentieren und nicht das Ich, das sich ständig fragt, ob es nicht Lippenstift auf den Zähnen hat.

Halten Sie, bevor Sie sich in dieses unvergleichliche Abenteuer aus Peinlichkeit und Romantik stürzen, kurz inne und denken Sie an Ihr allererstes erstes Date zurück. Rufen Sie sich bei jedem Date dieses herzerwärmende Gefühl in Erinnerung. Ihre leuchtenden Augen und die in der Luft liegende Erwartung sind eine unwiderstehliche Kombination. Es liegt an Ihnen, ob Sie ein weiteres Date folgen lassen möchten. Und nichts ist süßer als diese Tagträumereien, die mit der Aussicht auf ein zweites Date einhergehen, dieses Gefühl des Verliebtseins, das wächst und wächst.

Die Outfits, die ich hier beschreibe, sind *meine* idealen Outfits fürs erste Date, aber Sie sollten natürlich immer das tragen, was *Ihnen* das Gefühl gibt, unwiderstehlich zu sein. Sind Sie eher eine wilde Natur, dann ist ein Kleid von Laura Ashley ganz verkehrt. Leeren Sie nicht Ihr Bankkonto, um ihn mit Designerkleidung zu beeindrucken. Glauben Sie mir, er kennt den Unterschied nicht. Und wenn, dann haben Sie vielleicht ein Problem …

Frisur und Make-up

Die Frisur sollte leicht wuschelig, nicht zerzaust sein, mit einem Hauch von »Ich komme gerade aus dem Bett«. Keine strengen Knoten, Ladys!

Beim ersten Rendezvous ist das Gesicht wichtig. Das sieht Ihr Date, wenn er Ihnen gegenübersitzt. Im Prinzip ist ein natürliches Make-up am besten; es sollte den Abend über halten. Aber bleiben Sie sich stets selbst treu. Wenn Sie also normalerweise den dramatischen Look mit dunklen Augen und dunklen Lippen bevorzugen, dann: nur zu! Doch bitte nicht übertreiben, Sie möchten ja niemandem Angst machen. Und verzichten Sie lieber auf den knallroten Lippenstift, wenn Sie sich einen Gutenachtkuss wünschen. Manche Männer schüchtert das ein. Natürlichkeit – so lautet die Devise. Hier handelt es sich nicht um die Oscarverleihung.

And the Beat Goes On

Die Dates nach dem ersten Date

Dieses Buch gab Anlass zu so mancher Diskussion bei meinen Freundinnen. Deshalb möchte ich hier klären, was ich mit »jedem weiteren Date nach dem ersten Date« meine: nämlich jedes Date, *bevor* Sie offiziell ein Paar sind. Die Phase, in der alles neu und aufregend ist. In der Sie noch nervös sind, bevor Sie ihn treffen. Und die Tage zwischen seinen Anrufen zählen. Bei jeder SMS von ihm läuft Ihnen ein kalter Schauder über den Rücken, und sei es nur ein »Hallo«. Und bei jeder neuen SMS hoffen Sie, sie sei von ihm, und sind zutiefst enttäuscht, wenn sie es nicht ist. Doch mit jedem weiteren Date sind Sie weniger nervös.

Modisch gesehen, macht diese Phase besonders viel Spaß, weil jedes Ihrer Outfits für ihn neu ist (selbst wenn ihm das gar nicht auffällt, wissen Sie es, und dieses Glitzern in Ihren Augen fällt ihm auf). Diese Dates flirren vor sexueller Spannung. Die Schmetterlinge im Bauch machen Sie ganz verrückt. Sie schlafen abends mit einem Lächeln ein und wachen morgens mit einem Lächeln auf. Das ist der Wahnsinn! Genießen Sie diese Dates.

Szenarios dafür gibt es unzählige, ich beschränke mich hier auf die grundlegenden Varianten. Anpassung erwünscht!

Ein Mann interessiert sich im Allgemeinen mehr für eine Frau, die sich für ihn interessiert, als für eine Frau mit schönen Beinen.

Marlene Dietrich

Restaurant und Kino

Cool und einfach ist hier für mein Gefühl die beste Wahl. Eine Jeans, die gut an mir aussieht. Also *die* Jeans, die perfekt sitzt. Stiefeletten mit mehr oder weniger hohem Absatz passen immer, nehmen Sie die, nach denen Ihnen der Sinn steht. Ich lebe in High Heels, dank dieser zusätzlichen Zentimeter fühle ich mich stärker. Sie tragen nicht so oft High Heels? Ziehen Sie an, worin Sie sich wohlfühlen. Stiefel sind die perfekte Mischung aus lässig und sexy, außerdem finde ich dieses rhythmische Klickklack der Absätze feminin und charmant. Aber wählen Sie bitte Schuhe, in denen Sie auch laufen können.

Dazu passt wunderbar ein locker sitzendes Seidentop, das Ihr Dekolleté erahnen lässt und Ihre Kurven betont, oder ein schulterfreies Top – immer verführerisch. Perfekt ergänzt den Look eine Lederjacke. Leder ist sinnlich und etwas gefährlich.

Mit diesem Outfit sehen Sie überall gut aus – im Restaurant, in der Bar, beim Tanzen, im Kino, bei einem Konzert und, richtig, sogar beim Bowling. Es ist auf wunderbare, klassische Weise ein Multitalent. Ihr Date wird sich verlieben. Bei meinem Mann hat's funktioniert.

Doch wenn Sie kein Freund von Jeanshosen sind, und das gibt es, wie wäre es mit einem schmal geschnittenen Jeansrock? Ein sexy Look mit der lässigen Nonchalance einer Jeans. Was auch wunderbar funktioniert, ist ein Etuikleid in einer kräftigen Farbe mit einer dezent gemusterten Strumpfhose und Stiefeletten.

Denken Sie an die Tipps fürs erste Date, sie gelten hier im Prinzip genauso. Gehen Sie spätere Dates ähnlich an, nur etwas entspannter. Mein Gott, es ist ja nur ein Essen und ein Kinobesuch! Und behalten Sie stets im Kopf, dass das Outfit zur Umgebung passen sollte. Ein superkurzer Mini ist nicht unbedingt die richtige Wahl fürs Theater, die High Heels sind nicht das passende Schuhwerk für den Ausflug in die Natur.

Geliebte Regelbrecher

Charlotte Gainsbourg

Sie ist Schauspielerin und Singer-Songwriter und diese perfekte Kombination von jungenhaft, Indie Rock und französischem Flair. Ihre langen, braunen und stets perfekt wuscheligen Haare mit dem langen, beinahe ihre Augen verdeckenden Pony passen zu ihrem lässigen Kleidungsstil. So sexy, so cool.

Abendessen im Restaurant

Dafür dürfen Sie sich richtig schick machen. An diesem romantischen Abend weichen Lässigkeit und Bequemlichkeit Glitzer und Glamour. Ein schönes Essen mit einem gutaussehenden Date – das ist wie eine Szene aus einem alten Film, die Gelegenheit zu strahlen. Nur wenige Anblicke sind so verführerisch wie eine Frau, die sich für ein fantastisches Abendessen fein gemacht hat. Darüber werden Songs geschrieben.

Seien Sie elegant – und trauen Sie sich was. Das hier ist die perfekte Gelegenheit für Stilettos. Sie haben sich dafür entschieden? Manchmal ist es den Schmerz wert, das umwerfendste Mädchen im Restaurant zu sein. Schließlich muss man bei einem Abendessen im Restaurant in der Regel nicht so viel laufen, eine Fahrt in seinem Auto oder im Taxi machen das Opfer leichter. Also nichts wie her mit den tollen Schuhen. Zeigen Sie etwas mehr Dekolleté als sonst. Betonen Sie Ihre Kurven etwas mehr – denken Sie, was Ihre Silhouette betrifft, an eine Sanduhr. Weiche, schmeichelnde Materialien geben Ihnen dieses ganz besondere Gefühl und eine Aura von Glamour.

Ein Cocktailring und/oder dezent glitzernde Ohrringe sind absolut perfekte Accessoires. Hier dreht sich alles um Glamour, Wein, lukullisches Essen und einen netten Abend. Darauf einen Drink!

Auf einen Drink

Ein Date mit Tücken. Sie glauben vielleicht, dafür bräuchte es weniger Planung als für andere Dates, doch Sie täuschen sich. Im Prinzip müssen Sie für dieses Date Ihren Restaurantlook um zwei Ticks nach unten schrauben. Ziehen Sie schrägere Kleidung an wie eine Motorradjacke und dazu Ihre Seidenbluse und eine coole Hose. Sie hätten's gerne mädchenhafter? Versuchen Sie es mit einem Kleid unter der Motorradjacke. Und Stiefeln. Smokey Eyes und ein etwas höherer Absatz verleihen Ihnen dieses geheimnisvolle Extra.

> *Ein Mädchen mit Verstand sollte noch etwas anderes tun als denken.*
>
> Aus dem Film *Blondinen bevorzugt*

Und vergessen Sie nie, wenn Sie sich für das Date anziehen: *Er mag Sie und er findet Sie toll.* Sonst würde er nicht noch mal mit Ihnen ausgehen wollen. Also keine Bange. Unsicherheit ist eine furchtbare Spaßbremse. Stil kommt von innen, Mode ist nur der Zuckerguss auf dem leckeren Kuchen – und der sind Sie, nur Sie. Natürlich möchten Sie nicht aus dem Rahmen fallen, aber hier geht es nicht um ein förmliches Vorstellungsgespräch. Es ist okay, die modischen Grenzen auszuloten, wenn es um die Liebe geht.

Und was trägt man darunter?

Tragen Sie Unterwäsche, die gesehen werden will, selbst wenn er sie nicht sehen wird. Wer sexy Unterwäsche trägt, fühlt sich sexy. Sie sind eine Frau, ganz und gar. Diese Phase in der Beziehung ist wunderbar, um sich mit Unterwäsche zu amüsieren. Schwelgen Sie in hübschen Pantys, Seiden-BHs und fantastischen Strümpfen. Spitze ist immer umwerfend.

Ode an die Gemütlichkeit

Der Filmabend daheim

Für mich gibt es keine amüsantere, gemütlichere und entspannendere Art, einen Abend zu verbringen, als es mir zu Hause mit meinem Mann bequem zu machen und einen Film anzusehen. Verstehen Sie mich nicht falsch. Ich liebe es, mich herauszuputzen und auszugehen, aber im Leben kommt es immer auf die richtige Balance an, und wir Frauen sollten diese perfekte Harmonie zwischen High Heels und einem Take-away-Essen zu Hause finden. Es sich gemütlich machen und kuscheln gehören zu einer Beziehung dazu. Suchen Sie sich gemeinsam einen Film aus und entspannen Sie sich. Heute Abend sind Sie zu Hause. Aber was, verflixt noch mal, ziehen Sie an?

Auch wenn Sie sich nicht in der Öffentlichkeit zeigen und die Tatsache, dass Sie mit Ihrem Auserwählten einen Abend zu Hause verbringen, für eine etwas *engere* Beziehung spricht, möchten Sie doch nicht aussehen, als wären Sie seit einem Monat eingeschneit oder, schlimmer noch, als büffelten Sie seit Wochen für Prüfungen. Halten Sie das Feuer am Lodern. Das heißt: Tragen Sie *niemals* eine dieser Ärmeldecken. Aber machen Sie bitte auch nicht auf Vamp. Das passt nicht zu einem entspannten Abend. Eine Frau in Jeans und T-Shirt, mit einem frischen Gesicht und losen Haaren ist unglaublich sexy. Jessica Biel beispielsweise verkörpert diesen umwerfenden, wilden Look.

Meine Vorstellung vom Himmel ist eine riesengroße gebackene Kartoffel und jemand, mit dem ich sie teilen kann.

Oprah Winfrey

Eine sexy Atmosphäre

- Zünden Sie Kerzen an. Aedes de Venustas ist einer meiner Lieblingsdüfte. Für geheimnisvollere, exotischere Effekte ist eine Baies-Kerze von Diptyque wunderbar. Verte von Vie Luxe ist ein frischer Duft. Noch besser ist natürlich ein Kaminfeuer.
- Genießen Sie eine gute Flasche Wein. Wein geht immer.
- Bereiten Sie Musik vor, damit die Stimmung nicht kippt, wenn der Film zu Ende ist. Das ist ein entscheidender Moment – seien Sie vorbereitet.
- Schütteln Sie die Kissen auf. Verbessert die Energie im Raum.

Schon erstaunlich, dass man inzwischen das Haus nicht mehr verlassen muss, um zu essen oder einen Film zu sehen. Viele erinnern sich noch an die Zeiten, als man zur Videothek stapfte, in der Hoffnung, dass der heiß begehrte Film noch nicht ausgeliehen ist und man sich nicht mit der zweiten Wahl zufriedengeben muss. Heute ist alles ein, zwei Mausklicks entfernt – das Essen *und* der Film. Man kann also das ganze Date bequem von zu Hause aus organisieren.

Ich war nicht wirklich nackt.
Ich hatte nur keine Kleider an.

Josephine Baker

Tragen Sie, worin Sie sich am wohlsten fühlen. Jeans sind ideal. Sweatshirts sind okay (aber sie müssen toll sein). Entscheidend ist das Material, am besten sind weiche Stoffe, Naturfasern wie leichte Baumwolle oder Kaschmir. Alles, worin Sie sich wohl in Ihrer Haut und sinnlich fühlen. Was sich gut anfühlt und was man gerne spürt. Warum nicht dieses Shirt in Übergröße oder ein kuschliges Shirt aus Baumwollstrick und dazu eine Leggings? Entspannen Sie mit Stil und ziehen Sie einen Seidenmorgenmantel über den Seidenpyjama oder schlüpfen Sie in einen märchenhaften Seidenkaftan. Alles, was sich für Sie auf der Haut luxuriös anfühlt, ist für ihn unwiderstehlich.

Wenn Sie das Glück haben, auch ohne Make-up fabelhaft auszusehen, dann nützen Sie die Gelegenheit. Obwohl natürlich ein bisschen Lipgloss nie schadet.

Und was trägt man darunter?

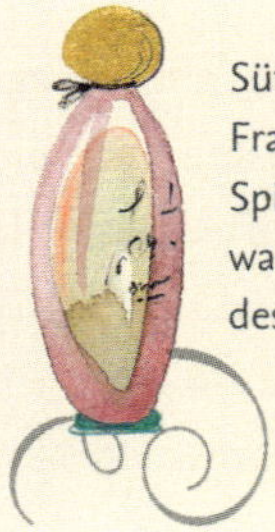

Süßer Wildfang oder Femme fatale, das ist die Frage. Jungenshorts und ein Camisole oder Spitzen. Oder gar nichts? Sie wissen selbst, was Sie mögen. Und was er mag. Trifft beides zu, haben Sie die richtige Wahl getroffen.

Trennung mit Stil

Schluss machen

Manche Situationen im Leben würden wir alle wohl gerne vermeiden – Situationen, in denen wir lieber keine SMS oder Telefonanrufe beantworten und all unsere To-do-Listen am liebsten ins Feuer werfen möchten. Aber gerade dieser Wunsch ist häufig ein Zeichen dafür, dass etwas im Argen liegt. Und das geht man am besten an. Manchmal geht es nicht ohne Konfrontation. Mit jemandem Schluss zu machen ist eine dieser schlimmen Situationen.

Ihr Freund war ein Schuft und verdient die rote Karte? Dann ist eine heftige Szene sicher Balsam für Ihre verletzten Gefühle und Ihre Wut auf sich, weil Sie auf diesen Idioten hereingefallen sind. Ihr Freund war ein richtig netter Kerl, aber Sie empfinden nun mal nicht das für ihn, was Sie müssten, damit die Beziehung eine Chance hätte? Der Respekt, den Sie ihm gegenüber empfinden, wirkt sich sicher positiv auf Ihr Selbstbewusstsein aus. Aber in beiden Fällen stellt sich die Frage: Was ziehen Sie an?

> *Ich ändere meine Meinung so oft,*
> *ich brauche zwei Freunde und eine Freundin.*
>
> Pink

Das ist wirklich wichtig. Sehen Sie es so: In all der Trübsal muss eines klar sein – Sie sind kein Opfer. Sie sind eine Frau, die eine wichtige Entscheidung trifft. Diese Stärke muss Ihr Look spiegeln. Sie brauchen ein Outfit, das der Situation angemessen und ernst genug ist für eine Trennung. War Ihr zukünftiger Ex jedoch ein Schuft, möchten Sie ihm als das in Erinnerung bleiben, was Sie sind: fantastisch und unglaublich heiß. Er soll sehen, was er hätte haben können und nun vermissen wird.

Falls Sie Schluss machen und er ein netter Kerl ist, nur eben der falsche nette Kerl, dann bitte zurückhaltend kleiden. Ihr Outfit sollte unterstreichen, dass Sie wissen, hier geht etwas ganz Besonderes zu Ende. Sie könnten etwas Dunkles tragen oder Stahlgrau, um Ihre Entschlossenheit zu zeigen. Vielleicht sind Sie auch der Typ Frau, die mit einem hübschen Kleid die negative Stimmung neutralisiert. Aber nutzen Sie keinesfalls diese Krise als Entschuldigung, um weniger als perfekt auszusehen. Er soll sich daran erinnern, wie wunderbar Sie waren. Sie sollten *sich selbst* daran erinnern.

Es versteht sich natürlich von selbst, dass Sie hier keinen Schmuck tragen können, den er Ihnen geschenkt hat. Das wäre schlechter Stil, es sei denn, Sie wollen ihm damit etwas zu verstehen geben. Ich persönlich würde es bleiben lassen. Es gibt so etwas wie Karma. Nachdem das geklärt ist: Sollte der Mistkerl Sie betrogen haben, tragen Sie sein Lieblingskleid, den Schmuck, den er Ihnen geschenkt hat, und bringen Sie ihn zum Heulen.

In dem Augenblick, in dem Sie sich mit weniger zufriedengeben, als Sie verdienen, bekommen Sie nicht mal das, womit Sie sich zufriedengegeben hätten.

Maureen Dowd

Geliebte Regelbrecher

Salome

Salome war eine gefährliche Herzensbrecherin. Sie müssen natürlich nicht so weit gehen und mit Ihren weiblichen Waffen zum Mord anstiften, aber es kann nicht schaden, für Ihren nächsten Partner schon mal den Tanz der sieben Schleier einzustudieren.

Wo wird das alles enden?

Viele, vor allem Männer, finden, es sei am besten, an einem öffentlichen Ort Schluss zu machen, vielleicht bei einem Drink oder einem netten Essen. Das soll den Dramafaktor niedrig halten, weil man sich angeblich in der Öffentlichkeit scheut, loszuheulen oder zu brüllen. Oder beides. Die Regel hier lautet, falls Sie Anhängerin dieser Theorie sind: Ein öffentlicher Ort ist okay, wenn man nicht länger als sechs Monate zusammen war. Das ist zu kurz, um sich zu fühlen, als ginge die Welt unter, nur weil die Beziehung zu Ende ist. Natürlich ist es noch immer schwierig, klar, aber das Ende der Welt? Eher nicht. Waren Sie länger als ein Jahr zusammen, dann reden Sie unter vier Augen darüber. So zeigen Sie Respekt für die Beziehung, die Sie hatten.

In den meisten Fällen heißt es hart bleiben, wenn Sie an diesem Punkt sind. Egal, wie sehr er Sie bekniet. Geben Sie nicht nach, nur weil Sie ein schlechtes Gewissen haben – niemand möchte eine Beziehung, die auf Mitleid basiert.

Frisur und Make-up

Warum nicht ein strenger Pferdeschwanz? Legen Sie nicht zu viel Make-up auf. Sie wollen ihm schließlich zeigen, dass Sie es ernst meinen und es kein Zurück gibt.

Überraschungseffekte

Das Blind Date

Blind Dates können einem Angst machen. Ich kenne eine Frau, die bei dem Gedanken, ein Blind Date könnte für sie arrangiert werden, schon zu zucken beginnt. Warum diese Angst? Zwei mögliche Probleme werden immer genannt: Ablehnung und Abneigung. Trotzdem sollte jede Frau sich wenigstens einmal in ihrem Leben auf ein Blind Date einlassen. Ja, neun von zehn sind eine Horrorshow, aber Sie können hinterher eine gute Geschichte erzählen und lernen zugleich einiges dazu. Nach einem üblen Blind Date werden Sie es sich zweimal überlegen, selbst den Amor zu spielen. Und nach einem ganz furchtbaren Blind Date wissen Sie zumindest, was Sie an einem Mann überhaupt *nicht* schätzen. Ist Ihnen das Glück hold: Glückwunsch. Wie auch immer, genießen Sie diese Erfahrung von der ersten bis zur letzten Minute. Und die Vorfreude auf das vor Ihnen liegende Abenteuer – betrachten Sie Dating einfach als ein anderes Wort für Networking –, und vielleicht lernen Sie ja den Mann Ihres Lebens kennen. Trotzdem bitte mit zumindest einem dieser fantastischen High Heels schön auf dem Boden bleiben.

Blind Dates sind meist unangestrengte Treffen bei einem Drink oder zum Essen, man muss sich also nicht aufwändig aufdonnern. Da Sie auch – anders als beim ersten Date – nicht wissen, was Sie erwartet, ist der Druck nicht zu vergleichen. Andererseits, wenn er nun richtig toll ist? Es gibt nichts Schrecklicheres, als leicht gelangweilt und überheblich bei einem Blind Date aufzukreuzen – und dann sieht der fragliche Typ nicht nur toll aus, sondern ist auch noch unglaublich nett. Warum nur haben Sie sich nicht mehr Mühe gegeben?

Ich war selbst auf mehreren Blind Dates, und ich sage Ihnen, ein langer, peinlicher Abend mit dem Falschen genügt, und Sie haben ein für alle Mal gelernt, man braucht einen Notfallplan. Für den Fall eines Falles. Ich empfehle eine Verabredung zu einem Drink. Wenn es gut läuft, können Sie immer noch essen gehen. Wenn er offensichtlich eine Lusche ist, entschuldigen Sie sich und sausen nach Hause.

Um einen Prinzen zu finden,
muss man ein paar Kröten küssen.

Foxy Brown

So sind Sie richtig angezogen

Hose: Eine gut geschnittene schwarze Hose oder eine Haremshose.

T-Shirt: V-Ausschnitt, Baumwollstrick mit angeschnittenen Ärmeln, Schalkragen und Diagonalstreifen. Mit einem Zickzackmuster wirken Sie sofort schlanker.

Jacke: Eine coole, kurze Motorradjacke oder ein schicker Trench.

Schuhe: Stiefeletten mit breiterem Absatz. Mary Janes, Ballerinas.

Accessoires: Nichts bringt den nackten Arm einer Frau besser zur Geltung als ein toller Cuff-Armreif. Damit fühlen Sie sich wie eine Kriegerin. Wiederholen Sie, bevor Sie das Haus verlassen, dieses Mantra: »Ich bin eine starke, selbstsichere Frau, die eine Menge zu bieten hat. Ich verdiene einen wunderbaren Mann.«

Weibliche Archetypen, auf die Männer fliegen

Die Sexbombe

- Brigitte Bardot: Das ultimative Betthäschen – umwerfend und selbstbewusst im Bikini, mit ihrem Katzenlidstrich und der verwuschelten Frisur.
- Sophia Loren: Die dunkle Schönheit. Ihre Kraft und ihre Leidenschaft wirken magnetisch.
- Scarlett Johansson: Sie ist die moderne (manchmal blonde) Sexbombe. Sie feiert ihre Weiblichkeit und ihre Kurven.

Die Frau mit Klasse

- Grace Kelly: Die große, kühle Blonde. Sie war gerade unnahbar genug, um die Männer in den Wahnsinn zu treiben.
- Audrey Hepburn: Die rehäugige Schönheit. Sie fiel auf und war doch weich, chic und zugleich jungenhaft.
- Reese Witherspoon: Eine moderne Grace Kelly. Talentiert und sich absolut klar darüber, was sie will. Und dabei immer eine Lady.

Die Femme fatale

- Cleopatra: Der Inbegriff des Lidstrichs. Sie war exotisch und mächtig, noch heute träumen die Männer von ihr.
- Gilda: Rita Hayworth verkörpert Gildas furchtlose, etwas selbstsüchtige Sexualität. Dass auf ihrer Stirn »Problem« geschrieben stand, machte sie nur begehrenswerter.
- Angelina Jolie: Sie ist stark und unabhängig, und wenn sie einen Mann will, dann bekommt sie ihn.

Der Kumpel

- Katharine Hepburn: Sie war großartig, ihr Auftritt ebenfalls. Witziges Geplänkel ist das beste Vorspiel.
- Jean Seberg: Ihre sexy Zeitungsjungen-Frisur machte Jean-Paul Belmondo – und jeden anderen Mann auf dem Planeten – verrückt.
- Cameron Diaz: Sie ist sportlich, eine Plaudertasche und schlicht fantastisch. Genau die Art von Mädchen, mit der Männer gerne Pferde stehlen.

Herz wächst nach

Verlassen werden

Verlassen werden. Das Schlimmste. Kennen wir alle. Sie nicht? Dann haben Sie unglaubliches Glück, und ich könnte Sie deshalb sogar hassen. Für uns andere Sterbliche ist das eine sehr, sehr schwere Zeit. Man durchleidet mehrere Phasen: Nicht-wahrhaben-Wollen, Zorn, Verhandeln, Depression und schlussendlich Akzeptanz. Mindestens eine Woche lang tragen Sie dieselbe Kleidung und wollen das Haus nicht verlassen. Sie sitzen da, die Haare in einem chaotischen Knoten nach oben gebunden, und hören sich zum x-ten Mal den Song an, der Sie an ihn erinnert. Seien Sie gnädig mit sich und tun Sie sich so richtig leid. Für eine sehr beschränkte Zeit.

Die Handtasche und ihr Inhalt

- **Hübsche Taschentücher.** Nur eine Kleinigkeit, aber sich die Tränen mit einem hübschen Taschentuch wegzuwischen hilft. Umgeben Sie sich mit schönen Dingen.
- **Vitaminpillen.** Sie müssen stark bleiben und Ihr Teint strahlend.
- **Sonnenbrille.** Wenn Sie dazu neigen, Rotz und Wasser zu heulen, sehen Sie mit einer übergroßen Jackie O dennoch chic aus.
- **Pfefferminzbonbons.** Das viele Weinen ist schlecht für den Atem.
- **Psychopharmaka.** Nur im Extremfall, zum Beispiel wenn Sie vor dem Traualtar sitzengelassen wurden.
- **Roter Lippenstift.** Sie sind eine starke Frau, zeigen Sie das mit einer kräftigen Farbe.

Wie ein Phönix

- Prinzessin Diana: Sie schaffte es durch eine der öffentlichsten Scheidungen der Geschichte und blieb die wunderschöne englische Rose, die sie war.
- Debbie Reynolds: Sie hat Temperament, Talent und tolle Beine. Wer braucht da noch Eddie Fisher?
- Jennifer Aniston: Ich glaube nicht, dass eine Frau auf der Welt mehr Schlagzeilen über ihren Ex und dessen neue Familie ertragen musste als sie. Sie hat Klasse.
- Nicole Kidman: Es ist ihr nicht hoch genug anzurechnen, dass wir nichts über die Gründe für ihre Scheidung von Tom Cruise wissen. Sie hat in der Öffentlichkeit kein schlechtes Wort über ihn gesagt.
- Sienna Miller: Sie überlebte den klischeeträchtigsten Skandal (als sie das Kindermädchen mit ihrem Verlobten ertappte) wahrlich mit Haltung.

Sie haben den Blues? Denken Sie Rot.

Pauline Trigère

Eine Freundin wird Ihnen erzählen, dass sie Ihren Ex gesehen hat – und er Priester ist.

Erma Bombeck

Wenn Sie sich endlich wieder rauswagen, wird es Ihnen wahrscheinlich absolut egal sein, wie Sie aussehen. Sie werden ohnehin niemanden mehr lieben, geschweige denn daten, also warum sich schön machen? Klingt das vertraut? Aber auf Murphy's Gesetz ist Verlass, das heißt: Selbst wenn Ihr Ex in einem anderen Land lebt, wird er wunderbarerweise genau in dem Moment in Ihrem Tante-Emma-Laden stehen, wenn Sie sich endlich aus dem Haus schleppen – in dem T-Shirt, in dem Sie geschlafen haben, mit Augenringen und dem traurigen Haarknoten –, um Ihren Vorrat an Wein, Tempos und Eiscreme aufzufüllen. Mir ist klar, Ihren besten Look kriegen Sie nicht hin, aber einigermaßen vorzeigbar könnten Sie schaffen. Und vielleicht fühlen Sie sich dann sogar etwas besser.

Stiltherapie für gebrochene Herzen

- Sie brauchen einen neuen, verspielten, sexy Duft für Ihr neues, verspieltes, sexy Ich.
- Verwöhnen Sie sich mit einem neuen Paar wunderschöner, teurer High Heels – manchmal hilft nur etwas Shopping-Therapie. Die hier sind für die Dates, zu denen Sie bald gehen.

- Tragen Sie ein Anhänger-Armband oder einen Cocktailring. Modeschmuck oder echt, das ist egal, solange es bei jeder Bewegung glitzert und funkelt. Und wenn Sie schon dabei sind: warum nicht noch eine Maniküre?
- Laden Sie sich auf einen Espresso oder einen Latte ein und genießen Sie!
- Experimentieren Sie mit Ihrem Stil. Warum nicht eine neue Frisur oder ein paar neue Accessoires?
- Und wenn nur Sie sie sehen: Tragen Sie dennoch hübsche, sexy Unterwäsche. Das hilft – wirklich.
- Und da jeder Schaden seinen Nutzen hat: Freuen Sie sich über den beträchtlichen Gewichtsverlust. Nutzen Sie das aus und gehen Sie ins Fitnessstudio, um geistig und körperlich wieder auf Trab zu kommen. Mit Ihrem Liebeskummer verfliegen auch diese vier Kilo, und Sie passen wieder in die enge Jeans, sehen super aus und sind bereit für die Piste.

Sitzengelassen zu werden ist ein Schock. Danach fühlt man sich wie ein empfindliches Pflänzchen. Man braucht liebevolle Pflege, um wieder zu blühen. Sie brauchen das Gefühl, hübsch zu sein, und die Kraft, sich zusammenzureißen, damit Ihrem Ex (sollten Sie ihn zufällig treffen) die Sache sowas von leidtut. Wenn Sie jedes Mal, wenn Sie ausgehen, super *aussehen*, werden Sie sich bald auch super *fühlen*. Im besten Fall laufen Sie Ihrem Ex nie über den Weg, und Ihr fantastisches Aussehen beschleunigt den Heilungsprozess. Im schlechtesten Fall sehen Sie dieses leichte Blitzen in seinen Augen, wenn Sie an ihm mit einem verächtlichen Nicken vorbeigleiten. Was war das nur für ein Idiot! Sie sind so viel besser als er.

Die neue Clique

Das Treffen mit seinen Freunden

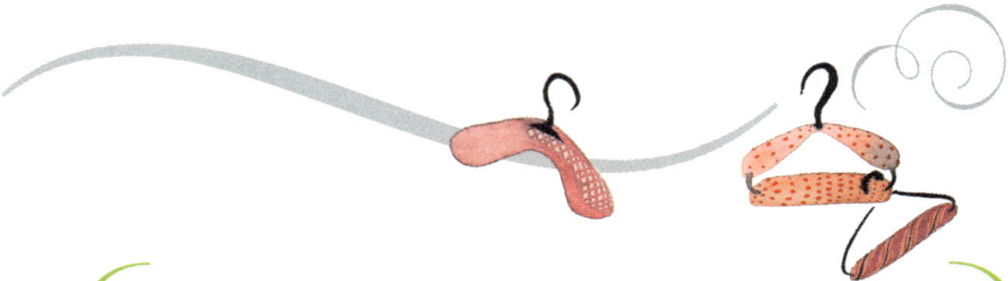

Ein falsches Urteil ist nicht fatal,
übertriebene Angst vor einem Urteil schon.

Pauline Kael

Der Druck ist immens, wenn Ihr neuer Freund Sie zum ersten Mal seiner Clique vorstellt. Ist er einfühlsam und nett, dann führt er Sie allmählich in seinen Kreis ein, statt Sie allen auf einmal auszusetzen. Es wird schwierig, dabei nicht ständig daran zu denken, dass seine Freunde alle Ihre Vorgängerinnen kennen, noch immer mit der ein oder anderen Ex in Kontakt sind, Sie nun mit ihnen vergleichen und dass vielleicht eines der Mädchen aus der Clique heimlich in Ihren Freund verliebt ist (wovon er wiederum nichts ahnt). Schieben Sie diese Gedanken beiseite. Ihr Freund betet Sie an. Deshalb stellt er Sie seinen Freunden vor. Die einzige Gefahr für Ihre Beziehung ist diese quälende Unsicherheit. Und die lässt sich am besten mit dem perfekten Outfit bekämpfen!

Mode ist eine wunderbare Medizin gegen Angst.

Beruhigen Sie sich, alles wird gut. Stellen Sie ein Outfit zusammen, das auf subtile Weise Selbstsicherheit und Offenheit ausstrahlt und dabei natürlich fantastisch aussieht. Sie können das. Normalerweise lernt man die Clique bei einer Party kennen, bei Drinks oder einem Essen, also in der Regel in einem relativ entspannten Rahmen. Das hieße, legere Kleidung ist angesagt. Puh! Sie können sich also ganz und gar auf Ihr Hauptziel konzentrieren, nämlich sich mit Leuten anzufreunden, mit denen Sie in Zukunft viel Zeit verbringen werden. Daher aufgepasst.

So sind Sie richtig angezogen

Jeans: Eine großartige Kombination von cool, lässig und offen. Und Jungs mögen Jeans – ein Look, den sie kennen und der sie nicht bedroht. Albern, aber so ist es. Außerdem sind die anderen Frauen auf der Party weniger stutenbissig, wenn Sie in Jeans kommen, statt sich aufzudonnern. Mit einem Kleid erzielen Sie die gegenteilige Wirkung. Ihr Ziel ist der freundliche, offene Look.

Top: Am besten ist ein Top, das toll an Ihnen aussieht, aber nicht zu viel offenbart. Sie möchten seine Freunde kennenlernen und sie nicht mit Ihrem Dekolleté ablenken. Und vielleicht wäre das ja auch ihm unangenehm.

Schuhe: Stiefel oder Stiefeletten. Wenn mir bei einem Anlass nicht ganz wohl ist, trage ich meist Plateausohlen. Größe ist gut fürs Selbstbewusstsein. Hier ist ein breiter Absatz oder ein Keilabsatz am besten, Stilettos wären zu sexy.

Tasche: Nichts mit Logos, das versteht sich von selbst. Sie möchten nicht als *Material Girl* rüberkommen, sondern als *Cool Girl*.

Farbe: Am besten eine positive, freundliche Farbe. Von Kopf bis Fuß in Schwarz ist weniger gut, es sei denn, Sie leben in New York.

Geliebte Regelbrecher

Slim Keith

Sie gilt als *das* California Girl, cool und elegant zugleich. Wenn Slim, Babe Paley und Truman Capote New York unsicher machten, wurde das Tagesgespräch.

Was gar nicht geht

- Jede Menge Klunker. Vor allem die Jungs in seinem Freundeskreis werden Sie als kapriziös bis kompliziert einstufen. Selbst wenn Sie es sind, soll das nicht der erste Eindruck sein.
- Tiefer Ausschnitt und Supermini. Sie sind ohnehin umwerfend, Sie müssen es nicht demonstrativ zur Schau stellen. Ihr Freund wäre davon sicherlich auch nicht begeistert.
- Reißen Sie das Gespräch nicht an sich, um Eindruck zu schinden. Gute Zuhörer sind äußerst beliebt.

Wichtig ist nicht, was sie von mir halten, sondern was ich von ihnen halte.

Königin Victoria

Zen oder die Kunst, einen guten Eindruck zu hinterlassen

- Nichts geht über Ruhe und Gelassenheit.
- Machen Sie morgens eine Runde Yoga.
- Genießen Sie den Duft von Salbeirauch.
- Telefonieren Sie mit Ihrer besten Freundin, bevor Sie losziehen.
- Schreiben Sie auf, was Sie an Ihrem Freund lieben, und denken Sie an diese Liste, wenn etwas schiefläuft.
- Geben Sie sich nicht zu viel Mühe. Schließlich können sich die anderen glücklich schätzen, Sie kennenzulernen – und nicht andersherum.
- Ihr Freund soll stolz auf Sie sein. Seien Sie das Mädchen, in das er sich verliebte.
- Lächeln, immer lächeln.

Kante zeigen

Die Begegnung mit seiner Ex

> *Don't you wish your girlfriend was hot like me?*
>
> Pussycat Dolls

Der Ex des Freundes läuft man meist zufällig über den Weg, schrecklich genug. Falls Sie aber vorgewarnt sind und planen können, rate ich Ihnen: Bleiben Sie stark. Er gehört Ihnen. Das wissen Sie. Widerstehen Sie der Versuchung, stutenbissig zu werden – sobald Sie andere niedermachen, wenden sich diese negativen Gedanken gegen Sie selbst, und Sie werden nur noch unsicherer. Konzentrieren Sie sich lieber auf sich selbst und denken Sie positiv.

Wahrscheinlich treffen Sie die Ex bei etwas Organisatorischem wie Kinderabholen oder -wegbringen oder einer Veranstaltung gemeinsamer Freunde. Also keine festliche Kleidung. Trotzdem gilt: Sie brauchen die *Gewissheit*, gut auszusehen. Sie müssen Selbstsicherheit verströmen. Das ist nicht die Zeit für Experimente. Probieren Sie nicht dieses neue Kleid aus. Ziehen Sie nicht das Top an, bei dem Sie sich nicht ganz sicher sind. Und keine allzu gewagte Frisur! Sie würden es bereuen.

So sind Sie richtig angezogen

Kleid: Möglichst sexy, am besten das Kleid, in dem Sie sich fantastisch fühlen. Ein Rock oder Kleid in A-Linie ist immer gut.

Schuhe: Hoch, hoch, hoch. Höhe ist Macht – solange Sie selbstbewusst ausschreiten können. Tragen Sie Ihre tollsten High Heels. Und Sie fühlen sich groß, schlank und als die Frau, die Ihr Mann anbetet.

Don't worry, be happy

- Verströmen Sie Selbstbewusstsein – aus jeder Pore Ihres Körpers. Bereiten Sie sich vor, aber ohne Hysterie.
- Meditieren Sie. Klären Sie den Kopf und atmen Sie ruhig.
- Sie zeigen Haut? Dann sorgen Sie dafür, dass sie strahlt. Peeling und Feuchtigkeitscreme sind Pflicht. Am besten bereits Tage vorher. Nichts ist so sexy wie nackte Haut – nichts.
- Sorgen Sie für ein strahlendes Lächeln. Warum kein dezentes Bleaching? Betonung auf dezent – schließlich sollen Ihre Zähne strahlen, nicht blenden.
- Entgiften Sie. Die Models von Victoria's Secret entgiften ein paar Tage vor einem Shooting. Danach strahlt Ihre Haut, und Ihre Figur ist fantastisch.
- Setzen Sie auf Aromatherapie. Ein Bad und Duftkerzen – Lavendel ist besonders beruhigend.
- Trinken Sie ein Glas Wein.
- Hören Sie Ihre Lieblingsmusik und kommen Sie in den richtigen Groove.
- Denken Sie dran: Sie sind erwachsen und werden mit allem fertig.

- Und zum Schluss ein Kuss. Nehmen Sie sich vor dem Treffen eine halbe Stunde Zeit für Ihren Freund. Die Aura von Zärtlichkeit umgibt Sie, wenn Sie zum Treffen schweben.

Gehe, bevor du jemanden heiratest, mit seiner Exfrau essen.

Shelley Winters

Das Geheimnis des entspannten Outfits besteht im Weglassen. Halten Sie es so schlicht wie möglich. Das Ziel ist glamouröses Understatement. Ein bisschen Glitzer ist okay, aber leeren Sie nicht die Schmuckkassette. Tragen Sie ein Stück von ihm. Jedes Kompliment für das hübsche Stück hebt Ihr Selbstbewusstsein. Fühlen Sie sich schön, seien Sie schön und denken Sie dran: Er ist hier bei Ihnen. Und er hat verdammtes Glück.

Ehe Sie sichs versehen, ist das gefürchtete erste Treffen mit der Ex Teil der Vergangenheit, und Ihre Beziehung hat's ohne Schrammen überlebt. Klopfen Sie sich auf die Schulter, Sie haben es sich verdient. Sie haben die Sache mit Anstand gemeistert. Atmen Sie tief durch.

Frisur und Make-up

Frisur und Make-up sollten zum Outfit passen – makellos, aber nicht übertrieben. Der perfekte Look wirkt unangestrengt, Sie wollen ja nicht den Eindruck erwecken, als hätten Sie Tag und Nacht daran gearbeitet.

Die Bewährungsprobe

Das Treffen mit seinen Eltern

Ich erklärte meiner Schwiegermutter, mein Haus sei ihr Haus, und sie antwortete: »Sieh zu, dass du von meinem Grundstück kommst.«

Joan Rivers

Nichts ist nervenzermürbender, als den Eltern des Freundes vorgestellt zu werden. Ein schlechter Eindruck (vielleicht sind sie die zukünftigen Schwiegereltern) kann die Beziehung auf Jahre belasten. Ein guter erster Eindruck dagegen, und dieses Treffen ist ein weiterer Schritt, Sie einander näherzubringen. Wie nett und offen seine Eltern auch sein mögen, ihnen geht es um ihren Sohn, das ist ihr Job. Zeigen Sie, dass Sie sie respektieren und Ihnen ihr Sohn am Herzen liegt. Treten Sie so damenhaft auf wie möglich und zeigen Sie sich von Ihrer besten Seite. Versuchen Sie nicht, die Person zu spielen, die sich die Eltern Ihres Freundes Ihrer Meinung nach wünschen. Ich betone das hier, weil es so leicht vergessen wird.

Ein solches Treffen verlangt Vertrauen, schließlich hängt die Zukunft davon ab. Und je nach dem Verhältnis, das er zu seinen Eltern hat, kann es *riesiges* Vertrauen verlangen. Stellen Sie sich das Ganze als eine Art Vorstellungsgespräch vor, nur weitaus persönlicher. Sie möchten einen guten Eindruck hinterlassen, Sie möchten, dass seine Eltern Sie sympathisch finden und gerne öfters sehen wollen.

Was soll Ihr Outfit ausstrahlen? Wie wollen Sie wahrgenommen werden? Als respekteinflößend, offen, damenhaft, feminin und – ich wiederhole – als der Mensch, der Sie sind. Und als eine Stufe besser als die anderen. Das heißt nicht, dass Sie mit Twinset und Perlenkette anrücken müssen. Es heißt allerdings: kein tiefer Rückenausschnitt, kein tiefes Dekolleté, keine Superminis. Tragen Sie, wenn möglich, etwas mit Ärmeln oder kommen Sie mit einem hübschen Schal oder einer Weste (mein Tipp). Haben Sie keine Angst, zu modisch zu sein. Verstecken Sie nicht Ihre Weiblichkeit, an der Sie so hart gearbeitet haben. Wichtig ist natürlich die Gelegenheit, bei der Sie die Eltern Ihres Freundes kennenlernen werden. Ein Essen in einem feinen Restaurant oder zu Hause? Werden mehr Leute anwesend sein? So viele Möglichkeiten. Es ist hektisch und stressig, für seine Eltern zu kochen, wenn Sie sie zum ersten Mal sehen. Davon rate ich Ihnen dringend ab. Gehen Sie lieber essen. Erledigen Sie die Hausaufgaben – quetschen Sie Ihren Freund über seine Eltern und ihre Erwartungen aus. Je mehr Sie über sie wissen, desto einfacher ist es, sie zu bezaubern.

Geliebte Regelbrecher

Clare Boothe Luce

Sie war ein Multitalent. Journalistin, Theaterautorin, Gesellschaftsdame, Kongressabgeordnete, es gab nichts, was sie nicht konnte. Sie war großartig, klug, talentiert, politisch und so unglaublich stylisch. Lassen Sie sich von ihr inspirieren!

So sind Sie richtig angezogen

Kleiden Sie sich nicht zu sexy. Zurückhaltung und warme Erdtöne oder Blumiges sind hier angesagt – beides wirkt freundlich und geerdet, es vermittelt: »Ich bin klug und ruhe in mir.«

Rock oder Kleid: Ein Rock oder Kleid in A-Linie und knielang ist einfach, bequem und schmeichelhaft. Supermini geht hier definitiv nicht. Einfache, klare Linien, ein damenhaftes florales Muster, mit Falten oder asymmetrisch geschnitten.

Hose: Falls Sie sich für eine Hose entscheiden, bitte eine weit geschnittene, schicke Hose, nichts Enges und keine Leggings. Konservativ lautet die Devise.

Bluse: Eine hübsche Bluse mit Bogensaum, ein dezentes Muster, feminine Details wie eine kleine Rüsche oder Schleife sind modern und zugleich auf liebenswerte Weise altmodisch.

Schuhe: Tragen Sie einen niedrigen oder mittleren Absatz, klassische Pumps, zum Beispiel einen schicken Schnallenschuh. Oder hübsche Ballerinas.

Tasche: Keine Statustasche, eine mittelgroße, klassische Tasche ist wunderbar.

Accessoires: Die ideale Gelegenheit für ein Familienerbstück. Die Perlen Ihrer Großmutter sind klassisch und elegant. Und die Mutter Ihres Freundes weiß, dass sie sich keine Sorgen machen muss. Perlen sind nicht Ihr Stil? Dann tragen Sie die Kamee oder den Ring Ihrer Mutter. Sie haben kein Familienerbstück? Ein Vintage-Stück, das Ihnen gefällt, tut's auch. Wichtig ist die persönliche und zurückhaltende Note.

Diese Situation ist für alle Beteiligten schwierig, nicht nur für Sie. Vergessen Sie nicht, seiner Mutter ein Kompliment zu ihrem Outfit zu machen, und lachen Sie über die lauen Witze seines Vaters. Das mag altbacken und berechnend klingen, wirkt aber!

Die Schönheit, die nicht überrascht wirkt, die ihre Position als ihr gebührend empfindet – sie erinnert uns zu sehr an eine Primadonna.

E.M. Forster

Damit die Stimmung stimmt

- Wichtig ist der richtige Zeitpunkt. Überstürzen Sie es nicht. Warten Sie, bis die Beziehung zu Ihrem Freund in sicherem Fahrwasser ist und er das Thema anspricht.
- Bitten Sie Ihren Freund, Ihnen seine Babyfotos zu zeigen. War er nicht unglaublich süß!
- Seien Sie pünktlich. Ist schließlich eine Art Vorstellungsgespräch. Außerdem ist Unpünktlichkeit keine Zier.
- Bitte beste Umgangsformen zeigen. Siezen Sie jeden. Vergessen Sie nicht, »danke« zu sagen. Diese kleinen Höflichkeiten sind nicht zu unterschätzen.
- Bringen Sie ein kleines Geschenk mit. Etwas Einfaches wie Blumen, eine Duftkerze, ein Buch, Wein oder Pralinen. Sie werden Sie lieben!
- Seien Sie selbstbewusst. Informieren Sie sich über die neuesten Schlagzeilen – Eltern lieben intelligenten Smalltalk (aber vermeiden Sie Religion und Politik).

- Loben Sie das gute Essen, das schöne Haus. Aber übertreiben Sie nicht, ungekünstelt ist Trumpf.
- Hängen Sie nicht ewig herum. Verabschieden Sie sich freundlich, wenn alles gut läuft. Damit man sich auf Ihren nächsten Besuch freut.

Ziehen Sie sich, falls das große Ereignis nicht gerade ein Picknick ist oder in einem ähnlich ungezwungenen Rahmen stattfindet, im Zweifelsfall lieber zu formell an. Lassen Sie sich von Julia Roberts oder Cameron Diaz inspirieren – beides wunderschöne, eigenständige und zugleich originelle und sympathische Frauen. Und immer daran denken: Das Treffen mit seinen Eltern ist für beide Seiten schwierig, *beide* Seiten wollen gefallen.

Frisur und Make-up

Halten Sie Ihre Frisur unkompliziert und natürlich, dasselbe gilt für das Make-up. Ordentlich und gepflegt, das ist der angemessene Look.

Kinderfreundlich angezogen

Das Treffen mit seinem Nachwuchs

Dieses Publikum macht es einem wirklich schwer. Je älter man wird, desto wahrscheinlicher kommen Kinder ins Dating-Spiel. Leute heiraten, haben Kinder, lassen sich scheiden. Vielleicht hat der Mann, den Sie daten, genau das gemacht.

Seien Sie bereit.

Unglücklicherweise neigen Kinder dazu, jede Frau abzulehnen, die ihr Vater nach Hause mitbringt und die nicht ihre Mutter ist. Womit die Aufgabenstellung klar wäre. Positiv dabei ist, dass kleine Kinder Ihrem Outfit keine große Beachtung schenken und Teenager Erwachsene ohnehin lächerlich finden. Falls seine Kinder um die zwanzig oder älter sind, werden sie Sie von Kopf bis Fuß eingehend mustern, aber sie werden Sie nicht prinzipiell verdammen.

Das Treffen mit seinen Kindern ist schwer zu planen, so vieles spielt hier mit rein. Wichtig ist Ihre Einstellung. Seien Sie so witzig, entspannt und offen wie möglich. Bei kleineren Kindern tragen Sie am besten bequeme, unkomplizierte Sachen – eine Jeans, eine Khaki- oder Cargohose. Nichts, was einschüchtert. Lässig, entspannt lautet die Devise.

> *Folgen Sie Ihrer Freude, und das Universum wird Türen für Sie öffnen, wo bisher nur Mauern waren.*
>
> Joseph Campbell

Es ist so wichtig, sich nicht zu sehr zu bemühen. So süß und quirlig Kinder sind, sie können wie kleine Bienen jeden Augenblick zustechen, und sie riechen Verzweiflung. Eine Beziehung zu ihnen aufzubauen braucht Zeit, Druck ist hier fehl am Platz. Seien Sie nicht traurig, wenn Ihnen die Herzen nicht sofort zufliegen. Seien Sie Sie selbst, hören Sie den Kleinen wirklich zu und behandeln Sie sie als die fantastischen kleinen Individuen, die sie sind. Vielleicht bleiben sie sehr, sehr lange in Ihrem Leben. Zeigen Sie ihnen langsam, dass Sie als Bienenkönigin regieren werden.

Die Kleinen zeigen Ihnen die kalte Schulter? Nehmen Sie es gelassen. Das ist nicht einfach – plötzlich fürchtet man, ausgeschlossen und abgelehnt zu werden. Schieben Sie diese Gefühle beiseite! Sie sind erwachsen, der Vater der Kleinen findet Sie toll, und wenn Sie die Kinder näher kennenlernen und diese Sie, werden Sie Freunde sein, bevor Sie es merken. Und alles wird gut!

Und jetzt los, schauen Sie die angesagten TV-Sendungen und lesen Sie die *Twilight*-Bücher. Sie müssen wissen, was in den Köpfen der Kids vorgeht. Vor allem aber: Bleiben Sie immer schön entspannt.

Die Handtasche und ihr Inhalt

Wahrscheinlich brauchen Sie etwas zum Ablenken. Packen Sie eine Zeitschrift oder das ein oder andere Spiel in die Handtasche, falls es zu einer dieser peinlichen Pausen kommt. Es wird Sie überraschen, wie leicht sich ein Kleinkind zum Beispiel mit einem iPhone ablenken lässt.

Der Tag

So viel zu tun

Ein vollgepackter Tag

Schlampen entpuppen sich oft als verkleidete Promis – aber wer sich ordinär kleidet, ist durch und durch ordinär.

Aus *Etiquette* von Emily Post

Erledigungen! Wie ich sie hasse. Manchmal beherrschen sie mein Leben auf geradezu grausame Weise. Aber Kinder müssen nun mal von der Schule abgeholt und die Wäsche muss in die Reinigung gebracht werden, Einkäufe müssen erledigt werden und und und. Es gibt Tage, an denen ich das Gefühl habe, ich renne nur von einer Erledigung zur nächsten und arbeite meine Liste ab. Aber ich bin Mutter, Ehefrau, Mitglied der Gesellschaft und ein Mensch mit ganz individuellen Wünschen und Bedürfnissen – da ist Multitasking gefragt.

Das Abarbeiten jedes Eintrags auf meiner Liste kostet Kraft, das beginnt schon mit dem Look: Ich möchte auch dann gut angezogen sein, wenn ich nur meine Liste abarbeite. Ich hoffe, meine Eitelkeit in diesem Punkt hat den positiven Nebeneffekt, dass ich Ihnen nun ein paar Tipps geben kann, wie Sie einen mit Erledigungen vollgepackten Tag meistern und dabei auch noch gut aussehen können.

Vor allen Dingen heißt es immer auf das Unerwartete vorbereitet sein. Sie könnten in der Bäckerei Ihrem Chef begegnen. Lehrer könnten ihren Schülern oder deren Eltern über den Weg laufen. Der Typ, der Ihnen den Laufpass gegeben hat, könnte mit seiner neuen Flamme im Supermarkt hinter Ihnen an der Kasse stehen. Der äußerst attraktive Nachbar, den Sie schon immer kennenlernen wollten, könnte neben Ihnen in der Post Briefmarken kaufen. Die Beispiele ließen sich endlos fortspinnen. Machen Sie sich einen Plan. Wenn Sie oft in Eile sind, lohnen sich die paar Minuten, sich ein Outfit-to-go zu überlegen, in das Sie schnell schlüpfen können, wenn Sie etwas erledigen (oder eine ganze Liste abarbeiten) müssen. Die Devise lautet: modern, einfach, funktional.

Geliebte Regelbrecher

Britney Spears

Sie hat sich erstaunlich gefangen, aber Britney Spears ist bekannt dafür, dass sie das Haus auch schon mal im nicht ganz perfekten Outfit verließ. Nicht dass wir ihr nacheifern wollten, doch dank ihr wissen wir, wie wir nicht aussehen wollen, wenn wir uns ein Eis kaufen, und dass wir alle nur Menschen sind und modische Fehltritte zum Menschsein dazugehören. Dafür lieben wir sie.

Stil lernt man nicht, wenn man den Leuten auf dem Laufsteg zusieht. Fashion passiert jeden Morgen, wenn man aufwacht.

Shalom Harlow

Ihr Outfit-to-go kann etwas absolut Simples sein wie eine Jeans oder Cargohose mit einem Pulli und modischen Turnschuhen. Was immer Ihnen gefällt, solange es gut aussieht und Sie nicht den Eindruck erwecken, als hätten Sie die Nacht durchgefeiert. Mit Ihren Haaren ist aber auch gar nichts zu machen heute? Dafür gibt's Hüte und Schals. Schlüpfen Sie in eine Jacke oder einen Trenchcoat – und voilà, Sie sind bestens angezogen.

Schlimmstenfalls helfen Ihnen ein toller Mantel, eine Sonnenbrille, ein Schal und Stiefel aus der modischen Patsche. Sie könnten einen Mickymaus-Pyjama unter diesem wunderbaren Mantel tragen. Das merkt niemand! Darum rate ich immer, kauft euch einen tollen Mantel. Den ganzen Herbst und Winter über sehen euch die Leute hauptsächlich darin. Die Investition in einen fantastischen Mantel zahlt sich aus.

Schick in jeder Kabine

Der Shoppingtrip

Was ist belebender als ein ausgiebiger Shoppingtrip? Selbst wenn man gar nichts kauft und nur das ein oder andere Teil anprobiert, die Schaufenster allein haben schon eine therapeutische Wirkung. Ein Fest der Sinne für jede Frau, die Mode liebt. Und ich liebe Mode. Ein ernsthafter Shoppingtrip verlangt Ausdauer und Disziplin. Man legt Meilen zurück, kämpft sich in die Kleidung hinein und wieder aus ihr heraus. Da braucht man zwischendurch wenigstens einen Espresso, um aufzutanken. Bevor es zurück in den Laden zu diesem hinreißenden Cocktailkleid geht. Das macht nicht nur Spaß, sondern ist zugleich das reinste Fitnesstraining.

> *Am schnellsten lernt man eine Frau beim Shoppen kennen.*
>
> Marcelene Cox

Tatsächlich erfordert das perfekte Shopping-Outfit eine gute Planung. So wunderbar dieser Ausflug sein mag, Sie müssen damit rechnen, von einer Unzahl Spiegel umgeben zu sein, und das in wenig schmeichelhaftem Neonlicht. Denken Sie daran. Eine Frau erträgt nur eine gewisse Zeit lang diesen verstörenden Anblick im Spiegel, bis nur noch die Flucht aus dem Laden ins nächste Café hilft, um sich in Frappuccinos und Kuchen zu stürzen.

Ihnen wird das nicht passieren. Sie werden in Ihrem besten Outfit über diese Spiegel triumphieren.

Zu dem schlechten Licht und den grausamen Spiegeln gesellt sich noch die Klimaanlage in diesen Läden – wenn es draußen kalt ist, herrscht dort ein höllisches Hitzeinferno und umgekehrt. In Miami fühlt man sich in den Boutiquen zum Teil wie in einem Iglu in Alaska. Wahrlich bizarr. Beim Einkaufen erweist sich daher der Zwiebellook als Ihr bester Freund. So können Sie sich problemlos an das Klima des jeweiligen Ladens anpassen. Und die Outfits, die Sie anprobieren, mit einem anderen Top, einem Pulli oder einer Hose kombinieren, die Sie nicht neu kaufen müssen – immer ein Pluspunkt.

Vielleicht halten Sie mich jetzt für verrückt, aber legen Sie unbedingt etwas Make-up auf. Sie wissen nie, ob Sie nicht das Cocktailkleid finden, nach dem Sie schon so lange suchen. Bequem: Ja. Nachlässig: Nein. Wer schlampig herumläuft, shoppt auch schlampig. Das wollen Sie nicht.

Und was trägt man darunter?

Hübsche Unterwäsche ist auch beim Shopping ein absolutes Muss. Nicht unbedingt extrem sexy, aber entzückend sollte sie sein. Schließlich möchten Sie gut aussehen, wenn Sie sich ständig aus- und anziehen. Nicht für die Verkäuferin und nicht für Ihre Freundinnen, sondern für *Sie* selbst.

»Ohne Make-up geh ich nicht raus, ich bin eine Frau, wissen Sie.«

Shakira

So sind Sie richtig angezogen

Jeans: Keine superengen Jeans. Seien wir ehrlich, die sind nicht so leicht aus- und anzuziehen. Besser sind gut sitzende Bootcut-Jeans, nicht nur, weil man leicht raus- und reinkommt, sondern auch, weil sie so unglaublich vielseitig kombinierbar sind.

Tanktop oder Camisole: Wie gesagt, Zwiebellook ist die optimale Lösung. Die unterste Schicht entscheidet, wie die Tops, die Sie anprobieren, sitzen.

Pullover mit Wasserfall- oder V-Ausschnitt: Mir sind Oberteile lieber, bei denen ich mir nicht bei jedem Aus- und Anziehen die Frisur ruiniere.

Cardigan: Bei kühlem Wetter liebe ich lange, enger anliegende Cardigans mit Gürtel. So chic.

Leichte Jacke oder Mantel: Ein Trenchcoat sieht großartig aus und bringt Sie nicht zum Schwitzen.

Flache Schuhe: Tragen Sie Schuhe, in denen Sie gut (und lange) laufen können und die sich gut kombinieren lassen. Die meisten Boutiquen haben Probierschuhe in diversen Größen, falls Sie beispielsweise für einen Bleistiftrock etwas Absatz bräuchten. Mit ausgelatschten Turnschuhen sieht er nämlich an niemandem gut aus. Aber zum Shoppen High Heels anzuziehen wäre absurd.

Geliebte Regelbrecher

Rebecca Bloomwood aus *Shopaholic – Die Schnäppchenjägerin*

Unsere Lieblings-Schnäppchenjägerin, Ms. Bloomwood, ist die Verkörperung unseres inneren Shopaholics. Dafür lieben wir sie.

Rock und Kleid

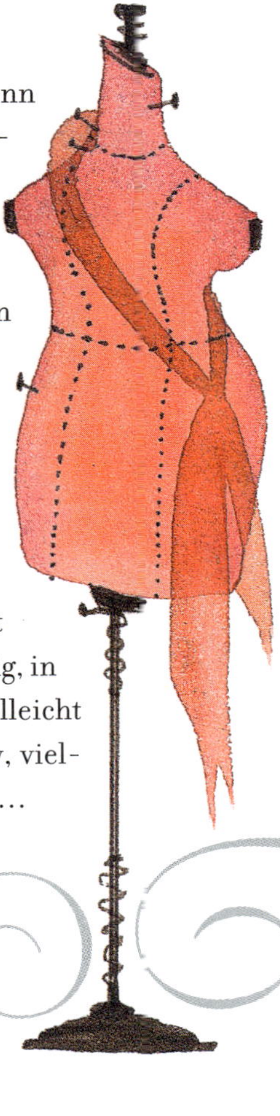

Sie können statt einer Jeans immer einen Rock anziehen, wenn das eher Ihrem Stil entspricht. Ein Kleid dagegen verstößt gegen das Zwiebellook-Gebot. Einzelteile lassen sich so nicht kombinieren, weil man ja nicht mehrere Looks ausprobieren kann. Und wie ich immer wieder betone, eine kluge Shopperin weiß, dass jedes neue Teil zu mindestens drei Teilen in ihrem Schrank passen muss, sonst ist es das Geld nicht wert.

Sie fühlen sich fabelhaft? In dieser Stimmung werden Sie überlegter einkaufen und damit auch weniger umtauschen müssen. Es ist kein Geheimnis – das richtige Outfit sorgt für die richtige Geisteshaltung.

Aber das ist nicht alles. Wenn Sie sich fantastisch fühlen, strahlen Sie aus, dass Sie zu keinen Kompromissen bereit sind, was Stil betrifft. Die Botschaft lautet: »Ich bin mir wichtig, in jeder Beziehung, in jedem Augenblick meines Lebens.« Vielleicht bekommt nur der Herr an der Kasse Sie zu Gesicht, aber hey, vielleicht ist er absolut umwerfend, und vielleicht sind Sie Single …

Ich glaube, das Wichtigste für eine Frau ist – abgesehen von Talent natürlich – ihr Friseur.

Joan Crawford

Haargenau

Der Friseurbesuch

Ich bin eine wuchtige Frau,
ich brauche eine wuchtige Frisur.

Aretha Franklin

Wer mich kennt, weiß, dass ich alles, was mit Haaren zu tun hat, wirklich *liebe*. Die unterschiedlichsten Frisuren, die unzähligen Schnitte, Farben, Längen: seidene blonde Haare perfekt zum Pferdeschwanz gebunden, sinnliche brünette Bobs, die Männer zum Weinen bringen, seitlich frisierte Ponys – ich könnte ewig fortfahren. In einem früheren Leben muss ich Hairstylistin gewesen sein.

Geliebte Regelbrecher

Lady Godiva

Laut Legende ritt die angelsächsische Adlige, nur von ihren langen, wallenden Haaren verhüllt, auf einem Pferd durch die Stadt, um gegen die ungerechte Steuerpolitik ihres Mannes zu protestieren. Und damals gab es noch keine Extensions!

Wählen Sie, wenn Sie zum Hairstylisten gehen, ein Outfit, das für Ihren Stil typisch ist. Bewusst oder unbewusst beeinflusst der Stil Ihres Outfits den Stil Ihrer Frisur. Außerdem werden Sie, je nach Outfit, anders auf diesem Stuhl sitzen, selbst wenn Sie in diesem riesigen, hässlichen Kittel stecken. Nachlässig gekleidete oder ungepflegt wirkende Kundinnen geben Anlass zu der Vermutung, dass ihnen ihre Erscheinung – und damit auch ihre Frisur – nicht so wichtig ist. Was dann passieren kann, wissen wir. Manchmal gibt's Tränen, manchmal Kuchen, manchmal beides. Trotzdem wird's kein schöner Anblick.

Meine Regeln für den Friseursalon

Richtig

- Bringen Sie Fotos mit von Frisuren, die Ihnen gefallen. Das mag banal klingen, aber wenn Sie etwas Größeres vorhaben, können Sie mit Fotos konkret zeigen, was Sie möchten. Um den gewünschten Look zu erreichen, müssen Sie sich verständlich machen.
- Vereinbaren Sie, wenn irgend möglich, *keinen* Termin am Wochenende. Die Hektik am Wochenende lenkt Ihren Stylisten nur ab, egal was er sagt. Das Ergebnis ist besser, wenn es im Salon ruhig ist und der Künstler ungestört arbeiten kann.
- Spielen Sie, wenn der Friseur fertig ist, noch im Salon mit Ihren Haaren. Fahren Sie sich mit den Fingern durch die Haare, zerzausen und frisieren Sie sie wieder in Form. Sie werden den Kopf ja auch nicht ständig ruhig halten, sobald Sie durch die Tür sind, oder? Und falls Sie jetzt ein Problem

haben, die Frisur wieder richtig hinzubekommen, kann das noch korrigiert werden.

Falsch

- Tragen Sie keine Bluse mit hohem Kragen, erst recht keinen Rolli. Die Kinnlinie wird dadurch gestört, das ist schlecht für den Schnitt.
- Vergessen Sie das Trinkgeld nicht. Es wäre unhöflich, und das merkt man sich im Salon. Sie wären überrascht, wie schnell ein großzügiger Kunde einen Termin bekommt. Und keineswegs wegen seines Charmes.
- Haben Sie keine Angst, den Mund aufzumachen, wenn Ihnen etwas nicht klar ist. Ich habe das nicht getan, obwohl mir klar war, dass da gerade etwas schiefläuft. Und ich habe es bereut. Sagen Sie Ihre Meinung (natürlich höflich), das wird Ihnen viel Kummer ersparen.

Verstehen Sie mich bitte nicht falsch, ich sage nicht, dass Sie sich wie für einen Schönheitswettbewerb oder ein Vorstellungsgespräch aufbrezeln sollen, wenn Sie zum Friseur gehen. Hier soll nicht anhand Ihres Outfits Ihr Charakter bewertet werden. Aber je besser Sie aussehen, desto engagierter wird Ihr Friseur arbeiten. Und desto engagierter werden Sie dabei sein. Ein nachlässiges Outfit ist einfach nicht inspirierend. Achten Sie also darauf, dass Ihr Look der gewünschten Frisur entspricht. Das macht einen Riesenunterschied.

> *Die Frisur einer Frau verrät allemal,*
> *ob sie sich selbst wirklich kennt oder nicht.*
>
> Hubert de Givenchy

Schnörkellose Blütenpracht

Die Gartenarbeit

Gärtnern ist meine Art zu entspannen. Es ist eine andere Art, kreativ zu sein und mit Farben zu spielen.

Oscar de la Renta

Gärtnern fasziniert mich, seit ich als kleines Mädchen meiner Mutter in ihrem bescheidenen Gemüsegarten an der karibischen Küste Kolumbiens half. Wir waren umgeben von Bäumen voller herrlicher exotischer Früchte – die Mangos verströmten einen hinreißenden Duft, und die riesigen, butterweichen Avocados waren innen so grün, dass sie schon fast leuchteten. Allein bei dem Gedanken an die großen, fleischigen Tomaten läuft mir das Wasser im Mund zusammen. Und stilbewusst, wie meine Mutter war, gärtnerte sie auch mit Stil. Ein Garten in Manhattan, wo ich jetzt lebe, verlangt etwas mehr Kreativität, aber es ist durchaus machbar. Liebe Städter, nur Mut! Es muss ja nicht gleich ein ganzer Garten sein, versuchen Sie es mit einem Blumenkasten oder Töpfen.

Gärtnern ist eine der einfachen Freuden des Lebens. Nichts ist vergleichbar mit einem Nachmittag Arbeit in der Sonne (natürlich nicht *zu* harter Arbeit, versteht sich), an dem man sprichwörtlich die Früchte seiner Arbeit wachsen sieht. Es tut der Seele gut, wenn man schmutzig und mit der Erde eins wird, auch wenn es nicht lange dauert, bis man wieder eingeholt wird von der Realität des Stadtlebens und der Mode!

Geliebte Regelbrecher

Carmen Miranda

Die portugiesisch-brasilianische Sängerin und Schauspielerin Carmen Miranda entschuldigte sich nicht für den Obstkorb, den sie auf dem Kopf trug – und sie sah verdammt gut damit aus.

Grün, grün, grün – ein Stil, der einen weiten Weg zurückgelegt hat seit Gladys Kravitz. Die neugierige Nachbarin aus der amerikanischen Serie *Verliebt in eine Hexe*, beobachtete Samantha über die Büsche hinweg in Strohhut und Gartenhandschuhen sowie mit Gartenschere bewehrt bei ihren Tollereien. Madonna trug einst ein viel kritisiertes, ungewöhnliches Kleid von Louis Vuitton, das grasartig wirkte. In meinen Augen kann Madonna sich nicht irren, und sie überbrachte mit diesem Ensemble bestimmt eine sehr wichtige Umweltbotschaft. In der Mode braucht man Humor, sonst welkt man vor sich hin und geht ein.

So sind Sie richtig angezogen

Overall: Ich weiß, ich habe gesagt, die gehen gar nicht. Aber wenn es eine Gelegenheit für Hinterwäldler-Chic gibt, dann beim Gärtnern.

Bermudashorts oder Caprihose: Overalls sind Ihnen zu unstylisch? Greifen Sie zu einer klassischen Bermuda im Madraskaro oder einer sommerlich gemusterten Caprihose. Denken Sie an Sommer, Sonne und kühle Drinks.

Top: Etwas Bequemes, das man anschließend einfach in die Waschmaschine werfen kann. Ein klassisches T-Shirt oder ein Poloshirt sind mir im Garten am liebsten.

Schuhe: Turnschuhe. Chucks sind der Klassiker. Oder, wenn Sie mit Wasser arbeiten, Gummistiefel.

Hut: Sonnenschutz ist Pflicht. Ein Sonnenhut mit einem breiten Rand schützt Sie. Vergessen Sie aber deshalb nicht die Sonnencreme, meine Damen.

Handschuhe: Ihre Maniküre will geschützt werden. Und es gibt richtig sexy Gartenhandschuhe. Machen Sie Ihre Hausaufgabe und fischen Sie im Internet nach Exemplaren, die Ihnen gefallen. Ohne perfekte Handschuhe kein perfekter Garten.

Paradiesische Gärten

Sie suchen nach Anregungen, bevor Sie mit dem Gärtnern loslegen? Hier ein paar wunderbare Gärten, die einen Besuch lohnen.

- Les Quatre Vents, Québec, Kanada: Einer der berühmtesten Gärten Nordamerikas. Er ist nur viermal jährlich geöffnet.
- Jardin Majorelle, Marrakesch, Marokko: Diesen wunderbaren, von dem französischen Künstler Jacques Majorelle entworfenen Garten kauften 1980 Yves Saint Laurent und Pierre Bergé. 2008 wurde hier Yves Saint Laurents Asche verstreut.
- Millennium Park, Chicago: Der größte Dachgarten Amerikas.
- Ryōan-ji, Kyoto, Japan: Pures Zen.

- Isola Bella, Italien: Ein fantastischer italienischer Palast der Borromeos und Vorbild für das Bellagio Hotel in Las Vegas. Die Gärten sind spektakulär.
- Garden of Cosmic Speculation, Schottland: Was für ein wunderbarer Name. Dieser private Garten, im Besitz Charles Jencks', wurde von den Naturwissenschaften und der Mathematik inspiriert.
- Bahá'í Gardens, Haifa, Israel: Mit einer Treppe aus neunzehn Terrassen ist dieser prächtige Labyrinthgarten ein Tempel der Bahá'í. Er feiert die Einheit der Kulturen und Religionen. Blumen und Frieden – stets eine perfekte Kombination.

> *Ich brauche den Rücktritt vom Ruhestand.*
>
> Sandra Day O'Connor

Als gäbe es nicht schon Gründe genug, die stilbewusste First Lady zu lieben – nun hat Michelle Obama den ersten Garten im Weißen Haus gepflanzt seit Eleanor Roosevelts Victory Garden. Mit Schülern einer Grundschule aus Washington baute sie Gemüse an. Und diese Schüler lernen dabei nicht nur etwas über Gemüseanbau, sie werden das ganze Jahr über den Garten besuchen, um ihr Gemüse zu ernten und später zu kochen.

Regeln wurden gemacht, um gebrochen zu werden

»Keine Muster kombinieren« – wie vorgestrig! Solange die Muster farblich harmonieren und nicht zu wild sind, ist eine Kombination verschiedener Muster modern und aufregend.

Krempeln Sie die Ärmel hoch, suchen Sie sich einen Fleck Land – alternativ einen hübschen Topf –, besorgen Sie sich eine Pflanzschaufel und Samen, und auf geht's. Machen Sie sich mit Stil schmutzig: etwas Erde auf den Nase und rosig angehauchte Wangen. Und entspannen Sie anschließend mit einem Glas kalter Limonade. Genießen Sie das Erreichte und lesen Sie den Jugendbuchklassiker *Der geheime Garten* von Frances Hodgson Burnett – falls Ihnen nach märchenhaften Geheimnissen zumute ist.

Für das Volk

Die Freiwilligenarbeit

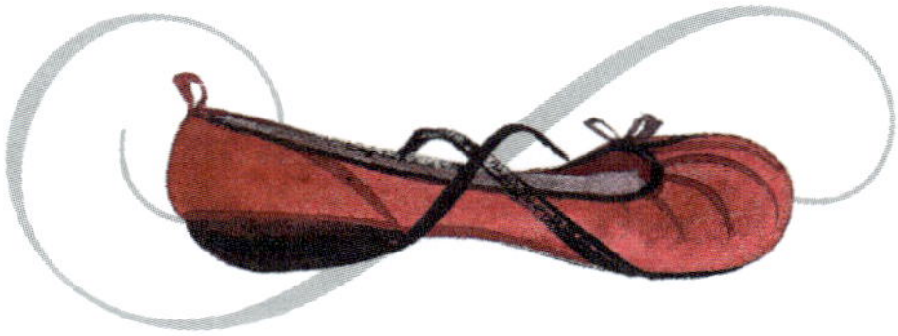

Wohltätigkeit nährt die Seele – die eigene und die des Empfängers. Es wird einem bewusst, dass sich nicht alles um einen selbst dreht und es sich lohnt, anderen Menschen zu helfen, in welcher Form auch immer. Jeder Mensch sollte sich eine solche Aufgabe suchen, die ihn bereichert – vorausgesetzt natürlich, es bleibt ausreichend Zeit nach Familie und Job. Dabei schließen sich Altruismus und Stil keineswegs aus. Einige der populärsten Wohltäterinnen sind gleichzeitig für ihren Stil berühmt. Unübertroffen ist Prinzessin Diana, dicht gefolgt von Angelina Jolie. Dass es beiden Frauen gelang, auch fern des roten Teppichs umwerfend und passend angezogen auszusehen, beweist ihre Schönheit, ihre Ausstrahlung sowie ihren geschickten Umgang mit der Öffentlichkeit, wenn es um ihr Anliegen ging.

Also nur zu, tun Sie ein gutes Werk und zeigen Sie dabei Herz und Stil. Es ist durchaus möglich, modisch und gleichzeitig nicht aufgetakelt zu wirken. Und ein gutes, gepflegtes Aussehen zeugt nicht nur von Respekt, sondern hebt auch die Stimmung aller Beteiligten.

Eine Frau ist wie ein Teebeutel.
Sie können nicht sagen, wie stark sie ist,
bis Sie sie ins heiße Wasser werfen.

Nancy Reagan

Bei der Tafel

Meist bekommt man eine Schürze gestellt, aber es gibt keinen Grund nicht die eigene schicke Schürze von zu Hause mitzubringen. Bequeme Schuhe sind Pflicht, da Sie wahrscheinlich viel Zeit auf den Beinen verbringen. Reitstiefel, Motorradstiefel, Sportschuhe oder Wanderschuhe sind eine gute Wahl. Geflieste Böden in Küchen haben ihre Tücken, also auf rutschfeste Sohlen achten. Und ziehen Sie nur an, was durch Verschüttetes nicht ruiniert wird.

Schlüpfen Sie in eine Jeans und ein T-Shirt, tragen Sie ein Hemd darüber, und Sie sind perfekt angezogen. Wenn Sie ins Schwitzen kommen können Sie das Hemd ausziehen und um die Hüfte schlingen.

Wie man ein Haarnetz aufpeppt, kann ich Ihnen nicht sagen. Da bin ich überfordert. Bleibt nur zu hoffen, dass Ihnen das erspart bleibt. Bringen Sie für den Fall des Falles eine Strickmütze mit. In einigen Fällen geht eben die Hygiene vor.

Da wir gerade beim Thema Haare sind: Frisieren Sie sie am besten aus dem Gesicht. Und tragen Sie so wenig Make-up wie möglich. Sie könnten ins Schwitzen kommen.

Jeder tut es

- Menschen, die sich zur Freiwilligenarbeit melden, sind gesünder und leben länger. (Darüber existieren Forschungsarbeiten.)
- Freiwilligenarbeit ist übrigens auch eine wunderbare Gelegenheit, Männer kennenzulernen. Sie wollen einen Mann, der zupacken kann? Suchen Sie sich die richtige Organisation. Falls Sie überlegen, sich ein neues Betätigungsfeld zu suchen, ist Freiwilligenarbeit in einem verwandten Bereich eine gute Möglichkeit, Erfahrung zu sammeln und den Lebenslauf aufzuwerten.
- Selbstlosigkeit ist nicht Ihr Ding? Betrachten Sie solch ein Ehrenamt doch als Gelegenheit, mit einem sympathischen, altruistischen Touch zu glänzen. Und Sie helfen trotzdem nicht nur sich selbst, sondern auch anderen. Vielleicht überrascht Sie diese Erfahrung ja auch.

Narzissmus hasse ich, aber ich liebe die Eitelkeit.

Diana Vreeland

Mit Kindern und Jugendlichen arbeiten

Eine Arbeit, die mir besonders am Herzen liegt. Man kann Grundschülern oder älteren Kindern helfen, kann mit Rat und Tat Auszubildende oder Studenten unterstützen, sich um kranke Kinder kümmern oder sich im Sportverein engagieren. Es gibt so viele Möglichkeiten, und es ist eine solche

Freude, einem Kind zu helfen. Achten Sie bei der Suche nach dem perfekten Outfit besonders auf Angemessenheit, das heißt: Kleiden Sie sich zurückhaltend. Schicke Sportschuhe schaden nicht, aber aufgepasst: Sie möchten sich als Kennerin jugendlicher Mode präsentieren, nicht als ihr Opfer.

Gutmenschen, die wir lieben

- Jerry Lewis. Er engagierte sich für Muskelschwundpatienten. Jerry Lewis sammelte seit 1955 engagiert Spenden für die MDA (Muscular Dystrophy Association).
- Quincy Jones, Michael Jackson und Lionel Richie. USA for Africa: »We are the World« gehört zu den am häufigsten verkauften Pop-Singles und brachte über 63 Millionen Dollar für Hilfsorganisationen in den USA und Afrika ein.
- Elizabeth Taylor. Sie war eine der ersten Prominenten, die sich öffentlich für die Opfer und Gefahren von HIV/Aids starkmachten. Respekt!
- Bill und Melinda Gates. Ihre Stiftung hat sich der Entwicklung und Gesundheit in Ländern der Dritten Welt sowie der Bildung in Amerika verschrieben. Dank Bill Gates gelten Computerfreaks inzwischen als cool, Wohltätigkeitsorganisationen noch mehr.
- Yasmin Aga Khan. Die Tochter von Prinz Aly Khan aus Pakistan und der einzigartigen Rita Hayworth wurde geprägt von der Alzheimererkrankung ihrer Mutter. Ihr karitatives Engagement brachte diese Krankheit vielen Menschen näher.

Tierheime und Tierschutzorganisationen

Was ist niedlicher als ein Körbchen voller Welpen? Aber seien Sie gewarnt, die Arbeit in einem Tierheim ist nichts für empfindliche Menschen, das lässt sich nicht beschönigen. Sie werden mit Dreck und Kot zu tun haben, tragen Sie also eine Jeans oder eine Cargohose und solide alte Schuhe. Und lange Ärmel (diese Kätzchen haben scharfe Krallen). Ziehen Sie nichts Weißes an und keine Kleidung, an der Ihr Herz hängt.

Denken Sie an Jennifer Lopez als hinreißend sportliche Hundesitterin in *Das Schwiegermonster*.

Habitat for Humanity, Technisches Hilfswerk

Häuser bauen, Unterkünfte errichten und mit anpacken, wenn Menschen in Not sind, ist gut für Körper und Geist. Eine großartige Erfahrung und besser als jedes Workout! Und vielleicht lernen Sie dabei auch noch etwas Neues.

Tragen Sie Arbeitskleidung. Stahlkappenschuhe sind hier angesagt und alles, was die Zehen schützt. Baseballkappen sind empfehlenswert, wenn Sie malern oder schreinern. Denken Sie praktisch, Karohemden und Latzhosen machen sich hier gut.

Benefizläufe

Sport, der Spaß macht und hilft. Leider haben viele von uns einen nahestehenden Menschen, der an Brustkrebs erkrankt ist. Mit der Teilnahme an einem solchen Lauf können Sie etwas bewegen.

Gute Laufschuhe sind Pflicht. Sie müssen Ihre Gelenke schützen. Schließlich wollen Sie später wieder die Stilettos anziehen! Achten Sie auf Ihre Füße.

Denke ich an mein Outfit für die Brustkrebshilfe, fällt mir sofort die Farbe Pink ein. Tragen Sie ein pinkfarbenes Schweißband. Und arbeiten Sie Pink, wo immer es geht, in Ihr Outfit ein. Keine Farbe steht so für die Anliegen der Frau.

Wahrscheinlich bekommen Sie für den Lauf ein T-Shirt mit einem Slogan. Da ich zu den Frauen gehöre, die keine Sport-T-Shirts tragen, nehme ich eine kleine Schere mit und ein paar Sicherheitsnadeln, um dieses Shirt etwas zu variieren.

Denken Sie hier Richtung Flashdance-Chic.

Stilsitzungen

Die Therapie

Eine besonders schöne Frau ist eine Quelle des Schreckens.

C.G. Jung

Mir ist klar, dass die meisten Menschen nur ungern darüber sprechen, dass sie zu einem Therapeuten gehen. Und in den seltensten Fällen zerbricht man sich lange den Kopf darüber, was man in einer Sitzung anzieht. Dabei ist das stilistisch eine sehr interessante Situation. Man könnte argumentieren, dass die Kleidung unbewusst das aktuelle Befinden widerspiegelt. Die Kleidung ist mit das Erste, was andere von einem sehen. Zweifelsohne verrät sie etwas über Ihren Gefühlszustand.

Die Handtasche und ihr Inhalt

Es gibt viel zu viele Witze über Handtaschen und Therapie, daher beschränke ich mich auf die Frage: Welche Art Handtasche brauchen Sie *Ihrer* Meinung nach? Greifen Sie zu einer schlichten, praktischen Handtasche. Papiertücher und ein kleines Make-up-Set sollten darin Platz finden. Und ein Spritzer Parfüm wirkt wahre Wunder nach einer anstrengenden Sitzung.

Mein Mantra lautet immer: Tragen Sie, worin Sie sich fantastisch fühlen. Aber wenn es zur Therapie geht, sollten Sie sich wohlfühlen in Ihrer Kleidung, und bequem sollte sie auch sein. Seien Sie Sie selbst. Die Therapie soll heilen. Schon dadurch, dass Sie durch diese Tür gehen und sich auf diese Couch oder diesen Stuhl setzen, tun Sie einen Schritt hin zu einem besseren Leben. Schon bevor Sie das erste Wort sagen, teilen Sie sich mit. Lenken Sie nicht von sich ab, indem Sie vollkommen overdressed, gar in High Heels zur Sitzung erscheinen. Nehmen Sie einen Pashmina mit, dann können Sie sich in etwas Warmes und Weiches kuscheln. Wie tröstlich, wenn man dabei ist, seine Seele bloßzulegen.

Wenn man die Leute nach ihrer Kleidung fragt, erzählen sie einem ihr Leben.

Delia Ephron

Sunny Side Up

Der Sonntagsbrunch

Sie gab sich oft selbst guten Rat (obwohl sie ihn selten befolgte).

Aus *Alice im Wunderland* von Lewis Caroll

Den gemeinsamen Sonntagsbrunch mit den Mädels liebe ich sehr – leider kann ich diesem Luxus nicht so oft frönen, wie ich es gerne täte. Der Duft von frisch gebrühtem Kaffee, die entzückenden Pärchen mit dem perfekt zerzausten Haar, wie sie ihre Sonntagszeitung lesen, die Teller mit herrlich angerichtetem Essen, die aus der Küche getragen werden, duftender Frühstücksspeck, der noch brutzelt, wenn er serviert wird. Seit unseren ersten Jahren in New York treffe ich mich mehr oder weniger regelmäßig mit meinen Freundinnen, um die vergangene Nacht und deren Glanzpunkte noch einmal Revue passieren zu lassen und uns gegenseitig mit jeder Menge Ratschläge zu versorgen. Und diese Gespräche werden durch Eier und Sekt nur interessanter. Inzwischen drehen sich die Gespräche weniger um Männer und wie man den Kater loswird und mehr um Kinder und Karriere, aber die Freude am Klatsch, an unserer Freundschaft und dem leckeren Essen bleibt.

Die Freunde, die man um vier Uhr morgens anrufen kann, die zählen.

Marlene Dietrich

Brunch – das scheint auf den ersten Blick kleidungstechnisch kein Problem. Schließlich treffen wir uns ja mit den besten Freundinnen oder der Familie. Denen ist doch egal, was wir tragen: Sie haben Sie in Ihren dunkelsten Stunden erlebt, haben Sie bei Liebeskummer mit Taschentüchern und Eiscreme versorgt. Diese Menschen wissen, wie Sie aussehen, wenn Ihre Augen vor lauter Weinen rot und verschwollen sind. Und außerdem ist Sonntag – der Tag in der Woche, an dem man ausnahmsweise mal nicht fantastisch aussehen muss.

Irrtum.

Sicher, Ihre Liebsten lieben Sie um Ihrer selbst willen, nicht wegen Ihres Aussehens. Aber seien wir ehrlich: Wenigstens unbewusst scannt ja doch jede(r) die Outfits der anderen. Wir alle haben ihn, diesen musternden Blick, ob wir es zugeben oder nicht. Und wir wissen sofort: *Sie hat's drauf* oder *Diese Woche hat sie ganz schön was ausgegeben* oder *Sie trägt genau dasselbe wie letzte Woche.* Und so weiter und so fort. Und während Sie all diese Details abspeichern, kommt die unvermeidliche Gegenreaktion: *Oh Gott, hab ich so etwas letzten Sonntag auch angehabt? Sehe ich in dieser Hose fett aus? Ist das da Zahnpasta auf meiner Bluse?*

Das Outfit für einen Brunch verlangt also vielleicht nicht dieselbe Detailversessenheit wie das Outfit für das erste Date, aber es will dennoch überlegt sein.

Stellen Sie sich zunächst folgende Fragen:

Sehe ich toll aus? Toll aussehen ist immer gut. Mit diesem Gefühl fühlt man sich einfach wohler in seiner Haut.

Ist mein Outfit bequem? Es geht zum Brunch, und da sollte der Bund nicht zu eng sitzen.

Bin ich zu aufgetakelt? Es soll ja nicht so wirken, als wollten Sie alle ausstechen – das sind Ihre Freundinnen, und Harmonie geht über alles.

So sind Sie richtig angezogen

Kleid: Ideal sind ein weit ausschwingendes, wunderbar blumengemustertes Maxikleid, hübsche Ballerinas und ein schicker Schal. Das ist schnell angezogen, und Sie haben genug Platz für all die Brunch-Herrlichkeiten. Sollte es draußen kühl sein, brauchen Sie noch eine Strumpfhose und diese wunderbare Vintage-Motorradjacke.

Hose: Boyfriend-Jeans oder eine Hose mit hohem, weitem Taillenbund – chic und bequem.

Top: Ein tailliertes T-Shirt – kombinieren Sie niemals ein weites T-Shirt mit einer weiten Hose. Und denken Sie daran: Am Vormittag will niemand dieses tiefe Dekolleté sehen. Ein klassisches bretonisches Shirt und bequeme Kleidung von Labels wie Michael Stars oder American Apparel sind wunderbar.

Jacke: Ein luxuriöser Cardigan oder ein toller bequemer Blazer.

Schuhe: Zum Brunch mit den Mädels brauchen Sie nicht die Stilettos ausführen. Besser sind Schuhe, in denen Sie gut laufen können. Vielleicht geht's hinterher noch auf einen Spaziergang oder um den Block. Ich ziehe dazu am liebsten bequeme Stiefel an oder flache Treter.

Accessoires: Immer eine Sonnenbrille! Je größer, desto besser. Damit niemand die Spuren der vergangenen Nacht sieht.

Geliebte Regelbrecher

Gwen Stefani

Eine wahre Mixmasterin, wenn es darum geht, Karos mit Streifen zu kombinieren oder knallblaue Haare mit einem flauschig blauen Oberteil. So wie Gwen Stefani aussieht, möchte man sofort das Wochenende mit ihr durchfeiern.

Im Frühling und im Herbst bruncht es sich am schönsten. Das Essen schmeckt einfach besser, wenn man im Freien sitzt, und nichts tut der Seele so gut wie eine ordentliche Portion Sonne. Es ist kalt und grau draußen? Lassen Sie die Sonne mit einer kräftigen Farbe scheinen. Tragen Sie dazu ein ungewöhnliches Accessoire wie eine Vintage-Brosche oder ausgefallene Schuhe. Dieses Flair befeuert die Gespräche – was gibt's Schöneres für Frauen, als sich an hübschen Dingen zu erfreuen, während sie ratschen.

Ein Tipp: Achten Sie auf den Wetterbericht. Auch das ist Pflicht für jede stilbewusste Frau. Und natürlich sollte man beim Brunch genauso wenig wie bei anderen Gelegenheiten gegen den eigenen Stil arbeiten.

Das Beste zum Brunch

Das beliebteste Gericht zum Brunch: Spiegelei und gebratener Frühstücksspeck

Die besten Cocktails zum Brunch: Bloody Mary oder Bellini

Die perfekte Bloody Mary: Sie besteht aus 4 Esslöffeln Wodka, einem Schuss Rotwein, einer Prise Selleriesalz, Pfeffer und Salz, 7 Tropfen Worcestersoße, 5 Tropfen scharfer Soße, 6 Esslöffeln Tomatensaft und einer Selleriestange.

Das beste Mittel gegen einen Kater: Jetzt muss die Diät Pause machen. Ein Kater verlangt nach Kalorien, Fett und viel Wasser.

Die Handtasche und ihr Inhalt

Eine schöne, einfache Tragetasche ist der perfekte Begleiter zum Brunch. Sie bietet genug Platz für die Sonntagszeitung, das Baguette, die Flasche Wein und andere spontane Einkäufe unterwegs.

Sie bringen keinen Bissen mehr hinunter, und Ihnen geht der Gesprächsstoff aus (soll vorkommen)? Verbringen Sie den Nachmittag im Park und beobachten Sie die Besucher. Oder machen Sie einen Schaufensterbummel. Auch ein Kinobesuch am späten Nachmittag erhöht den Entspannungsfaktor enorm und hilft Ihnen, Energie zu tanken für die nächste Woche.

> *Perlenketten und Edelsteine am Morgen sind grauenvoll, was auch immer der aktuelle Modegeschmack vorschreiben mag.*
>
> Aus *Etiquette For Americans (A Woman Of Fashion)*, 1898

Der Abend

Enchanté

Die Cocktailparty

Glamour hat mich schon immer interessiert. In all meinen Schulbüchern finden sich Kritzeleien von Frauen auf Veranden mit einem Cocktailglas und einer Zigarette in der Hand.

Bill Blass

Ich höre beinahe die Eiswürfel klirren. Ich mag Cocktailpartys. In meinem Beruf kann es vorkommen, dass ich in einer Woche jeden Abend ein oder zwei Cocktailpartys besuche. Bei diesen Partys geht es um atemberaubende Outfits – Punkt.

Was anziehen? Ein Cocktailkleid, klar. Aber was genau ist ein Cocktailkleid? Die Definition ist sehr weit gefasst. Früher verstand man darunter ein halbformales Kleid, das irgendwo zwischen knapp über dem Knie und knapp über dem Knöchel endet. Heutzutage kann der Saum so weit oben enden, wie Ihr Mut es erlaubt. Und an einem Abend am Strand ist ein bodenlanges Maxikleid traumhaft. Nutzen Sie die Gelegenheit und schwelgen Sie in exquisiten Stoffen und nicht ganz alltäglichem Beiwerk. Rüschen, Federn, Perlen und Pailletten passen wunderbar – wenn auch nicht alles gleichzeitig. Seidenjersey, Samt, Brokat, Chiffon, Tüll – kaum etwas ist unmöglich. Natürlich kann es auch Baumwolle oder Denim sein.

Pailletten – die Basics

- Sie suchen nach dem paillettenbestickten Partykleid, das die Gespräche zum Verstummen bringt und jeden fragen lässt: »Wer ist dieses Mädchen?« Dann achten Sie auf Qualität und hüten Sie sich vor Übertreibungen – Sie wollen ja nicht aussehen wie eine ausrangierte Broadway-Diva.
- Auf die Größe kommt es an: Allzu große Pailletten verströmen schnell Zirkusatmosphäre.
- Futter: Gefüttert sieht jedes Kleid besser aus. Das gilt vor allem bei Pailletten, das Kleid fällt besser.
- Matte Pailletten sind modern und unaufgeregt.
- Strassbesatz wirkt ausgesprochen edel und schimmert elegant.
- Beschränken Sie sich auf eine Farbe. Bunte Pailletten wirken leicht billig.

Der Abend ist die Zeit für Experimente.
Sie wollen nicht immer denselben Look haben.

Donna Karan

Frisur und Make-up

Hübsch und glamourös – so lautet die Devise für die Cocktailparty. Das gilt auch für die Frisur. Lassen Sie sich von Anne Bancroft in *Die Reifeprüfung* inspirieren.

Glamour ist die Macht, die Gefühle der Menschen neu zu arrangieren, was wiederum die Macht bedeutet, sein Umfeld zu kontrollieren.

Arthur Miller

So sind Sie richtig angezogen

Einzelteile: Warum nicht eine seidige Hose und eine Paillettentunika statt eines Cocktailkleids? Oder eine paillettenbestickte weite Haremshose, einen Overall aus Seide oder eine schmale Tuxedo-Hose. Und, ja, es ist offiziell, man kann auch abends Shorts anziehen, wenn es wirklich heiß ist und wenn die Shorts aus einem feinen Material wie Seide gearbeitet sind. Und die Schuhe müssen natürlich top sein. Shorts mit durchsichtigen Strumpfhosen und Stilettos machen lange, schlanke Beine. Dazu eine Seidenbluse, eine Smokingjacke, und Sie sind einsatzbereit.

Geliebte Regelbrecher

Jeanne Moreau

Mit ihrer glühenden Schönheit und ihrem glamourösen Stil wirkte Jeanne Moreau auf Regisseure und Publikum gleichermaßen unwiderstehlich. Sie ist in jeder Hinsicht eine Femme fatale – die Brigitte Bardot für Männer mit Köpfchen. Schauen Sie sich *Jules und Jim* an, *Viva Maria!*, *Die Braut trug schwarz* oder einen anderen ihrer zahlreichen Filme, um ihren Magnetismus zu erleben.

Cocktailkleid: Wenn es schnell gehen muss, gibt es nichts Praktischeres als das gute alte kleine Schwarze. Accessoires sind unproblematisch, außerdem macht es schlank. Absolut perfekt. Schwarz muss nicht langweilig sein. Durch die Kombination verschiedener Materialien wirkt Schwarz aufregend. Dies können matte und glänzende Materialien sein, ein Ledergürtel zum Beispiel oder Schuhe, eine Satinjacke über einem Crêpekleid. Zu einem besonderen Anlass finde ich einen einfachen, eleganten Look am besten. Eine figurbetonte Silhouette mit einem Rock, der knapp unter dem Knie endet, sieht immer gut aus. Alles von ein, zwei Fingerbreit unter dem Knie bis knapp zum Knöchel ist wirklich schwierig, es sei denn, der Rock ist sehr, sehr schmal geschnitten und Sie sind Grace Jones. Glauben Sie mir.

Bei einer Party mit Leuten aus der Modebranche wähle ich einen schrägeren Look: asymmetrisch, raffinierte Farbe und Eleganz. Geht es entspannter zu, dann mag ich es hübsch, lässig und schick. Der halboffizielle Look erlaubt mehr Kreativität und Farbe, also raus aus dem monochromen Trott und her mit den tollen Bonbonfarben, dem satten Rot oder dem dunklen Orange.

Stola: Tragen Sie eine Stola, die Ihr Kleid perfekt betont. Ein paillettenbesticktes Teil lässt Sie strahlen. Bei kälteren Temperaturen wärmt Sie eine Samtstola oder kuschliger falscher Pelz in Jacken-, Stolen-, Westen- oder

Boleroform. In diesem Zusammenhang denke ich an Marilyn Monroe in *Bus Stop* in der komischen, sexy und ewig langen Szene, in der man ihr in den (oder aus dem) Mantel hilft. Sie weiß ihre Hüllen in Szene zu setzen. Auch die Korsetts in dem Film sind zum Niederknien.

Schuhe: High Heels mit Riemchen sehen fantastisch aus zum Cocktailoutfit. Metallfarben verleihen einem schlichten Outfit einen glamourösen Touch. Und Stiefeletten? Sie sind modern und schick, vor allem mit hübsch gemusterten oder Spitzenstrümpfen. Die bringen Abwechslung und Witz ins Ensemble. Investieren Sie in ein Paar gute High Heels. Sie müssen vorbereitet sein, die Cocktailparty ist der Anlass, um sich von seiner schönsten Seite zu zeigen.

Accessoires: Hier bietet sich Ihnen *die* Gelegenheit, den Schmuck auszuführen. Ein kleines Schwarzes lässt sich wunderbar kombinieren mit tollen Ohrringen oder einem Cuff-Armreif. Achten Sie darauf, dass die zierlichen Armreife nicht verloren an Ihnen wirken. Balance ist alles – beim Anziehen und im Leben überhaupt.

Handtasche: Eine Clutch oder eine kleine Handtasche ergänzen das Abendoutfit perfekt. Wählen Sie weise. Eine Vintage-Tasche setzt immer einen hübschen Akzent. Hübsch sind auch eine Clutch aus weichem Material wie Leder, Satin oder Mesh, oder eine Box-Clutch.

Regeln wurden gemacht, um gebrochen zu werden

»Die Tasche muss zu den Schuhen passen.« – Natürlich sollten die Tasche und die Schuhe sich nicht beißen (genauso wenig wie der Rest Ihres Outfits), aber die Vorstellung, dass Sie für jedes Paar High Heels die passende Abendtasche brauchen, ist doch sehr altmodisch. Wählen Sie eine Tasche, die zum gesamten Outfit passt. Sie tragen Schwarz mit einem gemusterten oder knallig bunten Schuh? Dann ist eine schwarze Clutch, perlenbestickt oder mit einem Tupfer Farbe, der die Farbe der Schuhe aufnimmt, perfekt.

Damit die Stimmung stimmt

- Um sich auf die Cocktailparty einzustimmen, hören Sie klassischen Jazz von Art Blakey, Duke Ellington oder Esquivel. Genau richtig für das Partyflair der Sechziger.
- Schauen Sie sich *Frühstück bei Tiffany*, *Sabrina*, *Der Partyschreck* oder *La Dolce Vita* an. Glamour pur.
- Stimmen Sie den Nagellack auf den Lippenstift ab. Und bitte, gesplitterter Nagellack geht gar nicht.
- Bringen Sie sich auf den neuesten Stand, was die Nachrichtenlage angeht. Diese Informationen werden Ihnen den Smalltalk erleichtern.
- Kaufen Sie Blumen für die Gastgeberin.
- Trinken Sie ein Glas Wasser für jedes Glas Alkohol. Damit Sie nicht dehydrieren und auch am nächsten Morgen fit sind.

Im Prinzip findet eine Cocktailparty vor dem Abendessen statt. Allerdings kann sie auch nach dem Abendessen oder statt eines Abendessens geplant sein. Dann werden wahrscheinlich deftige Häppchen gereicht – wer will schon unglückliche Gäste? Glücklicherweise erfahren Sie vom Gastgeber die wichtigen Details, wann die Party beginnt und endet und ob es einen Dresscode zu beachten gilt.

Eine Dame sollte den Abend nicht mit den Häppchen verbringen, also essen Sie bitte eine Kleinigkeit, bevor Sie losziehen. Für mich gilt das unbedingt, denn ich liebe Horsd'œuvres, und da verliert man schnell die Kontrolle und vertilgt ein ganzes Tablett Kanapees, ehe man sichs versieht.

Bei diesen Feierlichkeiten geht es um das gesellige Beisammensein, um soziale Kontakte und darum, sich zu amüsieren, wie toll alle aussehen. Holly Golightlys sensationelle Party in *Frühstück bei Tiffany* ist der Inbegriff der Kombination von Anything-goes mit dem altmodischen Chic der perfekten Cocktailparty. Das hier ist die Gelegenheit, sich darüber zu freuen und es zu genießen, dass Sie eine Frau sind – hier lässt sich aufs Wunderbarste mit Stil und Weiblichkeit spielen. Die Cocktailparty ermöglicht es uns, unsere besten Accessoires und Lieblingsdüfte auszuführen und liefert uns einen Grund für einen Besuch beim Friseur oder im Fitnessstudio. Also raus mit dem Lippenstift, Puder auf die Nase, und amüsieren Sie sich!

Die Handtasche und ihr Inhalt

Nur das Nötigste: Lippenstift, Puder, Schlüssel und Pfefferminzbonbons. Und natürlich Visitenkarten. Die braucht jede Frau, ob sie arbeitet oder nicht. Vorbereitung ist der ultimative Chic.

Guten Appetit, Süßer

Das festliche Abendessen

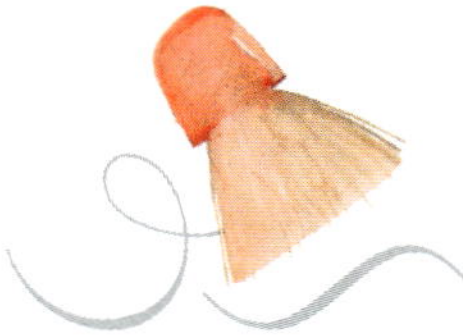

Servieren Sie das Essen rückwärts,
tun Sie irgendetwas – aber tun Sie
um Himmels willen etwas Schräges.

Elsa Maxwell

Es macht irrsinnigen Spaß, sich für ein richtig festliches Abendessen anzuziehen. Ich freue mich dann schon allein deshalb, weil ich nicht den ganzen Abend auf High Heels laufen muss, sondern stattdessen, bequem sitzend, wunderbares Essen und eine nette Gesellschaft genießen darf. Der Wein fließt, das Gelächter wird lauter, und wahrscheinlich endet die Geschichte irgendwann mit Aspirin. Was für ein Vergnügen. Aber im Ernst, festliche Umgangsformen sind eine Kunst, die in dieser hektischen Welt zum Aussterben verurteilt ist. Ab und an ist es erfrischend, sich von dieser Kultur verzaubern zu lassen. Wenn ich mich besonders herausgeputzt habe, fühle ich mich sofort wieder wie damals als kleines Mädchen in der Ankleide meiner Mutter, wo ich schön anziehen spielte, um ihren Glamour zu spüren, dieses Gefühl, wenn die Gäste zu einer ihrer fantastischen Abendgesellschaften eintrudelten. Von diesem Gefühl kann ich gar nicht genug kriegen.

Das traditionelle Kleid für ein festliches Abendessen ist ärmellos und bodenlang und hat ein fantastisches Dekolleté. Der Unterschied zum Ballkleid? Das Ballkleid muss unten weit geschnitten sein, das Abendkleid nicht. Aber das ist alles Vergangenheit.

Heute kann man genauso gut ein kürzeres Kleid oder sogar eine Hose tragen. Nutzen Sie die festliche Gelegenheit, um sich von Ihrer glamourösesten Seite zu zeigen (und ziehen Sie Ihre tollsten High Heels an!).

> *Bei einer guten Dinnerparty in Washington erfahre ich mehr darüber, was in der Welt vorgeht, als aus all den Zeitungen und Papieren, die sich auf meinem Schreibtisch stapeln.*
>
> Barbara Walters

So sind Sie richtig angezogen

Kleid: Bodenlang, aus hochwertigem Stoff. Ein toller Faltenwurf ist nicht zu toppen: Der Stil einer griechischen Göttin sieht bei fast jeder Figur gut aus und hat den Vorteil, dass man sich weder ums Essen noch um die Nähte sorgen muss und sich auch noch hinsetzen kann. Eine Alternative ist das schlichte Etuikleid. Lassen Sie sich im Zweifelsfall von Audrey Hepburn in *Frühstück bei Tiffany* inspirieren oder von Rita Hayworth in *Gilda*. Ein Hauch von Plissee, Asymmetrie oder eine lebhafte Farbe – klassischer Glamour wirkt modern und zeitgemäß.

Rock: Einzelteile sind immer eine Option und etwas variabler. Ein hinreißender, diagonal geschnittener langer Rock, kombiniert mit einem schönen, vielleicht mit Pailletten bestickten Top ist absolut chic – aber nur, wenn Sie groß und gertenschlank sind oder Ihre höchsten Plateausohlen tragen. Andere Optionen wären ein weiter Rock, der die Taille betont, oder ein moderner Reifrock aus Seide oder Satin. Beides ist einfach zu tragen und dabei ein echter Hingucker.

Top: Klare Linien, figurbetont, etwas mit Flair, in dem Sie sich fein angezogen fühlen. Trägerlos, Camisole, Nackenband, was auch immer. Nur nackte Schultern sind faszinierender als Diamanten, also zeigen Sie, was Sie haben. Eine Abendgesellschaft ist der Ort für tiefe Ausschnitte – wie wär's mit einem schönen Rückenausschnitt? Aber: Nicht zu tief, es soll ja elegant sein.

Stola: Je nach Temperatur empfiehlt sich ein glitzernder Schal oder eine kurze Pelzjacke – der Pelz darf gerne falsch sein. Oder Pailletten und Brokat statt Pelz. Vielleicht eine Smokingjacke? Ist es sehr kalt? Dann ist ein warmer Mantel die beste Wahl, den Sie bei Ihrer Ankunft ablegen.

Schuhe: High Heels. Je mehr Riemchen und je höher, desto besser. Sie können in Stilettos nicht laufen? Dann sind auch Ballerinas aus Satin in Ordnung. Aber der Klassiker am feinen Abend sind High Heels.

Accessoires: Ein besonderer Abend ist eine wunderbare Gelegenheit, Ihren besten Schmuck auszuführen, den Metall- oder Swarovski-Gürtel oder den sagenhaften Cocktailring. Handschuhe sind ein charmantes Zitat. Nutzen Sie die Gelegenheit, eine besondere Halskette zu tragen oder die extravaganten Ohrringe – aber nicht beides zugleich. Zurückhaltung lautet hier das Zauberwort.

Bei einer Abendgesellschaft denkt man zunächst an Strenge und Nüchternheit, aber das Outfit darf niemals schwerfällig und steif wirken. Die besten Accessoires sind Selbstvertrauen und eine gewisse Lässigkeit.

Geliebte Regelbrecher

Michelle Obama

Mit ihrem mutigen Stil fasziniert die First Lady uns alle. Sie mischt Elegantes mit Alltagsmode, liebt die Farbe und scheut kein Risiko – seien es Pullis von J.Crew oder das schwarz-rote Kleid von Narciso Rodriguez, das sie in der Wahlnacht trug, das zitronengrasgrüne Ensemble von Isabel Toledo oder das scheinbar so schlichte Ballkleid von Jason Wu. Sie nimmt ihre kräftige, athletische Figur an und bleibt ihrem Stil treu.

Dresscode – die Basics

Wie man die Partyeinladung entschlüsselt

- Casual: Wonach Ihnen der Sinn steht, natürlich in einem gewissen Rahmen: Es ist immer noch eine Party. Die Cargohose passt da weniger, und wenn Sie schon eine Jeans tragen, dann peppen Sie diese bitte mit einem pfiffigen Top auf.
- Business Casual: Bürokleidung.
- Festliche Garderobe: Denken Sie Richtung Cocktailkleid mit einem Tick mehr Glitter und Extravaganz.
- Cocktail: *Die* Gelegenheit für das kleine Schwarze oder jedes andere tolle Partykleid.
- Geschäftskleidung: Eigentlich lässige Geschäftskleidung, aber ziehen Sie sich im Zweifelsfall lieber zu korrekt als zu lässig an.
- Semiformal/informal: Siehe Cocktail.
- Abendkleidung: Abendkleid oder ein Ensemble aus sehr schicken Einzelteilen.

Nehmen Sie sich genug Zeit, sich für eine Abendgesellschaft vorzubereiten. Gönnen Sie sich nachmittags eine Massage und hören Sie Musik, während Sie sich stylen. Warten Sie damit nicht bis auf den letzten Drücker – schließlich steht Ihnen der Sinn nicht nach Stress und Katastrophen. Oder möchten Sie mit nassen Haaren zur Cocktailparty kommen? Ihr Make-up im Eiltempo so auftragen, dass Sie mehr an einen Harlekin als an Jean Harlow erinnern? Es gilt: lieber ein verspäteter Auftritt als ein ungestylter Auftritt. Lassen Sie sich Zeit, genießen Sie das Aufbrezeln, heute Abend sind Sie eine Prinzessin. Freuen Sie sich.

Frisur und Make-up

Eine Hochfrisur betont Ihren wunderbaren Hals und Ihre Schultern. Sie haben kurze Haare? Frisieren Sie sie aus dem Gesicht. Katherine Heigl und Charlize Theron haben auf dem roten Teppich mit ihren kinnlangen Kurzhaarfrisuren allen die Show gestohlen. Charlize trägt oft nur sehr wenig Make-up, und Katherine liebt ein dezentes Augen-Make-up, rosa Wangen und sehr, sehr rote Lippen. Von den beiden kann man sich etwas abgucken.

Vorhang auf

Der Theaterbesuch

Das Theater ist ein geistiges und soziales Röntgenbild seiner Zeit.

Stella Adler

Ach, das Theater: Das Orchester stimmt die Instrumente, die Leute strömen langsam in den Saal, flüstern und wispern voller Vorfreude, die Platzanweiser werfen einen Blick auf die Karte und zeigen zum Platz, als gäbe es keine wichtigere Aufgabe auf diesem Planeten. Ein ganz und gar hinreißendes Erlebnis.

Theatralik, wohin das Auge blickt. Ihr Outfit muss da mithalten können, als gehörten Sie zu den Schönen und Reichen, um vor, während und nach der Pause bewundernde Blicke auf sich zu lenken. Machen Sie das Beste aus diesem Abend, wunderbar sind Cocktails vor und ein spätes Abendessen nach der Vorstellung. Live-Performances sind etwas Großartiges – machen Sie ein besonderes Ereignis daraus.

Der Look des Abends

Wie Sie wissen, stimme ich Outfits wahnsinnig gerne auf den jeweiligen Anlass ab. Für einen Abend im Theater spiele ich mit den Themen, die die Show vorgibt. Aber natürlich subtil! Eine Andeutung, eine Hommage – mehr nicht. Bei *Chicago* zum Beispiel könnte das eine extralange Glasperlenkette aus den Zwanzigern sein oder wunderschöne Mary Janes von Prada – zeitlos wie alles von Prada, ganz nach dem Motto: Der Charme vergangener Zeiten trifft auf die moderne Frau von heute. Alles andere sollte unbedingt modern sein. Ein Abend gewinnt ungemein, wenn man mit einem Motiv oder Stil spielt.

Geliebte Regelbrecher

Sally Bowles

Die unvergessene Femme fatale des Musicals – Liza Minnellis Interpretation von Sally Bowles in der Verfilmung von *Cabaret* ist Kult. Ihr perfekter Look bestand aus schwarzumrandeten Augen und dichten Wimpern, roten Lippen und Schönheitsfleck – Showgirl, Prostituierte und tragische Heldin gleichermaßen. Ihr paillettenbesticktes Kostüm mit Netzstrümpfen und Zylinder ist unvergessen. Egal, in welcher Patsche sie steckte, Sally Bowles setzte ein tapferes Was-schert-mich-das-Gesicht auf, und das mit Schmackes.

So sind Sie richtig angezogen

Kleid: Etwas mit Witz und Pomp, zum Beispiel ein schwarzes Etuikleid mit Perlen oder einer Verzierung à la Louis Vuitton oder Lanvin.

Mantel oder Jacke: Ein luxuriöser Opernmantel oder eine kurze Jacke aus Kunstpelz.

Schuhe: Plateausohlen für die große Bühne, etwa von Brian Atwood.

Accessoires: Strahlen Sie! Tragen Sie extravagante Ohrringe oder einen Cocktailring oder beides.

Um dramatisch zu wirken, sollte ein Outfit einen Überraschungseffekt bieten. Haben Sie keine Angst, eine Jacke im Militarystil mit einem Samtrock zu kombinieren, ein Teil von der Stange mit Haute Couture oder Elegantes mit Sportlichem. Sie tragen gerne Schwarz? Wunderbar dazu ist ein Tupfer Farbe, wie wär's mit auffälligen Schuhen oder einer bunten Halskette? Spielen Sie mit einer ungewöhnlichen Silhouette – eine schmale, hochgeschnittene Hose und eine weite Bluse oder eine weite Hose und dazu ein engsitzendes Top und ein Bolero. Natürlich kommt es wie immer auf Ihre Figur an, Drapierungen, Falten und Proportionen können Wunder wirken, wenn es gilt, Schwächen zu kaschieren und Vorzüge zu betonen.

Frisur und Make-up

Die Devise lautet: theatralische Eleganz.
Ein lockerer Haarknoten oder eine offene, wellige, sexy Frisur. Sie haben kurze Haare? Dieser Abend ist wunderbar für einen Bob. Also her mit dem Gel, und achten Sie darauf, dass kein Härchen aus der Reihe tanzt. Und experimentieren Sie mit dem Make-up. Wie wär's mit dramatischen Smokey Eyes und Lippen im Nude-Look? Oder einem klaren Lidstrich und scharlachrot schimmernden Lippen?
Kusshand und ab geht's.

Ich halte das Leben inzwischen für ein wunderschönes Stück, das ich für mich selbst geschrieben habe. Und nun möchte ich möglichst viel Spaß dabei haben, meine Rolle darin zu spielen.

Shirley MacLaine

Tour durch die Galerien

Die Vernissage

> ***An Gott habe ich nie geglaubt,***
> ***aber ich glaube an Picasso.***
>
> Diego Rivera

Eine Vernissage ist wunderbar, um Menschen zu beobachten und neue Bekanntschaften zu machen – eine Mischung aus dem Leben auf der Straße, der Kunstszene, der Geschäftswelt und Glamour. Sehen und gesehen werden, darum geht es hier. In der Regel versuche ich bei einer Vernissage gar nicht erst, die Kunst näher zu betrachten, das hebe ich mir für einen späteren Besuch auf. Die Sache mit der Kunst ist jedoch unter einem stilistischen Gesichtspunkt reizvoll. Spielen Sie mit dem Look, reizen Sie modische Grenzen aus – was nicht zwangsläufig heißen soll, dass Sie ein Schwanenkleid tragen sollen (Björk). Bei der Ausstellungseröffnung sollen der Künstler *und* eine Party gefeiert werden. Stil zeigen und die Balance wahren, so lautet die Devise.

Nach der Begrüßung bleibe ich gerne eine Weile am Rand stehen, um den ganzen Trubel auf mich wirken zu lassen, all die Menschen und Looks. Man bekommt alles zu sehen: von Swarovski-Kristallen über Pailletten, Leder, neonfarbene Spitze, Pfauenfedern bis hin zur zerschlissenen Jeans. Die Party ist beinahe selbst ein Kunstwerk.

Alles wird interessant und wichtig,
wenn man nur lange genug hinsieht.

Gustave Flaubert

In der Regel sind Ausstellungseröffnungen in Galerien ungezwungener als in Museen, aber das volle Spektrum einer solchen Veranstaltung zu erleben ist in beiden Locations möglich. Stellen Sie sich, bevor Sie sich für ein Outfit entscheiden, folgende Fragen: Elegant oder schräg? Feiert die Ausstellung einen aufstrebenden oder einen etablierten Künstler? Partys für aufstrebende Künstler ziehen das interessanteste Publikum an – eine bunte, unglaublich inspirierende Mischung aus Bohémiens und Hipsters, die Geburtsstätte so mancher neuer Fashiontrends. Von diesen Partys können Sie nicht genug besuchen.

Sie wollen direkt vom Büro zur Vernissage? Das heißt, Ihre modischen Optionen sind begrenzt. Aber keine Angst, mit einem guten Plan lässt sich alles ein, zwei Nummern höher stylen. Sie tragen Ihr typisches Büro-Outfit – Bleistiftrock oder schmale Hose, einen Blazer und Pumps. Unter dem zugeknöpften Blazer aber tragen Sie ein bedrucktes T-Shirt, und die Strumpfhose ist gemustert. Wenn es dann in die Galerie geht, tauschen Sie den Blazer gegen eine modische Lederjacke und die Pumps gegen schräge Boots. Oder Sie ziehen diese hohen Stiefel über die Hose. Und schon stimmt der Look.

Geliebte Regelbrecher

Daphne Guinness

Muse, Erbin und modisches Universalgenie: Daphne Guinness ist die personifizierte Verbindung von Kunst und Fashion. Sie hört nur auf ihre eigene Stimme. Daphnes Art, sich zu kleiden, ist ihre Form von Kunst. Sie und Lady Gaga sind wahrscheinlich die einzigen Frauen auf der Welt, die Alexander McQueens 30 Zentimeter hohe High Heels tragen können, ohne lächerlich zu wirken.

Ist die Veranstaltung weniger ungezwungen, können Sie direkt in Ihrer Bürokleidung dort erscheinen. Lockern Sie das Outfit mit einem Cocktailring oder einer verspielten Halskette auf. Etwas Rouge auf die Wangen, ein Spritzer Parfüm, ein Hauch von Lippenstift, und ab geht's.

Nicht nur Metropolen wie New York oder Los Angeles feiern ihre Visionäre – ihre Galerien und ihre Künstler. Nacht der offenen Galerien oder Museen, diverse Festivals oder Aktionen – all dies sind wunderbare Gelegenheiten, von Ausstellung zu Ausstellung zu schlendern, die Künstler der Gegend zu bewundern und andere Kunstfreunde kennenzulernen. Warum nicht auch mal die Nacht durchmachen? Mit dem richtigen Look jederzeit.

Ziehen Sie sich gut an und seien Sie leidenschaftlich, das macht das Leben lebenswerter für Sie und die Menschen in Ihrem Umfeld.

Simon Doonan

So sind Sie richtig angezogen

Rock: Spielerisch. Eine ausgefallene Farbe, ein ungewöhnlicher Stoff, asymmetrisch, weit, gefranst, mini, Kunstpelz, glänzend oder schillernd – was immer Ihnen gefällt, Hauptsache so sehr Avantgarde wie möglich.

Hose: Siehe oben. Natürlich können Sie auch in eine ultrahippe Jeans schlüpfen. Es gibt so viele originelle Jeans-Versionen.

Bluse: Ein bedrucktes T-Shirt oder eine aufwändiger gearbeitete Bluse sind eine Option. Ebenso wie Rüschen, Schulterpolster (nicht beides gleichzeitig: Avantgarde lautet das Motto, nicht Zirkusclown) oder interessante Cutouts.

Jacke: Modernes Leder, Kunstpelz oder ein interessanter Schnitt. Für was auch immer Sie sich entscheiden, stehen Sie dazu.

Schuhe: Plateausohlen sind fantastisch geeignet für eine Vernissage – sie sehen super aus, sind bequem und geben Ihnen die nötigen Zentimeter, um über der Menge zu stehen.

Strümpfe: Ein absolutes Muss für jeden Look. Schwarz geht immer und sieht immer gut aus, bunte Strümpfe sind ideal, wenn Ihr Outfit schräger wirken soll und Sie Ihre tollen Beine betonen möchten.

Accessoires: Denken Sie Richtung tragbare Kunst, aber Finger weg von tragbarem Kunsthandwerk. Nutzen Sie diese Gelegenheit, um mit Ihrem Schmuck ein Zeichen zu setzen. Ein außergewöhnliches Stück ist ein Hingucker und ideal, um ins Gespräch zu kommen.

Tasche: Eine zurückhaltende Schultertasche oder eine Clutch lassen Sie ungehindert durch die Schaulustigen schweben.

Frisur und Make-up

Anything goes. Sie wollten schon immer mal eine neue Frisur ausprobieren? Eine Vernissage ist *die* Gelegenheit. Das Make-up darf ruhig etwas kräftiger ausfallen: etwas Glitter auf den Wangenknochen, Katzenaugen oder ein kräftiger Lidstrich (aber dann bitte dunklen Lidschatten verwenden, um den Amy-Winehouse-Look zu vermeiden). Lipgloss in Nude-Tönen sieht wunderbar aus zu den glamourös geschminkten Augen. Passt alles? Schultern zurück, Kopf hoch und ab in die Galerie oder das Museum – die Welt gehört Ihnen.

Konspirative Kunst

- Elsa Schiaparelli und Salvador Dalí: Mehrere Kleider Schiaparellis entstanden aus der Zusammenarbeit der beiden, darunter auch das berühmte »Hummerkleid« von 1937, ein einfaches weißes Abendkleid mit einer großen Hummerzeichnung von Dalí.
- Takashi Murakami und Louis Vuitton: Der bahnbrechenden Zusammenarbeit von Takashi Murakami und Louis Vuitton

verdanken wir Handtaschen in einem spielerischen Design sowie zahlreiche weitere kreative Werke.

- Gap und diverse Künstler: 2002 führte Gap eine Linie Artist Edition T-Shirts ein mit von Künstlern wie Jeff Koons, Kenny Scharf, Barbara Kruger, Chuck Close und Kiki Smith entworfenen T-Shirts.
- Stella McCartney und Jeff Koons: 2006 brachte Stella McCartney Chrome-Bunny-Armketten und -Kleider heraus, die von Jeff Koons, dem bösen Buben der internationalen Kunstszene, inspiriert wurden.
- Zaha Hadid und Chanel: 2008 entwarf die Architektin Zaha Hadid einen mobilen Kunstpavillon, der von Chanels berühmter gesteppter Handtasche inspiriert wurde.
- Azzaro und Kuntzel+Deygas: 2009 arbeitete Azzaro unter der Leitung von Vanessa Seward mit den französischen Künstlern an einer limitierten Edition aus zwei Schals, Denim-Trenchcoats und Taschen sowie einer Flasche Azzaro-Couture-Parfüm mit Bildern ihrer Figuren »La Poupée et son Ours« (»Püppchen und Bär«).
- Anya Hindmarch und Ben Eine: 2010 entwarf Anya Hindmarch zusammen mit dem Londoner Straßenkünstler Ben Eine eine Tote-Kollektion.

Bordeaux, Baby!

Die Weinprobe

Eine Weinprobe ist ein Bankett der Sinne. Ja, es ist beinahe spirituell, als verbindete einen das Kosten des Rebensafts mit der Erde und dem Lauf der Jahreszeiten. Würde ich auf einer verlassenen Insel stranden mit nichts als Wein, Käse und frischem Obst, ich wäre eine sehr, sehr glückliche Frau.

Stellen Sie sich vor, Sie sitzen auf einer Terrasse und blicken auf das Meer hinaus. Der Himmel leuchtet azurblau, die Brise des Meeres duftet nach Salz, und im Hintergrund hören Sie die Brandung. Oder stellen Sie sich vor, wie Sie nach einem Nachmittag in den Weinbergen mit einem Glas Bordeaux entspannen, der so wunderbar ist, dass man ihm am liebsten einen Mädchennamen geben würde.

Sie sind bequem, chic und der uralten Tradition der Weinherstellung entsprechend seriös angezogen.

Wein ist der Beweis, dass Gott uns liebt und uns glücklich sehen will.

Benjamin Franklin

Ich kann mir keinen besseren Anlass für einen geselligen Nachmittag oder Abend mit ein paar Knabbereien vorstellen als eine Weinprobe. Vor Kurzem erst war ich bei der bezaubernden Weinprobe einer Freundin eingeladen. Sie bat jeden der Gäste, ein oder zwei Flaschen ihres Lieblingsweins mitzubringen, und stellte die Flaschen zusammen mit köstlichen kleinen Snacks auf einem Büfett aus. Die Weine waren so herrlich verschieden, die Party ermöglichte es den Anwesenden, ihren individuellen Geschmack zu zeigen. Wie gut ergänzen sich doch eine fröhliche Gesellschaft und Kultur.

So sind Sie richtig angezogen

Einzelteile: Denken Sie an die 80er-Jahre, Armani. Eine einfache Tunika und Marlenehose, leichte Materialien wie Seidenjersey oder durchlässige Baumwolle. Oder schlichte Stricktops aus Naturfaser im Zwiebellook zur Leggings.

Jacke: Ein locker sitzender Blazer ist elegant und bequem zugleich.

Schuhe: Sandalen oder flache Schuhe – vielleicht mit einer Korksohle, als Referenz ans Weinmotiv.

Accessoires: Ein hübscher, unkomplizierter Schal oder Klunker als Kontrast zum durchscheinenden Zwiebellook sind wunderbar.

Anekdoten für zwischendurch

- *Pigeage* ist der französische Ausdruck für das Unterstampfen der Traubenschalen im offenen Tank à la Lucy und Ethel in der klassischen Winzer-Episode von *I Love Lucy*.
- Domaine de la Romanée-Conti im französischen Burgund ist einer der berühmtesten Weinberge der Welt. 2001 verkaufte Sotheby's sieben Flaschen ihres Montrachet 1978 für 23.929 Dollar pro Flasche.
- Der 1947er Château Cheval Blanc gehört zu den begehrtesten Weinen des zwanzigsten Jahrhunderts.

Die Handtasche und ihr Inhalt

In Ihre Handtasche muss nicht allzu viel hineinpassen. Was Sie aber unbedingt brauchen: die Telefonnummer eines Taxidienstes. Der Wein kann einem zu Kopf steigen.

Aber alles Leben ist Streit
um Geschmack und Schmecken.

Friedrich Nietzsche

A glass a day keeps the doctor away

- Ein Glas Wein am Tag schärft den Verstand im Alter, meine Damen!
- Das im Rotwein enthaltene Resveratrol kann womöglich Herzkrankheiten, Krebs und Fettsucht verhindern. »Womöglich« reicht mir.
- Ein Rotweinbad soll Wunder wirken für die Haut. Klingt teuer und etwas klebrig.

Glam Rock

Das Rockkonzert

Ich fand schon immer, dass ich
wie ein Star behandelt werden sollte.

Madonna

Hier ist sie, die Chance, endlich die Kleidung aus dem Schrank zu holen, für die Ihnen sonst der Mut fehlt. Zeigen Sie sich von Ihrer wilden Seite.

Denken Sie Richtung schräg, schrill, Punkrocker-Chic. Reizen Sie die Grenzen aus. (Außer Sie gehen auf ein Kuschelrockkonzert – sorry, da sind Sie auf sich gestellt.) Bei dem Thema Outfit fürs Rockkonzert denkt man sofort an Denim und Leder – cool und Kult. Bauen Sie Ihr Outfit darauf, und der Wow-Effekt ist Ihnen sicher.

Rock und Fashion ließen sich noch nie trennen. Der Rockstar, der nicht mit einem Model liiert ist, bleibt die Ausnahme. Ikonen der Musikszene lieben modische Experimente, Teenager eifern ihren Idolen begierig

nach. Und die Fashionwelt wiederum beobachtet dieses Spiel, um daraus neue Modetrends zu kreieren. Falls Sie einen neuen Trend sehen – sei es in der Stadt oder an Ihrer Tochter –, der Ihnen die Haare zu Berge stehen lässt, dann seien Sie darauf gefasst, diesen Look nur in leicht veränderter Form in spätestens sechs Monaten auf dem Laufsteg zu sehen. Wenn Sie Ihr Outfit für ein Rockkonzert zusammenstellen, gilt: Seien Sie mutig und wagen Sie etwas Neues.

Vermeiden Sie die Neuauflage des Punkrocker-Klischees aus einem Teeniefilm der 80er. Finger weg von zebragestreiften Muskelshirts, pinkfarbenem Haarspray, schwarzem Lippenstift und von Sicherheitsnadeln zusammengehaltenen Jeans. Damit wären Sie auf direktem Weg zum Rock Fashion Disaster of the Year. Und das haben Sie nicht nötig.

Manchmal muss man die Performance für die High Heels opfern.

Gwen Stefani

Geliebte Regelbrecher

Kate Moss

Kate Moss verkörpert den hippen, unangestrengten Rockstyle. Alles, was sie trägt, sieht aus, als wäre es für sie und nur für sie und genau diese Gelegenheit gemacht. Sie ist das Mädchen, das mit dem Leadsänger der Band liiert ist. Sie kombiniert eine zerrissene Jeans mit Pailletten und Stilettos. Sie versteht es wie kaum eine andere, die richtige Balance zwischen Grunge-Look und Glamour zu finden, und schafft damit selbst Kult.

Abgesehen von diesem unakzeptablen 80er-Look sind Ihre Optionen unbegrenzt. Ziehen Sie an, worin Sie den Beat spüren, sich frei fühlen und Lust aufs Tanzen haben. Röhrenjeans, Stiefeletten und ein cooles schulterfreies Oversize-T-Shirt sind schon mal ein guter Anfang. Dazu ausgefallene Ohrringe, etwas Glitter auf den Lidern, und dann ab zum Abrocken

So sind Sie richtig angezogen

Hose: Leder ist der ultimative sexy Rocker-Chic. So eine Hose muss sich wie eine zweite Haut anfühlen, das geht am besten maßgeschneidert. Glauben Sie mir, das Geld ist gut angelegt. So eine Hose ist nie unmodern. Sie ist ein Erbstück, das über Generationen weitergereicht werden kann. Leder ist nicht Ihr Ding? Sie haben die Auswahl: Jeans, ein Jeansmini oder eine Unzahl an Kunstledervarianten.

T-Shirt: Etwas Schräges in einem ungewöhnlichen Schnitt, mit einem coolen Druck. Ein cooles schulterfreies Top in Übergröße, dazu ein Hüftgürtel, das sieht immer gut aus.

Jacke: Eine funky Weste aus Kunstpelz oder eine tolle Lederjacke.

Schuhe: Von Chucks bis Stilettos ist alles drin. Auch bis zum Knie oder Oberschenkel reichende Stiefel rocken super und sehen zu allem gut aus.

Geschmückt zum Konzert

Vergessen wir nicht die Accessoires. Ein klobiger Nietengürtel oder zwei, drei schmale Gürtel in verschiedenen Farben sehen super aus zu einer Tunika oder einem übergroßen T-Shirt. Heute ist nicht der Abend für Omas antike Diamantohrringe – bei einem Rockkonzert kann es wild hergehen, da ist man besser dran mit Schmuck, bei dem einem nicht das Herz bricht, wenn er verloren geht. Armreife, Leder, bunte Perlen – nur her damit! Hören Sie beim Anziehen die Band, deren Konzert Sie besuchen. Tanzen Sie im Zimmer und stellen Sie sich dabei vor, wie die Band live klingen wird. Und werfen Sie, bevor Sie jetzt das Haus verlassen, noch schnell einen letzten Blick in den Spiegel. Alles okay? Und haben Sie die Tickets?

Bei Rock geht es darum, sein eigenes Skript zu schreiben und Pionierarbeit zu leisten.

Courtney Love

Frisur und Make-up

Arbeiten Sie immer mit der Situation, nicht gegen sie. Legen Sie es nicht auf eine perfekte Frisur und einen matten Teint an, wenn Sie sich viel bewegen und schwitzen werden. Wählen Sie einen lebendigeren Look: zerzauste Haare, glänzenden Teint und leicht verschmiertes Make-up. Warum sich das Leben schwer machen und gegen den Strom schwimmen? Experimentieren Sie mit Farbe und Lidstrich, je schriller, desto besser.

Musik ist so recht die Vermittlung des geistigen Lebens zum sinnlichen.

Ludwig van Beethoven

Und was trägt man darunter?

Sexy und frech, das ist die Devise. Zum Beispiel ein bunter BH mit Spitze, dessen Träger durchaus unter Shirt oder Top hervorlugen dürfen. Das ist die Gelegenheit für diesen fuchsiafarbenen Push-up, den Sie so lieben.

La Vogue Bohème

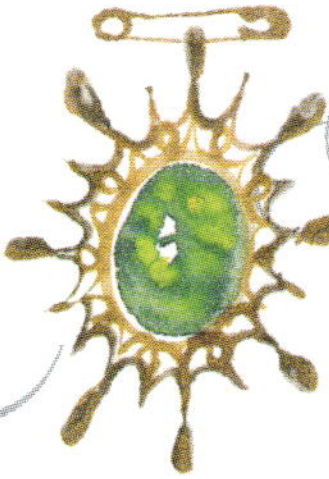

Die Oper

> *Für mich war die Oper immer ein Planet, auf dem die Musen zusammenarbeiten, sich die Hände reichen und die Künste feiern.*
>
> Franco Zeffirelli

Heutzutage gelten für die Oper keine in Stein gemeißelten Regeln mehr, was die Kleidung angeht. Bei einem Opernbesuch sieht man inzwischen die ganze Bandbreite unterschiedlicher Looks, von der lässigen Jeans über den Businessrock bis hin zum eleganten Abendkleid. Damit stehen Ihnen sämtliche Möglichkeiten offen. Aber wenn Sie schon eine Opernvorstellung besuchen, warum ziehen Sie sich nicht auch entsprechend an? Heben Sie sich die Jeans für den Brunch morgen auf (hoffentlich mit Ihrem gutaussehenden Date) und denken Sie heute lieber darüber nach, wie Sie sich für den Abend richtig schick machen können.

Mein Tipp für den Abend: Kleiden Sie sich ausgesprochen elegant. Oper handelt meist von Liebe und Leidenschaft – es erwarten Sie leidenschaftliche Gefühle, prachtvolle Kostüme, unglaublich talentierte Sänger, tragische Liebesgeschichten … und alles ist golden und rot und juwelenbesetzt. Auf der Bühne sind geschnürte Mieder zu sehen, wallende Samtröcke und goldene Haarzöpfe. Im Zuschauerraum sollte der Look etwas gedämpfter sein, stark und tragbar.

Das Geld brauche ich gar nicht, Schatz.
Ich mache das alles für die Kunst.

Maria Callas

Übertragen Sie die traditionelle Opernwelt modisch in die Moderne. Mit wunderbarem Samt, funkelndem Schmuck und goldenen Schuhen, die gerade diese dezente Metallanmutung haben. Oder tragen Sie einen Opernmantel aus Brokat über einem schmalen, elegant geschnittenen Seidenkleid. Möglich ist außerdem auch eine reizvolle Kombination aus Vintage-Look und moderner Kleidung.

Wie im Theater oder bei einer Vernissage ist auch in der Oper das Beobachten der anderen Besucher genauso spannend wie die eigentliche Vorstellung. Also kommen Sie etwas früher und genießen Sie das Schauspiel. Sie bekommen zwei Kostümdramen zum Preis von einem. Und vergessen Sie nicht: Sie sind Teil der Vorabshow. Sorgen Sie für nicht weniger als einen königlichen Auftritt, blicken Sie sich um, setzen Sie Ihr Mona-Lisa-Lächeln auf und schweben Sie dann langsam zu Ihrem Platz, während Sie sachte die Handschuhe abstreifen.

Regeln wurden gemacht, um gebrochen zu werden

»Kombinieren Sie nie verschiedene Metalle.« – Gibt es eine bessere Gelegenheit als einen Opernabend, um großzügig verschiedene Metalle zu kombinieren? Peppen Sie Kleidung im Vintage-Stil mit einer Kombination von Gold und Silber auf – ein Metall steht im Mittelpunkt, mit dem anderen setzen Sie Akzente.

Opernhandschuhe: eine Liebesgeschichte

Opernhandschuhe sind fantastisch, außergewöhnlich und elegant. Traditionell sind sie aus weißem, schwarzem oder elfenbeinfarbenem Ziegenleder gearbeitet. Früher galt es als unschicklich, sie in der Öffentlichkeit auszuziehen. Lassen Sie vor Ihrem geistigen Auge eine Burlesque-Tänzerin langsam die Handschuhe abstreifen. Sexy.

Rauch und Spiegel

Comedy, Jazz, Varieté

Setzen Sie den Hut schief auf –
damit sagen Sie alles.

Frank Sinatra

Manchmal sehne ich mich nach jenen Zeiten zurück, in denen es uns nicht in den Sinn gekommen wäre, in einen Club zu gehen, ohne uns zuvor in Schale zu werfen. Nach jenen herrlichen Zeiten, als Rauchen nicht schädlich war, als Mädchen Mädchen waren und Jungs Jungs. Heute kann man in den meisten Clubs eine Jeans und ein T-Shirt tragen. Meine Regel hingegen lautet: Wenn man Eintritt zahlt, sollte man sich auch Mühe mit seinem Styling geben.

In vielen Clubs herrscht eine ganz besondere Atmosphäre, das Publikum genießt bei gedämpftem Licht und Drinks das Abendprogramm – spielen Sie Ihren Part.

So sind Sie richtig angezogen

Zigarettenhose oder Bleistiftrock: Denken Sie an Audrey Hepburn (ich weiß, ihr Name fällt ständig bei Stilfragen, aber das nicht ohne Grund!) in *Ein süßer Fratz*: schwarzer Rolli, schwarze Zigarettenhose und Ballerinas. Rehlein und Beatnik zugleich – danke, Givenchy.

Top: Tragen Sie ein gut sitzendes Blusentop, darüber eventuell einen smarten Angorapulli (der so unschuldig den Busen betont).

Jacke: Vor allem wenn es draußen kalt ist, brauchen Sie eine Jacke oder einen Mantel. Vielleicht etwas Überraschendes, Cooles. Oder Sie gehen auf Nummer sicher mit einem Trenchcoat.

Schuhe: Wenn Sie ganz auf Audrey setzen, dann sind Ballerinas natürlich ein Muss. Oder ein hübscher, bequemer Allrounder, beispielsweise nicht allzu hohe Pumps.

Accessoires: Ein Fedora, ein weicher Filzhut, wäre die Krönung für Ihr Outfit. Eine Baskenmütze könnte süß sein, kann aber für mein Gefühl auch etwas affektiert wirken. Binden Sie sich einen breiten Gürtel um die Taille und tragen Sie schlichten Metallschmuck. Keine klirrenden Armreife! Sonst ernten Sie für jede glamouröse Geste nur böse Blicke.

Ich gestehe, dass ich mit Stand-up-Comedy meine Probleme habe. Ist sie gut, habe ich großen Spaß daran. Ist sie jedoch schlecht, vergehe ich vor Mitleid mit dem Künstler, der vollkommen allein auf der Bühne steht und seine Witze ins Nichts entlässt. Aber auch uns, dem Publikum, gilt dabei mein Mitleid. Wir sinken in unsere Stühle und durchleiden dieses schwer erträgliche Programm gemeinsam. Allein der Gedanke an solch eine Situation ist mir unangenehm.

Jazz ist ein vollkommen anderes Thema. Im Laufe der vergangenen Jahre habe ich gemeinsam mit einem lieben Freund, der selbst Musiker ist, die besten Jazzclubs New Yorks besucht. Diese legendären alten Clubs sind

Monumente der Entertainment-Geschichte. Eine Jazz-Größe in einem renommierten Club hören zu dürfen versetzt einen in die 50er-Jahre, als diese Musik noch etwas gänzlich Neues war und die Luft knisterte, erfüllt von diesen schwindelerregenden, wunderschönen Melodien. Es gibt für mich absolut nichts auch nur annähernd Vergleichbares.

> *Ich gehe nie aus dem Haus, bevor ich nicht aussehe wie Joan Crawford, der Filmstar. Wenn Sie das Mädchen von nebenan sehen wollen, gehen Sie nach nebenan.*
>
> Joan Crawford

Was in Clubs gar nicht geht

- Zwischen zwei Jazzriffs wissend kichern. Das nimmt Ihnen hier keiner ab.
- Im Takt der Musik klatschen. Als ich einmal in einem Club die Saxofonlegende Lou Donaldson hörte, klatschte ein Mann im Publikum den *ganzen* Abend, und das völlig neben dem Takt. Das war wirklich sehr merkwürdig, um es einmal so zu nennen.
- Setzen Sie sich nicht in die erste Reihe, wenn Sie schüchtern sind. Comedians können ein widerstrebendes Opfer aus meilenweiter Entfernung riechen.

Style in Motion

Tanzen, tanzen, tanzen

Tanz ist die verborgene Sprache der Seele.

Martha Graham

Was macht mehr Spaß als Tanzen? Ich wüsste nichts. Leider wird es für mich über all den alltäglichen Anforderungen immer schwerer, Zeit dafür zu finden, mit Freunden tanzen zu gehen, was mich maßlos traurig macht. Falls Sie es dagegen zeitlich einrichten können, das Tanzbein zu schwingen – tun Sie's! Tanzen beschwingt die Sinne ungemein. Gehen Sie regelmäßig mit Freunden tanzen – und sollte das nicht klappen, belegen Sie doch einen Tanzkurs. Vielleicht treffen Sie dort ja sogar den Mann Ihrer Träume. Und wenn Sie das nächste Mal mit den Mädels tanzen gehen, sind Sie die Ballkönigin. Ob Standardtanz oder Disco, das Outfit macht die Musik!

Erst tanzen, dann denken.
Das ist die natürliche Ordnung.

Samuel Beckett

Partnertänze wie Mambo, Salsa und Swing

Wunderbar ist ein fließender, rüschiger Rock, der um Ihre Beine weht, während Sie sich drehen. Kombinieren Sie dazu ein figurbetontes Top und betonen Sie die Taille mit einem tollen breiten Gürtel. Das ideale Outfit, um zur Königin der Tanzfläche gekürt zu werden.

Club

Die Zeiten sind zurückhaltender, doch beim Tanzen gilt noch immer: anything goes. Was immer Ihren inneren Freak weckt, ist okay. Nur wenige tragen Spandexhosen à la Olivia Newton-John in *Grease*. Aber wenn Sie die Figur dafür haben … Wir anderen, die etwas mehr Kurven besitzen, können alles tragen, was funkelt und glitzert.

Bei den Schuhen ist es wichtig, dass Sie darin tanzen können. Ideal sind High Heels mit Riemchen oder hochhackige Stiefeletten. Wie auch immer Sie tanzen, in flachen Schuhen lassen sich weniger gut die Hüften schwingen. Wirklich!

Und was trägt man darunter?

Sie haben Lust auf verrucht? Ein kurzer Blick auf Ihre Strapse, während Sie über die Tanzfläche wirbeln, wirkt berauschend. Ein betörender Moschusduft wie Yves Saint Laurents »Opium« wirkt geradezu aphrodisierend.

Last but not least: Trauen Sie sich etwas. Und zwar so richtig. Tanzen Sie, als wären Sie ganz allein. Trainieren Sie Ihr natürliches Rhythmusgefühl und etwas Koordination, das brauchen Sie auf der Tanzfläche. Noch mehr aber benötigen Sie eine ordentliche Portion Selbstvertrauen, um in die

Mitte der leeren Tanzfläche zu schweben und loszulegen, als liefe gerade Ihr Lieblingssong. Sie werden sehen, das fühlt sich fantastisch an und vertreibt die Sorgen. Und: Sie werden nicht lange allein bleiben auf der Tanzfläche. Seien Sie der Magnet. Und wählen Sie ein Make-up, unter dem Sie schwitzen dürfen, ohne dass es verläuft.

Salsa

Salsa mit seinen lebensbejahenden Rhythmen ist mein Lieblingstanzstil. Ich liebe den Beat, die Musik, die Bewegungen. Und mit einem guten Partner reichen die Grundlagen, um wie ein Profi zu tanzen. Genießen Sie es, meine Damen, lassen Sie sich führen.

Salsa-Klassiker

- Celia Cruz, »Quimbara«
- Frankie Negrón, »Comerte a besos«
- Gilberto Santa Rosa, »La Conciencia«
- Marc Anthony, »Te conozco bien«
- Orquesta Guayacán, »Invierno en primavera«
- Rey Ruiz, »Creo en el amor«
- Richie Ray, »Sonido bestial«
- Rubén Blades, »Siembra«
- Salserín, »Una fan enamorada«
- Tito Gómez, »Página de amor«

Geliebte Regelbrecher

Josephine Baker

Sie brach die Regeln und zerschmetterte den Status quo. Wer sonst könnte in einem Bananenrock so gut aussehen? Josephine Baker war mutig genug, ihren eigenen Stil zu leben und Kritiker und überkommene Sitten zu ignorieren.

Festtage

Stilistische Vorsätze

Silvester

Frauen sind Frauen, darauf ein Hurra.

John Galliano

Silvester mag ich von allen Festtagen am liebsten – Silvester ist festlich, fröhlich und voller Exzesse. Champagner die ganze Nacht, ein Schwips, vielleicht ein Kuss um Mitternacht und dann nach Hause mit Konfetti im Haar – großartig. Und außerdem eine Gelegenheit, bei der Sie keine Angst haben müssen, overdressed zu sein. Mehr ist mehr. Nur zu!

Ob Ihre größte Herausforderung an Silvester darin besteht, möglichst viele Partys an einem Abend unterzubringen oder Ihren Schatz zu überreden, sich von der Couch zu trennen und eine tolle Party zu besuchen – sehen Sie zu, dass Sie um Punkt Mitternacht genau dort sind, wo Sie sein wollen. Es ist alles andere als ein Stimmungsheber, das neue Jahr auf dem Weg zu einer tollen Party im Stau einzuläuten. Natürlich muss Ihr Outfit von der Cocktailstunde bis nach Mitternacht gut aussehen. Also wählen Sie weise und achten Sie auf zwei Dinge: Erstens sollte das Outfit bequem sein, zweitens sollten Sie selbst sich darin absolut umwerfend finden.

Extravaganz lautet das Gebot der Stunde. Gibt es eine bessere Gelegenheit als Silvester, um sich in Gold und Silber zu hüllen? Tragen Sie großzügig Schmuck, Sie wollen strahlen und funkeln. Aber: Ihr Look sollte glamourös sein, nicht grell-protzig. Behängen Sie sich nicht um des Behängens willen. Setzen Sie Akzente. Zum Beispiel silberne Riemchenstilettos. Ich trage gerne ein knielanges Kleid. Aber auch ein ultrakurzer Mini ist in Ordnung, wenn Sie die Beine dazu haben.

Silvester ist der Abend im Jahr, an dem man nicht auf das kleine Schwarze zurückgreifen sollte. Das gute alte, zuverlässige kleine Schwarze ist natürlich nie ganz verkehrt, aber an Silvester wirkt es etwas zu schlicht. *Warum?* Heute Abend können Sie es richtig krachen lassen, also tun Sie's. Wenn es schon Schwarz sein muss, dann wenigstens etwas mit Perlen oder Pailletten, mit einem Farbakzent in Form eines Accessoires, der Schuhe oder eines grandiosen Mantels.

Spielen Sie, wecken Sie Ihre innere Edie Sedgwick – sie sah immer umwerfend aus, war der Mittelpunkt jeder Party.

Ein Wort, das in Gesprächen über die angeblich tollste Nacht des Jahres häufig fällt, ist »enttäuschend«. Oft wird geklagt, der Abend sei nicht so berauschend, der Hype sei zu groß gewesen. Enttäuschung macht sich also breit, manchmal noch vor Mitternacht, manchmal erst am nächsten Morgen beim Frühstück, wenn Ihnen klar wird, dass vielleicht das Schönste an den Feierlichkeiten zum neuen Jahr das Schokocroissant ist, in das Sie gerade beißen. Nun, dazu sage ich nur: Lassen Sie nicht zu, dass Ihr Silvester enttäuschend wird! Wenn Sie großartig aussehen, fühlen Sie sich großartig. Und wenn Sie großartig aussehen und sich großartig fühlen, wird auch die Silvesternacht garantiert *großartig*.

So sind Sie richtig angezogen

Einzelteile: Sie haben so viele Möglichkeiten. Eine gerade geschnittene Satinhose mit hoher Taille, Smoking, Haremshose, schillernde Leggings. Kombinieren Sie dazu ein peppiges Tanktop und eine tolle Jacke. Sogar eine Jeans geht, wenn Sie möchten. Auch ein sexy Overall aus Seide oder Satin – einfach und bequem – ist eine Möglichkeit.

Kleid: Ein festliches, sexy Cocktailkleid, vielleicht schulterfrei und unbedingt glamourös. Hier geht's um den Einmal-im-Jahr-Hyper-Look. Also her mit dem absolut perfekten Partykleid, das Ihnen so fantastisch steht. Deko, Perlen, Pailletten, Federn – alles, was Ihren Look strahlen lässt. Zeigen Sie etwas Haut mit einem tiefen Dekolleté *oder* einem knappen Minirock. Ein auffallendes Kleid mit schönen Details, einem ungewöhnlichen Schnitt oder aus einem besonderen Material, zum Beispiel Leder, ist immer ein Hingucker.

Jacke: Ihre Jacke sollte so außergewöhnlich sein wie Ihr Kleid, eventuell mit Pailletten oder Kunstpelz verziert.

Schuhe: Extrahohe Absätze, hübsche, funky Partyschuhe wie Charlotte Olympia oder Jean-Michel Cazabat. Tun Sie Ihren Füßen am nächsten Morgen Gutes, zum Beispiel mit einem entspannenden Fußbad.

Accessoires: Je extravaganter der Schmuck, desto besser. Vielleicht eine auffällige Halskette und/oder viele, viele Armreife. Wenn es funkelt und glänzt und Sie sich damit toll fühlen – her damit. Sie erwarten eine wilde Nacht? Beschränken Sie sich auf Modeschmuck.

Tasche: Eine wunderschöne Handtasche sollte es sein: eine Clutch, Abendtasche oder Box-Clutch.

Frisur und Make-up

Heute, in der Nacht der Nächte, müssen Frisur und Make-up so umwerfend sein wie das Outfit. Ich trage die Haare gerne offen und etwas toupiert. Dramatisch geschminkte Augen, ein Hauch von glitzerndem Puder und rote Kusslippen runden den Partylook perfekt ab.

Natürlich muss gesagt werden, dass beim Silvester-Outfit das halbe Vergnügen bereits in der Vorbereitung, der Planung und im Shoppen besteht. Wenn Sie etwas finden, in dem Sie sich wie ein Star fühlen, dann ist es genau das Richtige. Wenn Sie am liebsten damit auf die Straße laufen und allen diesen Wahnsinnslook zeigen möchten.

Edie Sedgwick ist so ein perfektes Vorbild für einen tollen Partystyle, weil sie es verstand, das, was sie gerade anhatte, so aussehen zu lassen, als hätte sie es genau für diese Gelegenheit gekauft. Edie tanzte die Nacht in Leotards und Strumpfhosen durch. Sie warf sich einen Leopardenmantel über, schlüpfte in Stilettos, schminkte sich die Rehaugen, für die sie bekannt war, und sah einfach toll aus. Machen Sie es ihr nach.

Machen Sie sich extrem schick oder nicht – ganz wie Ihnen zumute ist. An Silvester gilt: anything goes. Auch für Farben. Sie lieben kräftige Farben und Muster? Nur zu! Sie bevorzugen Schwarz? Spielen Sie mit verschiedenen Materialien. Und vergessen Sie nicht, Edie war eine reiche Erbin, die sich Haute Couture leisten konnte, trotzdem aber Leotards zu New Yorks tollsten Feten trug. Kreativität ist gefragt!

Ich versuche nur, die Welt zu verändern –
eine Paillette nach der anderen.

Lady Gaga

Ninas fünf wichtigste Vorsätze für das neue Jahr

- Bringen Sie Ihre Finanzen in Ordnung. Jedes Jahr dasselbe, stimmt's? Aber versuchen sollte man es.
- Leben Sie grüner. Ökologie- und Modebewusstsein schließen einander nicht aus. Testen Sie unterschiedliche grüne Styles.
- Wagen Sie neue Kombinationen. Experimentieren und lernen Sie stets dazu. Durch Stilmix hält man den Look frisch und muss außerdem nicht ständig Neues kaufen.
- Haltung. Eine gute Haltung ist so wichtig. Sie wirken größer, schlanker, stärker und vor allem: selbstbewusst.
- Regeln wurden gemacht, um gebrochen zu werden. Muss ich dazu noch etwas sagen?

So, und jetzt los. Kaufen Sie Luftschlangen und Konfetti und denken Sie daran, beim Silvester-Outfit kommt es vor allem auf sprühende gute Laune an. Das neue Jahr bringt unendliche Möglichkeiten, eine Zeit, neue Kapitel im Leben aufzuschlagen. Also gehen Sie raus und tanzen Sie bis zum Morgen, treffen Sie gute Vorsätze und beginnen Sie mit der Umsetzung nicht vor dem zweiten oder dritten Januar, je nachdem, wie viel Champagner Sie getrunken haben.

Geliebte Regelbrecher

Lady Gaga

Lady Gaga provoziert die Vorstellung, die wir von Mode, von Theater, Schönheit und Glamour haben, während sie gleichzeitig auf eine sexy Art und Weise Weiblichkeit verkörpert. Natürlich haben nur wenige Frauen den Mut (oder den Wunsch), sich wie Lady Gaga zu kleiden, aber wir können uns eine Scheibe von ihr abschneiden, wenn es darum geht, unsere Stilgrenzen auszuloten und die Klassiker auf eine absolut neue Art zu interpretieren. Sie ist die Mensch gewordene Fantasie, ich bin immer wieder gespannt, was ihr als Nächstes einfällt.

Hangover-Chic

Der Neujahrsbrunch

Es gibt kein Ende. Es gibt keinen Anfang.
Es gibt nur die unendliche Leidenschaft
des Lebens.

Federico Fellini

Das perfekte Kontrastprogramm zu den Ausschweifungen der Silvesternacht? Natürlich der Brunch am Neujahrsmorgen. Bloody Marys stehen auf der Tagesordnung ganz oben, gefolgt von einem starken Kaffee und einem kaloriengesättigten Frühstück, um das neue Jahr auch kulinarisch einzuleiten.

Unglücklicherweise muss man sich, bevor man sich so verwöhnen kann, erst einmal anziehen. Mein Tipp: Legen Sie sich das Outfit bereits am Tag zuvor zurecht, sodass Sie nur noch hineinschlüpfen müssen. Und das hoffentlich vor Mittag. Nach den Feierlichkeiten der vergangenen Nacht sollte der heutige Tag möglichst entspannt und locker verlaufen. Begrüßen Sie das neue Jahr mit guten Freunden, feinem Essen und einem bequemen Outfit.

So sind Sie richtig angezogen

Hose: Wollhosen sind kuschelig und wirken etwas eleganter als Jeans. Und man denkt dabei gleich an ein Essen vor einem prasselnden Kaminfeuer und Schnee vor der Tür. Oder Sie ziehen eine schmale Cordhose zum warmen Pullover an. Jane Fonda sah in *Barfuß im Park* wunderbar aus in diesen Pulli-Hose-Kombinationen.

Pullover: Es ist Januar, Sie kommen also um den Pullover nicht herum. Ein edles Kaschmirteil oder ein Irenpulli sind echte Klassiker. Sie sind warm, bequem weit und fühlen sich an wie eine Umarmung am ersten Tag des Jahres. Sehen Sie sich doch einfach im Schrank Ihres Partners um.

Schuhe: Loafer oder Wildlederboots passen perfekt zur Hose. Bei schmal geschnittener Cordhose auch Reitstiefel.

> *Wenn du es schon nicht gut machen kannst, dann lass es wenigstens gut aussehen.*
>
> Bill Gates

Das richtige Outfit für ein glückliches neues Jahr

- Tragen Sie Rot. Rot steht für Wohlergehen und Reichtum. Und es ist eine tolle Farbe, um Akzente zu setzen.
- Tragen Sie etwas Neues. Damit starten Sie gleich mit modisch frischem Wind ins neue Jahr. Und wer liebt Neues nicht?
- Leihen und verleihen Sie nichts. Der Neujahrstag setzt ein Zeichen für die nächsten zwölf Monate. Wenn Sie sich an diesem Tag etwas ausleihen, werden Sie das das ganze Jahr tun.

Und wenn Sie etwas verleihen, ebenso. Das heißt *wahrscheinlich* auch, dass Sie sich besser auf keinen One-Night-Stand einlassen sollten.

Gut essen für ein glückliches neues Jahr

Eine ganze Reihe von Gerichten gilt als Glücksbringer. Hier eine Auswahl leckerer internationaler Glücksbringer.

- Essen Sie um Mitternacht zwölf Weintrauben. Sie symbolisieren die zwölf Monate des kommenden Jahres und bringen Glück.
- Grünes Blattgemüse. Die grünen Blätter stehen für Geld und Gesundheit.
- Bohnen, Erbsen oder Linsen sind auf der ganzen Welt ein typisches Neujahrsgericht. Sie symbolisieren Geld oder Münzen. Im Süden der Vereinigten Staaten sind Schwarzaugenbohnen ein beliebtes Neujahrsessen.
- Schweinefleisch. Schweine essen beim Gehen, daher symbolisiert ihr Fleisch Fortschritt und Wohlstand. Aus demselben Grund ist auch Fisch ein Glücksbringer an Neujahr.
- Finger weg von Geflügel. Es symbolisiert das Glück, das davonfliegt.
- Auch Hummer symbolisiert das Glück auf dem Rückzug, also nichts für Neujahr.

Frisur und Make-up

Halten Sie Frisur und Make-up natürlich und frisch mit einem Hauch von Rouge für einen strahlenden Neujahrsteint. Tragen Sie die Haare offen. Massieren Sie nach einer gründlichen Haarwäsche eine Pflegelotion ins Haar, und schon sind Sie so frisch wie das neue Jahr. Noch etwas Mascara, vergessen Sie nicht etwas Farbe auf den Lippen, und fertig.

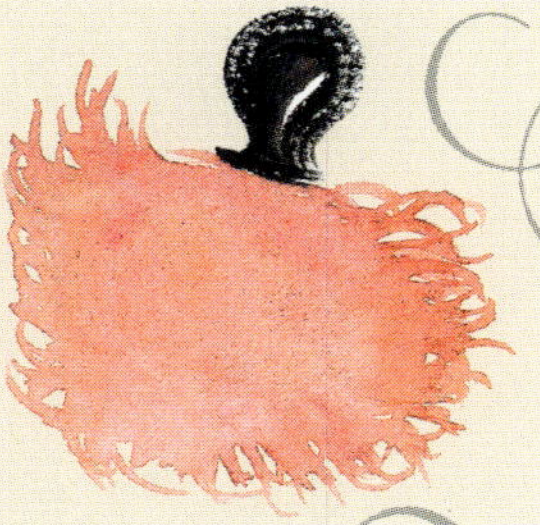

Voll das Leben

Der Valentinstag als Single

> *Wie willst du, wenn du dich selbst nicht liebst, einen anderen lieben?*
>
> RuPaul

Das kennen wir alle: Valentinstag als Single. Darum denken Sie daran, wenn es bei Ihnen so weit ist: Sie sind nicht allein. Wenn Sie keinen romantischen Abend geplant haben, amüsieren Sie sich doch mit Ihren Freundinnen. Es gibt absolut keinen Grund, zu Hause zu sitzen und sich in Selbstmitleid zu ergehen. Gut möglich, dass Sie und die Mädels einen lustigeren Abend haben als all diese nervigen Pärchen mit ihrem Candlelight-Dinner und der Pralinenschachtel (was ich übrigens beides sehr schätze). Machen Sie sich schick, ziehen Sie los, lassen Sie's krachen und reden Sie gar nicht erst über Männer. Oder bleiben Sie zu Hause, verwöhnen Sie sich gegenseitig mit Gesichtsmassagen und Maniküre. Vergessen Sie das ganze Valentinsgetue und freuen Sie sich mit und an Ihren Freundinnen.

Ich sage, die Welt gehört den Mädchen.

Nelly Furtado

So sind Sie richtig angezogen

Jeans: Eine schmal geschnittene, zerrissene oder verzierte Jeans – alles, was gut aussieht und schräg ist. Ziehen Sie an, worin Sie sich schön fühlen. Keine Lust auf Jeans? Warum nicht eine lange Tunika und eine Leggings? Oder ein einfaches Kleid mit einem witzigen Muster, eine Strumpfhose, und der Abend kann beginnen.

Top: Eine Seidentunika mit Fledermausärmeln, Stickereien an Nacken und Saum, dazu ein Gürtel um die Hüfte. Darunter ein Tank oder ein enganliegender Rolli. Wenn es sehr kalt ist draußen, lieber eine Strickweste mit Gürtel zum Rolli.

Mantel: Im Februar ist es noch kühl, also sind ein toller Wolltrench und ein warmer Hut angesagt.

Schuhe: Knie- oder schenkelhohe Stiefel. Tolle Stiefel heben die Stimmung sofort.

Accessoires: Ein Glücksanhänger für gute Schwingungen oder ein breiter Armreif, um die innere Kriegerin in Ihnen zu wecken. Sie hätten gern mehr Glamour? Das geht im Nu mit übergroßen Creolen oder Lüsterohrringen.

Geliebte Regelbrecher

Jennifer Aniston

Sie bricht wahrlich keine Fashionregeln, aber ihr klassischer Stil betont ihre gertenschlanke Figur. Wenn ein Name in der Boulevardpresse unablässig genannt wird, sobald das Thema Liebeskummer auf der Tagesordnung steht, dann ist es der ihre. Wenn sie für Unglück in der Liebe steht, sollte jedes Mädchen sich reinhängen, Single zu sein.

Und was trägt man darunter?

Romantisch lautet die Devise, damit die Stimmung stimmt. Sie wollen schließlich diese unbewusste Botschaft aussenden, wenn Sie weiter mitspielen wollen in Sachen Romantik. Oder seien Sie einfach nur albern. Die beste Gag-Unterwäsche, die ich je sah, waren Schlüpfer mit einem großen Herz auf der Hüfte und der Aufschrift: »Das alles und auch noch Köpfchen.« Großartig.

Unter Schwestern

- Geschenke mit Humor. Schenken Sie sich zum Valentinstag zum Beispiel lustige Unterwäsche. Teils als Ansporn, sich ranzuhalten, teils weil das Getue um diesen Feiertag der Liebenden ja wirklich komisch anmutet. Lachen garantiert.
- Mädchenglück. Schauen Sie sich einen Girliefilm an, schmeißen Sie eine kleine Kleidertausch- oder eine Pyjamaparty (mit Cocktails natürlich).
- Sturm auf den Kosmetikladen. Legen Sie die Beute auf den Tisch und schminken Sie sich gegenseitig.
- Blumen und Schokolade. Die Lieblinge der Frauen. Schwarze Schokolade ist auch noch gesund. Also los, essen Sie eine Tonne davon.

Wenn Sie ausgehen, sollten Sie sich so hinreißend fühlen, wie Sie sind. Ziehen Sie sich an, weil's Spaß macht, nicht um zu beeindrucken. Machen Sie sich für sich selbst schön.

Love-in

Der Valentinstag mit Herzensmann

Liebe, die nicht Wahnsinn ist, ist keine Liebe.

Pedro Calderón de la Barca

Der Valentinstag ist einer jener Tage, an denen man unter einem enormen Druck steht, den romantischsten, wundervollsten Abend aller Zeiten zu erleben – manchmal ist das zu viel Druck. Verlieren Sie dabei die Relationen nicht aus den Augen. Es ist nur ein Abend von vielen und, seien wir ehrlich, nicht von allzu großer Bedeutung. Ja, es ist eine Gelegenheit, um Ihre Liebe zu feiern, aber es ist nur *eine* Gelegenheit.

Sie wissen, am nächsten Tag werden Ihre Freundinnen auf einer Zusammenfassung bestehen. Die Mädels wollen wissen, was er Ihnen geschenkt und wohin er Sie ausgeführt hat, ob er Ihnen Rosen gekauft hat, und wenn ja, wie viele und welche Farbe. Ist die Beziehung noch ganz frisch, kann der Valentinstag offenbaren, wie ernst er es meint. Für uns Frauen bedeuten romantische Geschenke und Beteuerungen sehr viel in dieser ersten Phase der Beziehung, und falls es einen Tag gibt, um Liebesschwüre und -beweise auszutauschen, dann ist es der Valentinstag.

Auf der anderen Seite sind Männer sich unserer Erwartungen allzu bewusst, was sie eher hemmt. Die Rebellen unter ihnen verweigern sich diesen Bräuchen, während andere das ganze Programm aufführen.

I ♥ Valentinstag

85 Prozent aller Valentinskarten werden von Frauen gekauft, und 64 Prozent der Männer machen keine besonderen Pläne für den Valentinstag. Wie gesagt, meine Damen, es ist kein Fehler, wenn Sie diesen Tag in die Hände nehmen und selbst etwas organisieren, falls er Ihnen so wichtig ist. Die meisten von uns tun das ohnehin, weil's Spaß macht. Es ist eine Möglichkeit, die Liebe mit spielerischen Ritualen zu feiern. Also hören Sie Songs von Sade und seien Sie sexy.

Was ich jungen Pärchen am 14. Februar empfehle? Plant voraus, Mädels. Geht bloß nicht selbstverständlich davon aus, dass er euch heute die Welt zu Füßen legt. Vielleicht tut er's, und das ist dann wunderbar. Aber wenn nicht, interpretiert nichts hinein! Das schadet nur eurer jungen Beziehung. Nehmt die Sache selbst in die Hand, ihr seid moderne Frauen. Plant den Abend selbst, macht eurem Herzensmann eine Freude. Kocht ihm etwas Leckeres und bleibt mit ihm zu Hause, lernt euch besser kennen. Wer nicht kochen kann, bestellt Essen. Natürlich etwas Feines! Mit Kerzen und einer Flasche Wein wird der Abend sicher nett und entspannt.

Sie sind schon seit mehreren Jahren zusammen? Dann ist der Valentinstag die Gelegenheit, sich neu ineinander zu verlieben.

Für mich gibt es nichts Mutigeres,
als zuerst zu küssen.

Janeane Garofalo

So sind Sie richtig angezogen

Einzelteile: Eine Seidenhose im Pyjamastil ist eine luxuriöse Möglichkeit für einen romantischen Abend zu Hause. Kombinieren Sie dazu ein tolles Tank oder ein hübsches Top aus Strick.

Kleid: Elegant, aber nicht zu elegant. Figurbetont und sexy, vielleicht sogar ein klein wenig süß. Das Material sollte weich und angenehm zum Anfassen wie Kaschmir oder Seide sein, etwas in der Art wie Diane von Fürstenbergs Wickelkleider. Wie elegant oder lässig spielt keine Rolle, solange Sie sich wie eine Göttin fühlen.

Mantel: Wenn Sie zum Essen ausgehen, brauchen Sie einen Mantel. Schön ist ein nostalgischer Touch – eine feminine, vintage-inspirierte Silhouette, romantisch und klassisch zugleich.

Schuhe: Romantische Heels oder bezaubernde Ballerinas sind die perfekte Wahl.

Accessoires: Halten Sie es einfach. Tragen Sie etwas, das er Ihnen geschenkt hat. Sollte das nicht möglich sein (was sehr schade wäre), tragen Sie ein Schmuckstück, das Ihnen etwas bedeutet.

Sexy, sexy Unterwäsche: Außen Zucker und innen scharf gewürzt. Es gibt kein besseres Rezept für einen gelungenen Valentinsabend.

Frisur und Make-up

Haare und Make-up sollten perfekt natürlich wirken. Frisieren Sie die Haare aus dem Gesicht in einen losen Knoten oder einen Pferdeschwanz. Kein dicker Lidstrich, nur ein Hauch brauner oder grauer Lidschatten und Wimperntusche für den Tag, einfach und hinreißend. Dazu etwas Rouge und rosa Lippen – schon sehen Sie fantastisch und natürlich zugleich aus. Dazu noch Ihr Lieblingsparfüm, frisch und blumig oder ein schwerer Moschusduft, wonach Ihnen gerade ist und was *er* mag. Lassen Sie es knistern, aber dezent.

Und was trägt man darunter?

Strapse sind ein Muss. Nichts ist so sexy wie Strümpfe und unter Strapsen aufblitzende Haut. Tragen Sie ein Hemd über dem BH und einen Slip – Schicht um Schicht seidige Verführung und darunter eine wunderschöne Überraschung.

Und zum Schluss, Ladys, ein Geschenk für den Mann Ihres Herzens. Wir leben schließlich im 21. Jahrhundert. Wir Frauen nehmen unser Schicksal selbst in die Hand, und das ist gut so. Ich liebe es, meinen Mann zwischendurch mit spontanen, romantischen Geschenken zu überraschen. Dieser Blick ist es wert. Es muss nichts Großartiges sein, nur ein kleines Zeichen Ihrer Liebe.

Auch der Valentinstag bedarf keiner großen Bühne. Vergessen Sie all die Regeln, was Mann oder Frau tun muss, und nehmen Sie sich einfach die Zeit zu sagen: Ich liebe dich (oder »Ich mag dich«, falls es noch nicht so weit ist), und genießen Sie den Abend mit allen Sinnen. Gutes Essen, guter Wein, gute Gesellschaft und … na ja, Sie wissen schon.

Geliebte Regelbrecher

Gypsy Rose Lee

Sie ist *die* Königin der Burlesque. Lernen Sie von ihr. Ihr Geheimnis der Verführung war eine unschlagbare Kombination aus Flirt und witzigem Geplänkel, während sie sich langsam ihrer Kleidung entledigte. Unterschätzen Sie niemals den Reiz eines interessanten Gesprächs, und was so einen kleinen Striptease in den eigenen vier Wänden angeht – wir wissen alle, das schadet nie.

*In Washington wissen wir, dass es Frühling ist,
wenn der Rasen vor dem Weißen Haus
voller Kinder ist, die nach Ostereiern suchen.*

Laura Bush

Der Frühling ist da

Ostersonntag

Was ist Eleganz anderes, als zu vergessen, was man trägt.

Yves Saint Laurent

So viele Festtage und so wenig anzuziehen. Je multikultureller wir werden, desto mehr Festtage gibt es. Das ist schön – aber es kann auch anstrengend werden, sich für so viele Anlässe herauszuputzen. Da ist es ein Glück, dass Ostern und das Passahfest zur selben Zeit gefeiert werden: im Frühling. Hat man verstanden und schätzt man, was Frühling bedeutet, ist die Frage nach der passenden Kleidung so gut wie geklärt. Frühling steht für Neuanfang, neues Leben und einen neuen Modezyklus. So viel Positives – warum führen Sie nicht Ihren eigenen Osterbrauch ein und verändern Ihren Look im Frühjahr?

Entsprechend der »Ganz oder gar nicht«-Philosophie in Amerika (die das ihre dazu beitrug, dieses Land groß zu machen) wurde aus dem simplen Brauch, an Ostern einen neuen Hut zu kaufen, ein Wettbewerb, wer den dekadentesten, durchgeknalltesten Hut trägt. Ich persönlich mache bei diesem Osterhutspiel nicht mit, bin aber dabei, wenn es um neue Kleidung geht. Es muss ja kein *Hut* sein, um diesem Geist der Erneuerung gerecht zu werden.

So sind Sie richtig angezogen

Kleid: Mädchenhaft lautet die Devise – zumindest so mädchenhaft, wie es Ihr Stil zulässt. Tragen Sie ein tolles Frühlingskleid. Blumen oder Pastellfarben sind ein Muss, vielleicht auch etwas Spitze oder Rüschen. Ich sage nicht, Sie sollten sich anziehen wie Bette Davis in *Was geschah wirklich mit Baby Jane?* Fröhlich und passend für die Kirche soll es sein – auch wenn Sie nicht vorhaben, den Ostergottesdienst zu besuchen.
Jacke: Ohne leichte Jacke, Pulli oder einen Regenmantel als Schutz gegen die Aprilschauer geht es vielleicht nicht. Warum nicht ein leichter Trenchcoat oder ein farbenfroher, dreiviertellanger Windbreaker? Rodarte und Anna Sui haben fantastische und stets moderne Frühlingsmäntel kreiert. Spielen Sie mit der Silhouette – tragen Sie zum Beispiel einen weit geschnittenen Trenchcoat oder einen Windbreaker in A-Linie.
Schuhe: Bleiben Sie auch hier mädchenhaft. Tragen Sie Mary Janes oder Sandalen, wenn es das Wetter erlaubt. Und vergessen Sie die Pediküre nicht, gönnen Sie Ihren Zehen ein makelloses Frühlingsdebut.
Accessoires: Zurückhaltende Accessoires passen am besten zum mädchenhaften Kleid. Sie wollen ja nicht überladen wirken. Vielleicht eine Brosche oder eine einfache Perlenkette. Und natürlich können Sie einen Hut tragen – aber keine Baskenmütze! Bitte.

Frisur und Make-up

Halten Sie an Ostern Haare und Make-up jung und frisch. Leichte Produkte sind die Lösung, um mit Farbe zu spielen, ohne dabei wie ein Clown auszusehen.

Ich liebe ein Osteressen am späten Nachmittag, aber am meisten Freude bereitet mir an Ostern die Deko: Eier bemalen und den perfekten Osterkorb herrichten. Man kann sich in der Welt pastellfarbenen Schnickschnacks verlieren, während man den Kindern eine Freude bereitet, an die sie sich ihr Leben lang gerne zurückerinnern.

Ostereier

… und mehr

- Fabergé-Eier: Atemberaubende, juwelenbesetzte Schöpfungen des Hauses Fabergé. Im russischen Kaiserreich schenkte man sich zu Ostern kleine Fabergé-Eier. Diese begehrten Kunstwerke trug man als Anhänger. Sie waren zu ihrer Zeit ein echtes Statussymbol. Die größeren Eier wurden speziell für die Zaren Alexander III. und Nikolaus II. gefertigt. Dies sind die seltenen, die in Filmen ständig gestohlen werden.

- Ukrainische Eier: Ausgeblasene Eierschalen werden mit einer Wachstechnik bemalt, wie sie in vielen osteuropäischen Ländern noch heute populär ist. Die dekorativen Muster sind erstaunlich kompliziert und wunderschön.

Masken und Verkleidungen

Maskenball, Fasching, Halloween

Ich wollte immer aussehen wie Jimi Hendrix, aber das kriegte ich nie ganz hin.

Bryan Ferry

Ich beginne jetzt einfach damit, dass ich sexy Katzenkostüme verachte. Einzige Ausnahme: Halle Berry. Der Anblick einer als übergroße Katze verkleideten Frau macht mich gleichermaßen nervös und gereizt. Bitte lassen Sie die x-mal gesehenen Schnurrhaare, den Schwanz und die Pelzohren in der Kleiderkiste. Fasching, Halloween, überhaupt alle Maskenfeste sind dazu da, sich richtig auszutoben, sich zu amüsieren und vor allem: kreativ zu sein. Hier gelten keine Regeln, wir können so verrückt gestylt sein, wie wir wollen. Also raus mit der Klebepistole, lassen Sie sich etwas einfallen und ab in die Stadt.

Im Büro

Maskiert im Büro. Es ist neun Uhr morgens, und die Dame an der Rezeption sieht aus wie ein Zombie. Nett. Mittags schon haben Sie so viele Süßigkeiten gegessen, dass Sie nichts mehr runterbringen. Schon der bloße Gedanke an Fasching oder – in den USA – Halloween im Büro weckt eine Kombination aus Faszination und Grauen. Offen gesagt wollen die meisten Angestellten gar nicht wissen, wie ihr Boss als Dragqueen aussieht. Umgekehrt gilt dasselbe. In vielen Büros sieht man deshalb Maskierte nicht gern (was ich gut nachvollziehen kann). Verstehen Sie mich nicht falsch: Ich mag Verkleidungen, aber nicht im Büro. Falls es aber doch sein muss, dann bitte im Büro deutlich reduzierter als später auf der Party. Und, bitte, bitte, widerstehen Sie der Versuchung, sich als Katze zu verkleiden.

Sie brauchen nicht mit zwei verschiedenen Looks ins Büro zu kommen, kluge Planung hilft hier schon. Warum auch immer, viele Frauen verkleiden sich gerne als billige Krankenschwester, Polizistin und so weiter, und viele Männer nutzen die Gelegenheit, sich als Frau zu verkleiden. Beide Varianten sind fürs Büro eher unpassend. Selbst wenn Sie maskiert sind, wollen Sie von Ihren Kollegen, Untergebenen und Vorgesetzten respektiert werden. Wollen Sie diese PowerPoint-Präsentation tatsächlich im Zombie-Outfit halten? Nein, das wollen Sie nicht. Ihre Kleidung beeinflusst, wie Sie wahrgenommen werden, auch am Faschingsdienstag und an Halloween.

In einer Band kann man anziehen,
was man will – das ist wie eine Entschuldigung
für ständiges Halloween.

Gwen Stefani

Diese Verkleidungen kommen im Büro nicht gut an

- Verkleiden Sie sich nicht als einer Ihrer Kollegen. Das finden die wenigsten charmant.
- Hüten Sie sich vor Kostümen, die an echte Tragödien erinnern. Also nicht Charles Manson oder andere Massenmörder.
- Finger weg von Politik und Religion. Irgendjemand fühlt sich immer verletzt.
- Keine Gesichtsmaske. Das irritiert am Arbeitsplatz.

Diese Verkleidungen kommen im Büro gut an

- Witzig und jugendfrei lautet die Devise.
- Wählen Sie eine Verkleidung, die Ihrem normalen Outfit nicht völlig zuwiderläuft: nichts völlig Bekloopptes.
- Seien Sie kreativ, seien Sie klug. Das wirkt nur positiv auf Ihr Image.
- Haben Sie ein alltagstaugliches Reserveoutfit parat, falls außer Ihnen niemand im Büro verkleidet auftaucht.

Geliebte Regelbrecher

Björk

Ja, man machte sich gnadenlos lustig über sie, als sie 2001 zur Oscarverleihung im Schwanenkleid auftauchte. Aber man muss ihren Mut bewundern. Sie zog den Look durch, so weit, dass sie auf dem roten Teppich ein Ei fallen ließ. Ihre geniale Kreativität tat dem Event wahrlich gut. Heute, da alle (na, fast alle) bei Preisverleihungen fantastisch aussehen, vermisse ich die Prä-Stylisten-Ära, als die Stars noch auf sich selbst gestellt waren. Es gibt jetzt zwar weniger Fehltritte, aber das Zusehen macht auch weniger Spaß. Behalten Sie Björks fantasievollen Umgang mit Fashion im Kopf, wenn Sie Ihr Faschingskostüm planen – aber auch im Alltag.

Fragen Sie sich, bevor Sie das Haus verlassen

- Ist das zu sexy? Die Antwort sollte in jedem Fall *nein* lauten.
- Wird es mir peinlich sein, wenn ich von mir Fotos sehe? Auch diese Frage sollten Sie eindeutig mit *nein* beantworten können.
- Würde ich das in der Gegenwart von Kindern tragen? Die Antwort hierauf sollte *ja* lauten.

Natürlich wollte ich immer Wonder Woman sein. Sie hatte das tollste Kostüm.

Kelly Hu

Ich empfehle ein Kostüm, das weder ein wahnsinniges Make-up noch Unmengen nackter Haut oder unförmiges Zubehör erfordert. Wer mit Make-up spielen möchte, kann ein Detail betonen, zum Beispiel mit etwas Goldflitter um ein Auge oder violetten Lippen. Eine Freundin, die Goldschmiedin ist, machte sich zwei winzige silberne Teufelshörner – intelligent, auf raffinierte Weise zurückhaltend *und* chic. Auf einer anderen Party sah ich eine Frau, die sich als Süßigkeit verkleidet hatte – rückblickend eines meiner Lieblingskostüme. Sie trug nur ein einfaches schwarzes Strickkleid, das sie mit Bonbons bestickt hatte, dazu eine Bonbonhalskette und ein Bonbonarmband. Witzig, einfach und lecker.

Die Handtasche und ihr Inhalt

Wählen Sie eine Tasche, die zu Ihrem Kostüm passt, am besten ein möglichst neutrales Modell, groß genug für Zubehör, das Sie nach Büroschluss brauchen.

Nach Büroschluss

Auf einer Kostümparty unter Erwachsenen werden die Freaks losgelassen. Was auch immer in einem Menschen schlummert, heute darf es raus. Die besten Kostüme sind oft die, die sich auf Tagesereignisse und die Popkultur beziehen. Ein Tipp: Lassen Sie sich von PerezHilton.com inspirieren.

Das kommt immer gut an

- Bereits verstorbener Promi: Lebende Prominente sind auch beliebt, bereits verstorbene jedoch um einiges mehr – warum auch immer.
- Reality-TV-Star: Ich finde die meisten ja sogar für eine Faschingsparty zu fürchterlich. Andererseits sind bunte Vögel nun einmal bestens für ein ebenso buntes Faschingsoutfit geeignet.

Wer nicht zu viel Zeit auf sein Kostüm verwenden will, hier ein paar *oldies but goodies*, die noch immer gut funktionieren.

- Hexe
- Vampir
- Pirat
- Krankenschwester
- Sportler
- Polizist

Amüsieren Sie sich, nehmen Sie Bonbons von Fremden und hüten Sie sich vor Männern mit Maske und vor Zombies.

Baby, es ist Weihnachten

Das Weihnachtsessen

Weihnachten, Kinder, ist kein Termin.
Es ist eine Gemütsverfassung.

Mary Ellen Chase

Weihnachten hat etwas – etwas, das mich im Innersten berührt. Es lässt Erinnerungen an meine Kindheit wach werden, an die Geschichten, die meine Eltern meiner Schwester und mir über den Weihnachtsmann erzählten. Darüber, dass sie ihn besucht und mit ihm gesprochen hätten. Ob wir brav genug gewesen seien und die Geschenke, die wir uns wünschten, auch verdienten. Am lange herbeigesehnten Weihnachtsabend schließlich blieben wir bis Mitternacht auf, denn dann durften wir die Geschenke auspacken. Die andächtig lächelnden Gesichter, die Liebe, die Schleifen und das Geschenkpapier, sogar der Duft der Plätzchen, die meine Mutter tags zuvor gebacken hatte, gehören zu meinen lebhaftesten Erinnerungen.

Die Weihnachtsdekoration liebe ich noch immer und den Schnee, der fällt, die heiße Schokolade und die Vorfreude auf das Fest.

Weihnachten – Zeit, die »Bing Crosby Sings Christmas Songs«-CD lauter zu drehen und die Stimmung zu genießen.

Wer modisch nach vorne blickt, kann gar nicht in der Vergangenheit leben. Man muss ständig neue Erinnerungen schaffen und vielleicht auch ein, zwei neue Traditionen. Meine persönlich liebste Neuschöpfung: der Guave-Martini. Wir probierten ihn einmal an Weihnachten, und seither ist er eine Tradition – wunderbar, um einen Hauch Karibik in eine ansonsten kalte Zeit zu bringen. Das Weihnachtsessen für Ihre Familie und Freunde auszurichten gehört zum Erwachsenwerden. Wenn Sie dieses Marathonfestmahl einmal heil überstanden haben, ist es offiziell: Sie sind erwachsen. Aber das Essen *ist* ein Marathon. So wunderbar Weihnachten ist und sosehr Sie Ihre Familie lieben, das hier ist eine ganztägige Veranstaltung mit vollkommen überdrehten Kindern und sämtlichen emotionalen Fallstricken, auf die sich die liebe Verwandtschaft nun mal am besten versteht. Sorgen Sie für ordentliche Weihnachtsstimmung, Sie brauchen sie. Und außerdem: ein perfektes, bequemes Outfit.

Das Kleid darf nicht einfach am Körper hängen,
es muss den Linien folgen. Es muss seine Trägerin
begleiten, und wenn eine Frau lächelt,
muss das Kleid mit ihr lächeln.

Madeleine Vionnet

Auf den Tischen der Welt – Weihnachtsspeisen rund um den Globus

- Kolumbien: Natilla (ein Dessert aus Milch, Maisstärke und Zimt) sowie Buñuelos (mit Käse gefülltes Schmalzgebäck).
- England: Der berühmt-berüchtigte Christmas Pudding, ein schwerer, schwarzer, gedämpfter Kuchen mit Früchten und Nüssen.
- Frankreich: Bûche de Noël, eine Roulade aus Biskuitteig und Füllung, die als Holzscheit dekoriert wird. Lecker.
- Italien: Panettone, ein runder Kuchenlaib, locker und süß.
- Libanon: Tabouleh, Kibbeh und Truthahn.
- Philippinen: Queso de Bola oder Käselaib, Tsokolate (heiße Schokolade) und Schinken.

Festliche Kleidung ist natürlich ein Muss. Sonst würde das Essen ja nur halb so viel Freude machen. Und ich spreche *nicht* von Rentier- und Schneeflockenpullis, sondern von festlichem Chic. Von einem Outfit, in dem man kochen, essen *und* Geschenke austauschen kann, von einem sowohl praktischen wie fantastischen Look.

Das Weihnachtsessen ist *die* Gelegenheit für opulente Stoffe wie Samt, Brokat und mein geliebtes Kaschmir. Kuschelig und luxuriös. Und denken Sie an die unzähligen Fotos, auf denen Ihr Ensemble verewigt wird. Kleiden Sie sich also fotogerecht (auch wenn Sie, falls Sie kamerascheu sind, als Gastgeberin eine ausgezeichnete Entschuldigung haben, sich vor Aufnahmen zu drücken).

So sind Sie richtig angezogen

Lassen Sie sich für die Rolle der perfekten Weihnachtsgastgeberin von Katherine Hepburn in *Die Nacht vor der Hochzeit* inspirieren. Sie war schön, unabhängig, hatte viel zu laufen, und das in den tollsten Outfits. Den 40er-Jahren verdanken wir einige wunderbare Looks, deren Einfluss noch heute spürbar ist.

Kleid: Sie fühlen sich in einem Kleid »angezogener«? Am besten ist ein figurbetontes, aber nicht allzu enges Kleid. Zu Weihnachten gehört Essen und Trinken, ohne dabei ständig die Kalorien zu zählen. Tailliert und weit geschnitten, knapp unter dem Knie endend – das steht so gut wie jeder Frau. Und Sie können sich darin hinsetzen, ohne sich darüber Gedanken machen zu müssen, welchen Anblick Sie den am Boden spielenden Kindern dabei bieten.

Hose: Eine perfekt geschnittene weite Hose aus einem luxuriösen Stoff wie Samt oder Seide. Als Gastgeberin ziehe ich eine Hose vor, ich habe darin das Gefühl, schneller zur Stelle zu sein, wenn Not am Mann ist.

Bluse: Eine extravagante Bluse, figurbetont und mit weiten Ärmeln, einem hohen Kragen und französischen Manschetten (dazu tolle Manschettenknöpfe – die sind witzig und praktisch). Mir gefallen durchsichtige Blusen über Camisolen, falls das aber für ein Essen im Kreis der Familie zu gewagt ist, geht es auch etwas zurückhaltender mit einer Bluse aus Seide oder edler Baumwolle.

Mantel: Ohne Mantel geht es im Winter nicht. Julie Christie und Geraldine Chaplin verkörpern in *Doktor Schiwago* wahren Winterchic.

Schuhe: Pumps mit Plateausohle. Nicht so sexy, aber superschick und hübsch. Oder elegante flache Schuhe – praktisch und geschmackvoll.

Accessoires: Halten Sie es einfach und bedenken Sie, welche Gerichte Sie auf den Tisch bringen. Es ist nicht sonderlich appetitlich, wenn der Diamantenanhänger (ob echt oder unecht) auf dem Weg aus der Küche ein Bad in der Soße nimmt. Lüsterohrringe oder eine Halskette peppen ein Outfit auf. Weihnachten ist eine gefühlsselige Zeit, da passen Erbstücke wie eine Perlenkette oder eine Kamee. Tragen Sie eine Uhr – es soll ja nichts verbrennen – und vergessen Sie die Manschettenknöpfe (siehe oben) nicht.

Image Control

Übernehmen Sie die Bildredaktion! Sie haben einen dieser fanatischen Hobbyfotografen auf der Gästeliste stehen? Machen Sie sich im Vorfeld mit den gängigsten Kameratypen vertraut. Bitten Sie den Betreffenden dann kurz vor dem Aufbruch, die Fotos sehen zu dürfen – und löschen Sie »versehentlich«, was Ihnen nicht gefällt. Das mag etwas extrem wirken, aber manchmal geht es nun einmal nicht anders.

Frisur und Make-up

Wenn Sie eine festliche Einladung haben, sind Haare und Make-up das Letzte, worüber Sie sich den Kopf zerbrechen wollen. Ein einfacher Pferdeschwanz oder eine Hochsteckfrisur und sehr natürliches Make-up sind ideal. Roter Lippenstift sieht auf Fotos besser aus, aber ein dezentes Nude ist eventuell vorzuziehen, da ist kein Auslaufen zu befürchten.

Die moderne Schürze

Ich bin ein bekennender Fan von Rüschenschürzen beim Kochen. Eine tolle Schürze macht aus jeder Frau im Nu eine Haushaltsdiva und serviert bei Einladungen das Ausrufezeichen. Sie stehen weniger auf Rüschen – aha! –, dann nehmen Sie ein schlichteres, aber dennoch festliches Modell, das zu Ihrem Outfit passt. Schürzen werden als Accessoire wirklich unterschätzt. Eine Frau, die häufig Essenseinladungen gibt, sollte *mindestens* ein oder zwei hinreißende, vorzeigbare Schürzen besitzen.

Was an Weihnachten gar nicht geht

- Finger weg von zu kurzer oder zu tief ausgeschnittener Kleidung. Das hier ist eine Familienfeier.
- Keine Angst vor Overdressing. Die Gastgeberin ist *nie* overdressed.

- Vermeiden Sie Rot oder Grün. Ich denke, das muss ich nicht groß erklären. Es geht einfach darum, dass Sie nicht aussehen wollen, als wären Sie soeben dem Film *Buddy – Der Weihnachtself* entstiegen.

Ihr bequemes, starkes Outfit gibt den Ton vor, wenn Sie Gäste ruhig und fröhlich begrüßen und inmitten von Freunden und Verwandten essend und trinkend wahrlich frohe Weihnachten feiern.

Bezaubern Sie

Das Weihnachtsfest bei den (potenziellen) Schwiegereltern

Bei allen Völkern, die ich studierte, lebten sie nun in Städten oder in Felshöhlen, hätten wenigstens 50 Prozent am liebsten wenigstens einen Dschungel zwischen sich und der Schwiegermutter.

Margaret Mead

Weihnachten bei den Schwiegereltern oder den Eltern Ihres Partners zu feiern erspart Ihnen zwar den Stress als Gastgeberin – was schon einiges wert ist –, ist aber ebenfalls eine Herausforderung der ganz eigenen Art. Dieses Treffen wird wahrscheinlich mehrere Stunden dauern, die meisten Überlegungen für das Gastgeberoutfit gelten also auch hier. Funktional und »gut angezogen« lautet die Devise. Die Gästeliste enthält viele Unbekannte, und damit ist mit Überraschungen zu rechnen. Wie extravagant wird die Fete – oder wie ganz und gar nicht extravagant? Das gilt vor allem dann, wenn Sie Ihre (potenziellen) Schwiegereltern zum ersten Mal treffen.

Dass Sie zum Weihnachtsessen bei den Schwiegereltern fantastisch aussehen sollten, versteht sich von selbst. Außerdem rate ich Ihnen, pünktlich zu sein, höflich und ruhig, was auch immer geschehen mag. Und nehmen Sie nichts, was geschieht, zu persönlich. Weihnachten bringt das Beste und das Schlechteste in den Menschen zum Vorschein.

Recherchieren Sie! Versuchen Sie zumindest zu klären, wie leger oder formal das Essen wird. Fragen Sie Ihren Herzensmann vorab nach Fotos der vergangenen Weihnachtsfeste mit seinen Eltern. Falls Sie seine Eltern bereits kennengelernt haben, wissen Sie in etwa, was auf Sie zukommt, aber man kann nie vorsichtig genug sein. Weihnachten bedeutet für die Gastgeber auch Stress, und dies wirkt sich häufig auf die Stimmung aus, was sich wiederum auf Ihr Outfit auswirkt.

Im Prinzip gelten hier dieselben Regeln wie für das Outfit des Gastgebers. Doch fahren Sie den Look etwas runter – Sie möchten ja nicht Ihre Schwiegermutter ausstechen. An Weihnachten will seine Mutter strahlen, respektieren Sie das. Und wenn Sie eine Schürze mitbringen, um im Falle eines Falles in der Küche mitzuhelfen, wird Ihre Schwiegermutter Sie sicher sofort ins Herz schließen. Sie wollen hübsch aussehen, hübscher noch als sehr hübsch, aber niemals besser als die Gastgeberin.

Frisur und Make-up

Halten Sie Haare und Make-up einfach, vielleicht ein verspielter Chignon oder ein tief angesetzter Pferdeschwanz. Rosa Lippen wirken freundlicher als dunkelrote. Seien Sie sparsam mit dem Rouge, bei all dem fröhlichen Feiern glühen die Wangen ohnehin. Bezaubern Sie seine Familie mit Ihrer natürlichen Schönheit und Ihrem Temperament, und man wird Sie mit offenen Armen aufnehmen.

Ihr Outfit sollte ausdrücken: Ich respektiere euch und euer Zuhause und ich bin eine tolle Frau, pragmatisch und perfekt für euren Sohn. Sie sollten sich in Ihrem Outfit wohl und selbstsicher fühlen. Um den Tag mit Charme durchzustehen, müssen Sie sich bewegen können, ohne sich Gedanken über ein mögliches Garderobenmalheur machen zu müssen.

Ihre Schwiegereltern sind eher leger und tragen an Festtagen am liebsten Jeans, T-Shirt und Pullover? Passen Sie Ihre Kleidung an. Tauchen Sie im edelsten Festtagsoutfit auf, während alle anderen im Sweatshirt-Modus sind, kann das unangenehm werden. Die anderen fühlen sich düpiert, und Sie sind verunsichert – das will niemand. Ziehen Sie niemals etwas an, das Sie normalerweise nie tragen würden. Bleiben Sie sich treu und stellen Sie sich zugleich auf die Situation ein. Wählen Sie einen Look, mit dem Sie sich wohlfühlen.

Ich hörte mit sechs Jahren auf, an den Weihnachtsmann zu glauben. Meine Mutter nahm mich in ein Kaufhaus mit, um ihn zu sehen, und er bat mich um ein Autogramm.

Shirley Temple

Die Hand-tasche und ihr Inhalt

Packen Sie eine Kamera ein, um die Erinnerung festzuhalten, und ein kleines Make-up-Kit, um gegebenenfalls das Make-up aufzufrischen. Vielleicht noch ein nettes kleines Geschenk für die Gastgeberin wie originellen Weihnachtsschmuck oder eine Duftkerze.

Besondere Anlässe

Eilzustellung

Vor der Entbindung

Ich bin dreimal das Mädchen, das ich war.

Halle Berry

Gut. Sie essen jetzt also Grillhähnchen und Karamellpopcorn zum Abendessen, Ihre Knöchel sind praktisch nicht mehr sichtbar, und Ihre Körbchen sind drei Nummern größer (interessant, ja, aber auch angsteinflößend). Sie sind im achten Monat schwanger und haben das Gefühl, jeden Moment zu platzen. Diese körperlichen Veränderungen sind überwältigend, trotzdem gehört die Geburt des ersten Kindes zu den aufregendsten Erfahrungen. Wenn Sie ähnlich ticken wie alle anderen Frauen, haben Sie in dieser Phase der Schwangerschaft die Nase voll vom Schwangersein und werden langsam nervös wegen der Wehen und der Entbindung. Sie befinden sich auf der Zielgeraden und sollten auf den entscheidenden Moment vorbereitet sein (oder es zumindest versuchen).

Eine gut gepackte Kliniktasche ist wichtiger, als Sie denken. Sie ist ein Ruhepol im Chaos der Entbindung, in der Freude über das neugeborene Baby, bei den Besuchen und den vielen Fotos. Packen Sie vorausschauend.

Sehr bald schon werden Sie gar nicht mehr in der Lage sein, darüber nachzudenken, was Sie im Krankenhaus brauchen. Dann beschäftigt Sie nur noch ein Gedanke: das Krankenhaus mit einem gesunden Baby im Arm und vier, fünf Kilo leichter zu verlassen. Also atmen Sie tief durch – Sie schaffen das und Sie werden absolut toll dabei aussehen.

Es hat auch Vorteile, in einem Krankenhausbett festzusitzen, man muss nur von der Taille aufwärts gut aussehen. Der Rest hat's bequem. Verwöhnen Sie sich mit einem weichen, kuschligen Bettjäckchen mit einer hübschen Satinschleife. Dieser Retrocharme der 50er-Jahre passt wunderbar, und Sie fühlen sich wie die perfekte Mama. Denken Sie an January Jones in *Mad Men*. Wenn Sie nach Hause kommen, sehen Sie bildhübsch aus, genießen Ihren faulen Sonntag, warten darauf, dass Ihnen Ihr Mann das Frühstück ans Bett bringt – ich verspreche Ihnen, Sie werden wieder faule Sonntage haben … in ein paar Jahren.

> *Ich lege absolut keinen Wert darauf,*
> *im Kreißsaal Wonder Woman zu sein.*
> *Gebt mir Betäubungsmittel.*
>
> Madonna

Packliste: Die Grundausstattung für die Klinik

- Nachthemden (oder Pyjamas)
- Bettjäckchen
- Kleidung für die Heimfahrt
- Make-up-Basics
- Zahnbürste und -pasta
- Haarbürste
- Bequeme Schlappen
- Bademantel

- Ausweis, Versicherungskarte
- Mutterpass, medizinische Infos
- Brille, Kontaktlinsen
- Ausreichend Unterwäsche, Still-BH etc.
- Snacks für Besucher: Selbst im Krankenhausbett können Sie eine großartige Gastgeberin sein. Vorgepacktes ist am praktischsten – Salzstangen, Cracker oder Cookies. Schokolade wird auch immer gern genascht.

Packen Sie außerdem Lesestoff ein, Zeitschriften, die lieb gewonnenen Babybücher (um noch einmal nachzusehen) und einen iPod mit Entspannungsmusik (*viel* Entspannungsmusik). Gestalten Sie das Zimmer persönlicher, so können Sie sich besser entspannen. Mit gerahmten Fotos von Ihren Lieben oder einem Bild von Ihrer Katze – was immer das Zimmer einladend und fröhlich macht.

Frisur und Make-up

Ohne eine Bürste, einen Kamm und das Nötigste fürs Haar geht es nicht. Was Sie nun einmal brauchen, um diese Zotteln nach hinten und die widerspenstigen Strähnchen in Form zu bekommen. Behelfen Sie sich, falls eine Frisur Sie momentan überfordert, mit einem hübschen Schal.

Und was das Make-up betrifft, glauben Sie mir, das brauchen Sie. Auf der Entbindungsstation geht es nicht um Coverfotos, die Basics reichen also. Mit etwas Mascara, Puder, Concealer, Rouge und Lipgloss bekommen Sie ein natürliches, hübsches Aussehen hin.

So sind Sie richtig angezogen

Nachthemd: Nehmen Sie mehrere Nachthemden mit, Sie brauchen etwas zum Wechseln. Pyjamas gehen auch, aber Nachthemden sind leichter an- und auszuziehen.

Bettjäckchen: Ein hübsches, edles Jäckchen zum Überwerfen, wenn Besucher kommen. Ein Schal oder eine Strickweste tut's auch. Alles, was kuschlig ist und die sterile, kalte Klinikatmosphäre mildert.

Morgenmantel: Groß genug für diese langen Wanderungen durch die Gänge. Angenehm sind weiche Materialien wie Chenille oder Flanell. Taschen sind praktisch.

Kleid: Ein frisches Outfit für die Heimfahrt. Unproblematisch und bequem – ein langes T-Shirt-Kleid oder eine Tunika und Leggings. Sie und Ihr Baby sollen absolut entspannt und stylisch zu Hause ankommen. Lassen Sie sich von Heidi Klums Schwangerschaftskollektion *Lavish & Loved* oder Christian Sirianos *Fierce Mamas* inspirieren.

Schlappen: Vermeiden Sie es, im Krankenhaus irgendetwas mit bloßer Haut zu berühren, schon gar nicht den Boden. Packen Sie also die Schlappen für die Dusche ein. In Krankenhäusern wimmelt es nur so von Keimen, versuchen Sie sich um jeden Preis zu schützen.

Geliebte Regelbrecher

M.I.A.

M.I.A. trat 2009 bei den Grammys in einem durchsichtigen Minikleid auf – ein paar Tage vor der Entbindung. Ja, das weite blaue Kleid, das sie auf dem roten Teppich trug, war ein Tick zu viel, aber das Statement ist unvergessen: Eine Schwangerschaft ist kein Hinderungsgrund, weder in der Mode noch im Leben.

F.A.Q.

F. Wer wird mich besuchen?

A. Alle, die Sie kennen, vor allem beim ersten Baby.

F. Wie lange werde ich bleiben?

A. Wahrscheinlich ein, zwei Tage, aber machen Sie sich auf drei gefasst.

F. Wird es Videoaufnahmen geben?

A. Das liegt an Ihnen.

F. Wird es Fotos geben?

A. Absolut. Jede Menge.

F. Will ich hübsch aussehen?

A. Natürlich wollen Sie das. Alle werden hingerissen sein von dem Baby, aber es gibt keinen Grund, warum Sie keine wunderschöne, strahlende Madonna sein sollten.

Cool in die Schule

Der Elternsprechtag

Die erfolgreiche Arbeit eines Lehrers zeigt sich dann, wenn er sagen kann: »Die Kinder arbeiten jetzt, als wäre ich gar nicht da.«

Maria Montessori

Okay, das ist wichtig – und es hat nicht einmal etwas mit Stil zu tun. Seien Sie als Mutter engagiert! Entwickeln Sie eine Beziehung zu den Lehrern Ihres Kindes. Damit Sie auf dem Laufenden sind, auch was das Leben Ihres Kindes außerhalb Ihres Zuhauses angeht. Ein gutes Eltern-Lehrer-Verhältnis nützt allen, vor allem aber dem Kind. Und wie Sie sich den Lehrern Ihres Kindes präsentieren, beeinflusst, wie Ihr Kind an der Schule wahrgenommen und behandelt wird. Wie wär's mit reif, verantwortungsvoll und ehrlich? Sie wollen ja auch nicht, dass Ihre Kinder Ihrem Ruf schaden.

Das ist besonders dann wichtig, wenn Sie ein sehr »lebhaftes« Kind haben. Den Lehrern muss klar sein, dass es Ihnen ernst ist, Ihrem Kind dabei zu helfen, sein Verhalten zu verbessern. Wenn Sie im Jogginganzug aufkreuzen und nach Zigaretten riechen, gelangt der Lehrer vielleicht – möglicherweise unbewusst – zu der Überzeugung, dass Ihr Kind es vielleicht eher nicht schafft. Ist der Lehrer dagegen überzeugt, dass das Kind zu Hause ernsthaft unterstützt wird, kümmert er sich eher das entscheidende Quentchen mehr um Ihr Kind.

Betrachten Sie dieses Gespräch als Meeting. Wahrscheinlich kommen Sie ohnehin vom Büro. Bleiben Sie ruhig. Sie müssen es nicht übertreiben, aber planen Sie Ihr Outfit genauso sorgfältig wie bei einer beruflichen Präsentation. Ihr Look soll ausdrücken: »Ich bin ein guter Mensch, eine verantwortungsvolle Mutter und an Ihrer Meinung interessiert.« Gegenseitiger Respekt ist notwendig, genauso wie die Einstellung »Arbeiten wir zusammen, um meinem Kind die beste Ausbildung zu ermöglichen.«

Frisur und Make-up

Einfach frisiertes Haar, dezentes Make-up. Keine knalligen Farben oder Hingucker.

So sind Sie richtig angezogen

Einzelteile: Vernünftig und elegant lautet die Devise. Einfach, geschmackvoll, frisch, klare Linien. Vermeiden Sie knallige Farben oder Muster. Tragen Sie bevorzugt dezente Basics.

Jacke: Ein Blazer oder eine Jacke. Keine Motorrad- oder Bomberjacke. Seien Sie erwachsen.

Mantel: Ein Trenchcoat – smart und chic.

Schuhe: Pumps. Sie wollen dieses achtunggebietende Klacken Ihrer nicht zu hohen Absätze im Gang hören, wenn Sie zur Besprechung gehen.

Geliebte Regelbrecher

Taylor Momsen

Sie ist der Inbegriff des rebellischen Teenagers. Zu viel Eyeliner, zu viel Lippenstift, sichtbare Strapse, zerrissene Strümpfe … Ich würde sie wohl in ihr Zimmer sperren, wäre ich ihre Mutter. Aber als unbeteiligter Beobachter stelle ich bewundernd fest, sie hat ihren eigenen Look und zieht ihn konsequent durch. Lassen Sie sich von ihrem Esprit inspirieren – aber nicht unbedingt von ihrem Modesinn.

Sie wurden vom Direktor zu einem Gespräch einbestellt, weil Ihr Kind etwas angestellt hat? Dann sollte Ihr Outfit noch einen Tick seriöser sein. Schauen Sie dem Direktor in die Augen und versprechen Sie, dass Sie sich um die Angelegenheit kümmern werden. Versuchen Sie, Ihr Gegenüber mit Freundlichkeit zu entwaffnen, und vergessen Sie dabei nicht: Auch Sie waren einmal ein Kind.

Just do it

Schulaufführungen und Sportveranstaltungen

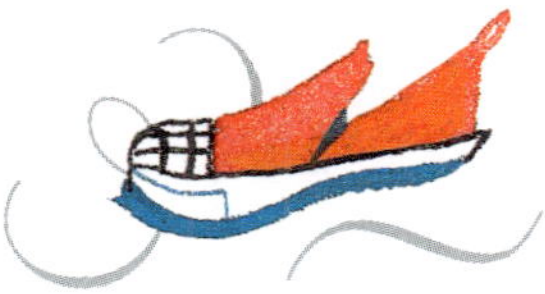

*Ich hatte genug Tennis für diese Woche.
Ich besuche noch die Schule,
deshalb werde ich mich jetzt
mit Wirtschaft entspannen.*

Marija Scharapowa

Erinnern Sie sich noch an Schulaufführungen und Sportveranstaltungen in Ihrer Kindheit? Als Schauspielerin oder Sportlerin war ich nie gut, ich trapste eher so mit. Was ich mochte, war Fußballspielen mit meinen Freundinnen. Trotzdem wollte ich immer, dass meine Eltern zu diesen Veranstaltungen kommen und stolz auf mich sind. Aber ich wollte auch, dass sie vor anderen Kids so tun, als würden sie mich nicht kennen. Oh, die Freuden des Elternseins. Ich sehe gerne meinem Sohn bei seinen diversen Aktivitäten zu, aber auf dieses schwierige Alter freue ich mich nicht. Das muss schlimm sein.

Seien wir ehrlich, wir wollen unsere Kinder nicht in Verlegenheit bringen, aber bei solchen Veranstaltungen ziehen wir uns für die anderen Eltern an – und natürlich für uns. Hier können wir wunderbar Zeit mit unseren Kindern verbringen, ihre Freunde kennenlernen und andere Eltern. Für Singles eine ausgezeichnete Möglichkeit, Single-Papas zu treffen. Der Dresscode ist entspannt, sehen Sie trotzdem umwerfend aus!

Seien Sie sportlich-lässig. Eine Schulveranstaltung ist nicht der Ort, um sich aufzutakeln. Hier sind schließlich Kinder! Und es gibt keinen Grund, die anderen Mütter vor den Kopf zu stoßen.

So sind Sie richtig angezogen

Jeans oder Cargohose: Kleiden Sie sich bequem und chic. Im Sommer sind Bermuda- und Dreiviertelhosen ideal. Boyfriendjeans mit Sneakers und einem Pulli ist eine unkomplizierte Kombination. Eine Cargohose sieht mit Sneakers und einer Sportjacke toll aus. Aber Finger weg von Hotpants, meine Damen.

Top: Hier gilt Angemessenheit und Lässigkeit. Etwa ein Polo oder Matrosenstil.

Jacke: Eine figurbetonte Lederjacke, eine Sportjacke (sehr lässig und hip) oder eine Daunenjacke, wenn es kalt ist. Es gilt sportlich-cool statt bieder.

Schuhe: Sneakers oder Boots. Gummistiefel zur Jeans oder zu Shorts sind im Frühling umwerfend. Denken Sie praktisch, es ist bescheuert, in High Heels zu kommen, oder?

Accessoires: Machen Sie sich keinen Kopf wegen der Accessoires oder des Make-ups. Hier ist dezente Zurückhaltung angesagt, natürlich und bequem soll es sein. Nehmen Sie's sportlich.

Die Handtasche und ihr Inhalt

Bei einer Sportveranstaltung unbedingt eine Tote-Tasche für Wasser und so weiter. Bei einer Schulaufführung reicht eine Handtasche. Hineinpassen sollten ein, zwei Snacks und eine Flasche Wasser. Vergessen Sie auch die Sonnencreme nicht und die Kamera. Vielleicht auch noch Ihre Visitenkarten, Sie lernen sicher eine Menge Leute kennen.

Knigge für Mamas

- Kommen Sie nicht als Sexbombe, kommen Sie als Mama.
- Lachen Sie nicht an den falschen Stellen während einer Aufführung und sprechen Sie nicht schlecht von anderen Kindern auf dem Sportplatz.
- Seien Sie keine schlechte Verliererin. Zeigen Sie sich von Ihrer besten Seite.
- Haben Sie keine Angst, Ihr Kind laut anzufeuern. Und vielleicht gibt's ja zu Hause (unter Ausschluss der Öffentlichkeit also) noch einen selbst gebastelten Pokal oder Oscar. Seien Sie stolz darauf, stolz zu sein.

Es kommt nicht darauf an, ob man gewinnt oder verliert, sondern darauf, wie man sich im Spiel schlägt. Beim Sport lernen unsere Kinder einige der wichtigsten Lektionen fürs Leben, und für Sie sind solche Veranstaltungen eine Gelegenheit, sich einmal dem alltäglichen Stress zu entziehen, und sei's nur für einen Nachmittag. Ist es nicht wunderbar, Ihr Kind auf dem Sportplatz oder auf der Bühne zu sehen? Sie werden so schnell erwachsen. Genießen Sie den Augenblick.

Geliebte Regelbrecher

Venus und Serena Williams

Klar, diese Mädchen sind der Stolz ihrer Eltern. Beide sind phänomenale Sportlerinnen und haben so viele Hürden im Frauentennis eingerissen – sportlich wie modisch. Venus und Serena sind starke Vorbilder für Sie und Ihre Kinder: selbstbewusst, unabhängig, und sie lieben Fashion. Nahezu perfekt die beiden.

Genie ohne Bildung ist wie Silber im Bergwerk.

Benjamin Franklin

Glanz und Gloria

Die Abschlussfeier Ihres Kindes

In meiner Jugend gab es nur zwei Abschlussfeiern, eine nach der Schule und eine nach der Uni. Heute scheint es alle paar Jahre eine zu geben: Kita, Kindergarten, Grundschule … Natürlich sind der Schul- und der Universitätsabschluss die zwei Highlights. Zu sehen, wie das eigene Kind ins Erwachsenenleben tritt, ist bewegend und bringt einen zum Grübeln. Die mehr oder weniger förmliche Kleidung, die frischen, lachenden Gesichter – man möchte auf der Stelle gleichzeitig eine alte Freundin anrufen und sich einer Botoxkur unterziehen. So viele Meilensteine, so wenig Zeit und so viele Outfits, die geplant werden wollen.

Die frühen oder »Demi«-Abschlüsse, wie ich sie nenne, sind keine wirklich offiziellen Anlässe. Aber es ist immer nett, den Sprössling moralisch zu unterstützen. Auch in Sachen Mode. Kaufen Sie ihm ein Outfit für den Abschluss, und Sie werden beide perfekt angezogen sein.

Der richtige Schulabschluss dann ist wirklich wichtig. Er ist der Endpunkt einer langjährigen Schulausbildung und der Eintritt ins Erwachsenenleben. Nach der Feier gibt es in der Regel ein nettes Essen und – im besten Fall – eine riesige Party. Ziehen Sie sich richtig toll dafür an, Sie haben es sich verdient. Gratulieren Sie sich, so wie Sie Ihrem Kind gratulieren. Sie haben es geschafft. Sie haben beide die Pubertät überlebt. Belohnen Sie sich mit einem fantastischen festlichen Outfit und zeigen Sie, wer hinter dem Erfolg Ihres Kindes steckt – seine großartige Mutter. Bloß keine Zurückhaltung! Her mit den Farben, den Mustern. Aber Achtung,

Sie wollen nicht wirken wie diese männerverschlingende Tante, die Jagd auf ältere Herren macht.

Auch der Universitätsabschluss ist eine große Sache, eine sehr große Sache. Festlich muss das Outfit sein, keine Frage, doch wenn es endlich so weit ist, merken Sie das womöglich auch an den Kontoauszügen. Ein ganz neues Outfit ist jetzt nicht mehr so leicht finanziell zu stemmen. Also sollte der Look variabel sein, da Sie vielleicht mehrere Feierlichkeiten besuchen. Die eigentliche Feier ist wohl am Vormittag, dann gibt es vielleicht noch einen Nachmittagsempfang und schließlich das feierliche Abendessen – ganz zu schweigen von den Partys. Das Publikum ist jung, bester Dinge und gerade dabei, die Welt zu erobern. Will man da mithalten, braucht man das richtige Outfit.

Frisur und Make-up

Gut ist eine feuchtigkeitsresistente, nicht zu hohe Frisur – Sie wollen ja niemandem die Sicht nehmen. Und ein tränenresistentes Make-up. (Sie werden weinen, das wissen Sie.) Gratulation, Mama. Die Pubertät des Kindes heil überstanden zu haben ist allein schon eine Tapferkeitsmedaille wert. Klopfen Sie sich auf die Schulter und trinken Sie ein Glas Sekt auf sich.

So sind Sie richtig angezogen

Einzelteile: Abschlussfeiern finden meist im Mai oder Juni statt, hübsche Sommerteile oder ein Kleid bieten sich daher an. Berücksichtigen Sie, dass Sie ein Weilchen sitzen werden, wählen Sie also besser keine Sachen, die leicht verknittern oder sehr einschnüren. Der Universitätsabschluss bedeutet für jeden in der Familie einen Neuanfang, seit der Geburt Ihres Kindes hatten Sie dieses Ziel im Auge. Das Outfit sollte die Leistung Ihres Kindes würdigen. Etwas wie eine lässige, aber elegante, leichte Hose in Beige oder Taupe. Eine hübsche weiße oder pastellfarbene Bogensaumbluse mit etwas Pep, vielleicht ein Rüschenkragen oder ein interessanter Saum. Tauschen Sie die Hose gegen einen Tulpenrock.

Jacke: Packen Sie eine Jacke oder einen Sweater ein. Selbst wenn es heiß ist – es kann überall eine Klimaanlage lauern. Am besten nehmen Sie eine lockere Jacke, die über dem Arm ebenso gut aussieht wie über den Schultern.

Schuhe: Feminine Sandalen. Wenn Sie nicht gerade sitzen, müssen Sie laufen – achten Sie daher auf bequeme Schuhe. Und auf die Pediküre.

Accessoires: Natürlich Schmuck mit sentimentalem Wert. Runden Sie den Look mit einem ungewöhnlichen Gürtel oder einer bunten oder gemusterten Strumpfhose ab.

Die Handtasche und ihr Inhalt

Wählen Sie eine gute Handtasche, in der alles Platz hat, was Sie den Tag über brauchen. Papiertücher, natürlich eine Kamera, ein Handy, falls Sie in der Menge verloren gehen, und ein winziges Make-up-Kit für zwischendurch. Und wie immer gilt: kein Logo.

Trauerkleid

Beerdigung

Nach großem Schmerz,
Gefühl verflacht zur Form –

Emily Dickinson

Die Vorstellung, im selben Abschnitt über Tod und Mode zu schreiben, ist mir fast zuwider, aber man muss sich nun mal zur Beerdigung anziehen, und ich möchte hier betonen, dass dieser Moment der Trauer von allen Trauergästen durch das Wahren der Schicklichkeit gewürdigt werden sollte. Auch von Ihnen. Bei Beerdigungen werden wir mit der Sterblichkeit konfrontiert, sie sind Anlässe nachzudenken, die zu ehren, die von uns gegangen sind, und die Hinterbliebenen zu trösten. Wenn wir nach einer Beerdigung nach Hause kommen, schätzen wir die wunderbaren Dinge in unserem Leben wieder mehr.

Schwarz ist nicht Pflicht auf Beerdigungen, aber ich rate Ihnen trotzdem von einem Partykleid ab. Beerdigungen sind für die Menschen, die dem Toten am nächsten standen. Sie sollten sich vor allem darüber Gedanken machen, den Angehörigen Respekt zu bezeugen und dies mit Ihrer Kleidung zu zeigen.

Ihr Stil sollte einfach, schlicht und ernst sein. Kein tiefes Dekolleté, keine Stiefel bis zum Oberschenkel und kein Supermini. Keine Animalprints und schon gar keine Cowboyfransen oder Ähnliches. Bevorzugen Sie neutrale und eher dunkle Farben. Helle Blumenmuster oder knallige Farben wie Neonpink gehen gar nicht. Solange Sie sich auf gedämpfte Farben beschränken, machen Sie nichts falsch. Und im Zweifelsfall tragen Sie einfach Schwarz.

Der Prunk der Begräbnisse betrifft mehr die Eitelkeit der Lebenden als die Ehre der Toten.

François de la Rochefoucauld

Frisur und Make-up

Frisieren Sie sich die Haare aus dem Gesicht. Sie wollen ja den Menschen in die Augen schauen können. Wie wär's mit einem eleganten Pferdeschwanz oder einem lockeren seitlichen Knoten? Das Make-up bitte auf ein Minimum reduzieren. Verwenden Sie tränenresistenten Mascara und dezenten Lippenstift, der keine Flecken auf dem Taschentuch hinterlässt, wenn Sie sich die Tränen aus dem Gesicht wischen.

Geliebte Regelbrecher

Königin Alexandra

Von Alexandra von Dänemark, Gemahlin Edwards VII., heißt es, sie habe Kleiderfarben wie Zuckermandel oder Zuckererbse eingeführt, was süß und köstlich klingt. Sie stieß ganz England vor den Kopf, als sie 1901 in einem hellen Kleid gekrönt wurde, während die meisten wegen des Todes von Königin Victoria noch Schwarz trugen. Eine Trendsetterin, keine Mitläuferin.

Das Leben nach dem Tod

- In Nordvietnam werden die Knochen verstorbener Angehöriger nach einiger Zeit ausgegraben und auf dem Land der Familie wieder eingegraben.
- Im österreichischen Hallstatt werden die Knochen verstorbener Angehöriger nach zwölf Jahren ausgegraben. Die Schädel werden bemalt und in einer Kapelle ausgestellt.
- In Ghana ist es verbreitet, sich in einem »Fantasiesarg« beerdigen zu lassen, dessen Ausgestaltung das Leben des Toten symbolisiert. So ein Sarg kann wie ein Auto, ein Flugzeug oder ein anderer Gegenstand aussehen.
- In Schweden plant die Organisation Promessa Organic AB eine umweltfreundliche Bestattung. Der Leichnam wird gefriergetrocknet und schließlich zu feinem Staub reduziert. Dann werden die Metalle entfernt und wiederverwendet und die Überreste in einem biologisch abbaubaren Sarg bestattet.

Der Verlust eines geliebten Menschen ist ein schwerer Schlag. Seien Sie ein Fels für Ihre Lieben. Seien Sie freigiebig mit Umarmungen und Beileidsbezeugungen. Weinen Sie, wenn Ihnen danach ist.

Hochzeiten

Ein letzter Abend mit den Mädels

Der Junggesellinnenabschied

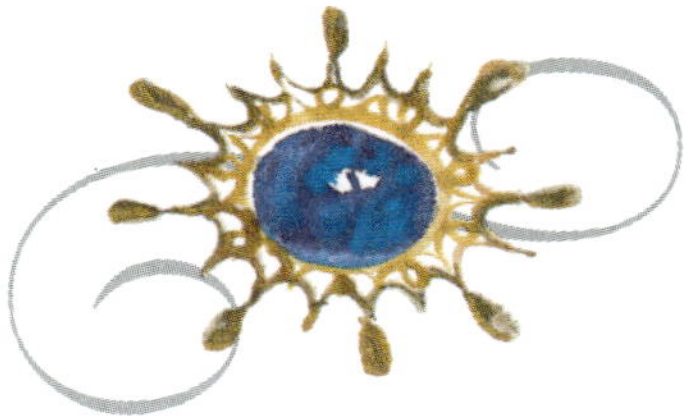

Üppigkeit ist mehr wert als Geschmack.

Gustave Flaubert

Der berühmt-berüchtigte Junggesellinnenabschied. Es ein letztes Mal krachen lassen als Single. Alle Mädels aufgebrezelt und bester Laune, jetzt heißt es: Party! An diesem Abend gelten keine Regeln. Vielleicht wird man sich über diese Nacht noch lange legendäre Geschichten erzählen. Schütteln Sie den Hochzeitsvorbereitungsstress ab und die frustrierenden Querelen zwischen Verwandten und Freunden. Machen Sie ordentlich einen drauf!

Manchmal breche ich aus und mache Sachen,
die bleiben. Wie Tattoos und Heiraten.

Drew Barrymore

Geliebte Regelbrecher

Elizabeth Taylor

Elizabeth Taylor war in die Liebe verliebt. Sie war berühmt für ihre Rollen, ihre Ehen und ihre umwerfenden violetten Augen. Außerdem liebte sie Diamanten und Schmuck und hatte das Glück, jede Menge davon zu bekommen. Liz' Darstellung von Cleopatra ist legendär, einfach weil sie mit der ägyptischen Königin so viel gemein hatte. Sie waren beide stark, unabhängig und schön und wussten, was sie wollten und wie sie es bekamen. Und sie wussten, wie man Schmuck trägt.

Was gut ankommt

- Machen Sie Ihrer Brautjungfrau klar, was Sie mögen und was nicht. Bei diesen Partys geht es oft darum, der Braut eins auszuwischen. Doch die Feierlichkeit sollte vor allem Ihnen Spaß machen.
- Überlegen Sie, ob Sie Junggesellinnen- und Junggesellenabschied nicht zusammen feiern sollten. Gemeinsames Poltern vermeidet vorehelichen Liebeskummer.
- Überlegen Sie sich ein Thema für diesen Abend. Wie wär's mit Salsatanzen, einer Casinonacht oder – was ich liebe – einer Weinprobe?
- Halten Sie für jeden zum Abschied ein Katermittel bereit.

Es ist der Abend dafür, wie eine Diva auszusehen. So schön, um einen erwachsenen Mann zum Weinen zu bringen. Ziehen Sie an, was Ihnen das Gefühl gibt, das heißeste Mädchen im Raum zu sein. »Zu gewagt« gilt heute nicht mehr.

So sind Sie richtig angezogen

Einzelteile: Gehen Sie's spielerisch an, das ist ein Abend unter Freundinnen. Anything goes! Shorts mit Strumpfhose und Wahnsinnsstilettos, eine Zigarettenhose, ein Smoking … Tragen Sie dazu ein Paillettentop oder ein Oberteil mit gewagtem V-Ausschnitt.

Strümpfe: Manchmal ist die Kombination von Riemchen-High-Heels und Supermini zu viel, selbst für den Junggesellinnenabschied. Mit einer blickdichten Strumpfhose dagegen ist alles goldrichtig. Oder Sie kombinieren eine Netzstrumpfhose mit einem längeren Rock. (Zu einem Supermini könnte sie vulgär aussehen.)

Schuhe: Holen Sie die Tanzschuhe raus. Auch wenn Sie gar nicht vorhaben zu tanzen – man kann nie wissen, was an so einem Abend passiert. High Heels, Stiefel, Stiefeletten, Riemchensandalen – tragen Sie, was immer Ihnen das Gefühl gibt, ein Star zu sein.

Frisur und Make-up

Her mit dem knalligen Lidschatten in dieser verrückten neuen Farbe. Sie können die Augen aber auch neutral halten und diesen irren Lippenstift ausprobieren.

Damit die Stimmung stimmt

Mir wird ganz anders, wenn ich nur an all die Möglichkeiten denke, die sich bei dieser Party anbieten. Tragen Sie Ihren verrücktesten Modeschmuck, einen übergroßen Cocktailring, ein Armband mit dicken Klunkern. Eine meiner Freundinnen bekam einen riesigen falschen Diamantring geschenkt, aus dem man Schnaps trinken konnte. Keine Frau hat sich je mehr über einen falschen Diamanten gefreut.

Ich kann leider nicht anwesend sein, wenn Sie sich anziehen, also rufen Sie eine Freundin an. Glühen Sie mit ein paar Cocktails vor und schminken Sie sich gegenseitig – wie früher. Und jetzt raus, und amüsieren Sie sich! Und tun Sie nichts, was ich nicht auch tun würde. Vergessen Sie nicht: »Was in Vegas passiert, bleibt in Vegas«, wie wir Amerikaner sagen. Aber diese Zeiten sind vielleicht auch vorbei.

Heute müsste es wohl heißen: »Was in Vegas passiert, kann man sich auf Facebook ansehen.« Amüsieren Sie sich, aber vergessen Sie das nicht.

Wer sich traut, gewinnt

Die festliche Hochzeit

Sich fein machen, das macht niemand mehr.
Wir müssen das ändern.

John Galliano

In Sachen Styling gibt es wohl nichts Großartigeres als eine festliche Hochzeit. Overdressed geht hier gar nicht. Ich persönlich liebe solche Hochzeiten. Schmuck, der im Kerzenlicht funkelt, Kaviar auf Eis, Champagner. Was könnte schöner sein?

Vor einer festlichen Veranstaltung kann es bei allen Beteiligten durchaus zu Muffensausen kommen, selbst bei alten Partyhasen. Und manchmal nervt es auch, sich so in Schale werfen zu müssen. Sehen Sie die ganze Sache einfach als eine Übung in Sachen Stil und Spaß. Als persönliche Herausforderung, den ultimativen Look zu finden, in dem Sie sicher durch einen langen, ereignisreichen Abend gleiten. Sie werden viel stehen müssen, viel sitzen, und Sie werden viele, viele Hände schütteln und Küsschen geben und – »Vorsicht, mein Kleid!« – umarmen und umarmt werden. Sie werden auch viel tanzen, trinken und essen. Neue Leute kennenlernen und sich unterhalten ist an einem solchen Abend Pflicht. Bequemlichkeit dagegen ist Luxus, wenn auch ein durchaus realistischer Luxus.

Wie aufregend! Jedermann sieht fantastisch aus, und Sie feiern die Hochzeit von zwei wunderbaren Menschen. Das hier ist ein Stylemarathon, meine Damen. Dafür müssen Sie trainieren, und das geht nur mit der richtigen Ausrüstung. Sie müssen in Ihren High Heels länger stehen können, ohne eine Miene zu verziehen, in Ihrem Kleid sitzen können, ohne einen Gedanken an die Nähte zu verschwenden, vor allem aber müssen Sie atemberaubend schön aussehen.

Was bei einer festlichen Hochzeit gar nicht geht

- Weiß. Der Braut die Schau zu stehlen geht gar nicht. Selbst wenn Sie wissen, dass die Braut nicht Weiß trägt. Weiß ist an diesem Tag eine zu symbolträchtige Farbe.
- Dunkler Lippenstift. Dunkle Lippen sind ein Risiko – Sie müssen ständig im Spiegel prüfen, ob Sie noch gut aussehen. Außerdem ist nichts so sexy wie dunkle Augen und helle Lippen.
- Hautenge und tief ausgeschnittene Kleidung. Die Devise lautet elegant und glamourös, nicht Stripper-Chic.

Entscheidend für den großen Auftritt ist nicht das 5.000 Euro teure Kleid (obwohl es helfen kann) oder das Einhalten der Etikette. Die wenigsten besitzen ein unbegrenztes Budget oder Schränke voller Abendkleider, daher stellt sich die Frage, was man anzieht, überraschend einfach dar.

Der perfekte Hochzeitslook

Hübsch für eine Hochzeit am Nachmittag ist ein charmantes Kleid mit Blumenmuster, oben körperbetont, unten weit und fließend – ideal zum Tanzen. Sie hätten es lieber einfacher? Dann das kleine Schwarze mit Strassschmuck oder Spitzen. Aus Brokat oder edlem Samt mit Goldakzenten. Drama gibt's bei Louis Vuitton, Oscar de la Renta oder Christian Lacroix. Eleganz finden Sie bei Yves Saint Laurent oder Dior. Und wenn's romantisch werden soll, schauen Sie bei Miu Miu und Chloé.

Die Hochzeit findet am Abend statt? Die perfekte Gelegenheit für ein hinreißendes Ballkleid. Wie oft bietet sich schon die Gelegenheit, sich in einem solchen Kleid zu präsentieren? Bitte kein steifes Teil, wie man es auf roten Teppichen sieht, sondern eine umwerfende klassisch drapierte Creation. Vionnet und Lanvin kreieren göttliche Ballkleider.

Festliche Kleidung verlangt nicht, dass Sie eine Strumpfhose tragen. Wenn es das Wetter erlaubt, reichen Bräune aus der Tube und eine tolle Pediküre. Sie hätten lieber eine Strumpfhose? Dann bitte möglichst durchsichtig und fein.

Frisur und Make-up

Bei festlichen Anlässen trage ich die Haare gerne hochgesteckt, zu einem schicken Chignon frisiert oder nach hinten gebunden zu einem glatten Pferdeschwanz. Natürlich tief angesetzt, Sie sind ja kein Cheerleader.

Alle Hochzeiten – bis auf die mit offen getragenen Schrotbüchsen – sind wundervoll.

Liz Smith

Die Sache mit den Schuhen

Riemchenstilettos oder Plateausohlen im Metalliclook passen wunderbar zu einem Ballkleid. Blitzt bei jedem Schritt auch noch etwas Farbe auf – wie sexy und verführerisch. Neue Schuhe trage ich immer zuerst ein paar Tage zu Hause, bevor ich mich damit in die Stadt wage. Das kann ich Ihnen nur empfehlen. So ersparen Sie sich Blasen und anderes dem Schuhwerk geschuldetes Elend.

Und was trägt man darunter?

Ob tags oder abends, ein Ballkleid kann seinen Zauber nur mit dem richtigen Mieder entfalten. Die Versuchung ist natürlich groß, unter diesem tollen Kleid verführerische Unterwäsche zu tragen, aber hier heißt es pragmatisch sein. Sie wollen keinesfalls, dass etwas durchscheint, was nicht durchscheinen soll, also läuft es auf Nude oder Schwarz hinaus. Shapewear ist eine Offenbarung. Sie hat mich noch nie im Stich gelassen. Keinen Teil von mir, um es einmal so auszudrücken.

Accessoires

Wenn ich an den Ohren richtige Hingucker trage, lasse ich die Halskette weg und nehme einen Armreif oder einen Cocktailring dazu. Sind die Ohrringe klein und einfach, müssen es für mich ein oder zwei auffällige Halsketten sein. Entscheiden Sie für sich selbst, womit Sie sich unschlagbar glamourös fühlen.

Damit die Stimmung stimmt: Personifizierte Eleganz

- Hören Sie den Soundtrack zu *Frühstück bei Tiffanys*: Henry Mancini ist ganz große Klasse. Und danach Roy Orbison oder Edith Piaf, um das Herz auf Touren zu bringen.
- Stellen Sie frisch geschnittene Blumen ins Zimmer. Die Farben und Düfte zaubern eine Aura des Neuanfangs.
- Entspannen Sie sich mit einer Tasse Tee oder einem trockenen Martini. Beide Getränke – in Maßen genossen – bringen Sie in die richtige Stimmung für das große Fest.

Sie sind in der richtigen Stimmung? Und ausgestattet mit einem Paar Ersatzschuhe sowie Nähetui? Dann vergessen Sie nun, wie Sie aussehen, und haben Sie Spaß!

> *Der Glanz der Liebe verwandelt den Staub des Alltags in einen Goldnebel.*
>
> Amanda Cross

Der perfekte Gast

- Ein leichter Snack vor dem Aufbruch bewahrt Sie davor, sich mit Appetizern vollzustopfen.
- Ihnen fällt nichts mehr ein, was Sie sagen könnten? Machen Sie ein Kompliment.
- Reden Sie nicht über Politik, Religion und die Verflossenen des Bräutigams. Vor allem, wenn Sie eine davon sind.
- Ihre Absätze werden immer höher und bekommen Räder? Es ist an der Zeit, von Champagner auf Wasser umzusteigen.
- Kein Dirty Dancing mit dem Trauzeugen.

Bezaubernde Hochzeiten

- Königin Victoria: Trendsetterin, die sie war, heiratete sie 1840 Albert von Sachsen-Coburg in einem weißen Kleid und machte so das weiße Hochzeitskleid populär.
- Prinz Charles und Lady Di: Ein tragisches Ende, aber wahrscheinlich die Hochzeit mit den meisten Zuschauern aller Zeiten.
- Tom Cruise und Katie Holmes: Seltsam, doch großartig und faszinierend.
- Gwen Stefani und Gavin Rossdale: Gwen war die perfekte Braut in Galliano. Sie liebte das Kleid so sehr, dass sie es zweimal trug.
- John F. Kennedy jr. und Carolyn Bessette: Noch ein tragisches Ende, aber eine schöne Hochzeit und ein umwerfend gutaussehendes Brautpaar.
- Grace Kelly und Fürst Rainier III. von Monaco: Die reinste Märchenhochzeit.

Liebe leicht gemacht

Die legere Hochzeit

Verdiene deinen Traum.

Octavio Paz

Die Angst davor, sich für eine Hochzeit in Schale zu werfen, schwindet sofort, wenn wir wissen, dass es nicht ganz so festlich wird. Die Latte liegt tiefer, Entspannung setzt ein. Deshalb bin ich so ein Fan der legeren Hochzeit. Alle sind einen Tick lockerer drauf, Brautpaar wie Gäste, man kann sich mehr auf das konzentrieren, worum es eigentlich geht: das Brautpaar und die Party.

Die Bandbreite ist riesig – von der Barfußhochzeit am Strand bis zur kirchlichen Trauung. Aus der Einladung erfahren Sie Näheres über Ort, Motto und Dresscode. Sie brauchen nur noch den perfekten Look.

Ich werde oft gefragt, wie man sich zu einer Hochzeit mit vorgegebenem Motto anzieht, sei dies nun Strand, Ethno oder Vintage. Zunächst gilt, ein Motto ist nur ein Motto, es soll den Ton vorgeben. Das Brautpaar möchte nicht, dass Sie verkleidet auftauchen, sondern dass Sie sich von der Stimmung des Mottos inspirieren lassen. Die Hochzeitsfeier kann das Motto durchaus bis zum Letzten ausreizen, aber deshalb erwartet man nicht von den Gästen, dass sie angezogen sind wie der Hofstaat von Versailles.

So sind Sie richtig angezogen

Ziehen Sie sich schick an, aber verspielt. Im Zweifelsfall lieber einen Tick zu elegant. Leger hin oder her, es ist immer noch eine Hochzeit.

Kleid: Bezaubern Sie in einem rosa Kleid und passendem Lippenstift. Oder einem anderen Kleid, Hauptsache charmant und modern. Warum nicht Pailletten oder Perlen – etwas Glitzer schadet nicht. Oder halten Sie es matt und entspannt mit natürlichen Materialien. Proenza Schouler und Marc Jacobs haben zum Sterben schöne feminine Kleider mit einem Schuss Rock'n' Roll.

Hose: Eine seidene Schlabberhose mit einer schrägen Weste oder eine Smokinghose mit einem kurzen Bolero. Dünne, kleine Shorts mit einer weiten Bluse oder einem langen Blazer sind die perfekte Mischung aus mädchenhaftem und lässigem modernen Chic. Denken Sie Richtung Chanel, Stella McCartney. Und bei lässigem, elegantem Stil Richtung Diane Krüger und Kate Moss.

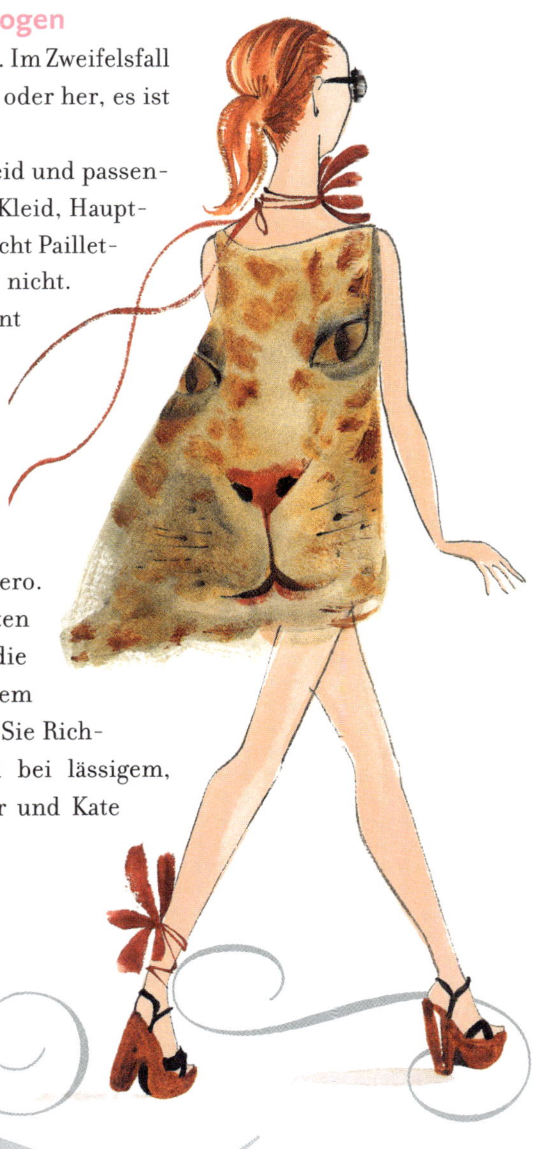

Eine erfolgreiche Ehe heißt, sich immer wieder zu verlieben, immer in dieselbe Person.

Mignon McLaughlin

Die Einladung ist eine erste Richtlinie. Finden Sie heraus, wie sehr sich Ihre Freundinnen aufbrezeln, und seien Sie strategisch. Es ist immer witziger und einfacher, mit einer Freundin shoppen zu gehen, die zum selben Event eingeladen ist.

Eine Hochzeit kommt selten alleine, stimmt's? Ist man zu fünf Sommerhochzeiten hintereinander eingeladen, möchte man sich nicht für jede ein komplett neues Outfit kaufen. Besser wäre eine komplette Sommergarderobe zum Preis von einem Kleid. Kaufen Sie ein Etuikleid als Basis und kombinieren Sie es jedes Mal mit anderen Accessoires und einer anderen Frisur. Schwarz ist kein Problem bei Hochzeiten, solange es festlich ist. Farbe macht natürlich viel mehr her. Tragen Sie stets andere Schuhe dazu, eine andere Strumpfhose, anderen Schmuck und eine andere Jacke.

Über den Besen hüpfen

Der Brauch, über den Besen zu hüpfen, stammt aus Westafrika. Bei den Aschanti sind Besen, die das Hinwegfegen der bösen Geister symbolisieren, fester Bestandteil der Hochzeitszeremonie. In den Vereinigten Staaten, wo den Sklaven verboten war zu heiraten, legten die Schwarzen vor einem Zeugen ein Gelübde ab, sprangen zusammen über den Besen und galten als verheiratet.

Die Kerzenzeremonie

In Kolumbien zünden Braut und Bräutigam nach dem Tausch der Ringe jeder eine Kerze an. Mit den beiden Flammen zünden sie dann eine dritte Kerze an und löschen ihre Kerzen aus. Die einzelne Flamme steht für ihre Verbindung. Dazu sage ich nur: *Come on, baby, light my fire.*

Sie sind Single? Dann ist eine legere Hochzeit eine wunderbare Gelegenheit, Kontakte zu knüpfen – wer weiß? Sie sind verheiratet? Geben Sie sich der Nostalgie hin, bevor Sie nach Hause gehen und Erinnerungen an Ihre Flitterwochen wecken. Bringen Sie jedoch ein Date mit, dann hüten Sie sich, ihm während des Ehegelöbnisses bedeutungsschwere Blicke zuzuwerfen. Das verschreckt jeden.

Geliebte Regelbrecher

Pink

Pinks Stil ist ein aggressives Durcheinander. Falsche Klunker, Muskelshirts, zerrissene Jeans, Trapezkleidchen. Sie trug zu ihrer Strandhochzeit ein voluminöses weißschwarzes Brautkleid von Monique Lhuillier. Die Haare hatte sie dazu zu einer Ringellöckchen-Krone frisiert. Eine absolute Überraschung.

Matriarchinnen-Chic

Die Hochzeit der Tochter

> *Wenn ich trotzdem weiß,*
> *was Liebe ist, so ist es deinetwegen.*
>
> Hermann Hesse

Ihre Kleine heiratet! Eine Million Dinge sind zu tun. Telefonanrufe müssen erledigt, Partys geschmissen, Menüs geplant, Gästelisten erstellt, Blumenschmuck koordiniert und die Auseinandersetzungen mit Ihrer Tochter gewonnen werden. Und was sollen Sie anziehen? Diese Frage ist mindestens so wichtig wie die Orchideenarrangements, wegen denen Sie nicht mehr schlafen können. Die Hochzeitsfotos werden schließlich noch für die kommenden Generationen sichtbar in Fotoalben überdauern. Ist Ihr Outfit würdig, Ihr geliebtes Kind in die nächste Lebensphase zu begleiten?

Vielleicht planen Sie dieses Outfit schon seit dem Tag, als Sie erfuhren, dass Sie schwanger sind. Falls dem so ist, haben Sie es im Lauf der Jahre wohl mehrere Male überarbeitet. Wie auch immer, jetzt ist es so weit, Sie werden Schwiegermutter. Und dies erfordert ein, wie ich es nenne, »wichtiges Kleid«.

Geliebte Regelbrecher

Mrs. Robinson

Mrs. Robinson war vielleicht keine nette Frau, aber sie hatte Stil. Ihre schicke graue Strähne und die Animalprint-Lingerie betonten die besondere Wirkung der älteren, erfahreneren Frau. Was beweist, dass auch eine Schwiegermutter nicht matronenhaft sein muss.

Das wichtige Kleid

Dabei handelt es sich um die Art von Kleid, die a) wahnsinnig luxuriös aussieht, b) perfekt sitzt und c) niemand Geringerem als einer Königin angemessen scheint. Selbst wenn die Hochzeitsfeier eher leger ausfällt, brauchen Sie, die Mutter der Braut, sich keine Zurückhaltung aufzuerlegen. Zeit für goldene Gefühle, nicht für Schuldgefühle!

Das Kleid muss Ihrer Figur schmeicheln und altersgemäß sein – nicht altmodisch, sondern raffiniert –, vielleicht ein Kleid, das die Knie bedeckt und subtil gemustert ist. Cremefarbener Satin etwa klingt perfekt. Aber wählen Sie bitte *niemals* ein Kleid in der Farbe des Brautkleids. Ich rate wahrlich nicht dazu, Moderegeln sklavisch zu befolgen, aber diese Regel gilt ausnahmslos.

Ist es zu fassen, Sie werden vielleicht sogar schon bald Großmutter? Aber keine Bange, wenn Sie Ihre Karten richtig spielen, sehen Sie aus, als wären Sie die Schwester der Braut. Die Hochzeit Ihrer Tochter ist eines der aufregendsten Ereignisse Ihres Lebens, regen Sie sich nicht über Kleinigkeiten auf. Denken Sie daran: Sie verlieren kein Kind, Sie gewinnen eine neue Familie.

Traum-
reise

Far, far away

Auf Reisen

Ist das nicht schräg,
mit meiner Louis-Vuitton-Tasche zu campen?

Jessica Simpson

Ein Spontantrip gehört zu den großen Freuden des Lebens. Egal, wohin es geht: Dem Alltagstrott zu entkommen, und sei es auch nur für ein paar Stunden, wirkt wie ein Jungbrunnen. Ich liebe das Gefühl, mit dem Flugzeug irgendwohin zu fliegen, wo ich noch niemals zuvor war. Dieser Nervenkitzel, die Lust aufs Unbekannte!

Durch meine vielen Reisen bin ich Expertin im strategischen Packen und berücksichtige jedes mögliche Detail. Damit die Reise gelingt, braucht es neben einem neugierigen Herzen vor allem die richtige Kleidung.

Das Gepäck

Natürlich ist das Gepäck auf Reisen besonders wichtig. Ideal ist ein schnittiger Trolley. Tumi, Samsonite und Anya Hindmarch machen feine Sachen. Bringen Sie Ihre Pflegeprodukte und Kosmetika in einer hübschen Clutch unter, damit haben Sie die Abendtasche schon dabei. Für den Kurztrip reicht eine übergroße Tote mit Reißverschluss oder ein Weekender. LeSportsac beispielsweise bietet eine Riesenauswahl.

So sind Sie richtig angezogen

Wer stylisch reisen will, braucht für jedes Transportmittel das ideale Outfit. Ich bin immer wieder erstaunt, wenn ich extrem aufgebrezelte Frauen durch den Flughafen stöckeln sehe. Sie sehen fabelhaft aus, aber kann man auf 15 Zentimeter hohen High Heels den Trolley ziehen, den Laptop tragen und nach dem Pass kramen? Ich fühle mich in reisegeeigneter Kleidung, in der man im Notfall auch acht Stunden am Flughafen überbrücken kann, wesentlich wohler.

Über den Wolken

Man hat den Eindruck, Fliegen wird durch den Sicherheitsdienst von Tag zu Tag komplizierter. Man braucht die perfekte Kombination von kuschelig und klassisch: kuschelig genug, um die Kälte der Klimaanlagen am Flughafen und im Flugzeug zu ertragen, und klassisch genug, um auch nach einem Acht-Stunden-Flug gut auszusehen. Im Flugzeug trage ich ein fleckensicheres, knitterfreies und bequemes Ensemble, in dem ich lange sitzen kann. Wählen Sie eher dunkle Farben und weiche, natürliche Materialien wie Strick, die jeder Bewegung nachgeben und sich auf der Haut angenehm anfühlen. Ein Pashmina wärmt Sie, damit Sie ein bisschen schlafen können, und ist nach der Landung ein schickes Accessoire.

Lokomotiviert

Es gibt nichts Romantischeres als eine Zugreise. Hätte ich die Wahl, würde ich *nur* mit dem Zug reisen. Man hat genug Platz und sieht die Landschaft an sich vorbeirauschen, während man von dem rhythmischen Geräusch des fahrenden Zuges in einen angenehmen Schlaf begleitet wird.

Was anziehen? Das Ensemble für die Flugreise passt auch hier.

On the road

Die Straße entlangzugleiten, mit heruntergelassenem Fenster und toller Musik – das ist mit nichts zu vergleichen. Man ist frei wie ein Vogel und zu allem bereit. Das Vorbeiflitzen der Landschaft hat etwas Belebendes. Obwohl man in Bewegung ist, befindet man sich in einer Art Zeitblase. Wenn das Auto nicht gerade voller kleiner Kinder oder unleidlicher Erwachsener ist, können Sie diese Zeit genießen, die Sie ganz für sich haben. Drehen Sie das Radio auf, hören Sie ein Hörbuch und vertrödeln Sie die Zeit. Der Look: fleckensicher, knitterfrei und so bequem wie im Flugzeug. Auch hier sind dunkle Farben und Strick die Lösung.

Hose: Locker sitzende und schön fallende Hose, eine Boyfriendjeans oder eine schicke Leggings.
Top: Zwiebellook. Tragen Sie ein Tanktop oder T-Shirt unter einem weiten, durchgeknöpften Hemd oder einer Tunika. Dazu ein leichter Sweater, und Sie fühlen sich wohl.
Schuhe: Zum Reisen sind flache Schuhe ideal – Stiefel, Slipper oder Sportschuhe. Wählen Sie einen bequemen Schuh, der zu den Sachen in Ihrem Koffer passt.
Accessoires: Ein Schal (kommt immer gelegen) und eine Uhr – mehr brauchen Sie nicht.

Durch Flugreisen schafft es die Natur, dass wir aussehen wie auf unserem Passfoto.

Al Gore

Traumreise

Bei den folgenden Reisezielen würde man am liebsten spontan kündigen und in den nächsten Flieger springen. Hier ein paar Tipps für Ihre nächste Reise zu einem dieser Traumziele.

Mustique

Sie planen eine Woche an einem meiner Lieblingsorte auf diesem Planeten, dem Strand von Mustique? Was Sie einpacken? Einen Bikini und nicht viel mehr. Mustique ist der Inbegriff eines tropischen Paradieses: schöne Strände, eine wunderbare Landschaft – einfach atemberaubend. Packen Sie Ihren besten Bikini ein, leichte Kleider aus Baumwolle, ein, zwei tolle Abendoutfits und Sandalen. Bis Sie abreisen, sind Sie Sarong-Expertin. Die besten Accessoires sind Ihre Bräune und die Gelassenheit, die Sie ausstrahlen, wenn Sie am Strand relaxen. Und schauen Sie unbedingt bei Basil's Bar vorbei, bestellen Sie einen Haroun oder zwei. Ein Traum.

R. Toledo

Paris im Frühling

Romantik, eine faszinierende Geschichte und umwerfendes Essen, dazu Mode, wohin man blickt. Und Regen, also vergessen Sie nicht Ihren Schirm. Die Pariserinnen sind stets makellos angezogen im Stil von »Ich bin gerade aus dem Bett gehüpft, hab mir den Lippenstift geschnappt und was gerade so herumlag. Nun sehe ich aus wie aus einem Modemagazin.« Packen Sie ein, zwei Paar schicke Schuhe ein und mindestens ein eher lässiges Paar. In Paris wurden Coco Chanel und Christian Dior geboren, die Kostüm und Hosenanzug neu erfanden. Erweisen Sie ihnen die Ehre, seien Sie stylisch. Packen Sie ein, zwei figurbetonte weiße Hemden ein, ein paar Stricktops, eine schmale Jeans, einen Bleistiftrock, ein paar Jacken und ein kleines schwarzes Kleid. Paris dürfen Sie nicht mit leeren Händen verlassen, also lassen Sie Platz für neue Kleider. Vertrauen Sie mir, Sie werden sich wünschen, Sie hätten noch mehr Platz gelassen.

Wenn du das Glück hattest, als junger Mensch in Paris zu leben, dann trägst du die Stadt für den Rest deines Lebens in dir, wohin du auch gehen magst, denn Paris ist ein Fest fürs Leben.

Ernest Hemingway

Eine Safari in Afrika

Es gibt nur wenig, das eine Woche Fotosafari in Afrika zu toppen vermag. Packen Sie unbedingt Cargohosen ein (Safari-Chic), einen zweckmäßigen, aber schicken Sonnenhut, Maxikleider und Sandalen für den Abend – und schon sind Sie bereit, die wildesten Geschöpfe Gottes zu treffen und dabei bildschön auszusehen. Besuchen Sie die afrikanischen Märkte und halten Sie Ausschau nach Stoffen, Perlen und Körben.

Ein Spa in Island

Reykjavík ist verschwenderischer Minimalismus. Das klingt wie ein Widerspruch, aber Sie werden es verstehen, wenn Sie dort sind. Lassen Sie im Koffer Platz für diese tollen Islandwollsachen. Packen Sie Pullis und warme Stiefel ein, um zu shoppen und diese fantastischen Gletscher zu besichtigen, und einen Badeanzug, um in den Warmwasserquellen dort zu baden (gesund, reinigend und purer Luxus zugleich). Ein Besuch im Laugar Spa ist Pflicht. Sie werden das Spa bestens durchblutet und mit einem Gefühl kühler Gelassenheit verlassen. Seien Sie eine Eiskönigin, nur dies eine Mal.

Ein Urlaub in den Hamptons

Sie haben also diesen Sommer eine Einladung zu P. Diddys legendärer White Party erhalten. Dann ab in die Hamptons, zu diesen überraschend weißen Sandstränden in Long Island, New York. Jeder, und ich meine wirklich *jeder*, wird Sie abchecken, das heißt, für diesen Trip *müssen* Sie sich in Schale werfen. Vor allem aber müssen Sie den ganzen Putz mit einer Nonchalance tragen, als hätten Sie sich absolut keine Gedanken darüber gemacht. Bringen Sie ein bisschen Discolook mit, einen schicken Bikini für jeden Tag und die richtige lässige Einstellung für die Hamptons.

Bergwandern in Patagonien

Besorgen Sie sich, gleich wenn Sie die Reise gebucht haben, den Katalog von Patagonia – der Firma, die diese sagenhafte Wanderkleidung herstellt und die nicht umsonst so heißt. Schnappen Sie sich dann eine Ausgabe von Bruce Chatwins *In Patagonien* und nehmen Sie Kontakt zu Ihrem inneren Pionier auf. Diese Reise ist anstrengend, aber danach können Sie sich rühmen, an den schönsten Orten der Welt gewesen zu sein. Vergessen Sie die Sonnencreme nicht.

Segeln an der türkischen Küste

Die Ägäis, das Mittelmeer, eine Luxusjacht und zwanzig Ihrer engsten Freunde – das perfekte Abenteuer auf hoher See. Sie brauchen nicht viel mehr als einen Beutel mit einem Bikini und etwas Sonnencreme. Machen Sie sich auf kristallblaues Wasser gefasst, auf Sonnenbaden an Deck und auf die Disco, wenn der Anker geworfen ist. Knabbern Sie frisch gegrillte Calamari und schlürfen Sie süßen Tee. Die einzige Anstrengung könnte darin bestehen, Pistazien zu knacken.

Die Gärten (und die Mode) von Kyoto

Was ein wahrer Stil-Connaisseur ist, der muss zu Japans Kyoto Costume Institute pilgern – dem Zuhause einer der größten Kleidungssammlungen der Welt. Wenn Sie sich von dieser Mega-Inspiration trennen können, dann besuchen Sie noch einige von Kyotos sechzehnhundert buddhistischen Tempeln (der goldene Tempel ist vollständig mit Gold bedeckt!) oder die Gärten in den Palästen und Villen. Vergessen Sie bei dieser Gelegenheit nicht, in den großartigen Kreationen von Yohji Yamamoto und Limi Feu zu stöbern.

Das Taj Mahal

Was packt man für einen Besuch eines der acht Weltwunder ein? Lassen Sie viel Platz im Koffer für die atemberaubenden indischen Stoffe, Sommerkleider, Sandalen und Schals. Und bequeme Schuhe zum Laufen. Natürlich noch eine Kamera und warum nicht ein Tagebuch? Stürzen Sie sich in Ihr *Eat, Pray, Love*-Abenteuer und sehen Sie dabei umwerfend aus. Om-Shanti-Chic ist relativ leicht hinzukriegen.

Mit dem Hubschrauber über den Grand Canyon

Die reinste Dekadenz, so ein Hubschrauberflug über den Grand Canyon – doch der spektakuläre Blick über die Natur lehrt einen Demut. Nehmen Sie die Sonnenbrille mit und etwas gegen Reisekrankheit.

Eine Gondelfahrt durch Venedigs Kanäle

Das Essen ist himmlisch, packen Sie also auch etwas weiter geschnittene Kleidung ein, den Kalorienstauraum werden Sie brauchen. Könnte man nur eine Sache nach Venedig mitnehmen, dann wären das fantastische Schuhe. Die Italiener nehmen Schuhe sehr, sehr ernst. Das große Vorbild in Sachen Stil ist Sophia Loren, die Stimmung erinnert an einen Film von Federico Fellini, und die passenden Designer heißen Dolce & Gabbana.

PASSPORT

Haare: ein Glossar

Lang und offen: Dieser Style steht für cool und entspannt. Ein lässiger, pflegeleichter Look.

Kurz und frech: Für diese Frisur braucht man ein entsprechend geschnittenes Gesicht. Kurze Haare sind sportlich, mutig und sehr schick.

Bob: Die Schauspielerin Louise Brooks ist unvergessen. Dieser Look kann streng wirken. Ein starker, selbstsicherer Stil, der einen zierlichen Hals wunderbar betont.

Zopf: Zöpfe sind witzig und hervorragend, um strapaziertes Haar zu verbergen. Ein kleiner französischer Zopf, in eine Langhaarfrisur eingearbeitet, ist eine frische, spielerische Variante.

Pferdeschwanz: Ein niedrig angesetzter, glatter Pferdeschwanz ist ultraschick und elegant. Ein wuschliger, leicht seitlich angesetzter Pferdeschwanz dagegen sexy und modern.

Chignon: Elegant und raffiniert. Perfekt für einen festlichen Anlass oder fürs Büro.

Nachlässiger Dutt: Ob hoch angesetzt, am Nacken oder seitlich. Ein nachlässig hochgesteckter Haarknoten ist die moderne Variante der Hochfrisur.

Pony: Ein langer Pony, zur Seite frisiert oder gerade bis zu den Augen, ist sexy und hip.

Nachwort

Abenteuer finden sich nicht außerhalb des Menschen, sondern in seinem Inneren.

George Eliot

Mich begeistern die Theatralik der Kleidung, kunstvolles Design und die Kreativität, die sich im Stil zeigt. Die Mode entwickelt sich ständig weiter – sie nimmt Anleihen aus der Vergangenheit und sagt die Zukunft voraus. Dieses Ständig-in-Bewegung-Sein macht Mode lebendig und aufregend. Und sie verwirrt viele Frauen – was soll man wann wie tragen?

Im 21. Jahrhundert werden Moderegeln immer weniger streng gehandhabt. Ich liebe diese neue Freiheit in Sachen Stil. Andererseits kann einen diese Riesenauswahl an Optionen auch überwältigen. Falls Sie sich von den Ideen in diesem Buch inspirieren lassen – und das hoffe ich sehr –, dann denken Sie dabei bitte daran: Diese Ideen sind als Anregungen für Sie gedacht, Ihren ganz persönlichen Stil zu entwickeln. Sehen Sie diese Vorschläge als sanften Schubs, selbstbewusst die Outfits zusammenzustellen, die bei jedem Anlass Ihre ganz eigene Persönlichkeit spiegeln.

Glamour ist das, was *Sie* daraus machen. Eine tolle Jeans und ein T-Shirt, aufgepeppt mit extravaganten Schuhen und ausgewählten Accessoires, das ist Glamour. Logos oder Markennamen sind längst nicht alles. Die Looks auf dem Laufsteg sind wunderbar als Anregung, aber glauben Sie bloß nicht, Sie müssten ein Vermögen ausgeben, um umwerfend auszusehen. Finden Sie heraus, was Ihnen steht, worin Sie sich wohlfühlen, und vor allem: Tragen Sie es mit Selbstbewusstsein.

Ihr Auftreten kann Ihnen Türen öffnen, aus Ihrem Leben ein aufregendes Abenteuer machen. Verkaufen Sie sich nicht unter Wert, zeigen Sie der Welt, wer Sie sind, indem Sie nie Ihre modischen Ansprüche verraten. Das ist das Geheimnis. Vertrauen Sie mir.

Nina

Dank

Danke, David und Lucas, für eure Inspiration und die tiefe Freude, mit der ihr alles erfüllt, was ihr berührt.

Ruben Toledo ist einer der talentiertesten Künstler der Welt. Die Zusammenarbeit mit ihm war bereits in der Vergangenheit die reinste Freude und wird es auch in Zukunft sein.

Rene Alegria überrascht mich immer wieder. Ebenso wie Christina Saratsis und Vanessa Binder. Ohne euch und eure tolle Arbeit wäre dieses Buch nicht möglich gewesen.

Danke allen bei Voice, dem Imprint von Hyperion Books von und für Frauen. Ihr habt dieses Buch möglich gemacht. Jede Einzelne von euch ist die Beste auf ihrem Gebiet, vor allem Ellen Archer, Barbara Jones, Claire McKean, Shubhani Sarkar, Betsy Wilson und Rachel Durfee.

Heidi, Tim, Michael, Joanna Coles und all die großartigen Leute bei *Marie Claire*, *Lifetime* und *Project Runway*: Dank euch ist jeder Tag aufregend. Ich kann nicht annähernd ausdrücken, wie dankbar ich dafür bin.

Register

A

Abendessens, festliches 164–169
Abendkleidung 55
Abschlussfeier 263–265
Accessoires 33, 42, 68, 97, 115, 151, 161, 166, 171, 178, 182, 195, 206, 216, 220, 224, 237, 259, 265, 283
Aga Khan, Yasmin 143
Ägäis 303
Albert von Sachsen-Coburg 285
Alexandra von Dänemark 268
Amanpour, Christiane 36
Angemessenheit 55, 143, 258
Angst 15
Aniston, Jennifer 101, 216
Arbeitsalltag 34–39
Arbeitstag, erster 27–33
Archetypen, weibliche 98 f.
Armbanduhr 24, 37, 68, 237, 298
Azzaro 180

B

Baker, Josephine 201
Bardot, Brigitte 98
Beerdigung 266–269
Begegnung mit seiner Ex 108–111
Bergé, Pierre 137
Berry, Halle 227
Bessette-Kennedy, Carolyn 285
Betriebsfeier 54–58
Bhutto, Benazir 67
Birkin, Jane 77
Björk 175, 230
Blind Date 96–99
Bob 131, 172, 307
Brooks, Louise 307
Businesslook 21, 24
  und Glamour 21

C

Casual Friday 40–43
Chanel 180, 287
Chanel, Coco 52, 301
Charles, Prince of Wales 285
Chatwin, Bruce 303
Chignon 243, 282, 307
Chloé 281
Christian Lacroix 281
Cleopatra 99
Clique, neue *siehe* Treffen mit seinen Freunden
Close, Chuck 180
Cocktailparty 156–163
Comedy, Jazz, Varieté 194–196
Cruise, Tom 285

D

Dalí, Salvador 179
Date, erstes 74–82
Dates nach dem ersten Date 83–87

Details 28
Diana, Princess of Wales 101, 140, 285
Diaz, Cameron 99, 117
Dior 281
Dior, Christian 301
Dolce & Gabbana 304
Dresscode 34, 55, 162, 258, 286

E

Edward VII. 268
Eindruck, erster 76 f.
Eindruck, guten, hinterlassen 107
Eine, Ben 180
Einkaufen *siehe* Shoppingtrip
Elisabeth I. 26
Elternsprechtag 254–256
Entbindung, vor der 248–253
  F. A. Q. 253
  Packliste 250 f.
Erledigungen *siehe* So viel zu tun
Extravaganz 167, 205

F

Fabergé-Eier 225
Farben und ihre Botschaften 46
Fasching *siehe* Maskenball, Fasching, Halloween
Fellini, Federico 304
Filmabend daheim 88–90
Fleckenentferner 52
Freiwilligenarbeit 140–145
Friseurbesuch 131–133
  Regeln 132 f.
Frisur 28, 57, 82, 95, 111, 117, 159, 169, 172, 179, 188, 207, 220, 225, 231, 238, 243, 251, 255, 264, 267, 276, 282
Fusselrolle 52

G

Gainsbourg, Charlotte 85
Galliano 285
Gap 180
Gartenarbeit 134–139
Gates, Bill 143
Gates, Melinda 143
Gehaltsverhandlung 48–53
  Checkliste 52
Gepäck 297
Geschäftsreise 63–71
  Checkliste 67 f.
Glamour 21
Godiva, Lady 131
Grand Canyon 304
Guinness, Daphne 177

H

Haare (Glossar) 307
Hadid, Zaha 180
Handtasche 21, 30, 42, 78, 100, 119, 147, 153, 163, 183, 231, 245, 259, 265
Halloween *siehe* Maskenball, Fasching, Halloween
Hamptons 302
Handgepäck für Anfänger (Geschäftsreise) 70
Hayworth, Rita 99
Hepburn, Audrey 98, 165, 195
Hepburn, Katharine 99
Hindmarch, Anya 180, 297
Hochzeit
  festliche 279–285
  legere 286–290
Hochzeit der Tochter 291–293
Holmes, Katie 285
Home-Office 59–62

I

Island 301

J

Jackson, Michael 143
Jazz *siehe* Comedy, Jazz, Varieté
Jogginghose 40 f.
Johansson, Scarlett 98
Jolie, Angelina 99
Jones, Quincy 143
Junggesellinnenabschied 272–277

K

Keith, Slim 106
Kelly, Grace 98, 285
Kennedy, John F., jr. 285
Kerzenzeremonie (Hochzeit) 289
Kidman, Nicole 101
Kleidung, festliche 55
Kliniktasche 248–251
Kommunikation 16
Koons, Jeff 180
Kreativität 309
und Einschränkung 38
und Stil 309
Kruger, Barbara 180
Krüger, Diane 287
Küchenschürze *siehe* Schürzen
Kuntzel+Deygas 180
Kyoto 303
Kyoto Costume Institute 303

L

Lady Gaga 209
Lanvin 171, 281
Laura Ashley 81
Lee, Gypsy Rose 221
Levi Strauss 43
Lewis, Jerry 143
Limi Feu 303
Loren, Sophia 98, 304
Louis Vuitton 21, 136, 171, 179, 281
Luce, Clare Boothe 114

M

Majorelle, Jacques 137
Make-up 28, 57, 82, 95, 111, 117, 159, 169, 172, 179, 188, 207, 220, 225, 231, 238, 243, 251, 255, 264, 267, 274, 282
Mancini, Henry 283
Manschettenknöpfe 37, 236 f.
Maskenball, Fasching, Halloween 227–232
Meeting 44–47
M.I.A. 252
Miller, Sienna 101
Minnelli, Liza 171
Miranda, Carmen 136
Miu Miu 281
Moderegeln 15, 309
Modesprache 15 ff.
Momsen, Taylor 256
Moreau, Jeanne 161
Moss, Kate 187, 287
Mundwasser 52
Murakami, Takashi 179
Mustique 13, 299

N

Neujahrsbrunch 210–213
Newton-John, Olivia 199

O

Obama, Michelle 138, 167
Oper 190–193
Opernhandschuhe 193
Orbison, Roy 283
Oscar de la Renta 281
Ostersonntag 223–226
Ostereier 225 f.
Overdressing/overdressed 45, 204, 238, 279

P
Pailletten (Basics) 158
Paris 301
Patagonien 303
P. Diddy 302
Perón, Eva 46
Piaf, Edith 283
Pink 290
Power-Outfit 45

R
Rainier III. von Monaco 285
Reisen 296–304
Gepäck 297
Resveratrol 184
Reynolds, Debbie 101
Richie, Lionel 143
Roberts, Julia 117
Rockkonzert 185–189
Rossdale, Gavin 285
Rotwein 184
Rüstung (Kleidung als) 25, 45 f.

S
Safari 302
Saint Laurent, Yves 137
Salome 94
Salsa 200
Samsonite 297
Scharf, Kenny 180
Schiaparelli, Elsa 179
Schichtenlook 41
Schluss machen 91–95
Schuhe 32, 51, 56, 68, 97, 105, 109, 115, 128, 136, 151, 160, 161, 166, 171, 178, 182, 187, 195, 206, 211, 216, 220, 224, 236, 256, 258, 265, 273, 282
Schulaufführungen und Sportveranstaltungen 257–261
Schürzen 238
Seberg, Jean 99
Sedgwick, Edie 205, 207
selbst bezahlen 76
Selbstbewusstsein 16 f., 20, 46 f., 91
Selbstreflexion 35
Selbstsicherheit *siehe* Selbstbewusstsein
Selbstvertrauen *siehe* Selbstbewusstsein
Shapewear 46, 63, 79, 283
Shoppingtrip 126–130
Signale 74
Silvester 204–209
Smith, Kiki 180
So viel zu tun 122–125
Sonntagsbrunch 149–153
Spears, Britney 124
Sportveranstaltungen *siehe* Schulaufführungen und Sportveranstaltungen
Stefani, Gwen 152, 285
Steinem, Gloria 33
Stella McCartney 180, 287
Stil 15, 17, 87, 309
authentischer 17
entwickeln 309
experimentieren 60 f., 208
und globalisierte Arbeitswelt 69
unterdrücken 30
Stilgefühl 17, 60
Stilikonen 15
Stiltherapie für gebrochene Herzen 102 f.
Struktur im Leben 59
Style-Mentor 36

T
Taj Mahal 304
Tanzen 197–201
Salsa 200
Taylor, Elizabeth 274
Theaterbesuch 170–173
Therapie 146–147

Trauerkleid *siehe* Beerdigung
Treffen mit seinem Nachwuchs 118–119
Treffen mit seinen Eltern 113–117
Treffen mit seinen Freunden 104–107
Tumi 297
Türkei 303
Tweed 37

V

Valentinstag
als Single 214–217
mit Herzensmann 218–221
Varieté *siehe* Comedy, Jazz, Varieté
Venedig 304
Verlassen werden 100–103
Vernissage 175–180
Victoria, Königin 268, 285
Vionnet 281
Vorsätze für das neue Jahr 208
Vorstellungsgespräch 14, 20–26

W

Weihnachtsessen 233–239
Weihnachtsspeisen rund um den Globus 235
Weihnachtsfest bei den (potenziellen) Schwiegereltern 241–245
Weinprobe 181–184
Williams, Serena 261
Williams, Venus 261
Witherspoon, Reese 98

Y

Yohji Yamamoto 303
Yves Saint Laurent 281

Z

Zurückhaltung 56, 115, 166, 259
keine Zurückhaltung 263, 292

NINA GARCIA
DER STYLE GUIDE
Akzente setzen – besser aussehen
Illustrationen von Ruben Toledo
WE LOVE FASHION
mosaik

Diana Düring/Hans-Ullrich Krause (Hg.)

Pädagogische Kunst und professionelle Haltungen

IGFH

Internationale Gesellschaft für erzieherische Hilfen

IGFH-Sektion Bundesrepublik Deutschland der Fédération Internationale des Communautés Educatives (FICE) e.V.

Internationale Gesellschaft für erzieherische Hilfen (IGfH)
Galvanistraße 30, 60486 Frankfurt am Main, Germany
Telefon: (0 69) 63 39 86-0; Telefax.: (0 69) 63 39 86-25
E-Mail: verlag@igfh.de, Internet: http://www.igfh.de

Satz: Walhalla Fachverlag, Regensburg
Herstellung und Vertrieb: Walhalla Fachverlag, Regensburg

ISBN 978-3-925146-80-0
Preis: 19,90 EUR

Inhaltsverzeichnis

Einleitung 5
Diana Düring und Hans-Ullrich Krause

I. Hinführung 13

Michael Winkler
Haltung bewahren – sozialpädagogisches Handeln unter Unsicherheitsbedingungen 14

II. Historische und aktuelle Bezüge 35

Heinrich Kupffer
Erziehung und Erzieher im Spannungsfeld unterschiedlicher Erwartungen 36

Hans-Ullrich Krause
Brauchen Professionelle eine Orientierung? 45

Regina Rätz
Professionelle Haltungen in der Gestaltung pädagogischer Beziehungen 65

Mechthild Wolff
„Lob des pädagogischen Denkens" – Reflexionen in Zeiten der gesellschaftlichen Widersprüche 75

III. Konkretisierungen 89

Kurt Hekele
Das Konzept „sich am Jugendlichen orientieren" – revisited 90

Gabriele Kasswan
Die Vermittlung von professioneller Haltung in der Ausbildung von ErzieherInnen – ein Erfahrungsbericht 109

Talibe Süzen
Interkulturelle Standards in den ambulanten Hilfen zur Erziehung 120

Jörn Meyer
Das Erleben der deutschen Wiedervereinigung aus der Perspektive eines DDR-Erziehers 138

Martina Kriener
Familienrat: Haltungen und Struktur als notwendige Voraussetzungen für die Partizipation der AdressatInnen in der Hilfeplanung 145

Marie Dulle
Von den Herausforderungen des Könnens und Wollens – Bedingungen und Haltungen für eine gelingende Zusammenarbeit sozialpädagogischer Fachkräfte und der Kinder- und Jugendpsychiatrie 159

Dirk Nüsken
Children and Residential Experiences – das nordamerikanische CARE-Konzept 169

Martin Stoppel
„Regeln pädagogischer Kunst" und rechtliche Rahmenbedingungen 185

Diana Düring
Reflexiver Eigensinn – Professionelles Handeln 198

IV Nachbetrachtung 215

Friedhelm Peters
Warum „Haltungen" nicht ausreichen, aber man dennoch darüber sprechen muss … 216

AutorInnenverzeichnis 239

Diana Düring und Hans-Ullrich Krause

Einleitung

Den HerausgeberInnen des Bandes schien es an der Zeit zu sein, so etwas wie eine aktuelle Standortbestimmung sozialpädagogischer Arbeit und deren Orientierungen in der Gesellschaft sowie hinsichtlich der eigenen Profession vorzunehmen. Anlass war auch das 50-jährige Bestehen der Internationalen Gesellschaft für erzieherische Hilfen (IGfH), der Herausgeberin dieser Buchreihe, die 2011 auf einer großen Fachtagung danach fragte, was es denn in Geschichte, Gegenwart und Zukunft heißt, kompetent, offen und zugleich streitbar zu sein. Der vorliegende Sammelband hat auf der Suche nach Antworten einen anderen Zugang gewählt.

Dabei war den Verantwortlichen dieses Bandes klar, dass die hier gewählten Zugänge und Begriffe wie „Professionelle Haltung" oder „Pädagogische Kunst" einerseits nützliche Vehikel bei der Bearbeitung des Themas sein können, sie aber zugleich historisch belastet und weder wissenschaftlich eindeutig, noch inhaltlich klar zu bezeichnen sind. Haltung und Kunst, bezogen auf die Profession Soziale Arbeit – zumal in den Hilfen zur Erziehung –, sind eher Alltagsbegriffe denn eindeutig umrissene Messgrößen oder anerkannt definierte Eckdaten. Und doch ist gegenwärtig in Praxis und Theorie eine verstärkte Hinwendung zu folgenden Fragestellungen festzustellen: Was tut die Profession? Auf was kann man sich bei ihr verlassen? Welches Wort gilt und welches nicht? Jedenfalls fragen uns das die von den Hilfen betroffenen Kinder, Jugendliche und Familien.

In der Praxis scheint das zunächst ganz einfach. Eine Familie, die gemäß KJHG das Recht auf Hilfe hat, hat zugleich das Recht zu fragen, ob es sich lohnt, die Hilfe in Anspruch zu nehmen. Sie hat ein Recht darauf, zu wissen und zu verstehen, was die Professionellen tun und warum sie es tun. So wie sie davon ausgehen kann, dass die sozialpädagogisch tätigen Fachkräfte nach bestem Wissen und Gewissen handeln, so, wie wir alle es auch bei einem Arztbesuch oder Krankenhausaufenthalt erwarten.

Aus der Sicht der Professionellen ist die Sache bei Weitem nicht so einfach zu erörtern. Nicht nur bezogen auf unterschiedlichste theoretische Positionierungen, sondern auch auf die vielfältige, dynamische Handlungspraxis – zu unterschiedlich sind die Wissensbestände in den unterschiedlichen Bereichen. Hochqualifizierte Fachkräfte treffen oft auf unzureichend qualifizierte Personen, die auf gleicher Stufe agieren oder sogar auf Positionen, die übergeordnet sind. Allzu oft wissen aber auch qualifizierte Fachkräfte von neuen Methoden, von sich entwickelnden Verfahren nichts. Vielfach gibt es fragwürdige Vorlieben und triviale Begründungen, weshalb das eine getan oder nicht getan wird. Bisweilen sprechen Praktikerinnen und Praktiker sogar offen darüber, dass sie sich ausschließlich auf ihr „Bauchgefühl" verlassen, und dass sie gar kein Interesse an anderen Fundierungen von Fachlichkeit haben.

Wie Professionelle z. B. jene Menschen sehen, mit denen sie in Hilfeprozessen konfrontiert werden, wie sie diese einordnen, bleibt allzu oft ihnen selbst überlassen. So begegnen Fachkräfte Eltern in den Hilfen zur Erziehung nicht selten „von oben herab", begreifen sie als Versager, zu kontrollierende Objekte. In der Praxis ist auch heute noch hinter verschlossenen Türen von „Asozialen" die Rede. Mit dieser Haltung, die im offiziellen Rahmen gerne mit fachlichen Sprachgirlanden getarnt wird, sollen dann Hilfeprozesse geplant und umgesetzt werden. Ein Unternehmen, das von vornherein zum Scheitern verurteilt ist, wie alle wissen.

Aber was sind die positiven, die wünschenswerten Haltungen, die diese Profession entwickelt hat? Worauf beruft sie sich, wenn es um Orientierungen geht, die sozusagen unverrückbar in der Landschaft stehen und die deshalb allgemein akzeptiert sind? Und gibt es inzwischen so etwas wie eine allgemeine pädagogische Kunst? Also Regeln, Methoden, Abläufe, Strukturen, die als Voraussetzung gesehen werden, um im Sinne der betroffenen Kinder, Jugendlichen, Familien, Mädchen und Jungen erfolgreich handeln zu können? Gibt es verlässliche Absprachen, die als Voraussetzungen für Praxishandeln als unverrückbare Standards verstanden und verteidigt werden sollten? Die Autorinnen und Autoren dieses Bandes meinen, bei aller Vorsicht im Umgang mit den angerissenen Themen, dass es diese gibt. Manche denken, dass es das KJHG ist, was als Maßstab, als allgemeine Orientierung gelten kann. Andere sehen sie in der Ausprägung tatsächlicher Haltungen in den Begegnungen zwischen Professionellen und Betroffenen. Zum Beispiel in der Haltung, sich auf gleicher Augenhöhe zu begegnen oder den Anderen in seinem Anderssein grundsätzlich zu achten.

Die in diesem Band versammelten Autorinnen und Autoren betrachten die oben gestellten Fragen aus sehr unterschiedlichen Perspektiven. Wir, die Herausgeberin und der Herausgeber, haben in der Zuordnung der Beiträge den Versuch unternommen, diese Perspektiven zu bündeln. Dennoch werden die Leserinnen und Leser feststellen, dass jeder der Beiträge einen tatsächlich eigenen Zugang zu den aufgeworfenen Themen bietet. Im Grunde aber wird deutlich, dass wir mit diesem Band nicht nur moderne Sichtweisen auf unser professionelles Arbeitsfeld versammelt haben, sondern gemeinsam auch eine Haltung vertreten. Nämlich die einer demokratischen, partizipativen, auf hoher Fachlichkeit und Humanität beruhende Position, von der aus wir unsere Theorien und unsere Praxis entwickeln und gestalten wollen.

Die **Hinführung zum Thema (I)** übernimmt *Michael Winkler.* Im Kern kreisen seine Überlegungen um zwei Fragen: Warum wird das Thema Haltung aktuell auf die Tagesordnung gesetzt? ***Was bedeutet Haltung heute in der Sozialen Arbeit und Sozialpädagogik?*** Hierfür wählt er einen phänomenologischen Zugang und beschreibt zunächst verschiedene Kontexte und Situationen, in denen auf Haltungen Bezug genommen wird. In den Blick kommt dabei z. B. das Verhältnis von Haltung und Überzeugung, von Haltung und sozialer Rolle oder auch von Haltung und Bildung. Daran anknüpfend zeigt Winkler auf, wie Haltung im Rahmen der Professionstheorie angesprochen wird und argumentiert hier – modernisierungstheoretisch begründet –, dass Haltung als Element professionellen Handelns in der Sozialen Arbeit auf Entwicklungen reagiert, die mit Nicht-Einbettung, mit Beschleunigung, mit Entwicklung zur Projekt-Existenz in einer Netzwerkgesellschaft, mit hypermodernité bezeichnet werden können. Dabei schlussfolgert er zum einen, dass Professionelle als „Überzeugungstäter/Überzeugungstäterinnen" nur mit Haltung die gegenwärtigen, „eigenartigen" Entwicklungen und Zumutungen, von außen und von innen, ertragen können. Zugleich stellt er heraus, dass und wie Haltung pädagogisch zwar einerseits nur indirekt bedeutsam wird, aber andererseits doch notwendig ist, um Handlungssituationen zu stabilisieren und den Blick auf die Person zu lenken.

Im Kapitel **Historische und aktuelle Bezüge (II)** werden grundsätzliche Fragen erörtert, die vor allem mit pädagogischen Beziehungen und Interventionen zu tun haben.

Heinrich Kupffer setzt sich mit den Spannungsfeldern auseinander, die Erziehung und Heimerziehung in einer unübersichtlichen postmodernen Gesellschaft kennzeichnen. Dabei geht er insbesondere zwei parallel verlaufenden Entwicklungssträngen der letzten 50 Jahre nach: Zum einen beschäftigt ihn das Bestreben, die Über- und Unterordnungsverhältnisse in der Heimerziehung durch zwischenmenschliche Beziehungen bzw. einen humanen, offenen, personalen Umgang mit Kindern und Jugendlichen zu überwinden. Zum anderen stellt er die Entwicklung und Rezeption der „exakten Sozialwissenschaften" in Zusammenhang mit der Entstehung von Spannungsfeldern. Schließlich bezieht er die dargelegten Spannungsfelder auf die „Grundfrage", ***wie ErzieherInnen in der heutigen pluralistischen Gesellschaft zurechtkommen*** und ihren Beruf „guten Gewissens" ausüben können.

Was brauchen Professionelle heute, um eine eigene Haltung für sich erzeugen zu können? Und: Inwieweit trägt der Bezug auf historische pädagogische Wissensbestände bzw. die Auseinandersetzung mit dem ***Wirken professioneller Persönlichkeiten*** dazu bei, eine eigene pädagogische Haltung entwickeln zu können? Diese Fragen markieren Ausgangspunkte des Beitrags von *Hans-*

Ullrich Krause. Davon ausgehend beschreibt der Autor die Wissenskonstruktionen fünf bedeutender Pädagoginnen und Pädagogen, die mit ihrer jeweiligen wissenschaftlichen, wie auch praktischen oder literarischen Arbeit die Hilfen zur Erziehung maßgeblich geprägt haben: Bruno Bettelheim, Emmi Pickler, Rene Spitz, John Dewey und Janusz Korczak. Die dabei aufscheinenden pädagogischen Grundsätze werden auf aktuelle Diskurse bezogen sowie anhand der Darstellung eines Fallbeispiels verdeutlicht.

Regina Rätz zeigt auf, dass sich ***„professionelle Haltungen in der Gestaltung pädagogischer Beziehungen"*** ausdrücken. In dem Zusammenhang differenziert sie zwischen Erwartungen an das Handeln der sozialpädagogischen Fachkräfte und der sozialen Realität bzw. der Wirklichkeit von Erziehungspraxis, die vermittels eines ethnografischen Zugangs beobachtet und verstanden werden kann. Sie plädiert für einen empirisch-prozesshaften Blick auf die soziale Realität der Erziehungspraxis und somit auf Haltung. Indem Handlungspraxis „wie sie ist" zum Gegenstand auch der Beschäftigung mit professionellen Haltungen gemacht wird, erschließen sich weiterführende Reflexionsmöglichkeiten, insbesondere auch im Hinblick auf den Zusammenhang von professioneller Haltung und biographischen Erfahrungen.

Der Titel von *Mechthild Wolffs* Beitrag heißt: ***„Lob des pädagogischen Denkens"***. Diese Überschrift ist nicht zufällig gewählt. Die Autorin setzt sich zum Anfang mit dem Beitrag „Lob der Disziplin" auseinander und plädiert dabei konsequent für eine andere, eine moderne Sicht auf Pädagogik als Theorie und als Praxis. In der Folge geht sie der Frage nach, wie Kindheit und Jugend heute auch im Kontext von Jugendhilfe neu gedacht werden muss und wie verhindert werden kann, dass dieses Arbeitsfeld in eine „neoliberale Falle" gerät. Dass auch Institutionen im Hinblick auf pädagogisches Denken eine wichtige Rolle spielen, wird im dritten Teil ihres Beitrags deutlich. Hier verweist sie auch auf den grundsätzlichen Schutzauftrag von Kindern und Jugendlichen. Die Autorin zeigt, Kinder und Jugendliche in den Erziehungshilfen brauchen pädagogisches Denken – als Stärkung ihrer Selbstbestimmung und Partizipation –, und zwar in der Grenzarbeit des Alltags.

Unter der Überschrift **Konkretisierungen (III)** sind Beiträge gefasst, die sich anhand konkreter Konzepte, Methoden und professioneller Handlungsstrategien damit auseinandersetzen, wie sich Haltungen ausbilden (lassen), wie sich diese in der Praxis darstellen und welche Elemente berufliches Handeln als pädagogische Kunst auszeichnen.

Ausgehend von der als problematisch einzuordnenden Beobachtung, dass trotz der oftmals in pädagogischen Zusammenhängen geforderten Partizipation von Betroffenen wieder vermehrt *über sie* statt mit ihnen geredet wird, beschreibt *Kurt Hekele* noch einmal das Konzept ***„Sich am Jugendlichen orientieren"*** in seinen Grundzügen. Er geht dabei sowohl auf die dazu erforderliche positive Grundhaltung gegenüber anderen Menschen ein als auch auf die wichtigsten methodischen Vorgehensweisen des Konzeptes, wie bspw. Zuwendung, Zuhören, Konkretisieren. Dabei wird deutlich, dass dieses Konzept nichts an Aktualität und auch Radikalität eingebüßt hat, da es eines der wenigen ist, welches eine Form von Parteilichkeit, „Haltungen“ und methodischen Orientierungen entwickelt und in Übereinstimmung bringen will.

Gabriele Kasswan beschreibt aus ihrer Perspektive als Fachschullehrerin in der ***ErzieherInnenausbildung,*** dass und wie sie *Haltungen* vermittelten möchte, die die Bewältigung der hohen beruflichen Anforderungen an ErzieherInnen erleichtern. Sie verdeutlicht an vier inhaltlichen Schwerpunktsetzungen in der ErzieherInnenausbildung den Zusammenhang von Haltung, Persönlichkeitsentwicklung und Handlungskompetenz: Diese sind (1) Praxisbegleitender Unterricht, (2) Erlebnispädagogik, (3) Hilfen zur Erziehung, (4) Elternarbeit. Insgesamt plädiert sie für eine starke Verzahnung von Ausbildung und Praxis und macht eindrücklich deutlich, wie gewinnbringend diese für die Auszubildenden, die AusbilderInnen und die MitarbeiterInnen in den Einrichtungen sein kann.

Der Beitrag von *Talibe Süzen* fragt danach, wie (ambulante) Angebote der Hilfen zur Erziehung organisiert werden sollten, damit diese auch Kinder, Jugendliche und Familien mit Migrationshintergrund in ihrem Lebensumfeld erreichen. Als zentrales Element der professionellen Haltung in der Sozialen Arbeit mit MigrantInnen stellt sie die reflektierte ***Unterscheidung zwischen kulturspezifischen und migrationsspezifischen Merkmalen*** heraus. Der Entwicklung von interkulturellen Standards, die u. a. auf einem spezifischen Wissen zum Migrationsgeschehen basieren, wird dabei eine entscheidende Rolle auf die Ausbildung einer solchen professionellen pädagogischen Haltung zuerkannt. Vor diesem Hintergrund geht die Autorin zunächst auf die Lebenslagen von Familien mit Migrationshintergrund ein, um anschließend einen Blick auf ihre Inanspruchnahme von Hilfen zur Erziehung bzw. sich dabei abzeichnende Zugangsbarrieren zu werfen. Abschließend beschreibt sie notwendige Standards für eine migrationssensible Praxis Sozialer Arbeit und betont dabei auch die Bedeutung von Arbeitsstrukturen für die Umsetzung solcher Standards.

Jörn Meyer wirft einen Blick auf Heimerziehung im Osten Deutschlands und zwar in der Zeit vor 1989, die Umbruchzeit und aktuelle Entwicklungen. Dabei reflektiert er eigene Erfahrungen und Entwicklungen neuer Strukturen, Methodenansätze und das sich ***verändernde Selbstverständnis von Professionellen*** in diesem Arbeitsfeld. Für ihn gilt, es geht auch um die Auseinandersetzung mit gesellschaftlichen Positionen und das Erarbeiten von Demokratie. Ein Erzieher wird gut, gewinnt eine Haltung, wenn er sich mit den Verhältnissen aktiv auseinandersetzt!

Das Verfahren Familienrat zielt im Kern auf ***gelingende Partizipationsprozesse*** von AdressatInnen in der Hilfeplanung und somit auf die Stärkung der AdressatInnen sozialer Arbeit als Entscheidungsträger im Hilfesystem. Unter Bezugnahme auf die Ergebnisse eines Modellprojektes zur Implementierung des Verfahrens in der Hilfeplanungspraxis von fünf Jugendämtern beleuchtet *Martina Kriener* das Verhältnis von Haltungen und organisatorischen Strukturen. Dabei beschreibt sie sowohl Haltungen der Fachkräfte, die die Umsetzung eines Familienrates befördern, als auch die hierfür notwendigen Organisationsstrukturen bzw. -kulturen.

Der 13. Kinder- und Jugendbericht (2009) befasst sich mit den Entwicklungsbedingungen von Gesundheit und Krankheit bei Kindern und Jugendlichen und fordert in dem Kontext die Vernetzung der Kinder- und Jugendhilfe mit dem Gesundheitssystem. Begründet wird diese Kooperationsaufforderung u. a. damit, (Beziehungs-)Abbrüche für belastete Kinder und Jugendliche zu vermeiden. Der Beitrag von *Marie Dulle* fokussiert darauf, ob und wie es in der Heimerziehung gelingt, ***Hilfen für besonders belastete Kinder und Jugendliche*** auch unter Einbezug der Kinder- und Jugendpsychiatrie zu gestalten, ohne dass sie in ein anderes Hilfesystem „abgeschoben“ werden. Sie macht deutlich, welche aktuellen Entwicklungen der Jugendhilfe generell und im Feld der Heimerziehung im Besonderen dazu beitragen, institutionelle Abschiebepraxen zu befördern. Der Beitrag thematisiert deshalb, wie Kinder und Jugendliche, die Schwierigkeiten hatten und haben und durch ihr Verhalten sozialpädagogische Fachkräfte an ihre Grenzen bringen – trotz des Wissens um die gravierenden Folgen –, immer noch abgeschoben werden. Demgegenüber beschreibt die Autorin, über welche Fähigkeiten sozialpädagogische Fachkräfte verfügen müssen, um einerseits die belastenden Überlebensstrategien von Kindern und Jugendlichen als solche einordnen zu können und darüber hinaus stabile Kooperationsbeziehungen mit anderen Hilfesystemen eingehen zu können.

Der Artikel von *Dirk Nüsken* beschäftigt sich mit dem ***nordamerikanischen CARE-Konzept***, welches von Wissenschaftlerinnen und Wissenschaftlern der Cornell Universität (New York, USA) und Victoria (Kanada) gemeinsam mit zahlreichen Praxispartnern entwickelt wurde. Dieses Konzept erhebt den Anspruch, als prinzipienorientiertes Modellkonzept die Professionalisierung der Heimerziehung zu befördern und somit die Herstellung guter Bedingungen der Entwicklung von jungen Menschen in der Heimerziehung zu rahmen. Grundsätzlich wird dabei die Entwicklung eines einheitlichen und kohärenten Ansatzes im Zusammenspiel von Organisation, Umwelt und Fachkräften angestrebt. Nach der Darlegung der Grundannahmen des CARE-Konzeptes als auch entsprechender Evaluationsergebnisse aus der Pilotphase zur Erprobung, nimmt der Autor abschließend eine Einordnung des Konzeptes in aktuelle professionstheoretische Debatten zum notwendigen Wissen von Fachkräften in der Sozialen Arbeit vor.

Martin Stoppel hat seinen Beitrag mit der Überschrift ***„Regeln pädagogischer Kunst und rechtliche Rahmenbedingungen"*** versehen. Er beschäftigt sich mit dem Thema Handlungssicherheit im pädagogischen Alltag. Dabei entwirft er auf der einen Seite beispielhaft komplizierte Situationen, in denen Fachkräfte handeln und handeln müssen. Auf der anderen Seite versucht er Rahmungen zu zeigen, die Professionellen in ihrer Praxis besagte Sicherheit geben können. Der Autor plädiert dafür, fachliche wie rechtliche Erziehungsgrenzen gerahmt von Regeln pädagogischer Kunst zu verdeutlichen, die wertschätzende Haltungen der Pädagoginnen und Pädagogen implizieren, ihnen aber gleichzeitig eine Rahmung geben. Es geht also – nach Meinung des Autors – um das Festlegen der fachlichen (Legitimität) und rechtlichen Erziehungsgrenze (Legalität) einerseits und um die Förderung des Rechts auf die Entwicklung eigener kindbezogener Rechte andererseits.

Diana Düring fokussiert ihren Beitrag auf die Frage, welche Aspekte professionellen Handelns die Soziale Arbeit kennzeichnen und welche besondere Qualität berufliches Handeln fundiert, das als „pädagogische Kunst" gefasst werden kann. Die Autorin argumentiert, dass der ***Umgang mit Ungewissheit und Unsicherheit*** ein konstitutives Element sozialpädagogischer Professionalität darstellt und beschreibt drei Strategien, die das Handeln der Fachkräfte im Umgang mit Ungewissheit prägen: (1) Kontingenzverleugnung als Betonung von Autorität und Disziplin, (2) Rückgriff auf sicheres, wissenschaftliches Wissen im Rahmen einer wirkungsorientierten und evidenzbasierten Ausrichtung Sozialer Arbeit, (3) Fallberatungsarbeit als Beispiel für einen reflexiven Umgang mit Ungewissheit. Aus ihrer Perspektive stellt sich dabei ausschließlich der reflexive Umgang als angemessene professionelle Bearbeitung dieser Handlungsparadoxie dar.

In der **Nachbetrachtung (IV)** werden abschließend offene Fragen gestellt. Nachdem die Begriffe Haltung und pädagogische Kunst für vielfältige Praxiszusammenhänge in den vorhergehenden Beiträgen ausbuchstabiert wurden, spitzt *Friedhelm Peters* die Diskussion noch einmal zu, indem er fragt, ***ob Haltungen angesichts des oftmals konzedierten Technologiedefizits der Erziehung als Technologieersatz fungieren können***. Hierfür beschäftigt er sich mit den gegenwartsbezogenen Gründen, die für eine verstärkte Thematisierung von (pädagogischen, professionellen, berufsethischen) Haltungen ausschlaggebend sind und zeichnet mit Blick auf historische Entwicklungen/Etappen nach, wie und mit welchen pädagogischen Begründungen der Bezug auf Haltungen als Element sozialpädagogischer Professionalität konstituiert wird.

Der Rekurs auf Haltungen, sowohl instrumentell im Sinne der Stärkung der „eigenen Person als Werkzeug" als auch als „ethische Überzeugung", stellt für ihn den Versuch dar, das neuerliche Interesse an Haltungen zu konturieren.

Von Bedeutung ist in dem Zusammenhang allerdings für den Autor die Frage, ob es eine prinzipielle Begründbarkeit spezifischer ethisch fundierter Haltungen gibt, die allgemein Geltung beanspruchen (können), oder ob Haltungen organisational abgerufen und nur kontextgebunden zur Geltung kommen (können). Hier argumentiert der Autor, dass der Begriff „Haltung" *kontextspezifisch unterschiedliche Erwartungen an Personen*, respektive ihre innere Einstellung zum jeweiligen Arbeitsfeld oder der Institution, in der sie arbeiten, zum Ausdruck bringt und sich insofern nicht auf eine eindeutige oder einheitliche Realität bezieht. Die Vorstellung, mit der eine einseitige, universalistische Moralvorstellung (*eine spezifischen „Haltung"*) zum Technologieersatz wird, weist er daher zurück und plädiert stattdessen für eine „reflexive Professionalität" als angemessenen Bearbeitungsmodus, mit dem eine innere habitualisierte Haltung mitliefe.

I. Teil
Hinführung

Michael Winkler
Haltung bewahren – sozialpädagogisches Handeln unter Unsicherheitsbedingungen 14

Michael Winkler

Haltung bewahren – sozialpädagogisches Handeln unter Unsicherheitsbedingungen

Es könnte geboten sein, einen Satz voranzustellen, den kennt, wer zu später Stunde sich vor den Fernsehapparat setzt: *Die folgende Sendung ist nicht geeignet* … Variiert lautet die Empfehlung: Die folgenden Überlegungen sind weder geeignet für jene, die sich schon sicher sind zu wissen, worum es bei Haltung geht; das wird die Mehrheit sein, nur wenige werden sich von dem überraschen lassen wollen, was einem beim Nachdenken über Haltung, bei der Beschreibung und Analyse begegnet, die dem Phänomen gelten. Da fällt nämlich einiges auf, das wider das für sicher gehaltene Wissen und gegen die ersten Intuitionen spricht, die das Thema hervorruft. Die Überlegungen sind noch weniger geeignet für jene, welche die schnelle Klärung eines Sachverhalts wünschen, möglicherweise um zu rascher, technischer Anwendung zu kommen. Ganz im Gegenteil: sie praktizieren bewusst Haltung, nämlich zunächst ein Innehalten gegenüber dem sofort Gedachten, die Epoché, wie Husserl sie zur Voreinstellung der phänomenologischen Untersuchung fügt. Eine Haltung, in der und aus der eine langsame Annäherung möglich wird, als vorsichtige Reflexion, welche den ganzen Sachverhalt meint, mit seinen Prämissen und seinen Implikationen, die nicht eingeschränkt sein sollen auf eine bloß operative Seite, sondern schlicht zwei Fragen nachgehen soll, die darin gründen, dass Haltung heute ein eigentümliches, ein unerwartetes Thema darstellt. Warum wird es auf die Tagesordnung gesetzt, wirkt es doch ein wenig überholt, wie aus vergangenen Zeiten? Und dann: Was bedeutet Haltung heute in der Sozialen Arbeit und Sozialpädagogik?

*

In der Tat: Es wäre zu schön, wenn man Haltung benutzen oder anwenden könnte, wie ein Werkzeug, möglichst noch mit Effekten, die sich dann messen lassen. Haltung als Element einer Praxis, die evaluiert werden kann. Aber, herrje, das geht nicht zusammen! Wer Haltung als Gegenstand theoretisch interessierter Betrachtung wählt, sieht sich mit einem eigentümlich verdrehten Sachverhalt konfrontiert. Auf den ersten Blick vermutet man, mit fester Überzeugung oder mit Einstellung zu tun zu haben, denkt an eine psychologische, vielleicht an eine ethische Untersuchung. Beim zweiten Blick wird man unsicher, nicht zuletzt, weil die Kontexte kaum mehr vertraut sind, in welchen von Haltung gesprochen wird:

- Der eine ist erst unlängst verschwunden, zumindest in der Gestalt des Wehrdienstes: Aufgefordert *Haltung anzunehmen*, bewegt man sich vorrangig in militärischen Kontexten – wird der Ausdruck für Menschen gebraucht, vermerkt das Grimmsche Wörterbuch dies zuerst. Doch verweist dies weniger auf den Einsatz im Krieg; wer mit Haltung in den Tod geht, stand dem Geschehen häufig sogar eher skeptisch gegenüber. Militärische Haltung wird mehr in anderen Zusammenhängen verlangt, nämlich in solchen der Repräsentation, um zu verhindern, dass die Bärenfellmützen über die Augen rutschen oder gar vom Kopfe fallen. Haltung dient so vorrangig als Absurditätsvermeidungsgeste, zumindest für einen Außenbeobachter, dem sich Skepsis angesichts eines irrealen Rituals aufdrängt. Dies gilt noch dort, wo der Vorgesetzte Haltung vom Untergebenen erheischt. Haltung verweist also auf Situationen, die streng autoritär strukturiert sind und Zeichen erzwungener oder resignierter Unterwerfung verlangen: Man nimmt sich zusammen und erträgt, was in die Flucht oder zu ignorierender Lässigkeit treiben würde. Und man erweist einem anderen Reverenz, der meint, diese verlangen zu dürfen – was ihn eigentlich schon desavouiert, wie das Wort von der natürlichen Autorität belegt, die dem Haltung Fordernden offensichtlich nicht zukommt. Andernfalls hätte er sie gar nicht verlangt.

- Haltung einzunehmen wiederum, kann an das Grimmsche Wörterbuch angeknüpft werden, verlangt *andererseits* der Tanz, der klassische vorrangig, langsamer und Wiener Walzer, nicht zuletzt jedoch jene, die als südamerikanisch gelten: der Tango etwa. Wer noch übt, findet kaum zur Haltung, weil die Aufmerksamkeit von den eigenen Füßen abgelenkt wird, über die man nicht stolpern will, geschweige denn, dass man der Partnerin Verletzungen zufügen möchte. Ohnedies kommt man sich ein wenig albern vor, gar nicht so viel anders wie gegenüber dem militärischen Vorgesetzten. Haltung beim Walzer etwa verlangt von der Partnerin eine Kopfhaltung mit strengem Blick nach links. Das strengt an, wenn die Drehungen absolviert sein wollen oder weckt Eifersucht. Wer sich den Ansprüchen der Emanzipation beugen möchte, fühlt sich ohnedies verloren: Haltung verlangt Führung, wenigstens beim Tanz! Gemeint ist allerdings anderes: Körperspannung, in der ruhige Konzentration mit Leichtigkeit, selbstverständliches Können mit einer Bewegung einhergehen, die natürlich erscheinen soll, endlich ein kluges Gleichgewicht zwischen erotisierender Nähe und eheschonender Distanz zur Partnerin oder zum Partner.

Strukturell wird an beiden Fällen, am militärischen wie am tänzerischen deutlich, dass Haltung mit Situationen zu tun hat, in welchen Subjekte sich Anderen oder einem Anderen, Übergeordneten, also einem Ideal oder einem hohen Wert fügen und dazu einer inneren Disposition Ausdruck geben. Aber diese innere Disposition ist erworben, angeeignet und entwickelt, insofern nicht im strengen Sinne als authentisch anzusehen. Sie hat mit einer Rolle zu tun, soll zugleich doch als ein Inneres erscheinen. Allerdings fällt eine interessante, systematische Pointe auf, die dem etymologisch verbürgten Gebrauch widerspricht. Denn der legt Steifheit nahe, der Begriffsgebrauch betont das eher Feste, Gewisse, wie es heute in der Rede von der Nachhaltigkeit anklingt.

Aber schon beim Tanz ist klar, dass Haltung ohne Bewegung nicht denkbar ist, jene gibt dieser eigentlich erst eine Form. Und selbst beim Militär unterstellt die Forderung nach Haltung eine Bewegung. Diese wird als Prämisse vorausgesetzt und mitgedacht, allzumal wenn sie negiert werden soll. Wer Haltung annehmen soll, dem wird Lebendigkeit durchaus zugesprochen – in der Schule kennt man dies als Ausspruch des Lehrers, nach welchem man doch nicht so herumhampeln soll. Und mehr noch: Der Befehl, Haltung anzunehmen, räumt erstaunlicherweise dem so Angesprochenen eine Position ein, die seine Würde tendenziell schützt. Wer Haltung wahrt, *behält* immer noch eine Stellung, wie schlimm er vielleicht gemaßregelt wird.

Zurecht wird also bei Haltung der französische Begriff der Contenance gerne genannt, vom Verhaltensmuster, von der Gewohnheit, der sichtbar gewordenen Einstellung wäre zu reden, die man sich auferlegt, um die Situation zu wahren und zu ertragen. Das verweist zurück auf die Entstehung eines Bewusstseins von Haltung. Haltung steht in enger Beziehung zu dem, was als Aufrichtigkeit bezeichnet wird und geht mit ästhetischem Heroismus einher (vgl. Trilling 1983). Der Ursprung in der Renaissance lässt sich kaum übersehen, Shakespeares Dramen drängen sich auf, dann die bürgerliche Vorstellung eines Binnenraums und der Privatheit, die im Protestantismus dann fast übermächtig und zur Innerlichkeit stilisiert wird. Haltung nähert sich einem Pathos an, das sich in Sentiment, ins Innere der Gefühle rettet, bei Rousseau schon, erst recht später, ehe beides dann sich durchsetzt: Einerseits Haltung als Härte gegen sich selbst, andererseits der Verzicht auf Haltung in einer vordergründigen Lässigkeit, mit der man sich den Einflüssen einer Gesellschaft entzieht und als Boheme sich versteht.

Zuletzt sollte man die Wortbedeutungen nicht vergessen, nach welchen Haltung mit der Verfügung über andere Lebewesen und ihrer Einhegung verbunden ist. Man hält einen Hund, man hält sich Meerschweinchen – wobei deren Zweck offen bleibt. Zum Verzehr eignen sie sich weniger als das veritable Hausschwein. Umgekehrt bedeutet Haltung dann Sorge um das andere Lebenswesen, Unterhalt, der nicht notwendig mit Unterhaltung einhergeht. Die fällt wiederum mehrdeutig aus: Nicht jede Unterhaltung, nicht jedes Gespräch also, muss unterhaltender, gar amüsanter Natur sein. Bemerkenswert ist, dass und wie Haltung heute im Kontext von Fragen der Gesundheit und des Körpers verhandelt wird. Vielfach werden etwa Haltungsschäden beklagt, Nachfragen im Internet ergeben vor allem Hinweise darauf, wie man eine gesundheitsförderliche Haltung einnehmen oder gewinnen könnte. Soziale oder ethische Dimensionen vermerken entsprechende Suchen nur nachrangig.

Immerhin machen die gesundheitsorientierten Ergebnisse der Recherche deutlich, dass Haltung mit einem Zusammenhang zu tun hat, der *zum einen* zwischen – altmodisch gesprochen – Geist und Natur anzutreffen ist, diese vielleicht sogar vermittelt, mit einer Regelmäßigkeit, wie sie im Begriff des Ethos anzutreffen ist. Bei Haltung geht es um die leibliche Seite des Ethos, sie kann deshalb nicht jenseits sozialer und kultureller Regelungen thematisiert werden. Diese zeigen sich subjektiviert in der Haltung der Person – übrigens noch mit diagnostischer Relevanz. Die Körperhaltung drückt den seelischen Zustand aus, freilich keineswegs in kausaler Beziehung: Mancher begegnet der ihm widerfahrenden Unterdrückung in einem betont aufrechten Gang, andere beugen den Rücken unter der Last dieser Welt. Das macht auf die *andere Dimension* aufmerksam: Haltung wird in Situationen bewiesen, sie ist an die Praxis gebunden, in der sie erscheint. Darin übersteigt Haltung die bloße Überzeugung sowie die Einstellung des Einzelnen; sie stellt diese nach außen dar – mit dem Nebeneffekt allerdings, dass man Haltung einnehmen kann, selbst wenn die Überzeugung doch fehlt. Dem Beobachter fällt dies allerdings zuweilen auf, er fühlt sich irritiert, getäuscht, vielleicht sogar auf den Arm genommen.

*

Wer Haltung verlangt, hebt auf ein Verhalten ab, das weder von Natur aus gegeben ist, aber nahezu zur Natur geworden ist, noch unmittelbar durch die Situation erzwungen wird, doch dieser dann angemessen erscheint. Haltung kommt gewissermaßen nach der Natur und – sozialpsychologisch gesehen – neben der Situation, reagiert auf diese und entzieht sich ihr (vgl. instruktiv: Welzer 2006). Mit Haltung verhält sich sogar der zu ihr Aufgeforderte zu den Umständen und zugleich zu sich selbst. Er instrumentalisiert sich gewissermaßen gegen den situativen Druck. Das ist wichtig, weil Haltung häufig naturalistisch verstanden wird, obwohl Haltung spezifisch menschlich ist, mit Autonomie zu tun hat und dennoch nicht rein mit Freiheit assoziiert werden kann. Denn Haltung birgt zuviel der Strenge. Die soldatische Haltung bemerkt man noch, selbst wenn schon lange der Dienst quittiert ist, sie nicht einzunehmen, bedeutet Qual. Ähnlich übrigens beim Sportler, der durch Übung zu einer athletisch erforderlichen Haltung kommt, sich diese geradezu ein-prägt: sie ist ihm durch ihn selbst, durch die Trainingseinheiten und -maschinen aufgezwungen, begleitet manchmal von dem schönen Spruch *Streng Dich an, Du Sau* – der im einen oder anderen Fall nicht so ganz zutraf, weil der so Angesprochene weniger Haltung bewies, sondern zu Mitteln gegriffen hat, die unzulässig waren.

Haltung jedenfalls beginnt mit der Aufforderung zunächst durch andere einerseits, bedarf eines Mitmachens des Aufgeforderten andererseits. Das klingt trivial, erinnert aber daran, dass Haltung eben nicht von Natur aus entsteht, sondern wenigstens angewöhnt ist – und zwar so tiefgehend, dass sie zur inneren und äußeren Natur geworden ist; darin unterscheidet sich Haltung von einer sozialen Rolle, die man eben doch nur spielt, übergezogen wie ein Kleid. Die Haltung kann dagegen durch das Kleid sogar verdeckt sein. Zugleich aber muss die eingenommene Haltung natürlich und sachgerecht wirken, geradezu locker – obwohl sie doch meist das Gegenteil repräsentiert. Sie hat durchaus mit Geschick zu tun, mit einem guten Können, welches sich im Umgang mit einer letztlich ästhetischen Erwartung, wenigstens aber einer Angemessenheitsvorstellung zeigt, die Subjektivität beweist und dann doch wiederum überwindet. Wenn Stan Laurel und Oliver Hardy Haltung einnehmen, wenn Jerry Lewis sie andeutet, wirkt dies nicht nur übertrieben, sondern geradezu zersetzend, ironisch ätzend wenigstens. Oder anders gesagt: Haltung setzt einerseits Wissen um Normen voraus, welche die Haltung des Körpers regeln, wie antrainiert diese letztlich sein mag. Haltung verlangt zugleich Sensibilität für die Situation. Haltung ist also Kopfsache, so dass sie zugleich erstaunlicherweise stets „leicht" flexibel ist; Laurel und Hardy erstarren demgegenüber, Lewis bleibt hingegen immer zu biegsam. Das macht auf ein seltsames Problem aufmerksam: Zuviel der Haltung provoziert unweigerlich, zumindest entsteht der Verdacht, dass weder die Normen noch die Situation ganz ernst genommen wurden. Zuwenig Haltung aber lässt den Verdacht entstehen, dass da jemand sehr schnell sich auf die Situation einlässt, um einen Vorteil und einen möglichen Gewinn aus ihr zu ziehen, dann doch ziemlich frei von Gesinnung oder gar Gewissen sei.

Mehr aus der Distanz und strukturell betrachtet, zeichnet Haltung eine mehrfache Scharnierfunktion aus:

- An ihr fällt auf, dass und wie Haltung das Verhältnis des Subjekts zu sich selbst in einer Situation regelt, eben ein Scharnier zwischen dem Objektiven und dem Subjektiven bildet. Es lässt sich kaum übersehen, dass Haltung dabei in eine enge Beziehung zu dem rückt, was klassischerweise mit dem Begriff der *Bildung* gefasst wird, die ebenfalls ein Selbstverhältnis ausspricht. Bei Bildung tritt allerdings die Anerkennung durch andere hinzu, in der die Haltung dann eine Bestätigung erfährt, derer sie nicht unbedingt bedarf. Bestätigung und Bestärkung dürfen nicht mit Anerkennung verwechselt werden, weil Anerkennung stärker auf Interaktion und Integration in einen sozialen Zusammenhang abhebt. Haltung bedarf dieser nicht unbedingt, obwohl sie wohltuend sein kann. Man kann Haltung bewahren, selbst wenn andere die Anerkennung verweigern. Einem politischen Attentäter widerfährt dies beispielsweise; allzumal wenn ihm kein Erfolg beschert wurde, wird ihm aktuell die Anerkennung verweigert und vielleicht erst später zuerkannt. Einmal erworben, kann man sich der Anerkennung durch andere für die eigene Haltung einigermaßen sicher sein, obwohl an den Rändern des sozialen Miteinanders die schon angesprochenen Zweifel deutlich werden: *Der ist schon arg stur, ein wenig Liberalität täte ihm gut, ein bisserl Nachlässigkeit und Schlamperei.* So gesehen, wird man Haltung eher im Preußischen vermuten und nicht in Wien, wo der Schlawiner zum Meister des Lavierens wird.

  Allgemein formuliert zeigt sich Haltung am Zusammenhang von Objektivität, universellem Geltungsanspruch von Werten, normativen Erwartungen und Regeln einerseits sowie dem individuellen Auftritt eines Subjekts andererseits. Der Zusammenhang besteht nicht mechanisch. Haltung steht dem nahe, was Kant als Urteilskraft kritisch beschrieben hat; sie hängt an Theorie, an Wissen, wie es in Klugheit münden kann, darf aber mit dieser nicht verwechselt werden. Haltung ist nicht Phronesis, sondern bestimmter, geronnener, sozusagen ein Handeln in der Situation, das jedoch mehr zum Festen hinneigt, so dass es in persönlicher Hinsicht sogar unklug sein kann. Mit Haltung verdient man wenigstens heute keine Meriten mehr.

- Nicht minder tritt Haltung strukturell als Scharnier zwischen Situation und handelndem Subjekt auf, zwischen dem Wissen um historisch und gesellschaftlich entstandenen Rahmenbedingungen, sozialer, politischer, am Ende sogar justizieller Aufforderungsstruktur und dem Einzelnen, der nun agieren soll, um ein Problem zu lösen – das auch eines anderer Menschen sein kann. Haltung ist fester als der Takt, den man in der Situation beweist, indem man sich zwar auf Allgemeinheit, auf Wissen, Welterfahrung, Strukturerkenntnis stützt, zugleich aber den situativen Anforderungen genügt, dabei (aber nur im Blick auf die Situation) dem anderen gerecht wird, so wie er in der Situation eingebunden ist. Haltung lässt sich geradezu als Vorrat von taktvollen Entscheidungen beschreiben, sie bedeutet für andere und für den Akteur selbst Erwartbarkeit, die Haltung birgt gewissermaßen die Spannbreite an möglichen taktvollen Entscheidungen: *Bis dahin und nicht weiter*, genau dies markiert die Haltung, die dann auch von dem anderen erfahren wird. *Es gibt für mich Grenzen, die ich nicht überschreiten werde, die zu überschreiten ich auch nicht zulasse.* Haltung birgt einen Vorrat an Kontingenzmöglichkeiten, die eingeübt und trainiert sein wollen, aber eben doch authentisch wirken. Sie ist aber zugleich ein eigener, innerer, ein subjektiver Begrenzungsmechanismus, in der sich die Paradoxie einer Autonomie ausspricht, welche sich den Autonomieverlust gönnt.

Haltung ist insofern eine durch und durch subjektive Angelegenheit, wenngleich sich in ihr das Subjekt objektiviert, für manchen in eine fast pathologische Lebensform hinein. Sie hat jedoch wenig mit dem Verstehen einer anderen Person zu tun – dieses verlangt eine andere Fähigkeit, verlangt Diagnostik und Biographie erschließende Fähigkeiten –, sondern sehr viel mehr mit der Bewältigung von Situationen, zu welchen der andere gehört. Das klingt ein wenig kompliziert, ist aber eine wichtige Unterscheidung, von der das Maß der Distanz gegenüber dem anderen abhängt. Im Verstehen kommt man einander näher, mit Haltung *gestaltet* man hingegen eine praktische Situation. Haltung schafft ein Milieu, ein Setting, mit dem sich andere dann auseinandersetzen müssen; Haltung stellt die Objektivität des Milieus auf der Seite des Subjekts dar, ohne jedoch der Willkür oder Zufälligkeit zu verfallen; sie ist geronnene Subjektivität. Deshalb geht Haltung nicht in eins mit Kunst, sofern der Begriff dem Verständnis folgt, das von der Antike bis in das 19. Jahrhundert hinein als *techné* gefasst wurde.

Freilich: vorstellbar wäre, Haltung in Verbindung zu bringen mit dem, was wir als Kunst des Lebens verstehen, gar als Kunst der Liebe fassen, wie sie Erich Fromm genannt hat. Indes: dieses Verständnis trägt wohl in modernen Gesellschaften weniger, weil in diesen und für diese mit Kunst ein Agieren verstanden wird und verstanden werden muss, das mit der schnellen, gewissermaßen auch frei von Gesinnung und Regel erfolgenden Reaktion auf die sozial und kulturell gegebene Ungewissheit der Anforderungen erfolgt (vgl. de Singly 2003, S. 180 ff.). Diese in jeder Hinsicht spontane Lebenskunst hat viel mit der modernen Konsumgesellschaft zu tun, die uns abverlangt, als Lebenskünstler ohne dauerhafte Befriedigung zu leben (Bauman 2010), in welcher man sein Ich ständig neu erfindet (Kaufmann 2005), durch die Individualisierungsformen des Lebens und Leidens hindurch, welche sozial und kulturell zur Verfügung stehen (vgl. Ehrenberg 2011). Haltung hat nichts zu tun mit dem Projekt, das wir aus uns machen sollen, flüchtig und flüssig, unverbindlich, mit dem schnellen Griff zur *delete*-Taste, welche die Freundschaft und Nachfolge im Netzwerk beendet – noch ehe man sich vielleicht als jemand enttarnt hat, dem es um Beständigkeit gehen könnte.

Haltung unterscheidet sich davon tiefgehend. Hannah Arendt beschreibt sie in „Über das Böse" bei jenen, die sich dem Nationalsozialismus verweigerten, Juden und anderen Verfolgten geholfen haben, *weil sie nicht anders konnten* (vgl. Arendt 2003). Weil ich nicht anders kann: Das wirkt wie ein Relikt aus einer vergangenen Zeit, in der noch nicht galt, was die Werbung heute verharmlosend verspricht: *Geht nicht, gibt's nicht.* Eben: andere Menschen zu schützen, Anstand zu wahren, Haltung einzunehmen, deutlich zu machen, dass etwas mit einem dann nun doch nicht möglich ist, nicht geht – heute gibt es das nicht mehr. Die Moderne frisst ihre eigenen Voraussetzungen auf, die Infrastrukturen ebenso wie den Charakter von Menschen. Von der *corrosion of character* hat Richard Sennet angesichts von Flexibilitätsanforderungen gesprochen, welche nicht bloß im Arbeitsleben, sondern in allen ethischen Zusammenhängen gelten. Den deutschen Übersetzern und Verlegern seines Buches schien das wohl zu heikel. Sie haben verharmlosend *der flexible Mensch* daraus gemacht, mit dem Untertitel gar noch: *Die Kultur des neuen Kapitalismus.* (Sennett 1998). Das kann man schon als verräterisch bezeichnen.

*

Nüchtern betrachtet, scheint die Diskussion von Haltung heute kaum angebracht, sondern weltfremd. Trilling hat schon vor vielen Jahren vom *Ende der Aufrichtigkeit* gesprochen (Trilling 1983), zumindest wenn der Begriff ein grundlegend menschliches Geschehen zum Thema macht. Anders könnte es sein, wenn Haltung als Element des professionellen Handelns angesprochen wird, obwohl sich die zuletzt angeführten Beobachtungen dem sperrend entgegenstellen. Denn Haltung, so wurde gesagt, hat eine Scharnierfunktion zwischen Allgemeinem und dem Besonderen, wie es sich in einer Situation und als solche zeigt, aber dabei mit der agierenden Person zu tun hat. Erstaunlicherweise gilt daher: Haltung wird – systematisch betrachtet – nicht gegenüber jenen eingenommen, welche als Klienten, Adressaten von Hilfe oder als Menschen in Krisensituationen betrachtet werden, die einer Unterstützung oder einer Initiierung, Förderung oder Begleitung ihrer Entwicklungsprozesse bedürfen, also in eine Praxis der Erziehung eingetreten sind.

Gleichwohl wird Haltung im Zusammenhang der Professionstheorie angesprochen, wenngleich die Debatte um Soziale Arbeit den moderner scheinenden Begriff der *Handlungskompetenz* vorzieht, wohl nicht zuletzt, weil er ein Produktives, Generierendes in der Persönlichkeitsstruktur von Professionellen meint. Haltung wirkt demgegenüber starrer, steht in größerer Nähe zu dem, was – für manche: horribile dictu – als Begabung, Talent und nahezu angeborene Eigenschaft, vor allem jedoch als herkunftsbedingte Eigenschaft gilt – obwohl es doch auf biographische Gewordenheit verweist. Die klassische Professionstheorie ist hier weniger sozialdemokratisch und gerechtigkeitstheoretisch in der Wolle gefärbt und gesteht – nolens volens – zu, wie Habitus und Milieu zusammenhängen; Max Weber und Pierre Bourdieu war dies klar und bestimmte ihr Bild von Haltung.

- Professionen (vgl. zum Folgenden die Beiträge in Combe/Helsper 1996, Oevermann 1996, Welter-Enderlin/Hildenbrand 2004) haben nun – erstens – mit fester Überzeugung von ihrer Aufgabe zu tun, und damit, zu ihrer Bewältigung beitragen zu können – und zwar nicht zufällig, sondern als die besondere Person des Professionellen, die weiß und um sich weiß. Professionelle zeichnet deshalb zuweilen Arroganz aus, Selbstgewissheit und Selbstbewusstsein, wenngleich sie sich auch Ironie, allzumal Selbstironie erlauben – was ihnen meist wieder als Überheblichkeit ausgelegt wird. In dieser positionssicheren reflexiven Selbstbezogenheit unterscheidet sich die Haltung des Professionellen von dem Zustand des Experten: *Hier stehe ich, ich kann nicht anders*, wird Luther seit dem Wormser Reichstag von 1521 zugeschrieben – ob ihn andere, Fernsehen, Funk und Presse als Experten heiligen, wäre ihm vergleichsweise egal gewesen. (Zu Recht: denn er war schon vor diesen da.) Kurz: Professionelle sind Überzeugungstäter, notwendigerweise und unvermeidlich. Das zeichnet sich als Haltung ab und in dieser liegt vermutlich ein wichtiger Grund dafür, heute über Haltung in der Sozialen Arbeit und Sozialpädagogik zu reden: Nur mit Haltung lässt sich ertragen, was gegenwärtig an eigenartigen Entwicklungen sich vollzieht, an Zumutungen seitens der Politik, seitens neuer Steuerungsstrategien, neuer Messverfahren, von außen wie zugleich doch von innen, aus den Kreisen der Sozialen Arbeit selbst. Das hat oft wenig mit dem zu tun, was als Grund und Motiv dem individuellen Engagement in der Sozialen Arbeit voranging.

- Professionstheorie geht – zweitens – davon aus, dass Professionalität akademische Qualifikationen verlangt und mit der Selbstständigkeit freier Berufsausübung einhergeht; diese lässt sich höchstens von Gleichen kontrollieren. Sie unterliegen den Standards des eigenen Berufs, wie sie in berufsständischen Kammern oder entsprechenden Organisationen eine Selbstgerichtsbarkeit ermöglichen, die über Kunstfehler befindet. Paradigmen der Professionalität finden sich in der freiberuflichen Tätigkeit des niedergelassenen Arztes oder des selbstständigen Anwalts. Wissenschaftliche Qualifikation und die fallbezogene, letztlich hermeneutische Auslegung des Wissens vor dem Hintergrund von Erfahrung machen aus, was als Können des Arztes oder Anwaltes, was als seine Kunst verstanden wird. *Professionelle agieren mit Wissen*, ihre Haltung drückt souveränen Umgang mit Wissen aus, nicht Glauben, sondern Sicherheit, die sowohl von den nötigen Kenntnissen in ihrem ganzen Umfang bestimmt ist wie auch davon abhängt, dass man sich zu dem Wissen verhalten und dieses sogar nutzen kann; dass Handlungskompetenz eine große Rolle in der Debatte um Soziale Arbeit spielt, indiziert schon, dass und wie sie sich selbst beschränkt gegenüber den Anforderungen, die an einen Professionellen zu stellen sind. Handlungskompetenz zielt unmittelbar auf Praxis, der Professionelle aber verlangt Reflexivität – und zwar sowohl gegenüber der Situation wie gegenüber dem Wissen, das er nutzt.
- Dem tritt – drittens – zur Seite: *Professionelle agieren mit ihrer Person.* Das Können des Arztes oder Anwaltes lässt sich von seiner Person nicht trennen, es beschränkt sich weder auf Wissen noch auf Technik, sondern wird seiner Persönlichkeit, seinem Auftreten, seiner Rhetorik, seinem Charisma so zugerechnet, dass Wissen und Können mit der Persönlichkeit eine Einheit bilden, die sich nicht auflösen lässt und in der Haltung zu Tage tritt. Vormachen darf man sich nichts: Das ruht letztlich auf wohl angeborenen Eigenschaften, dann auf einem langen Prozess familiärer Erziehung auf. Abgesehen davon, dass auch für das Verhältnis zu einem Professionellen gilt, dass – gleich, ob es um einen Arzt, einen Anwalt oder eine Sozialarbeiterin und einen Sozialarbeiter geht – die „Chemie" stimmen muss, wird nicht jeder entwickeln, was von anderen als Haltung anerkannt wird; vielleicht gehört dazu, dass – wie vorhin zur Entstehung des Habitus erinnert wurde – ein Sozialkapital eingebracht wird, das als bürgerlich, als zivilisiert oder kultiviert zu gelten hat und zu einer Selbstreflexion und Selbstironie befähigt, die als Substanz von Haltung auszumachen ist.

Anders gesagt: Haltung entsteht nicht unabhängig von Voraussetzungen, sie kann nicht erzeugt werden – möglicherweise nicht einmal von einem

Subjekt selbst. Es findet vielleicht zu seiner Haltung, indem es diese aus dem entwickelt, was ihm natürlich und sozial wie kulturell gegeben ist. Das gelingt vielleicht in einem langsamen Geschehen, in welchem Selbstgestaltung und Einfluss auf eine Art und Weise interagieren, die sich nicht künstlich herstellen lassen: Haltung bedarf der *Bildung*, der Bildung in einem strengen Sinne des Wortes, der Natur und Geist, Aktivität und Widerfährnis, Leiden gar, vor allem Entwicklung meint, die in einem sozialen und kulturellen Medium sich vollzieht, das von Freiheit bestimmt ist, wie sehr in ihm Prägungen erfolgen mögen. Bildung kann nicht erzwungen, nicht gesteuert werden, ebenso wenig die Haltung, die den Professionellen auszeichnet. Eben diese Einsicht und Erfahrung wird heute dementiert: Kurze Studiengänge, curricular organisiert und auf den schnellen Durchgang hin zur Berufsfähigkeit ausgerichtet, geben keinen Raum und gewähren keine Zeit für Bildung und die Entwicklung einer Haltung; allzumal ihre Instrumentierung mit regelmäßigen Prüfungen verhindern Eigenart und Eigenwillen oder Charakter, verlangen hingegen Unterwerfung. Da sagt keiner: Nehmen Sie erst mal Haltung an – vielmehr wird die gebeugte Stellung dessen verlangt, der Antworten auf Fragen gibt, die er sich selbst nicht gestellt hat. Haltung erodiert schon vorab im Absolvieren von Prüfungen.

- Zumindest in den Zusammenhängen sozialer, pädagogischer und heilend-therapeutischer Tätigkeiten hat – viertens – professionelles Handeln mit Personen zu tun, die sich in Krisen befinden, welche die Autonomie ihrer Lebenspraxis bedrohen und ihre Autonomie als subjektive Akteure gefährden. Sie sind meist mehrfacher Spannung ausgesetzt, zunächst den Belastungen durch Lebensereignisse und Entwicklungen, die sie selbst nicht mehr bewältigen und kontrollieren, die sich dabei biographisch verstetigen und so verdichten, dass die kritischen Ereignisse und die Reaktionen auf diese ins Zentrum ihres Lebensvollzugs rücken. Damit entstehen Folgen für ihre eigene Handlungsfähigkeit, weil diese selbst eingeschränkt wird auf Aktivitäten, die der Krisenbewältigung gelten – ehe die Krisendynamik selbst zu einem Zusammenbruch der Fähigkeiten zur Lebensbewältigung selbst führt. Endlich erwachsen negative Reaktionen ihrer sozialen und kulturellen Umwelt, die Nichtfunktion oder gar den Verstoß gegen Normen verfolgen und ahnden. Neben das ursprüngliche Problem treten emergente Zusammenhänge, welche die Krise nun rahmen und neu definieren – der *labeling approach* beschreibt dies präzise. Aber: dieses Geschehen, die individuelle Krise und ihre biographische Dynamik, dann die soziale und kulturelle Reaktion auf diese folgen zwar eigenen Mustern, vollziehen sich mit strukturellen Ähnlichkeiten, regelhaft und nahezu typisch – aber eben doch nicht eindeutig, mit Kausalitäten, die das Geschehen prognostizieren ließen. Die Erfahrung hilft Professionellen zwar zuweilen, sie führt aber in die Gefahr einer falschen Verallgemeinerung. Physische Krankheiten lassen sich noch in ihren engen Bahnen erkennen, psychisches, erst recht soziales Leiden, vor allem jedoch kritische Sozialisationsprozesse vollziehen sich in einer solchen Bandbreite subjektiver Zufälligkeit, dass professionellem Handeln weniger die Gewissheit über bestimmte Entwicklung, sondern mehr die Sorge abverlangt wird, man könnte durch Typisierung den einzelnen Fall verfehlen. Haltung bedeutet hier die Bereitschaft, sich überraschen zu lassen, den selbstauferlegten Zwang, nicht dem zu folgen, was so nahe liegend scheint, sondern sich auf die Prüfung und die gemeinsame Suche, den gemeinsamen hermeneutischen Prozess einzulassen, der dem Arzt zumindest dann auferlegt ist, wenn er nach der Gesundheit seines Patienten zu fragen beginnt (Gadamer 1993). Und mehr als das: Haltung bedeutet im therapeutischen und sozialpädagogischen Zusammenhang, sich störrisch auf die Überraschungen einzulassen, welche der Einzelfall bereithält, um diesen überhaupt erst in seiner Einmaligkeit und Besonderheit gelten zu lassen. Professionelle Haltung verlangt gewissermaßen die systematische Enttypisierung und Entstandardisierung, die Aufhebung eines Falls als eines *Falles von*, um den Fall an und für sich zu lesen. Wieder liegt auf der Hand, dass in der Realität modernen Lebens, allzumal in der der Sozialen Arbeit eben dies nicht mehr gewünscht wird: da werden vorab die Listen überreicht, in welche man durch Anklicken von Antwortkästchen das typische Risiko identifiziert. Das Handeln folgt Schemata, die von Experten entworfen sind und vorab den Fall sowie die Remedien für ihn kennen. Angesichts der festgelegten Standards sowohl für das Problem wie für seine Lösung braucht keiner mehr innezuhalten, um zu erkennen. Da ist alles verfügt, so dass Professionalität gar nicht mehr gefragt ist. Das Interesse an Haltung gründet also in der bitteren Einsicht in die Deprofessionalisierung der Sozialen Arbeit und Sozialpädagogik.

- Haltung hat endlich – fünftens – mit Ethik zu tun, streng genommen mit einem Ethos, das in seiner ganzen institutionellen Qualität durch das Subjekt des Professionellen verkörpert wird. Jeder Professionelle bewegt sich in einer Spannung zwischen der Wahrung und Sicherung der Werte, dann der Normen und Regeln einer Gesellschaft und Kultur, deren Geltung in der Krise des Subjekts verletzt wurden – von diesem selbst wie zugleich an ihm. Das Ethos des Professionellen verlangt Restitution der Werte, möglicherweise sogar gegenüber gültig gewordenen Normen und Regeln. Sie können Werte verletzen, was die Aufrichtigkeit, Strenge, eben die feste Überzeugung des Professionellen verlangt, eben Haltung, die sich zuweilen unversöhnlich zeigt, aber gerade darin dem verletzten und verletzenden Individuum Anlass gibt, sich seiner Subjektivität zu vergewissern. Werte sind auf Universalität angelegt, obwohl sie stets befragt werden müssen – was den Vorwurf der Starrsinnigkeit einbringen kann. Aber Haltungen lassen sich nicht austauschen, sie sind keiner pragmatischen (Auf-)Lösung zugänglich. Wer Haltung einnimmt, ist ein wenig stur, weil im Ethos doch Humanität nachklingt. Das mag überraschen, weil als Beispiel für Haltung eben der militärische Zusammenhang angeführt wurde, dann der des Tanzes. Bei diesem geht es noch an: die kontrollierte Bewegung eifert dem Ideal sowohl des ästhetischen Körperbildes nach und signalisiert Beherrschung. Beim Soldaten verblüfft der Zusammenhang: Doch Haltung einzunehmen, bedeutet, die Würde selbst dann zu wahren, wenn der Vorgesetzte einen erniedrigen möchte. Aber der Zusammenhang gilt nicht minder in allen anderen zwingenden Kontexten (und vielleicht sogar im zivilen Leben): Wer Haltung einnehmen kann oder darf, übersteht die Beschädigungen leichter, die ihm angetan werden; mit Haltung erträgt man noch die gröbsten Gemeinheiten. Insofern bleibt in der Haltung Humanität gewahrt und sichtbar. Selbst den widerwärtigen Invektiven eines anderen, der in absurder Weise rechtliche Schritte angesichts zutreffender Aussagen androht, kann man mit Haltung begegnen – was auch immer im Inneren man sich denkt. Dass nun die Soziale Arbeit heute nach Haltung fragt, folgt genau dem: Ethische Maßstäbe spielen keine Rolle mehr, wo Standards, Effektivität und Effizienz allein gefragt sind, Entmenschlichung findet statt, wo die Deprofessionalisierten nicht mehr fragen würden, was den anderen auszeichnet. Vor allem: In den Handlungssituationen selbst bedeutet Haltung menschliche Herausforderung, die heute nicht mehr erlaubt sein soll. Die neuen Sozialtechniker, die mit Tests und Apparaten das Verhalten ermessen und steuern sollen, dürfen weder sich als ein Gesicht zeigen, noch das Antlitz des Anderen wahrnehmen. Der ist schon vorab kategorisiert, als Angehöriger der Unterschicht, als sozial schwach, als bildungsfern, im Grunde schon verloren. Haltung nimmt den anderen doch noch so ernst, dass man ihm Angriffsfläche bietet, eben eine praktische Situation herstellt. Das gilt übrigens selbst für den Soldaten, der einen mit seiner Haltung allemal noch provoziert, sich gegen jeden Krieg zu stellen – eben weil man eine solche Haltung zum Tode nicht aushält.

*

All dies bleibt im Rahmen einer traditionellen Theorie professionellen Handelns und gibt zwar erste Antworten auf die Frage nach dem neuen Interesse an Haltung. Befriedigt aber nur bedingt. Es bleiben schließlich die seltsamen Schwierigkeiten bestehen, welche Analyse und Begriff der Haltung bescheren, wenn es um den Klienten geht: Man nimmt dem Vorgesetzten gegenüber Haltung an, man beugt sich den Regeln des Tanzes, tut dies gemeinsam, verschafft den Regeln für sich und an sich, am eigenen Körper Geltung, um so die praktische Situation zu bewältigen, in welcher man sich eingebunden fühlt. Man bewahrt am Ende allein für sich die Haltung. Das mag in einer Situation mit Klienten so weit noch Gewicht haben, wie das Tun des Klienten einen herausfordert, einen zu einer Reaktion provoziert, mit der man die eigene Professionalität preisgeben würde. Der Pflichtverteidiger muss Haltung bewahren, versteift sich auf seine anwaltliche Tätigkeit geradezu, wenn er für einen Täter das Recht zu wahren hat, von dessen Schuld er nicht nur überzeugt ist, sondern der ihm zutiefst zuwider ist. Auch hier aber besteht wiederum die Haltung mehr gegenüber dem Recht als gegenüber dem Täter, die Scharnierfunktion bleibt gegeben, sie bestärkt das objektive Element.

Was bedeutet dies für die Soziale Arbeit? Die Haltung des Sozialarbeiters oder des Sozialpädagogen präsentiert und repräsentiert Ordnung und übergeordnete Regelhaftigkeit, sie stehen für eine Objektivität, an der sich der Klient, das Kind, der Jugendliche, die Familie oder auch der Erwachsene abzuarbeiten haben; das ist im Sinne der ersten Kapitel von Klaus Mollenhauers „Vergessenen Zusammenhängen" ganz gut zu begreifen (Mollenhauer 1983). Doch muss man sofort ergänzen, dass es bei Haltung nicht um Pädagogik geht. Dem steht die Sturheit entgegen, die derjenige beweist, der Haltung einnimmt oder wahrt. Eine Sturheit, die allein die ihm gültigen, für universell gehaltenen Werte zum Ausdruck bringt und ansonsten eben bloß die eigene Haltung – was fast idiosynkratische Züge hat. Eine Interaktion beginnt da nicht, auch keine Kooperation, die zu einem gemeinsamen Arbeitsprozess führen könnte, in welcher sich die Situation und die in der Welt gegebenen Gegenstände aneignen und verändern lassen. Wenn überhaupt, erfährt sich das hilfs- oder erziehungsbedürftige Subjekt in der Position desjenigen, dem gesagt wird: friss oder stirb. Es darf sich an der Haltung des anderen abarbeiten, diese interpretieren und sich aneignen, wenn es die Voraussetzungen dafür mitbringt. Fehlen diese, dann gilt: Im pädagogischen Zusammenhang kann Haltung geradezu zynisch werden.

Deutlich wird: Wenn jemand Haltung bewahrt, dann kann der andere sich nur an ihm abarbeiten, eben selbst in einen Bildungsprozess eintreten, wie ihn etwa Hegel beschrieben hat: Sich wundern, irritiert sein, sich auseinandersetzen mit der Haltung des anderen, möglicherweise die eigenen Einstellungen und Vorstellungen aufgeben, in Unsicherheit geraten, prüfen, ob die gezeigte Haltung für einen selbst tragen mag, endlich sie beurteilen im Blick auf die Universalität der Maßstäbe, die in ihr zum Ausdruck kommen. Dann endlich sie auf eine Weise aufnehmen, dass sie zur eigenen Haltung wird, zur eigenen Art, das Objektive zum Ausdruck zu bringen und für dieses zu stehen und einzugestehen. Die ganze Prozedur der Bildung also, wie sie sich dann doch kontingent ereignet. Die Neugier auf Haltung in der Diskussion um Soziale Arbeit rückt da gefährlich in die Nähe ihrer Ausredenkultur, wenn es um das Pädagogische geht – die ja schon so weit grassiert, dass gar keiner mehr von Sozialpädagogik reden will. Euphemistisch könnte man höchstens Fichte heranziehen (oder Dietrich Benner), die alle Erziehung als Anstoß zur Selbsttätigkeit werten oder als den Versuch, Bildungsprozesse zu initiieren. Realistisch aber wird Haltung wohl nur für jene wichtig, die Pädagogik in der ganz und gar grausigen Metaphorik des Setzens einer Grenze lesen. Dann steht eben derjenige, der Haltung einnimmt, für eine dieser magischen Grenzen, an welchen sich Kinder und Jugendliche abarbeiten sollen, um – zurückgeworfen auf sich selbst – über sich nachzudenken und sich zu verändern. Man muss sich das vorstellen wie bei Obelix, an dessen wildschweingefüllter und zaubertrankgestützter Wampe – *nein, ich bin nicht dick, vielleicht nur ein wenig stark* – die Römer ihre Köpfe ruinieren. Jeder Jugendliche ist klüger bevor er sich blutig stößt an solcher Haltungs-Grenze, wird er schlicht einen Notausgang suchen und verschwinden.

Selbst wenn das kontraintuitiv erscheint und wenig mit Vorstellungen zu tun hat, nach welchen man gegenüber unbotmäßig agierenden jungen Menschen und bösartigen Hartz-IV-Empfängern doch Haltung demonstrieren sollte und ihnen damit feste Grenzen aufzuzeigen habe, muss klar werden: Mit Pädagogik, mit Erziehung oder mit der Erziehung als gewollter und behaupteter Nicht-Erziehung, wie sich hinter Sozialer Arbeit verbirgt, hat das in Wirklichkeit natürlich nichts zu tun. Es bleibt dabei, wer Haltung zeigt, berücksichtigt erstaunlicherweise den Klienten nur bedingt, er ist an sich selbst, an der von ihm repräsentierten Objektivität interessiert. Ein Stück weit ist ihm der Klient gleichgültig, Verstehen ergibt sich nicht und wird auch nicht verlangt. Auch die Kooperation und Koproduktion, Grundlage eines jeden sozialpädagogischen Handelns werden über Haltung nicht gefördert – freilich wird jeder von den Fällen berichten, in welchen sich eine Jugendliche oder ein Jugendlicher etwa in einem Heim an der Haltung eines Erziehers oder einer Erzieherin nicht bloß gerieben haben, sondern diese in einer Weise erlebten, dass sie sich selbst verändern, entwickeln mussten. Nur: selbst das muss eher in bildungstheoretischen Begriffen gefasst werden, wenn es nicht sogar in die Nähe der mit diesen verwandten theologischen fällt, die ein religiöses Erlebnis beschreiben: Wie sich jemand an dem eigenwilligen und eigenartigen Anderen wieder binden konnte, re-ligio also möglich wurde.

*

Wenn Haltung also pädagogisch höchstens indirekt bedeutsam wird, warum wird sie dann heute diskutiert? Weil einem gar nichts anderes einfällt? Der Grund ist ein anderer, obwohl die Antwort nicht einfach gelingen will, vielleicht unbefriedigend bleibt: Haltung wird in den sozialpädagogischen und sozialarbeiterischen Zusammenhängen aus zwei Gründen nötig, die das bisher zu Haltung Gesagte eigentümlich verdrehen (nicht verkehren, aber neu einstellen): Haltung wird nötig, um die Handlungssituationen zu stabilisieren, und sie wird nötig, um den Blick auf die Person gleichsam zu erzwingen: Stabile Situationen werden nötig, weil das Aufwachsen, weil die Entwicklung, weil die Bewältigung von Krisen, weil Bildung in modernen Gesellschaften gar nicht mehr gelingen kann, da diese flüchtig und flüssig werden, die Sicherheit, Rahmung und Einbettung nicht mehr geben, auf die man jedoch in der Veränderung der Subjektivität angewiesen ist. Das Leben in der späten Moderne ist erratisch, bewegt sich in Brüchen, in den Partikeln der Events, die zum Hype zugespitzt werden, unter der Bedingung der „liquefaction“ aller sozialer Rahmungen und Institutionen (Bauman/Vecchi 2004, S. 51), ohne die jedoch weder die Bewältigung einer brüchigen Existenz, schon gar nicht der Aufbau von Fähigkeiten und Fertigkeiten gelingen kann, um die Liquidität des Modernen aushalten zu können. Moderne Gesellschaften zerstören die Bedingungen, die das Subjekt braucht, nicht bloß um Subjekt zu werden (das wäre ein großer Wunsch und Anspruch, der wohl keine Wirklichkeit mehr haben wird), sondern wenigstens um funktionieren zu können, ohne einen Schaden zu nehmen, der einen aus dem Verkehr zieht. Alles und jeder bewegt sich nur mehr in einer Form des Provisorischen (Bauman/Vecchi 2004, S. 83), ganz seltsam eigenschaftslos, wie Bauman mit Blick auf Robert Musils *Mann ohne Eigenschaften* erinnert (Bauman 2003), Personen aber werden also solche unabdingbar, weil die Moderne mit ihren Möglichkeiten maschineller Kommunikation sich dem zu entziehen, was nach unserem Wissen Menschwerdung ermöglicht – wiederum in einem trivialen Sinne gedacht. Wann immer der Anblick eines anderen unerträglich wird, kann man die Tasten „end“ oder gar „delete“ drücken, man kann sich so des Freundes entledigen, der in den sozialen Netzwerken noch eben hoch bewertet war (vgl. Bauman/Vecchi 2004, S. 69 f.).

Das Interesse an Haltung entsteht mithin, weil die Professionstheorie modifiziert werden muss, um veränderten Problemen und Handlungsbedingungen gerecht zu werden. Haltung wird relevant, nicht weil man mit ihr ein Ethos transportieren möchte, sondern weil wir mit veränderten Bedingungen in pädagogischen Kontexten zu tun haben. Denn: Warum entstehen heute Krisen? Warum scheitern Kinder in ihrer Entwicklung? Gewiss gilt weiterhin, was Herman Nohl als Merkmal der sozialpädagogischen Problematik festgehalten hat, nämlich dass nicht die Gesellschaft Probleme mit den Kindern hat, sondern diese mit jener. Aber: in der traditionellen Moderne scheitern Kinder und Jugendliche, Erwachsene nicht minder, daran, dass sie sich dem ehernen Gehäuse der Hörigkeit nicht fügen, dass Gesellschaft ihre Art des Lebens nicht zulässt, dass eine Kultur sich der Aneignung verweigert, dass eine Gemeinschaft individuellen Formen des Handelns die Anerkennung verweigert. Kinder und Jugendliche scheitern, weil ihnen Lebenswege verweigert, gar nicht eröffnet werden, dass sie Ausschluss erleben. Um nicht missverstanden zu werden: solche Ausschlüsse sind nicht seltener geworden, im Gegenteil: als ein sozialstrukturelles Geschehen haben sie Gewicht gewonnen, die Ausgeschlossenen sind geradezu normal geworden, Menschen, die sich als *wasted lives* erleben (Bauman 2004) – obwohl das Konzept des Ausschlusses, der Exklusion, möglicherweise auf eine dreifach falsche Fährte führt: Es zielt nämlich – einerseits – vorrangig auf sozialpolitische und gerechtigkeitstheoretische Überlegungen, es begünstigt möglicherweise noch den Zynismus jener Blair-Schröderschen Sozialdemokratie, die über die Erzwingung von Chancengleichheit und Startgerechtigkeit Menschen in eine Konkurrenz auf dem Markt drängen will, in der sie dann doch verlieren, weil ihnen die gleichen und gerechten Lebensbedingungen verweigert wurden. Andererseits ignoriert das Konzept der Exklusion die Dynamik des mit ihm verbundenen Geschehens (vgl. Castel 2008). Vor allem jedoch erfasst es zwar, wie Menschen völlig und in jeder Hinsicht ihrer Existenz als wertlos an den Rand gedrängt und buchstäblich zum Verschwinden gebracht werden – verurteilt zu einer Existenz als Zombies, die vor den Augen aller leben, wenn sie die öffentlichen Abfalleimer nach Verwertbarem durchwühlen, aber nicht mehr gesehen werden. Die Lebenssituation aller aber prägt, dass zweierlei passiert: Soziale und kulturelle Verhärtungsprozesse lassen das Leben eisig werden, dem korrespondiert eine seltsame Auflösung von sozialen und kulturellen Institutionen, so dass ein Rückgriff auf gesellschaftlich oder kulturell festgelegte Drehbücher nicht mehr gelingt (vgl. Taylor 1995, 1996). Aber sie sind nötig, um subjektive Identität zu entwickeln oder aufrechtzuerhalten. Die Individuen finden keine Ressourcen, keine Quellen des Selbst, welche länger sprudeln könnten. Mit allen Zügen des Tragischen erleben sie sich atomisiert in Erlebnissen (Maffesoli 2003), als Helden des Selbst, *hèros de soi-même*, bestimmt durch *l'ivresse de l'urgence et la jouissance de l'instant* treten hervor (Aubert 2003, S. 115), ohne zu bemerken, wie ihr Charakter korrodiert (ebd., S. 132 ff.), allzumal durch einen Druck und Kult der Performativität, in dem alle Substanz getilgt wird (Ehrenberg 1991). Was dem Individuum eben noch tragende und bedeutsame, lebensgeschichtlich relevante Erfahrung schien, wird gesellschaftlich und kulturell dementiert. Ohne Rahmungen und Grenzen, ohne Institutionen gibt es aber weder Freiheit noch die Möglichkeit, sich gegen Zumutungen zu wehren, die von anderen an einen gerichtet werden. Was jemand auszeichnet, interessiert nicht mehr, entscheidend ist, dass und wie er auftritt, sich inszeniert, sich am Ende bis zu der Erschöpfung preisgibt, die daraus entsteht, dass man über die eigene, erzwungene Nichtigkeit ermüdet und deprimiert zusammenbricht (Ehrenberg 2000).

Dies umreißt die neue Problemkonstellation menschlicher Existenz in den modernen Gesellschaften der Gegenwart. Sie scheint dramatisch genug, wird existenziell bedrohlich, wo und wenn krisenhafte Entwicklungen hinzutreten – wie sie für das Aufwachsen aber doch normal sind. So ist es kein Zufall, wenn die Soziale Arbeit, wenn die Sozialpädagogik normalisiert wird, sowohl in dem Sinne eines infrastrukturellen Regelangebots wie in der Wahrnehmung durch die Gesellschaft. Wie im Bildungswesen lautet bei ihr die Antwort: Institutionalisierung und professionelle Strategien – aber diese Antwort reicht nicht aus, weil sie vernachlässigt, was Krisenbewältigung, was vor allem Bildungsprozesse in einem ernsten Sinne des Ausdrucks überhaupt erst ermöglicht, nämlich die Begegnung mit einem Menschen, der doch bei sich bleibt.

Haltung wird eben in dem bedeutsam, was als Befund irritiert, nämlich dass sie erstaunlicherweise *nicht* gegenüber den Klienten geltend gemacht wird, sondern Element der praktischen Situation ist. Mit Haltung werden Situationen stabilisiert, durch Personen hindurch, die als Element des professionellen Handelns Haltung einnehmen – weil es eine solche Stabilität von Situationen lebens- und alltagsweltlich nicht mehr gibt. Eine Stabilität, die sozialisatorisch wirken könnte. Haltung wird zum Gegengewicht in einer *runaway world* (Giddens 2002), in der die Sicherheiten und Gewissheiten verloren gehen, die wir für das soziale Leben schon prinzipiell benötigen, die aber für die subjektive Veränderung, für die Entwicklung, für die Bewältigung von Krisen unabdingbar sind. Die moderne Gesellschaft frisst zunehmend die Bedingungen auf, die ihre Mitglieder überhaupt erst in die Lage versetzen, diese Gesellschaft nicht nur zu ertragen, sondern als Lebenspraxis gestalten zu können. Deshalb wird zum Merkmal – notabene – des professionellen Handelns, Festigkeit zu zeigen, den Halt zu geben, eine Situation so zu stabilisieren, dass Menschen in dieser agieren können, dass Menschen vor allem die Erfahrung machen können, dass ihnen diese Situation nicht sogleich entgleitet, nur als Event zugänglich war, um sofort Bedeutung zu verlieren.

Dabei scheint eine Pointe wichtig: Für das Aufwachsen von Kindern und Jugendlichen, übrigens auch für die Krisenbewältigung von Erwachsenen haben die Gesellschaften selbst das Problem schon erkannt, dass sie in ihrer Flüssigkeit gewissermaßen das eigene Menschenmaterial vernichten, wie sie es mit dem Begriff des *Humankapitals* noch mehr beleidigen. Die Gesellschaften reagieren mit einer Ausdehnung von Institutionalisierung auf diese Entwicklung, bei Kindern und Jugendlichen vor allem mit Scholarisierung. So sehen die neuen Formate aus, für die beispielsweise Thomas Rauschenbach energisch eintritt (Rauschenbach 2009). Nebenkosten werden dabei nicht bedacht, obwohl es eine lange Tradition des Vorbehalts gegenüber institutionellen Lösungen gibt, allzumal in der Jugendhilfe. Formatierungen gehen halt mit der Löschung alter Daten einher, wie jeder weiß, dem sich noch die schrecklichen Folgen des F 10-Befehls eines alten DOS-Rechners eingebrannt haben. Institutionelle Lösungen allein reichen nicht aus, zumal das Gefängnis als ihr Paradigma belegt, wie man sehr gut den institutionellen Sozialisationstypus entwickelt, damit aber dysfunktional vor allem für eine moderne Gesellschaft wird.

Diskutiert die Soziale Arbeit Haltung, zeigt sie damit an, wie noch ein anderes zu aller Institutionalisierung hinzutreten muss, vielleicht entscheidender als diese ist. *Wichtig wird die Person selbst.* Unter den so veränderten gesellschaftlichen und kulturellen Bedingungen gewinnt die Haltung in ihrer Scharnierfunktion eine neue Bedeutung: Stand Haltung ursprünglich für die situative Objektivität in der Person, repräsentierte die Person durch die Festigkeit ihrer Haltung die harte Wirklichkeit und nahm ihr dieser zugleich die strenge Verbindlichkeit, weil sie diese subjektivierte, *so verdeutlicht nun die Person, dass es überhaupt Objektivität geben könnte*. Sie präsentiert einerseits eine Objektivität, die in Wirklichkeit nicht mehr besteht und doch für das Aufwachsen, für die Entwicklung in einer Krisensituation unabdingbar ist. Zugleich aber verdeutlicht sie zugleich eine Kontinuität des Menschlichen selbst, die dauerhafte Gegebenheit einer Person als einer menschlichen Person, welcher man nicht entgehen kann. Auch das ist wichtig: in einer Moderne, in der die menschlich-subjektive Seite aller Praxis beliebig gelöscht werden kann, werden Sozialisationsprozesse unwahrscheinlich, verschwindet die menschliche Dimension des Geschehens, die möglicherweise aber den Ausgang aller Entwicklung, aller Kommunikation, aller welterschließenden Tätigkeiten darstellt (vgl. Tomasello 2009, 2010), vielleicht sogar bis in die neuronalen Prozesse hinein. Handeln wird auf technische Kommunikation beschränkt, die Begegnung mit dem anderen schwindet. Man muss ihn nicht mehr aushalten. Das Gesicht des anderen soll nicht mehr gesehen werden – vielleicht funktioniert deshalb die Videotelefonie nicht, wie Bauman vermutet. Maschinenkommunikation jedenfalls eröffnet keinen Zugang zu einer Kommunikation und Interaktion, in der sich die Differenzen des Humanen erschließen; der Unterschied etwa, wie er in einem Tadel ausgesprochen wird, den ein Augenzwinkern begleitet. Die Computerstimme verkündet nur, dass sie das Anliegen nicht verstanden hat, das Internetformular meldet, man habe das mit Stern versehene Feld nicht ausgefüllt, deshalb könne der Antrag nicht weiter verfolgt werden. In der technischen Kommunikation geht die warme Logik der Sorge verloren, so dass Krankheit und seelische Krisen zunehmen (vgl. Hochschild 2003).

Haltung als Element professionellen Handelns in der Sozialen Arbeit reagiert auf eine Veränderung moderner Gesellschaften, die mit Liquidity mit Dis-Embedding, mit Beschleunigung, mit Entwicklung zur Projekt-Existenz in einer Netzwerkgesellschaft, mit hypermodernité bezeichnet wird. „L'individu hypermoderne" überschreibt Nicole Aubert (Aubert 2004) die Untersuchungen französischer Soziologen, die einen völligen neuen Sozialisationstypus umschreiben, der Stabilität, Einheitlichkeit und Gemeinsamkeit nicht mehr kennt, Subjekte nur noch als Träger von Projekten begreift, die in Netzwerken realisiert werden, welche vorübergehend bestehen (Boltanski/Chiapello 2006). Menschen finden keine objektivem Rahmungen mehr, die ihrem Leben ein subjektiv bedeutsames Gerüst geben könnten; sie finden dies nicht einmal für das Aufwachsen vor, weil Kontinuitäten zerbrochen sind, Leben auf Events ohne Geschichte, doch auch ohne Zukunft reduziert wird, überlagert allerdings von Visionen. Haltung in der Sozialen Arbeit zu begreifen, sucht zugleich auch nach der Möglichkeit, eine menschliche Dimension wieder restituieren, genauer: gegenüber allen technischen Handlungsweisen die unbedingte Beständigkeit des Anderen geltend zu machen, nicht als selbst flüchtiger Akteur, sondern als ein Gewissheitsmoment in menschlicher Praxis, welches selbst noch für das Aufwachsen und für die Überwindung von Krisen erforderlich ist. Oder anders: Die professionelle Haltung, zuletzt als überholt in Vergessenheit gebracht, dann noch verdrängt von den neuen, auf Effizienz und Effektivität achtenden Technologien, wird wichtig, weil die modernen gesellschaftlichen Verhältnisse selbst eine – wie man das nennen mag – menschliche Ruhe als Bedingung der Möglichkeit des Aufwachsens erforderlich machen.

Hartmut Rosa spricht von den Entschleunigungsinseln, die wir alle, als Mitglieder der Gesellschaft, erst recht aber für das Aufwachsen, für Bildungsprozesse benötigen (Rosa 2005). Seine Beschreibung bleibt unscharf und ungenau, gefährlich nicht zuletzt, weil sie als Argument für die Einrichtungen von Gefängnissen, von Schulen als totalen Institutionen, am Ende von Friedhöfen dienen kann. Haltung meint mehr: sie gilt unzweifelhaft dem sozialpädagogischen Ort, sie steht – in ihrer Scharnierfunktion – für diesen, macht aber zugleich noch das Moment des Humanen geltend. Das Moment des Humanen, das jedoch nicht – und darauf kommt es an – als pädagogische Kunst kontaminiert wird, zum Kunststück wird, das viel mit einer Berufsrolle und wenig mit einer Person zu tun hat, die sich als solche geltend macht. So paradox das klingt: wer in einer pädagogischen Situation Haltung annimmt und bewahrt, will nicht erziehen. Er oder sie will selbst bleiben, die eigene Identität wahren. Daran mag sich dann abarbeiten, wer will – und daran werden sich nicht wenige abarbeiten, weil ihnen in der modernen Gesellschaft und erst recht bei den Pädagogen nur wenige begegnen, die durch ihre Haltung überzeugen.

Haltung in der Sozialen Arbeit und in der Sozialpädagogik bedeutet zunächst einmal, ein Mensch zu sein, der bei sich ist, sich seiner Menschlichkeit bewusst. Das klingt so pastoral, dass die Sozialtechniker und Messideologen, dass vor allem die neuen Bildungstechnokraten in halt- und heilloses Gelächter ausbrechen; von Menschen zu reden kann doch nur der, der sich nicht standardisieren lässt, der nicht mit operationalisierten Verfahren messbare Effekte erzielt – und überhaupt: der altmodisch, überholt ist, in einer Welt vor aller Reform und Innovation lebt. Das Gelächter klingt so gehässig, dass man vermuten muss, die Frage nach dem Menschen könnte einen Nerv getroffen haben. Viel wichtiger ist aber: warum lassen sich eigentlich so viele die grundlegenden Fragen, also die nach dem Menschen, aus der Hand nehmen? Warum spielen sie mit, wenn delegitimiert wird, was doch das Zentrum unserer Existenz berührt? *Auf diese Fragen zu antworten, verlangt vermutlich Haltung.*

Literatur

Arendt, H. (2003): Über das Böse. München.

Aubert, N. (2004): Le culte del'urgence. La société malade du temps. Flammarion.

Aubert, N. (Dir) (2010): L'individu hypermoderne. Toulouse Edition Érès.

Bauman, Z. (2003): Liquid Love. On the Frailty of Human Bonds. Cambridge: Polity.

Bauman, Z. (2004): Wasted lives. Modernity and its Outcasts. Cambridge: Polity.

Bauman, Z. (2005): Liquid Life. Cambridge: Polity.

Bauman, Z. (2009): Leben als Konsum. Hamburg.

Bauman, Z. (2010): Wir Lebenskünstler. Frankfurt a. M.

Bauman, Z./Vecchi, B. (2004): Identity. Cambridge: Polity.

Combe, A./Helsper, W. (Hrsg.) (1996): Pädagogische Professionalität. Untersuchungen zum Typus pädagogischen Handelns. Frankfurt a. M.

Boltanski, L./Chiapello, È. (2003): Der neue Geist des Kapitalismus. Konstanz.

Castel, R. (2008): Die Fallstricke des Exklusionsbegriffs. In: H. Bude/A. Willisch (Hrsg.): Exklusion. Die Debatte über die „Überflüssigen". Frankfurt a. M., S. 69–86.

Ehrenberg, A. (1991): Le culte de la performance. Paris: Hachette.

Ehrenberg, A. (2000): La Fatique d'être soi. Dépression et société. Paris: Odile Jacob, Poches.

Gadamer, H.-G. (1993): Über die Verborgenheit der Gesundheit. Frankfurt a. M.

Giddens, A. (2002): Runaway World. How Globalisation Is Reshaping Our Lives. London: profile Books.

Hochschild, A. R. (2003): The Comercialization of Intimate Life. Berkeley, Los Angeles, London: University of California Press.

Kaufmann, J.-C. (2005): Die Erfindung des Ich. Eine Theorie des Identität. Konstanz.

Mollenhauer, K. (1983): Vergessene Zusammenhänge. Über Kultur und Erziehung. München.

Oevermann, U. (1996): Theoretische Skizze einer revidierten Theorie professionalisierten Handelns. In: A. Combe/W. Helsper (Hrsg.): Pädagogische Professionalität. Untersuchungen zum Typus pädagogischen Handelns. Frankfurt a. M., S. 70–182.

Rauschenbach, T. (2009): Zukunftschance Bildung. Familie, Jugendhilfe und Schule in neuer Allianz. Weinheim und München.

Rosa, H. (2005): Beschleunigung. Frankfurt a. M.

Sennett, R. (1998): Der flexible Mensch. Die Kultur des neuen Kapitalismus. Frankfurt a. M.

De Singly, F. (2003): Les uns avec les autres. Quand L'individualisme crée du lien. Armand Colin.

Taylor, C. (2005): Das Unbehagen an der Moderne. Frankfurt a. M.

Taylor, C. (2006): Quellen des Selbst. Die Entstehung der neuzeitlichen Identität. Frankfurt a. M.

Tomasello, M. (2009): Die Ursprünge der menschlichen Kommunikation. Frankfurt a. M.

Tomasello, M. (2010): Warum wir kooperieren. Berlin.

Trilling, L. (1983): Das Ende der Aufrichtigkeit. Frankfurt a. M., Berlin, Wien.

Welter-Enderlin, R./Hildenbrand, B. (2004): Systemische Therapie als Begegnung. Stuttgart. 4. Auflage.

Welzer, H. (2006): Täter. Wie aus ganz normalen Menschen Massenmörder werden. Frankfurt a. M., Wien, Zürich (Büchergilde Gutenberg).

II. Teil
Historische und aktuelle Bezüge

Heinrich Kupffer
Erziehung und Erzieher im Spannungsfeld unterschiedlicher Erwartungen 36

Hans-Ullrich Krause
Brauchen Professionelle eine Orientierung? 45

Regina Rätz
Professionelle Haltungen in der Gestaltung pädagogischer Beziehungen 65

Mechthild Wolff
„Lob des pädagogischen Denkens" – Reflexionen in Zeiten der gesellschaftlichen Widersprüche 75

Heinrich Kupffer

Erziehung und Erzieher im Spannungsfeld unterschiedlicher Erwartungen

In der Vergangenheit bis noch tief ins 20. Jahrhundert hinein waren Erzieher oft Funktionäre der Gesellschaft. Sie führten ihren Auftrag so aus, wie es erwartet wurde, sie taten das, was die Gesellschaft billigte, sie vertraten vor allem auch die allgemein gültige und problemlos hingenommene Moral. Die Erziehung, innerhalb wie außerhalb der Familie, wurde noch nicht als ein eigenständiges Problem verstanden. Es schien klar zu sein, dass für die Erziehung zunächst die Familie zuständig ist und nur „Sonderfälle" in dafür spezialisierten Einrichtungen sozialisiert wurden.

In der Epoche der Reformpädagogik und Jugendbewegung zu Anfang des 20. Jahrhunderts wurden dann, etwa in den Landerziehungsheimen und anderen außerfamilialen Einrichtungen, die ersten Versuche gemacht, Erziehung als ein „autonomes", von der Familie gelöstes Lebensfeld zu begreifen und zu organisieren. Kinder und Jugendliche, die in solchen Heimen zusammenkamen, erweckten Interesse als unabhängige Population, nicht als Anhängsel und Mitglied ihrer Familie (so etwa in Gustav Wynekens „Jugendkultur").

Nach dem Zweiten Weltkrieg gab es mehrere Umbrüche, die das Erziehungsfeld gleichsam „umpflügten". Damit kommen wir zu eben diesen letzten 50 Jahren, in denen sich Erziehung und Heimerziehung in unterschiedlichen Formen verselbstständigten. Zwar spielt die deutsche Familienideologie bis heute eine wichtige Rolle, aber man fragte nun doch über den Horizont der Familie hinaus etwa nach dem Verhältnis der Generationen zueinander und nach Merkmalen, die gerade das Auftreten der Jugend als ein eigenständiges Phänomen kennzeichneten. Vor allem im Zuge der „68er-Bewegung" gewann die Position und Lebensform junger Menschen an Interesse und wurde zu einem wichtigen Thema. Man berief sich nicht mehr auf die Tradition, stellte die Autorität der Erwachsenen infrage und erkannte das Heranwachsen der Kinder und Jugendlichen in der sich rasch verändernden Gesellschaft als diskussionswürdiges Thema.

Ein Element zur Beschleunigung dieser Vorgänge war auch die Entwicklung und Rezeption der Sozialwissenschaften. Zwar gab es schon in den ersten Jahrzehnten des 20. Jahrhunderts Soziologie, Psychologie und Pädagogik, aber diese hatten auf die allgemeine Erziehungspraxis nur einen geringen Einfluss. Nun aber wurden kritische Fragen möglich, die sich auf das Aufwachsen der Jugend in einer immer komplexer werdenden Gesellschaft bezogen und zeigten, dass alle bisher fraglos vertretenen Annahmen überholt waren. In dieser unübersichtlichen postmodernen Gesellschaft entstanden neue Spannungsfelder, in denen sich auch die Wirklichkeit der Erziehung und Heimerziehung wieder findet. Wir erkennen: Alles, was mit Erziehung zu tun hat, verläuft nicht gradlinig in eine Richtung, sondern wird Ausdruck dieser Spannungen und kann sich nicht mehr auf allgemein anerkannte Ziele oder bewährte Praktiken berufen. Erziehung versteht sich nicht mehr von selbst, sondern wird exemplarisch zum Modell für das, was in der Welt insgesamt vorgeht.

Erziehung: Praktisches Handeln – wissenschaftlicher Zugriff

In der Erziehung und Heimerziehung haben sich in diesem Zeitraum zwei parallel verlaufende Entwicklungsstränge herausgebildet, die ein Spannungsfeld erzeugen: einerseits das Bestreben, die rigiden Zwänge der alten Heimerziehung in den herkömmlichen Institutionen zu überwinden und mit den Kindern und Jugendlichen einen humanen, offenen, personalen Umgang zu pflegen – also die Ablösung der gewohnten Über- und Unterordnungsverhältnisse durch eine zwischenmenschliche Beziehung, andererseits das etwa gleichzeitige Aufkommen der „exakten Sozialwissenschaften" mit ihrem Ehrgeiz, Vorgänge auf dem Erziehungsfeld ebenso zu erfassen, wie die Naturwissenschaften dies auf ihren Gebieten versuchen.

Das Stichwort für diese Form des Spannungsfeldes heißt „Dienstleistungsgesellschaft". Hier findet ein dialektischer Prozess statt, in dem die immer differenzierter werdenden sozialen und pädagogischen Dienstleistungen auf die ausufernden Bedürfnisse der ratlosen Menschen antworten, sie damit aber zugleich stimulieren. In der Dienstleistungsgesellschaft mit einem breiten Fächer sozialer Berufe ist für alles gesorgt, so dass niemand mit seinem Problem allein „im Regen" stehen muss. Für jede noch so minimale Schwierigkeit gibt es einen adäquaten Ratschlag, jedes psychische Unwohlsein findet den kundigen Helfer, nach jedem schweren Verkehrsunfall wird der Öffentlichkeit versichert, dass jene, die noch einmal mit dem Schrecken davongekommen sind, „psychologisch betreut" werden. Je unbefangener der postmoderne Mensch seine Wünsche anmelden kann, desto vielfältiger und spezialisierter werden die angebotenen „Dienste".

Gerade die Erziehung bietet ein Modell für diese Vorgänge, weil sich so viele Mitbürger – aus welchen Gründen auch immer – vital dafür interessieren. Der Erzieher wirkt zwischen diesen beiden Strömungen und erfährt in seiner täglichen Arbeit das zwischen ihnen bestehende Spannungsfeld: einmal seine Bemühung, sich von Zwängen, Vorschriften und formulierten Zielen freizumachen und in der konkreten Situation nach eigener Entscheidung flexibel zu handeln, zum anderen die einflussreichen Ansprüche der Pädagogik, Psychologie, Soziologie, alle diese Vorgänge unter Kontrolle zu bringen und damit jede Spontaneität wieder infrage zu stellen.

Diese Spannung drückt sich in verschiedenen Facetten aus. Entwickelt sich ein Kind nicht so, wie es vorgesehen und „normal" ist, fragen sich besorgte Erziehungsberechtigte: Was haben wir falsch gemacht? Diese Angst vor „Fehlern" hat sich zur Grundbefindlichkeit auf dem gesamten Erziehungsfeld ausgeweitet. Sie wirkt einerseits in den Erziehungsberechtigten selbst, die sich von der Übermacht der Experten und von den gesellschaftlichen „Normen" unter Druck gesetzt fühlen. Andererseits wird sie von professionellen Pädagogen geschürt, die ständig mit Hinweisen dafür aufwarten, wie man es „richtig" machen kann, und damit die Angst stimulieren. Was man gerade loswerden wollte, nämlich eine rigide, vorschriftsmäßige, zielgerichtete Zwangserziehung, kommt so durch die Hintertür wieder herein, vor allem als Überzeugung, dass es in der Erziehung „falsch" und „richtig" als eindeutige Größen gibt und dass verantwortungsbewusste Erziehungsberechtigte innerhalb wie außerhalb der Familie Fehler vermeiden können.

Der Wille zum freien, personalen Umgang mit dem Kind wird chronisch bedroht durch diesen angedeuteten „Machbarkeitswahn", und die Erzieher – gerade auch die Heimerzieher – sehen sich in jeder Krisensituation mit Experten konfrontiert, die an der Einteilung in „falsch" und „richtig" festhalten. Umgekehrt scheitern diese Experten aber immer wieder an der Wirklichkeit, denn ihre Illusion, wissen und formulieren zu können, was Erziehung „eigentlich" ist, schließt sie von der Vielfalt und Komplexität erzieherischer Vorgänge vor Ort und vor allem vom Wesen der Heimerziehung aus. Pädagogisches Handeln und Leben in Heimen und Internaten besteht größtenteils in der Bewältigung unvorhergesehener Situationen und enthält – wie die Politik – immer riskante Entscheidungen und entspricht in keiner Hinsicht den Arbeitsschritten in einer rationalisierten Produktionswerkstatt. Nur so konnte Heimerziehung überhaupt als pädagogisch sinnvolle Einrichtung überleben.

Kind: Individuum – statistische Größe

Die Spannung zwischen den beiden genannten Strängen wirkt sich u. a. darin aus, wie die Sozialwissenschaften ihre Rolle verstehen. Sie neigen dazu, die gesamte pädagogische Problematik auf „das Kind" zu verlagern. Damit entdecken sie zwar „Kinder" als eigenständige gesellschaftliche Gruppe, verlieren aber unter Umständen den Wandel und den sozialen Zusammenhang aus dem Blick. Sie präsentieren das Kind als feste Größe mit bestimmten Bedürfnissen und Lebensäußerungen. Dazu stellen sie die beliebte Frage: Was brauchen Kinder? Da sie, um das Kind begrifflich zu fixieren, von einer Norm ausgehen müssen, halten sie sich an den Durchschnitt. Das einzelne Kind wird dann daraufhin getestet, ob es dem Durchschnitt entspricht, ob es „normal“ oder „abweichend“ ist. Die Frage lautet also: Ist das Kind Individuum und Person – oder Mitglied einer größeren Einheit?

Soweit sich der Erzieher diesem Trend beugt, droht er in dieselbe Falle zu laufen. Das Kind erscheint dann nur als Gattungswesen, und das einzelne Kind nur im Bezug zu anderen Kindern. Dabei kommt es leicht zu Verwechslungen. Experten, die vor allem nach den „Bedürfnissen“ fragen, sehen Kinder wie kleine Zuchttiere, die nur gedeihen können, wenn sie das, was sie „brauchen“, auch bekommen. In der Einschätzung solcher Bedürfnisse wird dann manches für Natur, als zum Wesen des Kindes gehörig, gehalten, was in Wirklichkeit Ausdruck einer zeitgeistigen Strömung und gesellschaftlicher Ansprüche ist. Umgekehrt wird das Kind so der gesellschaftlichen Großgruppe mit ihren gleichartigen Bedürfnissen zugeordnet, dass seine Individualität, Originalität und Besonderheit als Einzelwesen verschwindet.

Wir kennen genug Beispiele dafür, dass ein Kind in einer Gruppe als nicht normal eingestuft wird, weil auch die Erzieher mit ihm nichts anfangen können, dass aber dieses Kind in einer anderen Gruppe schon bald völlig normal auftritt. Dies zeigt, dass es immer auf die personalen Beziehungen ankommt, die durch keine noch so ausgeklügelte Methode hintergangen werden können.

Ich habe in einem Internat gearbeitet, in dem Kinder und Jugendliche, die nicht „spurten“, einem Psychiater vorgestellt wurden, der das Heim ab und zu besuchte. Die Heimleitung verband mit dieser Beschäftigung die Absicht, er solle die Betroffenen wieder „auf Vordermann“ bringen. Da ich diese Termine zu organisieren hatte, sprach ich oft mit dem Psychiater. Und gemeinsam arbeiteten wir heraus, dass die Auffälligkeit meist nicht in der Person lag, sondern am System der Heimstruktur. Das war ein Glücksfall, denn ein weniger flexibler Kollege hätte nur seinen Auftrag ausgeführt, den ihm eine Heimleitung erteilt hat, die erzieherisch versagt und ihre Möglichkeiten nicht wahrnimmt.

Für die Heimerzieher/innen heißt das: sie haben primär mit einem Kind zu tun, das in das Gruppenleben integriert wird, ohne seine Besonderheit zu verlieren. Wie niemand sonst haben sie die Chance, Kinder wirklich kennenzulernen und sie als kleine Personen zu begreifen. Denn es gibt nirgends sonst ähnlich gute Voraussetzungen für das Verständnis dafür, wie junge Menschen heute die Welt sehen. Wie Pädagogen sich darauf einstellen und ihr Potenzial nutzen, ist eine Frage der professionellen Haltung.

Heimerzieher: Person – Figur im Netzwerk

Ein weiteres Spannungsfeld, in dem die professionelle Haltung des Erziehers auf die Probe gestellt wird, ist die interne Struktur des Heims. Dieses Problem wurde in jüngster Zeit besonders deutlich durch die Sexualskandale in mehreren Heimen und Internaten. Sie sind für unser Thema vor allem deswegen interessant, weil sie Einblick in die Funktionsweise kleiner „geschlossener Gemeinschaften" erlauben. Erzieher stehen nicht nur ihrer Klientel und vielleicht auch den Eltern und Behörden gegenüber, sondern sind eingebunden in die jeweilige Struktur des Heims.

Nach diesen Skandalen ist immer wieder die Frage aufgetaucht, wie es möglich war, dass so viele Heimbewohner „nichts gewusst" haben. Wie also konnten solche Missstände und Übergriffe jahrelang unbemerkt bleiben? Die Antwort auf diese Frage ist nicht eindeutig. Das Leben im Heim bringt eine vielschichtige und nicht einfach zu klärende Lebensform hervor. Wer dergleichen von Außen untersuchen will, stößt auf ein komplexes und kaum zu durchdringendes Netzwerk von vielschichtigen Beziehungen und Einstellungen. Viele Mitbewohner haben zwar nichts Konkretes gewusst, sondern allenfalls geahnt, konnten aber nichts beweisen. Andere hatten einen genaueren Einblick, wagten aber nicht, ihr Wissen an die Öffentlichkeit zu tragen. Wieder andere spielten solche Vorgänge herunter und behandelten sie als Randerscheinungen eines im Prinzip intakten Heims.

Die Erzieher sahen sich gezwungen, nach vielen Seiten Rücksicht zu nehmen. Sollte man Kollegen anschwärzen, sollte man sich an die Medien wenden, sollte man Anzeige erstatten? Wer im Heim lebt, will nicht zum Außenseiter werden, sondern muss sich mit den verschiedenen Gruppen arrangieren. Erzieherische Arbeit ist nicht möglich, wo jeder jedem misstraut, ihn beobachtet und lediglich seine eigenen Interessen wahrt. Missstände fallen auch nicht plötzlich vom Himmel, sondern bahnen sich allmählich an. Und wer diesen Prozess miterlebt, gewöhnt sich schließlich an ein Klima, das er nicht verändern kann.

Der Erzieher ist einerseits Einzelperson mit einer persönlichen Einstellung und Moral, andererseits aber in seine Institution eingebunden und muss mit den Gegebenheiten zurechtkommen. Dabei kann es immer sein, dass er ohne Absicht und eigenes Zutun in eine Lebensform hineingezogen wird, die er im Grunde nicht wünscht. Umgekehrt sind Verhältnisse, in denen nichts Böses vorkommt, nicht lediglich das moralische Verdienst Einzelner, sondern Ausdruck eines Gesamtklimas, das durch viele Mitbewohner getragen wird. Es kommt stets auf die Person an, nicht auf abstrakte Ideale oder Erziehungsziele. Aus allen diesen Gründen ist es für den Erzieher schwer, sich zurechtzufinden und sich so zu verhalten, dass er sich selbst nichts vorzuwerfen braucht.

Wenn das eine Weile so läuft, können Heimbewohner schließlich nicht mehr klar erkennen, was sie eigentlich „wissen" und was nicht. Da breitet sich ein Klima aus, das auch professionell untadelige und an den skandalösen Vorgängen unbeteiligte Heimerzieher handlungsunfähig machen kann. Sie wissen kaum noch, was sie glauben sollen, durchblicken nicht die Macht der „Seilschaften" und fühlen sich unsicher in ihrem eigenen Wirkungskreis. Mit wem kann man noch offen reden, wer ist verantwortlich, wer könnte eingreifen, wem könnte man mit unbewiesenen Behauptungen Unrecht tun? In dieser Falle sitzt der Heimerzieher. Er findet nicht mehr zu sich selbst, wird unsicher darin, wofür er als Person eigentlich steht, ist chronisch im Zweifel darüber, wie er sich verhalten soll.

So wird seine professionelle Haltung auf eine harte Probe gestellt. Aber auch unter den Kindern und Jugendlichen selbst bildet sich mit der Zeit ein Verhaltenskodex heraus, der zur Verschleierung beiträgt. Die von Außen herandrängende Frage: „Wie war es möglich, dass niemand etwas bemerkt hat?" dringt nicht in den Kern der Problematik vor, weil sie in den Kategorien ja/nein, richtig/falsch, schuldig/unschuldig verharrt und die interne Logik des Heims nicht erfasst.

Pädagogik: Ausdruck professioneller Haltung – Schnittpunkt von Kraftlinien

Alle genannten Spannungsfelder laufen auf die Grundfrage zu, wie der Erzieher in der heutigen pluralistischen Gesellschaft zurechtkommt und seinen Beruf guten Gewissens ausüben kann. Er steht am Kreuzungspunkt aller Kraftlinien in der Gesellschaft, die mit unterschiedlichen und zum Teil kontroversen Ansprüchen an ihn herantreten. Er sieht sich von überall her umstellt und gefordert: Da sind die Sprechblasen der Politiker, die ihn dazu auffordern, Kinder in die Gesellschaft hineinzuführen und ihnen alles Wichtige möglichst schon im Kindergarten beizubringen. Da sind die Experten, die ihn chronisch mit guten Ratschlägen eindecken und ihm empfehlen, was er tun soll. Da sind die Eltern, die vor allem daran interessiert sind, dass ihr Kind gut beurteilt wird und schon früh eine erfolgversprechende Karriere einschlägt. Nicht zuletzt sind da die Kollegen, mit denen er kooperieren muss, auch wenn er sich vielleicht einigen von ihnen fremd fühlt. Seine professionelle Haltung wird also rundum strapaziert, und oft weiß er selber nicht so recht, wie er sich dabei behaupten kann. Und schließlich sind da die Kinder und Jugendlichen, die in einer eigenen Szene und in einem ganz anderen Klima aufwachsen, als er selber es gewohnt war. Wie leben diese Kinder, was interessiert sie, welche Eindrücke und Einflüsse kommen über die Medien auf sie zu, zu wem haben sie Vertrauen, welchen angesagten Trends folgen sie, an wem orientieren sie sich, was wird von ihnen wahrgenommen?

Haben Erzieher in dieser unübersichtlichen Grundsituation die Chance, einzelne Kinder in ihrer Persönlichkeit wahrzunehmen und hinzuhören, was sie sagen? Oder begegnen ihnen Kinder stets im Plural, in Gruppen und Cliquen, die ihre eigenen Rituale und Kommunikationsformen ausbilden? Können Kinder überhaupt Vertrauen zu Erwachsenen gewinnen und sich ihnen öffnen? Oder sind sie fest an ihre jeweilige Gruppe gebunden und für „Erziehung" im herkömmlichen Sinne gar nicht disponiert?

Ein wesentliches Merkmal in diesem Zusammenhang ist die in den letzten 50 Jahren zu beobachtende Beschleunigung aller gesellschaftlichen Vorgänge und der Umgang mit der Zeit. Eine einigermaßen „nachhaltige" Erziehung ist auf eine gewisse Kontinuität hin angelegt. Zeitverträge, kurzfristige Beschäftigungsverhältnisse, häufiger Wechsel der Mitarbeiter sind einem vernünftigen pädagogischen Klima abträglich. Natürlich weiß jeder Erzieher, der eine Stelle antritt, dass er nicht auf ewig dort bleiben wird. Aber seine professionelle Haltung kann er nur ausbilden, wenn er sich an dem jeweiligen Platz mit vollen Ernst engagiert und so handelt, als sei alles, was er tut, nicht nur für heute, sondern auch für morgen gültig. Pädagogische Einrichtungen wie Heime können nicht wie Betriebe mit schnell wechselndem Personal und rationalisierten Arbeitsgängen wirken. Sie sind auch keine Durchlauferhitzer, sondern müssen einen Ort des gemeinschaftlichen Lebens bilden.

Das alles mündet in die Frage: Was heißt in der heutigen Welt überhaupt „Erziehung"? Wie schätzen Erzieher ihren Einfluss ein, was können sie bewirken, von welchen moralischen und sozialen Grundannahmen gehen sie aus, wie können sie sich den zu erziehenden Kindern und Jugendlichen gegenüberstellen, wo können sie eingreifen, was müssen geschehen lassen, wem fühlen sie sich verantwortlich? Mit diesen und weiteren Fragen ist der Erzieher in den letzten 50 Jahren zu einer exemplarischen Figur geworden, in deren Position, Arbeit und Einstellung sich die Vielfalt und die Widersprüche unserer Gesellschaft konzentrieren.

Ausblick

Was sagt all dies für die Professionalität des Erzieherberufes? Diese wandelt sich mit der Zeit. Vor allem ist festzuhalten, dass Professionalität auf dem Erziehungsfeld nicht den gleichen Charakter hat wie in den meisten sonstigen Arbeitsfeldern. Geht es dort darum, dass man einen Beruf fachgerecht erlernt und sich dann im Laufe der Zeit durch Weiterbildung den neuen Erfordernissen anpasst, so läuft das in der Erziehung anders. Man kann den Erzieherberuf nicht „erlernen" wie ein Handwerk. Natürlich muss der Erzieher seinen Horizont erweitern und sich immer auch Neues aneignen. Aber die Professionalität weist sich nicht dadurch aus, dass man Gelerntes 1:1 umsetzt wie nach Fortbildungen in anderen Berufen.

Dazu abschließend vier Bemerkungen. Es geht nicht lediglich darum, sich mit neu erworbenem Rüstzeug auf unbekannte Gegebenheiten einzustellen. Diese „immanente“ Professionalität reicht nicht aus. Natürlich schadet es nichts, wenn der Erzieher sich mit den aktuellen Sozialwissenschaften vertraut macht und das dort vermittelte Wissen erwirbt. Aber die Rolle des Erziehers wird nicht durch klare Markierungen von außerhalb des Erziehungsfeldes bestimmt. Vielmehr gehört zur Wahrnehmung seiner Rolle im weiteren Sinne auch die Möglichkeit und Notwendigkeit, in einer konkreten Situation die übliche und erwartete Rolle zu verlassen.

Die professionelle Qualität des Erziehers besteht also darin, dass er das Gelernte realistisch einschätzt und sich dabei die Freiheit der eigenen Entscheidung bewahrt. Eine durchrationalisierte Professionalität, die von dem Bemühen getragen wird, alles richtig zu machen, widerspricht der „eigentlichen“ pädagogischen Qualität, sich als entscheidende Person zu verstehen und den Kopf oben zu behalten. Das setzt allerdings zweierlei voraus: zum einen kommt es darauf an, ob in einem Heim ein freies Klima herrscht oder eine spezifische Ideologie mit formulierter Zielsetzung, gegen die der Einzelne machtlos ist. Zum anderen kann der Erzieher seine Qualifikation auch nicht als einsamer Aktivist ausüben, sondern er bedarf des Rückhalts in einem Team von etwa Gleichgesinnten. Fällt das Team auseinander oder spaltet sich in Fraktionen auf, gerät die Professionalität des Erziehers an ihre Grenze.

Der Gesamtstil eines Heims ist entscheidend dafür, ob und wie sich der „Funktionär“ vom „Pädagogen“ unterscheidet. Der Funktionär weiß sich in einen festen Rahmen eingebunden und führt aus, was hier üblich ist und sowohl im Selbstverständnis des Heims als auch durch Erwartungen von außen festliegt. Der Pädagoge geht in jede neue Situation hinein, ohne vorher schon zu wissen, worum es dort geht. So ahnt er vielleicht zunächst nicht, was es heißt, mit ausländischen oder auch deutschen Kindern zu arbeiten, die einem anderen Kulturkreis angehören und schon die Ebene, auf der mit ihnen gesprochen wird, anders oder gar nicht verstehen. Er weiß vermutlich nicht, wie er mit kriminellen Kindern und Jugendlichen umgehen könnte, weil sie in einer anderen Welt leben als er selbst. Er kennt nicht die Binnenstruktur der Institution, in der er zu arbeiten beginnt. Und er kann nicht vorher schon abschätzen, welche Denkweisen, Moralvorstellungen und Berufspraktiken unter seinen neuen Kollegen herrschen.

Welchen Stellenwert hat dabei die Ausbildung? Man kann auf dem Erziehungsfeld nicht jede denkbare Situation und mögliche Krise im Voraus einüben. So richtig und wichtig es ist, dass der Erzieher möglichst vielseitig „ausgebildet" ist, so wahr ist auch, dass seine professionelle Haltung sich auf Feldern bewähren muss, für die er nicht vorbereitet ist. Die Anforderung an ihn, dennoch nach bestem Wissen zu handeln, weist auf den quasi-„politischen" Charakter seines Berufes hin.

Hans-Ullrich Krause

Brauchen Professionelle eine Orientierung?

Einleitung

In unzähligen Bewerbungsgesprächen für Tätigkeiten im Bereich der Hilfen zur Erziehung habe ich immer wieder die Frage gestellt, was die jüngeren oder erfahreneren Frauen und Männer als ihre pädagogische Orientierung begreifen, ob sie irgendwelche historischen oder aktuellen Personen oder auch Figuren haben, die ihnen im Besonderen wichtig erscheinen, die sie gar als Vorbild bezeichnen würden. Die Resonanz auf die Fragen blieb – bis auf wenige Ausnahmen – eher verhalten. Nicht selten folgte auf die Frage große Nachdenklichkeit.

Wenn dann überhaupt Personen genannt wurden, dann waren das Montessori oder Fröbel, ab und zu wurde Korczak genannt. Ähnlich wenig konkret fielen die Antworten aus, wenn es um Orientierungen an pädagogischen Konzepten ging. Zwar gab es immer wieder Positionen, die genannt wurden, wie etwa diese an demokratisch pädagogischen Grundsätzen orientierte Positionen: „Die Kinder von dort abholen, wo sie stehen", „die Kinder und Jugendlichen in ihrer Entwicklung begleiten", „hilf mir, es selbst zu tun" oder eher konservative oder neokonservative Sichten wie: „den Kindern müssen auch Grenzen gesetzt werden", „die Pädagogen müssen einheitlich vorgehen" bzw. „wir müssen ständig die Nachhaltigkeit unserer pädagogischen Handlungen prüfen", um nur einige Beispiele zu nennen.

Aber insgesamt überwogen Ansichten, die deutlich machten, dass man sich bewusst nicht für oder sogar gegen pädagogische Konzepte aussprach. Vielfach wurde gesagt, dass man sich eher eine eigene pädagogische Sicht erarbeitet habe oder sich erarbeiten wolle. Man nehme sich aus den Ideen Montessoris das eine oder aus aktuellen Konzepten das andere. Auf Nachfrage, wie dann dieses eigene Konzept beschrieben werden könnte, kamen fast immer allgemeine Aussagen, die darauf hindeuteten, dass es in aller Regel kein wirkliches Konzept gab.

Interessant erscheint mir auch, dass es bei den Orientierungen an Personen (die Frage lautet etwa so: Haben Sie irgendwelche Vorbilder oder etwas, was Sie so bezeichnen würden, an denen Sie sich orientieren?) eher um Menschen aus dem familiären Nahbereich handelt, also um Mütter, (seltener) Väter, Tanten, Großmütter, die in pädagogischen oder pflegerischen Berufen tätig sind oder waren, als um Lehrerinnen (während der Ausbildung oder des Studiums), Dozentinnen, Praxisanleiterinnen oder Kolleginnen (mit denen bislang gemeinsam gearbeitet wurde). Die Bewerberinnen oder Bewerber schilderten bisweilen Besuche in Einrichtungen, die von besagten Familienangehörigen, in deren Einrichtungen organisiert wurden. Ab und an wurden auch Lehrerinnen genannt, denen die Bewerberinnen während ihrer Schulzeit, also als Kinder oder Jugendliche begegneten, deren besondere Zuwendung oder Interesse an ihnen als Kind beeindruckend erschien.

Diese knapp beschriebenen Wahrnehmungen sind nur zum Teil systematisch erhoben. Der Trend jedoch ist eindeutig. Angehende MitarbeiterInnen in den Hilfen zur Erziehung scheinen skeptisch zu sein, wenn es um pädagogische Orientierungen geht, und zwar sowohl im Hinblick auf geschlossene Methoden- oder/und Strukturkonzepte als auch um historische oder aktuelle Persönlichkeiten. Dieser Umstand wird in der Fachöffentlichkeit vielfach kritisiert. Vermutet man doch, dass dies vor allem einem grundsätzlichen Desinteresse an der Auseinandersetzung um professionelles Wissen geschuldet ist. Nicht nur an Ausbildungsstätten (Erzieherinnenfachschulen wie Hochschulen) wird von den Dozentinnen und Dozenten mehr oder weniger offen kritisiert, dass bei den Studierenden eine Abneigung gegen jeden Lesestoff wie auch ein unzureichendes Interesse an historischem Wissen zu beobachten sei. Im Kern berührt diese Kritik eine zentrale Frage. Nämlich, ob die Profession sich angesichts dieser Problematik nicht wesentlicher bereits entwickelter Inhalte de facto beraubt (Wissensbestände damit immer wieder neu generieren muss), ob die Praxis sich ohne nennenswerte historische Bezüge entwickelt (und damit Gefahr läuft, immer wieder die gleichen Fehler zu machen) oder ob die Profession sozusagen orientierungslos agiert, was sie letztendlich immer wieder zu dem macht, was sie sich selbst vorwirft oder von anderen vorwerfen lassen muss, nämlich zu einer blassen, offenen, unklaren oder schwachen Profession.

Doch auf diese – nennen wir es – Generalkritik soll dieser Beitrag nur am Rande eingehen. Vielmehr soll hier der Frage nachgegangen werden, inwieweit es möglich und notwendig ist, historisch gewordenes Wissen, wie auch das Wirken von professionellen Persönlichkeiten wahrzunehmen, um eine eigene pädagogische Haltung entwickeln zu können. Oder anders herum gefragt: Was brauchen Professionelle heute, um eine eigene Haltung für sich erzeugen zu können?

Ich möchte in der Folge den Versuch unternehmen, fünf m. E. wesentliche Pädagoginnen und Pädagogen und deren Wissenskonstruktionen in ihrer Bedeutung für heutige Fachkräfte in den Hilfen zur Erziehung zu erfassen bzw. zu beschreiben. Die Auswahl dieser historischen Gestalten ist in der einen Hinsicht zufällig, da ich die Personen nicht systematisch gesucht und zusammengestellt habe. Andererseits habe ich versucht, heutige, im Grunde allgemein akzeptierte Grundsätze pädagogischen Handelns mit pädagogisch bedeutenden Figuren zu verbinden und der Frage nachzugehen, inwieweit diese Frauen und Männer bzw. deren praktische und theoretische Erkenntnisse, die aktuellen Diskurse und die progressivere Praxis beeinflussen.

Der schwierige Weg einer kritischen Aneignung

Allgemein werden die heutigen, westlich geprägten Gesellschaften tendenziell eher als individualistisch und wenig autoritär beschrieben. Führungspersonen werden auch in der deutschen Gesellschaft weder besonders akzeptiert, noch haben geschlossene Gesellschaftsentwürfe (nennen wir es Ideologien) Konjunktur. Nicht nur die junge Generation steht Eindeutigkeiten skeptisch gegenüber. Das ist auch richtig so. Deshalb soll hier auch nicht der Versuch unternommen werden, so etwas wie Eindeutigkeiten zu vermitteln. Auch soll es in diesem Beitrag nicht darum gehen, einen grundsätzlichen Diskurs über philosophische Entwicklungen und Widersprüche zu entwerfen. Vielmehr soll lediglich auf die genannten Rahmenbedingungen verwiesen sein, die auch auf die Theorie und die Praxis pädagogischer Prozesse wirken.

Vorbilder in der Pädagogik stehen also genauso zur Disposition wie auch Methoden, Organisationen, Strukturen, theoretische Aussagen. Egal, was in den Hilfen zur Erziehung auch geschieht, sofort sind auch die Kritikerinnen und Kritiker auf dem Plan, die ihre massiven Zweifel anmelden und nicht davor zurückschrecken, den Versuch z.B. eine neue Methode zu profilieren in Bausch und Bogen verdammen (Beispiele gibt es genug: „Sozialpädagogische Familiendiagnose, Familienintegrative Arbeitsansätze, Abenteuerpädagogik, Familienrat usw.). Auch die Kritik an den Organisationen, in denen Hilfen zur Erziehung stattfinden, reißt nicht ab. Und die Strukturen, die Abläufe, die Inhalte stehen immer und grundsätzlich unter scharfem Beschuss, und zwar alle Bereiche betreffend: Heimerziehung (was immer darunter verstanden werden mag), Jugendämter, Pflegefamilien. Nichts scheint angemessen, nichts scheint wirklich hilfreich, alles steht hingegen unter dem Verdacht, wenig effizient (Stichwort: Nachhaltigkeit) und auf jeden Fall zu teuer zu sein.

Die Unterstellungen reichen weit und sind umfassend. Jugendämter gelten als autoritär und im Grunde uninteressiert an den Fällen; die Heimerziehung mit ihren Schichtdiensten und der fortwährenden personellen Fluktuation und den – nach wie vor – wirkenden institutionellen Rahmenbedingungen, den abstumpfenden Arbeitsbedingungen ist per se ein fragwürdiges Unternehmen. Die Pflegefamilien, denen man wenigstens eine, wenn auch triviale Grundlage positiver Wirkungen unterstellt, kann sich nur unzureichend auf gewachsene fachliche Anforderungen, wie z.B. die Arbeit mit den Herkunftsfamilien oder die Arbeit mit besonders „auffälligen" Kindern einstellen. Wie also sollen Fachkräfte in den Hilfen zur Erziehung sich selbst beschreiben, wenn um sie herum sowieso davon ausgegangen wird, dass die Profession im weitesten Sinne unfähig agiert?

Aber es ist nicht nur die gesellschaftliche Umgebung, die im Grunde negativ auf diese Profession schaut. Es ist oft genug die Profession selbst, die sich in Selbstzweifel und zermürbender Kritik ergibt. Kein Wunder also, dass sich die Praxis gegen die Vorurteile abzuschirmen versucht und damit selbst wiederum zu bedenklicher Stagnation und Problematisierung im professionellen Arbeitsfeld beiträgt.

Andererseits haben sich seit Einführung des KJHG und der folgenden Qualitätsdebatten erhebliche Entwicklungen ergeben. Die Praxis der Hilfen zur Erziehung ist in vielen Teilen wesentlich weiter, als es Politik, Wissenschaft und die allgemeine Öffentlichkeit wahrnehmen will. Zwar gibt es sie noch, die herkömmliche Heimerziehung mit den starren Strukturen, autoritären Arbeitsansätzen und blasser Theorie und Methodik, doch es gibt auch die andere „Heimerziehung", die sich heute im Kontext mit diversen anderen Formen der Hilfen versteht und konzertiert handelt. Die Grenzen zwischen ambulanten, teilstationären und stationären Hilfeangeboten sind durchlässig geworden, beziehen sich aufeinander, variieren je nach Bedarf. Die Organisationen der Hilfen zur Erziehung sind keine Heime mehr, sondern vielfältig gebaute Teilbereiche, die aufeinander bezogen arbeiten und im besten Falle voneinander fachlich profitieren. Selbst im Hinblick auf den ewigen Konkurrenzkampf zwischen Heimerziehung und Pflegefamilien beginnt ein Prozess der fachlichen Annäherung. Nicht nur, dass mit den Erziehungsstellen ein Bindeglied zwischen beiden Bereichen der Hilfen entstanden ist, auch die Handlungsfelder selbst werden nicht selten unter einem Dach geplant, organisiert und umgesetzt. Das moderne Pflegekinderwesen (wie beispielsweise die „Westfälischen Pflegefamilien" oder „Familien für Kinder" in Berlin) unterstützt die Pflegefamilien mit ähnlichen professionellen Ansprüchen, wie das moderne Heimerziehung auch tut, und beide Bereiche lernen voneinander.

Auch im Hinblick auf das Personal in den Hilfen zur Erziehung hat sich viel getan. Die Ursachen für diesbezügliche Veränderungen sind vielfältig. Mir erscheint es jedoch zentral zu sein, dass sich bestimmte Arbeitsansätze in den HzE nicht nur bewährt haben, sondern dass sie letztendlich den Erfahrungshintergrund der Fachkräfte deutlich erweiterten. So berichten Mitarbeiterinnen und Mitarbeiter, wie hilfreich und förderlich sie Beteiligung im Rahmen der Hilfekonferenz wahrnehmen, dass ein wertschätzender Umgang mit Familien vorhandene Abwehr und Misstrauen überwinden half, wie wertvoll sich neue Methoden und erweitertes fachliches Wissen im Alltag letztendlich erwiesen haben. Die Praxis reproduziert diese Erfahrungen als allgemeine Annahmen. Und kluge Organisationen greifen genau diese Annahmen auf und entwickeln daraus gemeinsam getragene Grundsätze in der Arbeit. So also ist zu beobachten, dass progressive Hilfen zur Erziehung folgende Ansätze als Arbeitspositionen in der Praxis verankern konnten:

- Beteiligung, Partizipation und Mitbestimmung insbesondere im Hinblick auf Kinder, Jugendliche und Familien umzusetzen: Demokratie
- Ein grundsätzlich solidarischer Umgang mit den Kindern und Familien: Solidarität

- Der Anspruch, ständig neues Wissen zu generieren und in der Organisation anzuwenden: Fachlichkeit
- Die Orientierung der fachlichen Arbeit am Fall und an der Fallentwicklung: Flexibilität

Diese Arbeitsansätze oder Arbeitspositionen verändern die Praxis in erheblicher Weise. Setzen sie sich durch, so entstehen im weitesten Sinne moderne, demokratische und fachlich orientierte Organisationen, die dann wiederum Anforderungen an die Struktur, die Organisationsgestaltung und das Personal einfordern. Sie brauchen Fachkräfte, die bestimmte Haltungen mitbringen oder die bereit sind, diese zu erzeugen und als Grundannahmen ihres eigenen Handelns umzusetzen. Doch wie soll das gehen? Reicht es aus, wenn Jugendhilfeorganisationen sozusagen eine Atmosphäre erzeugen, in der man dies und das tut, weil alle Professionellen in dieser Einrichtung es tun? Genügt es, wenn in aufwendigen Qualitätsmanagementaktionen Leitbilder entstehen, auf die sich dann die Mitarbeiterinnen und Mitarbeiter mehr oder weniger bewusst sozusagen „einschwören" lassen?

Oder braucht es nicht doch auch die Auseinandersetzung mit historisch gewordenem Wissen, um im Hier und Heute eine eigene Position zu kreieren?

Fünf Weise oder der notwendige Zweifel an allen Weisheiten

In der Folge sei nun auf fünf historische Figuren der Pädagogik verwiesen, die ganz ohne Zweifel mit ihrer jeweiligen wissenschaftlichen wie auch praktischen oder literarischen Arbeit Hilfen zur Erziehung, wie die gesamte pädagogische Praxis maßgeblich beeinflusst haben. Dabei geht es hier eindeutig nicht darum, umfängliche Porträts zu entwerfen (wer dies vertiefen will, erhält entsprechende Literaturhinweise). Vielmehr werden hier nur „Umrisse" der Persönlichkeiten entworfen, um dann die aus Sicht des Autors maßgeblichen Inhalte zu kennzeichnen, die auch für heutige Professionelle von Bedeutung sein könnten.

Bruno Bettelheim

Wie kompliziert es ist, sich historisch gewordenen Persönlichkeiten zu nähern, zeigt sich in kaum einer anderen Figur deutlicher als in Bruno Bettelheim. Krumenacker (1998), Zimmermann (1991), Winkler (1997) und andere haben sich nicht nur mit den theoretischen Betrachtungen Bettelheims auseinandergesetzt, mit seiner konkreten Praxis, insbesondere seinen Ideen zum Therapeutischen Ort usw., sondern auch mit der Person selbst. Die kritische Beschäftigung mit Bettelheim macht deutlich, dass wir es zum einen mit einem Professionellen zu tun haben, der seine eigenen, bitteren Erfahrungen als jüdischer Mensch (der von Verfolgung direkt betroffen war) und seine professionellen Fähigkeiten, sein Wissen miteinander verband. Bekanntlich war Bettelheim ein amerikanischer Psychoanalytiker mit österreichischen Wurzeln, der sich vor allem als Leiter der „Orthogenic School" für Kinder mit schweren emotionalen Störungen, seinen wissenschaftlichen Veröffentlichungen u. a. „Liebe allein genügt nicht" oder „Die Geburt des Selbst", seiner Arbeit als Hochschulprofessor an der Universität Chicago sowie seiner Auseinandersetzung mit Überlebensstrategien in totalitären Organisationen einen Namen machte. Nach seinem Freitod 1990 kamen erhebliche Zweifel auf, was seine pädagogischen Erfolge in besagter Institution sowie seine wissenschaftlichen Aussagen anbetraf. Ehemalige Bewohner des Heims, für welches Bettelheim zuständig war, beklagten sich, dass sie von ihm geschlagen worden seien, dass es unsägliche Unterdrückung und Machtausübung gegenüber ihnen als Kinder gegeben habe. Krumenacker (1998) hat diese Hintergründe in seiner Biografie zu Bruno Bettelheim sehr genau beschrieben. Er spricht in diesem Zusammenhang von „das ambivalente Erbe B. Bettelheims" (S. 32) und nennt Bettelheim angesichts der Vorwürfe und der sonstigen vorliegenden Texte und Berichte einen „Tyrann und Kinderfreund", so dass manche Autorinnen und Autoren sich dazu hinreißen lassen, dazu aufzufordern, Bettelheim ganz zu ignorieren. Das jedoch würde bedeuten, die Hintergründe für eine Theorie des Therapeutischen Milieus zu ignorieren und den Zusammenhang zu Bettelheims professionellen Hintergründen im Spiegel seiner Erfahrungen aus seiner Zeit in den KZ Dachau und Buchenwald, aus denen er 1939 mit Hilfe amerikanischer Freunde entkommen konnte. Es ist von besonderer Bedeutung, dass Bettelheim vor seinem Tod sowohl in den USA als auch in Europa als Autorität galt, was Humanität und Fachlichkeit im Hinblick auf Kindererziehung anbetraf.

Es bleibt die Frage, inwieweit sich heutige Professionelle an jemandem wie Bruno Bettelheim orientieren könnten. Dabei fällt auf, dass es einige inhaltlich-organisatorische Elemente sind, die zentral zu sein scheinen, weil sie letztendlich die pädagogische Praxis konzeptuell vollständig beeinflussen und auch die in dieser Praxis aktiven Personen maßgeblich zu entsprechendem Handeln zwingen. Gemeint ist hier der „Pädagogische Ort". Winkler hat diese konzeptuelle Idee des Pädagogischen Ortes in seinem viel beachteten Aufsatz „Die Matrix des Lebens und die Konstitution des Pädagogischen Ortes" beschrieben und Bettelheim als Erfinder dieser Idee bezeichnet. Im Kern geht es Winkler darum, zu konstatieren, dass Bettelheim mit seiner Idee vom Pädagogischen Ort eine, zwar im gewissen Sinne künstliche, aber eben förderliche, positive, wirkungsvolle Heimat geschaffen hat. Winkler greift in seinem Beitrag auf Diskurse des 19. Jahrhunderts zurück, auf Folgen der Modernisierung in der westlichen Gesellschaft allgemein und der Wiener im Besonderen, von der auch Bettelheim geprägt war. Der Verlust an Halt und Ordnung, an

Orientierung und Zielhaftigkeit hatte dazu geführt, dass sich der einzelne Mensch verlor, dass der Zusammenhang verschwand, dass das Gefühl von Gestaltbarkeit und Beherrschbarkeit verloren ging. Den Sachzusammenhang zwischen dieser Phase gesellschaftlichen Zerfalls und Desorientierung und der Erfindung des Pädagogischen Ortes sieht Winkler in der Bedeutung des Subjekts und seiner Beziehungen, welches sich in der modernen Gesellschaft zurechtfinden und überleben muss. „Subjektivität meint also immer auch und in aller Konsequenz, dass das Kind ernst genommen wird; das vierjährige Mädchen, der fünfjährige Junge, sind nicht bloß nach ihren Auffassungen und Wünschen zu befragen, vielmehr hat ihre Stimme in allen Entscheidungen das gleiche Gewicht wie die der anderen. Subjektivität meint daher zugleich ein Primat der Person, damit auch der Beziehung. Es wäre naiv, vor allem ungerecht gegenüber Bettelheim, dies zu ignorieren. Für sein Verhältnis von Erziehung gelten zwei Dimensionen, nämlich die der Beziehung und die des Ortes. Doch während jene vielfach untersucht wurde, hat diese bislang wenig Aufmerksamkeit gefunden. Deshalb steht sie hier im Vordergrund" (1997) (S. 204 f.). Der Zusammenhang von Ort und Beziehung bedeutet, dass die pädagogische Intension sozusagen von einer bewusst gestalteten Gemeinsamkeit ausgeht. Man könnte vielleicht auch sagen, dass die handelnden Personen somit zu einem besonderen Bestandteil des Ortes werden. Die Professionellen drücken den Ort mit aus. Ihnen obliegt es, ob und wie ein Klima, eine Atmosphäre entsteht, die Bettelheim (2007) so beschreibt: „Selbstachtung und das Gefühl, das Leben sei wert gelebt zu werden…" (S. 205). Wobei das pädagogische Handeln indirekt wirkt und nicht unmittelbar. Es geht um ein umfassendes Milieu, welches Bettelheim als sinnlich und gefühlsmäßig wahrnehmbar beschreibt. Dieses Milieu, diese Atmosphäre „ist der erste Erzieher, der erste Therapeut" (S. 205). In einem so zu gestaltenden allgemeinen Milieu kann das Kind seinen Platz finden, kann zur Ruhe kommen und sich gleichzeitig angeregt fühlen. Und hier kann das Subjekt die eigentliche Leistung vollbringen, sich selbst zu entwickeln, sich selbst hervorzubringen. Der Pädagogische Ort bietet hierfür auch Schutz, Überschaubarkeit, Beherrschbarkeit. Er passt sich den Individuen an, ohne Widersprüche und Herausforderungen zu nivellieren. Und der Ort wird von den Kindern im übertragenen Sinn besetzt, er wird zu ihrem Ort, den sie aktiv mitgestalten, verändern, beeinflussen. Pädagogischer Ort heißt auch, sowohl ausreichend offen als auch ausreichend geschlossen zu sein. Es wird davon ausgegangen, dass ein solcher Ort das Individuum in der Weise unterstützt, dass es eine ausreichende Sicherheit entwickeln kann, angemessen und im Sinne seiner eigenen Entwicklung zu agieren.

Diese komplexe Komposition pädagogischen Handelns und Gestaltens führt notwendigerweise zu einer Veränderung des professionellen Selbstverständnisses. Zum einen begreifen sich Erzieherinnen und Erzieher nicht mehr als den Kindern übergeordnete Erwachsene, sondern sie sehen sich als Bestandteil einer Gemeinschaft. Sie richten ihre Einwirkungen nicht gegen die Kinder, sondern auf die Gestaltung des Ortes. Sie verstehen die Förderung der Individuen als zentrale Aufgabe und nicht deren Zurichtung.

Im Kontext zur aufgeworfenen Fragestellung, inwieweit sich Professionelle heute an Bettelheim orientieren können, kann die ja auch philosophische und pädagogische Konzeption des Pädagogischen Ortes als grundlegend verstanden werden. Dabei geht es nicht darum, ob der Erfinder dieser Idee sich selbst dieser Konstruktion sozusagen unterworfen hat oder nicht, oder in Teilen nicht, sondern dass es Bettelheim gelungen ist, ein Gerüst pädagogischen Handelns zu entwerfen, welches als Antwort auf das Leben in der Moderne, auf Anforderungen notwendiger Individualisierung, auf Unterstützung von besonders irritierten jungen Menschen gelten kann. Dies wäre ein möglicher Zusammenhang, den wir im Hinblick auf heutige pädagogische Kunst, gegenwärtiger professioneller Haltung ziehen können.

Emmi Pickler

Die österreichisch-ungarische Kinderärztin Emmi Pickler gründete 1949 ein Säuglingsheim in Budapest. Zuvor hatte sie gemeinsam mit ihrem Mann, der ebenfalls Arzt war, gemeinsam praktiziert. Es dürfte wesentlich der Umstand sein, dass sich Emmi Pickler Kindern zunächst als Ärztin, also heilend zuwandte, der ihre Sicht auch im Hinblick frühkindlicher Betreuung, Förderung und Erziehung prägte. In dem ausgesprochen präzisen Dokumentarfilm „Loczy", über jenes Heim also, welches Pickler bis 1979 leitete, kann man verfolgen, wie sich dieser Umstand auf die Begegnung von Betreuerinnen und Kindern auswirkt. Die intensive Kontaktgestaltung der Erzieherin (Pickler nennt das: „Achtsame Pflege") zum einzelnen Kind drückt sich in Gestik, Sprache und Sprachfärbung, körperlicher Zugewandtheit, ausschließlicher Aufmerksamkeit, ausgesprochener Freundlichkeit und Achtung aus. Pickler war im Verlaufe ihrer Tätigkeit zu der Erkenntnis gekommen, dass es bei der Betreuung kleiner Kinder nicht um die Quantität der Begegnung zwischen Erwachsenem und Kind geht, sondern um die Qualität. Wenige intensive Phasen inniger Kontaktgestaltung erwiesen sich als wesentlich sinnvoller für die Psyche des Kindes und seine gedeihliche Entwicklung als anhaltend lange und häufige Begegnungen, die oberflächlich blieben. Die zweite Erkenntnis, die Emmi Pickler in die Arbeit des berühmt gewordenen Säuglingsheims mit einfließen ließ, war die der „freien Bewegungsentwicklung". Pickler vertrat die Auffassung, dass Kinder immer ausreichend Zeit und Bewegungsmöglichkeiten haben sollten, dass sie, gemäß ihrer Interessen, Zugangsmöglichkeiten zu sie anregenden Gegenständen haben sollen, die sie ergründen, mit denen sie experimentieren können. Auch im Hinblick auf soziale Kontakte mit anderen Kindern soll es Möglichkeiten geben, so dass das einzelne Kind früh Erfahrungen mit anderen Kindern sammeln kann.

Damit stand Pickler der damals (und ja in Teilen auch heute noch) praktizierten Formen effektiver Versorgung und Pflege entgegen. Aus ihrer Perspektive ging es nicht vordergründig um die Sauberhaltung des Kindes, um die Einhaltung hygienischer Bedingungen bzw. um eine ausreichende Ernährung, sondern um die bei den Handlungen der Pflege und Versorgung stattfindenden Begegnungen. Dabei werden alle Sinne positiv stimuliert. Die Begegnung wird also als beruhigend, sicher, warm, freudvoll, ermutigend erlebt.

In dem Film „Loczy – wo kleine Kinder groß werden" beschreibt die französische Psychoanalytikerin und Psychologin Genevieve Appell Picklers Sicht auf die Betreuung von kleinen Kindern mit eigenen Erfahrungen aus ihrer Zeit in der Gefangenschaft in NS-Lagern. Die Übersetzung dieses kurzen mündlichen Diskussionsbeitrags auf einer Tagung sei hier eingefügt:

„Es geht um das Fehlen von Pflege und um das, was Pflege bedeutet und um das, was infolgedessen die Pflege im Loczy nicht nur für die Kinder dort bedeutet. Sondern, welche Bedeutung sie für die Menschlichkeit hat. Das Fehlen von Pflegehandlungen, wir haben nicht darüber gesprochen… Ich weiß nicht, ob ich es sagen kann, aber ich versuche es. (sehr erregt) Ich bitte Sie um Entschuldigung. Wir haben nicht darüber gesprochen, ein Phänomen wie das eines Lagers, an einem Ort wie Birkenau zum Beispiel, das Dynamische an der Zerstörung war die absolute Nicht-Pflege. Nicht-Pflege bedeutet: keine Nahrung oder nur abscheuliche Nahrung, ekelerregender Schmutz, ekelhafte Kleidung, Erschöpfungen, der Schlafmangel. Was man dem Körper antut Darüber spreche ich, weil wir es noch nicht richtig getan haben. Wenn so etwas mit dem Körper passiert, verlässt ihn die Seele, wenn es sie gibt. Die Psyche auf jeden Fall verschwindet, und man hört auf zu denken. Ein misshandelter Körper kann nicht mehr denken. Er wird auch abstoßend. Auch das will ich damit sagen. Dass dieser Körper dem anderen Lust gibt, dass es normal ist, ihn zu verabscheuen, das Recht auf totale Missachtung und die Lust ihn zu schlagen und zu zerstören. Das waren vielleicht meine Assoziationen, als ich in die Stiftung „Parent de Rozan" (Kinderheim in Rumänien) kam und die Säuglinge sah, mit diesem Blick, dieser Zerstörung. Und die Pflegerinnen waren selbst arme Frauen, die ihre Kinder irgendwo untergebracht hatten und einfach bloß Lust hatten, den Kopf der Säuglinge nach unten zu halten beim Baden und Duschen, während sie schrieen. Sie in ein Bett zurückzulegen, sie nur mit Nummern zu rufen. Was Pflege bedeuten kann, wenn es einem schlecht geht, das ist eine meiner Erinnerungen, in einem Keller von Drancy. Nachdem ich mehr als schlimm zugerichtet war von den SS-Leuten im Lager, ging die Tür im Dunkeln auf und ließ jemanden herein, an dessen Gesicht allein ich mich erinnere und die große Dankbarkeit und den Trost. Ich sehe noch die Schüssel und kann den Schwamm riechen oder womit auch immer er mein Gesicht wusch und der Eindruck, wieder an Selbstwert zu gewinnen, wieder innerlich ganz hergestellt zu sein. Diese Dinge sind wirklich wichtig und deswegen lege ich soviel Wert auf die Pflege. Den Pflegerinnen im Loczy gebührt meine Anerkennung und denen, die sie dazu machen. Sie leisten wunderbare Arbeit, es handelt sich wirklich um die Arbeit von Künstlern, Künstlern im Dienste der Menschheit, sie, die diese Kinder zu dem werden lassen, was sie sind. Sonst wären sie nur Kinder, denen es an Leben fehlt, die zu abstoßenden Wesen würden, die man einfach irgendwo verfaulen ließe. Es ist eine absolut wunderbare Arbeit. Den Pflegerinnen gebührt mein Beifall."

Dieser Bericht macht eindrücklich deutlich, worum es bei der Betreuung von Kindern, Jugendlichen und ja auch Erwachsenen geht, die in schwierigen Lebenslagen sind. Gerade weil sie sich in einer bedenklichen, bedrohlichen Situation befinden, weil sie Entbehrungen erlitten haben, vielleicht gar schmutzig und krank, auf jeden Fall ohne Hoffnung sind oder sich Hoffnungen machen, an die sie nicht glauben, brauchen sie in der Begegnung mit Helferinnen und Helfern so etwas wie „achtsame Pflege". Die freundliche Zuwendung, die positive Stimulanz, Versorgung, auch körperliche Nähe, auf jeden Fall wirkliche Präsenz.

Die Erkenntnis, die Emmi Pickler in ihrem Kinderheim entwickelt hat, ist über viele Jahre intensiv untersucht worden (1973 erschien von Myriam David und Genevieve Appell ein kleiner Band mit dem Titel „Loczy – Mütterliche Betreuung ohne Mutter", in welchem die Arbeitsweisen, die Methoden, Inhalte des Kinderheims Loczy anschaulich beschrieben wurden). Aufgefallen war früh (1964), dass die kleinen Kinder in dieser Einrichtung weniger oder gar keine Anzeichen von Hospitalismus zeigten, dass sie sich rasch in ihrer Entwicklung erholten, und dass diese Entwicklung dann altersgerecht verlief, dass die Kinder von weniger Unfällen betroffen waren, dass sie sich also sinnvoll, geschickt bewegten und schwierige Situationen gut meisterten, dass sie freundlich und friedfertig miteinander umgingen. Auch in den nachgehenden Untersuchungen (darunter langfristige Studien der WHO) zeigte sich, dass diese Kinder als Erwachsene überdurchschnittlich erfolgreich waren. Dass sie meist eigene Familien gründeten und Kinder hatten, die sich gut entwickelten.

Angesichts dieser Hintergründe erscheint es für heutige Professionelle geradezu zwingend, sich an diesen Erkenntnissen zu orientieren.

John Dewey

Der bedeutende amerikanische Wissenschaftler setzte sich mit philosophischen und wissenschaftstheoretischen Fragen auseinander und lehrte an den Universitäten in Michigan, Minnesota, Chicago und New York. Doch neben diesen Themenkreisen beschäftigte er sich auch mit dem Verhältnis von Pädagogik und Demokratie. Er war der Ansicht, dass eine demokratische Gesellschaft in all ihren Bereichen demokratische Bedingungen entwickeln müsse, dazu zählen auch die Schule und die Erziehung. 1916 veröffentlichte er ein hierzu besonders hervorhebenswertes Buch mit dem Titel „Demokratie und Erziehung". Hierin vertrat er die Auffassung, dass Erziehung und Demokratie sozusagen miteinander verwoben werden müssten, wenn sich eine Gesellschaft als demokratisch konstituieren und fortentwickeln will. Die damalige Schule unterzog er einer grundsätzlichen Kritik. Aus seiner Sicht handelte es sich hier um eine vordemokratische Institution, die letztendlich dazu neigen würde, Kinder zu erziehen, die als Erwachsene nicht in der Lage wären, demokratische Ideale zu vertreten und entsprechende Strukturen und Bedingungen zu schaffen, die eine demokratische Gesellschaft braucht. Dewey blieb nicht bei seiner Kritik stehen, sondern versuchte mit einer Initiative, die er gemeinsam mit seiner Frau ins Leben rief, eine Art Versuchsschule, die Vorbild auch für Deutschland (Bielefelder Laborschule) wurde. Die „Laboratory School" in Chicago (angeschlossen an die Universität Chicago) versuchte insbesondere Kinder und Jugendliche im Sinne neuer, experimenteller Lernmethoden zu erreichen. Dewey ging davon aus, dass man am besten durch eigenes Handeln lernt (die Idee des Begriffes „lerning by doing" wird Dewey zugeschrieben). Eigenes Handeln wird hier vor allem als kreatives, selbstbestimmtes Handeln in sozialer Umgebung verstanden. In dem Zusammenhang ist von einer Lernumwelt zu sprechen, die zum Experimentieren, Verändern, Eingreifen anregt und zugleich Kooperation und soziale Verantwortung einfordert.

Helmut Schreiner hat in dem von Benner und Schmied-Kowarzik herausgegebenen Band „John Dewey – Erziehung durch Erfahrung" (1994) zusammengefasst und kommentiert, was Deweys Kernthesen insbesondere im Hinblick auf Demokratie sind. Hier sind die 26 Kapitel knapp erörtert und für heutige Diskurse aufbereitet. Er verweist u. a. auf das Verhältnis von Erziehung und Führung, bei dem davon ausgegangen wird, dass die Begegnung von Lehrern und Schülern auf einer Wechselseitigkeit beruht und nicht einseitig als „Beherrschung" der Kinder oder des Kindes verstanden und gestaltet werden kann (S. 103).

Grundsätzlich weist John Deweys Werk und sein Wirken auf drei zentrale Aspekte, welche für Professionelle heute von Bedeutung sein sollten. Zum einen scheint es – vereinfacht gesagt – wesentlich zu sein, dass Erziehung nur im freien Handeln, im Experimentieren, im gemeinsamen Wachsen von Erfahrungen und sozialer Kompetenz stattfinden kann. Zum zweiten kann als wichtig herausgestellt werden, dass Ziele in der Erziehung nur durch die Handelnden selbst kreiert werden können. Und drittens sieht Dewey eine demokratische Grundhaltung bei den professionellen Erzieherinnen und Lehrerinnen bzw. demokratischen Institutionen als Voraussetzung für gelingende Erziehung und für die lebendige, progressive Weiterentwicklung von Gesellschaften. Insbesondere dieser letzte Zusammenhang ist für die heutige Ausbildung und Praxisgestaltung von entscheidender Bedeutung.

René Spitz

Rene Spitz (1887–1974) wuchs in Budapest auf, studierte Medizin, promovierte 1910 und nahm eine Ausbildung zum Psychoanalytiker auf. Später siedelte er nach Paris über und emigrierte 1938 in die USA. Sein Forschungs- und Praxisgebiet war von Anbeginn das jüngere Kind. Dabei standen die sozialen Beziehungen des Säuglings und des Kleinkindes im Mittelpunkt. Hintergrund war der Umstand, dass kleine Kinder in Institutionen, trotz eigentlich ausreichender Pflege und Versorgung, Symptome aufwiesen, die an zunehmende Depressionen erinnern. Kleine Kinder, die im Waisenhaus von New York alleingelassen in ihren weißen, sauberen Bettchen lagen oder saßen, reagierten irritiert auf Begegnungen mit Erwachsenen oder anderen Kindern, wandten sich ab, schrieen. Verblieben diese Kinder länger in den Einrichtungen, so wirkten sie bald apathisch, introvertiert, teilnahmslos. Ihre Körper verfielen, Fieber und Durchfall wurde zur täglichen Tortur. Schließlich waren die Körper so ausgezehrt, dass die Kinder starben. Still und in sich gekehrt. Diese Entwicklungen hinterließen bei vielen Fachkräften in diesen Einrichtungen – aber eben auch bei Spitz – tiefen Eindruck und warfen Fragen auf. Es ist wohl vor allem Spitz zu verdanken, der als Forscher diese Vorgänge zu erfassen und zu verstehen suchte. Im Ergebnis entstand der Begriff des Hospitalismus und die Erkenntnis, dass kleine Kinder ohne soziale Anbindung, ohne Geborgenheit und Nähe verkümmern, verblassen und schließlich sterben.

Interessant ist bei Spitz' Forschungsansätzen auch, dass er neue, bislang kaum angewandte Techniken benutzte. So bediente er sich z. B. der Filmaufnahme, um den Verlauf von Entwicklungen zu erfassen, zu dokumentieren und schließlich auszuwerten. Damit konnte man nicht nur einen genauen Ablauf beobachten, sondern auch im Nachhinein belegen. Die besagten Filmaufnahmen sind auch heute noch von erheblicher Bedeutung. Andere Forschungsmethoden, wie Beobachtungen, die in neuer Qualität dokumentiert wurden, und breit angelegte Langzeitstudien waren zum Zeitpunkt seiner Forschungsaktivitäten jedenfalls im Kleinkindbereich weitestgehend unbekannt. Im Ergebnis entstanden u. a. neue Einblicke in die sozialen Entwicklungsvorgänge bei kleinen Kindern. Vor allem, was ihre soziale Kompetenz und ihre Kommunikation anbetraf. Sein außerordentlich wichtiges Buch „Nein und Ja" (1957) erörtert Forschungsergebnisse über die Entwicklung von kommunikativem Vermögen bei Säuglingen und Kleinkindern, welche auch Rückschlüsse über Kommunikation insgesamt ermöglichen. Nämlich: Wie hat sich Kommunikation zwischen Menschen grundsätzlich entwickelt? Ein weiteres Forschungsergebnis bezog sich auf Objektbeziehungen zwischen dem Kleinkind und seiner Mutter. In diesem Zusammenhang berichtet Spitz von Reifungsprozessen, die sich sowohl im Körperlichen wie auch im Sozialen des Kleinkindes abbilden. Darüber hinaus belegte er, dass es nicht nur ein Wirken auf das Kind gibt, sondern dass auch das Kind seine Mutter und andere Personen sozial und kommunikativ beeinflusst. Hier sei insbesondere auf den Band: „Vom Säugling zum Kleinkind“ (1965) verwiesen.

Das alles hat – für sich genommen – die gesamte Kleinkindpädagogik des 20. Jahrhunderts massiv beeinflusst. Erstaunlich ist, dass es viele Jahre dauerte, ehe sich Spitz’ Erkenntnisse in der weltweiten pädagogischen Praxis durchsetzen konnten, und man kann mit Sicherheit sagen, dass es bis heute auch in öffentlicher Erziehung Einrichtungen gibt, die Kinder noch immer in einer Weise behandeln, die diesen Erkenntnissen konträr entgegenstehen. Dabei muss man sich nicht nur an die Bilder der rumänischen Kinderheime am Ende der dortigen Diktatur erinnern. Auch in hiesigen Heimen, Krankenhäusern, Kindertagesstätten kann man Bedingungen finden, die in fataler Weise an die Beobachtungen von René Spitz in den vierziger und fünfziger Jahren des vergangenen Jahrhunderts erinnern.

Orientieren kann man sich als professionelle Erzieherin und Erzieher an Spitz jedoch nicht nur wegen seiner enormen Leistungen, was die Erforschung kindlicher Entwicklung anbetrifft, sondern auch, weil man mit einem Menschen konfrontiert scheint, der wirklich verstehen wollte, wie es Kindern geht. Das ist noch mal etwas anderes. Spitz schien getrieben davon, die Lage und Entwicklungsnot von kleinen Kindern zu begreifen, um ihnen in der Folge angemessene Bedingungen zu bieten, die die Kinder aus dieser Not herausbringen. Das wiederum würde ich als eine wichtige und grundsätzliche Haltung auch für heutige Fachkräfte verstehen. Es geht nicht nur darum, eine Praxis zu gestalten, sondern auch darum, diese Praxis und ihre Wirkungen auch zu verstehen.

Janusz Korczak

Wenn es um pädagogische Vorbilder geht, sind sich Fachkräfte bei Korczak schnell einig. Er könnte am ehesten als ein solches gelten. Dabei kommt vor allem Korczaks Engagement für Kinder zum Tragen, welches am Ende seines Lebens einen so tragischen und schrecklichen Schlusspunkt findet. Die Geschichte von der Ermordung der jüdischen Heimkinder und dem Heimleiter Korczak, der diese Kinder in dieser elenden Situation nicht allein ließ, gehört ganz sicher zu den bekanntesten humanistischen Großtaten, die das 20. Jahrhundert hervorgebracht hat. Doch Janusz Korczak darauf zu reduzieren wäre falsch.

Janusz Korczak (sein tatsächlicher Geburtsname ist bekanntlich Henryk Goldszmit) wurde in Warschau geboren (1878 oder 1879). Er studierte Medizin. Gleichzeitig schrieb er aber auch Prosa und erhielt als Zwanzigjähriger – für ein von ihm verfasstes Drama – einen Literaturpreis. 1901 schrieb er die Erzählung „Kinder der Straße“. Ab 1904 war Korczak als Kinderarzt an der Warschauer Klinik tätig. Ab 1911 wurde er Leiter des jüdischen Waisenhauses. Er wurde zum Militärdienst eingezogen und schrieb während dieser Zeit sein bedeutendes Werk „Wie man ein Kind lieben soll“. In den 20er-Jahren war Korczak neben der Tätigkeit als Leiter seines Waisenhauses mit diversen anderen Aufgaben betraut. Besonders hervorzuheben waren seine pädagogischen Lesungen für den Warschauer Rundfunk. Es wird erzählt, dass, wenn Korczak im Radio sprach, die Warschauer Straßen leerer waren.

Es ist von besonderer Bedeutung, dass mit Korczak ein Pädagoge handelte, der auch selbst schrieb, der Märchen und Gedichte verfasste, der über Pädagogik nachdachte, der kritisch über seine Zeit, den Zustand der Gesellschaft, das Leben der Kinder auf der Straße, der armen Kinder, der armen Familien und über die Institutionen. Besonders kritisch setzte sich Korczak mit der Schule als Einrichtung auseinander. In einem seiner Gedichte wird das in besonderer Weise deutlich:

Kritik und Angebot

Unsere Schule ist eine Kaserne.
Die Kinder machen wir mit Uhren in der Hand zu Mannequins,
wir gleichen ihre Charakter an, ordnen ihre Initiative aus.
Wir haben Kinder nummeriert,
haben eine mit Tausenden von Gesetzen, Verordnungen und Anordnungen
dem Gefängnis ähnliche Disziplin eingeführt.
Wir führen mit klugen Reden,
die zum sophistischen Verständnis beitragen sollen.
Die Kinder bekommen fast keine Luft
In diesem brutalen, kalten, künstlichen Leben,
das ohne jegliche Illusion und Poesie ist.

Mutter, wo hast du deine Krallen, deine Hauer?
Die Zivilisation hat die Krallen, und Hauer derer stumpf gemacht,
die wie Tiger ihre Jungen verteidigen wollten.
Die Zivilisation hat ihnen dafür – das Gebet gegeben.

Es ist nicht die Schuld der Erwachsenen,
dass sie nicht wissen und können,
ihre Schuld liegt darin,
dass sie dies vor den Kindern verschweigen.

(„Von Kindern und anderen Vorbildern“, 2001, S. 43)

Korczaks konsequentes Eintreten für die Rechte der Kinder wird insbesondere in seiner Einrichtung selbst deutlich. Mit dem ins Leben gerufene Kinderparlament, über welches er ausführlich schreibt, unternimmt er nicht nur den Versuch, Kinder und Jugendliche früh zu Rechtsbewusstsein und sozialer Verantwortung anzuregen, er gestaltet damit auch eine Art offenen Raum für die Kinder. Sie sollen lernen, ihre Geschicke in die eigenen Hände zu nehmen, mit Konflikten bewusst und kreativ umzugehen, Recht von Unrecht zu unterscheiden. Dabei macht die Rechtsprechung des Parlaments auch vor ihm selbst nicht halt und bestraft ihn mehrfach. Die Ernsthaftigkeit, mit der Korczak diese Gestaltungen initiiert und unterstützt, verblüfft. Man merkt seinen Texten an, dass er das meint, was er sagt, dass die pädagogischen Ideen, die er umsetzt, keine künstlichen Vehikel sind, sondern dass sie eben ernst gemeint sind (ein Umstand, den ich z. B. bei der Umsetzung von Mitbestimmungsgremien in Heimen oder Schulen oft vermisse, so dass die sogenannten Sprecherräte nicht selten von vornherein zum Scheitern verurteilt sind).

Bisweilen hat man beim Lesen sogar den Eindruck, als würde sich der Autor über das, was in der Folge seine pädagogischen Handlungen geschieht, selbst wundern.

Korczak hat sich wie kaum ein anderer auch mit der Profession selbst beschäftigt und immer wieder kritisch hinterfragt, wer in einem Kinderheim arbeiten sollte und welcher Habitus, mit welcher Haltung er vor allem den Kindern gegenüber zu erwarten sei. Das klingt bisweilen sehr kritisch, bisweilen zornig und dann wieder auch sehr nachdenklich. Geradezu legendär ist sein Text über „Die Erziehung des Erziehers durch das Kind" (S. 104): „Durch das Kind sammle ich Erfahrungen, es hat Einfluss auf meine Anschauungen, auf die Welt meiner Gefühle; vom Kind bekomme ich Anweisungen an mich selbst, ich stelle Anforderungen, ich beschuldige mich, bin nachsichtig oder vergebe. Das Kind lehrt und erzieht … Man darf das Kind nicht geringschätzen. Es weiß mehr über sich selbst, als ich über das Kind."

Beeindruckend sind auch die Texte im „Tagebuch aus dem Warschauer Ghetto 1942": „Ein trüber Morgen. Fünf Uhr dreißig in der Frühe. Ein scheinbar normaler Tagesanfang. Ich sage zu Hanna: „Guten Tag!" Sie antwortet mir mit einem verwunderten Blick. Ich bitte: „Lächle doch." Es ist gequältes, blasses, schwerkrankes Lächeln" (Korczak 1992, S. 118).

Neben Korczaks fachlichen Texten sei auch auf seine belletristischen Werke verwiesen. Darunter „Der kleine König Macius" (1994). Diese Geschichten, Erzählungen und Gedichte belegen nicht nur die außergewöhnliche und besondere Erzählkunst Korczaks, sondern auch das tiefe Verständnis des Autors in die Lebenswelt von Kindern.

Was die möglichen Zugänge anbetrifft, das Leben und Werk Korczaks zu erschließen, darf ein Hinweis auf den außerordentlich interessanten Film von Andrzey Wajda über Korczak (1990) nicht fehlen. Ein Spielfilm, der insbesondere die Zeit des Pädagogen und seiner Kinder im Warschauer Ghetto beschreibt.

Wer sich heute mit Korczak auseinandersetzt, wird nicht nur auf einen Menschen treffen, der sich durch ein besonderes Engagement für Kinder auszeichnet, sondern auch auf einen Professionellen, der Kinder als gleichberechtigt begreift und so behandelt. Das zeigt sich an unterschiedlichen Stellen. So verweist er immer wieder auf den Umstand, dass Kinder Rechte haben. Wie konsequent er in dieser Richtung dachte, wird in Korczaks viel diskutierter Aussage deutlich, nämlich dass Kinder sogar das Recht auf den eigenen Tod haben.

Korczak begreift Kinder nicht als noch unvollkommene Menschen, als sich entwickelnde, heranreifende Erwachsene, sondern als in jeder Lebensphase vollwertige Menschen.

Ebenso zentral ist seine Position, dass Erwachsene und eben auch Pädagogen von Kindern lernen können, ja, dass es im Handeln von Kindern und Erwachsenen immer auf beiden Seiten zu Lernvorgängen, zu einem Gewinn, zu Veränderungen kommt. Eine Sichtweise, die heute theoretisch zwar anerkannt ist, in der Praxis jedoch kaum beachtet wird und auch nicht wirklich akzeptiert ist. Aber es ist nicht zuletzt auch Korczaks aufopferungsvolle Haltung in einer unmenschlichen Welt wie dem Warschauer Ghetto, sich selbst als ein Zeichen der Menschlichkeit zu begreifen.

Fünf Persönlichkeiten, an denen sich Fachkräfte heute orientieren können. Deren Schriften man kennenlernen sollte, mit deren pädagogischen oder auch philosophischen Gedanken es lohnt, sich auseinanderzusetzen.

Es ist klar, dass die hier ausgewählten historisch gewordenen Personen im Grunde nur zufällig zusammengestellt wurden und dass die Gruppe konsequent erweitert werden könnte.

Aber sie verkörpert auch einen professionellen Gesamtansatz. Fasst man die hier nur knapp beschriebenen Sichtweisen besagter ausgewählter Figuren zusammen, so könnte man vielleicht sagen, dass heutige Professionelle eine bestimmte Haltung zu Kindern und zu Familien haben sollten, dass sie Kinder als Menschen begreifen, die mit Rechten ausgestattet sind, die gleichberechtigt sind. Dass man von Kindern lernen kann, dass man sich ständig verändern muss, wenn man Kinder erreichen will. Man könnte sagen, dass Professionelle grundsätzlich eine demokratische Haltung insbesondere in ihrer Arbeit bewahren sollten, dass sie sich den Menschen in schwierigen Lebenslagen wirklich solidarisch zuwenden, aber auch, dass sie stets nach neuem Wissen streben sollten und immer versuchen mögen, ihr Handeln, ihre Praxis, das, was sie tun und was geschieht, zu verstehen.

Dies können Professionelle auch in der Auseinandersetzung mit vorhandenem, historischem Wissen erzeugen. Dabei geht es nicht darum, profanen Vorbildern nachzueifern, sondern darum, sich Wissen kritisch anzueignen.

Pädagogische Haltungen als Selbstkonstruktion

Will ein Mensch in professionellen Zusammenhängen erfolgreich sein, braucht es so etwas wie eine Selbstverständigung. Man muss wissen, was man in beruflicher Praxis erreichen will, warum man das erreichen will und wie. Es braucht so etwas wie ein Ziel, eine Idee von dem, was am Ende des Handelns entstehen soll. Und das hat etwas mit der Sicht auf sich selbst zu tun. Wer bin ich, wenn es darum geht, in professioneller Praxis zu agieren. Es geht also um eine Art professioneller Selbsterfindung. Was zunächst bedeutet, dass sich Menschen, welche den Beruf einer Sozialarbeiterin oder eines Erziehers ergreifen, zunächst selbst ergründen sollten. Die eigene Herkunft, das eigene Verständnis von sich und seiner Familie, *darauf*, was man selbst als erstrebenswert begreift, als moralische Werte, als unabdingbare Voraussetzung für sein eigenes Handeln. Auf dieser Basis geht es aber auch um einen Abgleich mit dem, was in der Profession als Maßstab gilt. Was ist im Hinblick auf Medizin, Architektur, Ingenieurswesen, sagen wir im Flugzeug- oder Brückenbau die hohe Kunst? Was ist das grundsätzliche Wissen, über welches man verfügen muss, was sind die wesentlichsten Grundlagen, um erfolgreich arbeiten zu können? In anderen Wirtschaftsbereichen werden z. B. Verstöße gegen grundsätzliche Vereinbarungen fachlicher Vorgaben als „Kunstfehler" bezeichnet. So wie eine Ärztin ihre ärztliche Hilfe einem Verletzten nicht verweigern darf, so wie ein Kranker erwarten kann, dass sich ein Arzt nach den ihm heute zur Verfügung stehenden Wissensständen und den heute zugänglichen medikamentösen Mitteln behandelt, so kann auch ein Kind, eine Familie in sozialer Not erwarten, dass Fachkräfte gemäß eines verlässlichen beruflichen Ethos und besten Fachwissens helfen werden.

So gesehen, reicht es nicht aus, wenn sich Fachkräfte (egal, ob Berufsanfänger oder langjährig Tätige) darauf verlassen, dass sich in ihrem beruflichen Handeln schon irgendwie Erfahrungen ansammeln, auf deren Grundlage dann Routinen entstehen, die dann schon irgendwelche Ergebnisse erzeugen werden. Es ist unzureichend, wenn Fachkräfte glauben, sie wüssten schon alles

Nötige, wenn sie ihre Ausbildung abgeschlossen haben. Es ist auch höchst fraglich, sich an Niveaus beruflichen Handelns zu orientieren, von denen man ausgehen kann, dass diese eben gängige Praxis in einer Einrichtung sind und niemand mehr fordert als das, was als gesetzt gilt. Meine Erfahrungen sagen mir sogar, dass es nicht selten gerade das allgemeine Desinteresse ist, was am Ende die Praxis zu elend und unattraktiv macht, was die Mitarbeiterinnen und Mitarbeiter immer müder und ausgebrannter werden lässt.

Es ist also ratsam, sich ein Bild von sich selbst als Profi zu machen. Wer will man sein, wie will man sein? Was liegt hier näher, als sich an anderen zu orientieren, von anderen zu lernen, Erfahrungen kritisch zu hinterfragen und neues Wissen sich selbst zu erschließen.

Der Blick in die Praxis und die Begegnung mit Max

An das Ende meiner Betrachtungen soll ein Blick in die Praxis stehen. Und diese Praxis sei an einem Beispiel erklärt. Es ist die Geschichte von Max.

Max wurde im Alter von sieben Tagen in einer Krisengruppe für Kinder untergebracht. Seine Mutter, die zu diesem Zeitpunkt in einem Metadonprogramm war, durfte mit einziehen. Ziel war es, die Beziehung zwischen Mutter und Kind nicht abbrechen zu lassen, sondern gezielt zu fördern und die junge Mutter dabei zu unterstützen, für sich selbst und ihr Kind genug Kraft zu erlangen, um in der Folge erfolgreich in der eigenen Wohnung zu leben. Doch nach anfänglich positivem Verlauf kippte die Situation dann doch. Man fand versteckte Heroinspritzen, die Mutter verschwand nächtelang und nach drei Wochen ganz und gar. Sofort bemühten sich das zuständige Jugendamt und die Kolleginnen und Kollegen in der besagten Kriseneinrichtung um die Unterbringung des nunmehr einen Monat alten Jungen. Doch das stellte sich als sehr schwierig dar. Immerhin war das Kind vom Drogengebrauch der Mutter während der Schwangerschaft selbst abhängig und wurde umfangreich behandelt, zum anderen waren permanente Untersuchungen nötig, um den Gesundheitszustand des kleinen Max stabil zu halten. Mit anderen Worten: trotz intensiver Suche fand sich so rasch keine Familie, die Max aufnehmen konnte. Inzwischen waren die Mitarbeiter und Mitarbeiterinnen in der Wohngruppe dazu übergegangen, Max in den Zeiten, in denen er wach war, oft in einem Tragetuch bei sich zu haben. Der Alltag in der Gruppe wurde auf das Kind umgestellt. Zusätzliche Fachkolleginnen übernahmen notwendige Dinge. Die Lage war zwar angespannt, aber auch absolut freundlich, zugewandt, fröhlich. Max entwickelte sich erstaunlich gut. Täglich kam eine Kinderärztin von zwei Hausaufgängen weiter vorbei, um den Jungen zu sehen. Und sie konstatierte, dass es Max gesundheitlich immer besser ginge. Begegnete man Max in dieser Zeit, schaute einen ein munterer, interessierter, quicklebendiger Junge an, den scheinbar alle mochten.

Es dauerte erstaunlich lange, bis dann doch eine Pflegefamilie gefunden wurde. Max hatte die ersten fünf Monate seines Lebens in einer Einrichtung verbracht. Als er abgeholt wurde, freuten sich alle und alle waren traurig.

Max lebt inzwischen über drei Jahre in seiner Pflegefamilie. Einmal im halben Jahr kommen die Eltern mit Max vorbei. Er ist ein „wunderbares Kind", sagen die Erwachsenen und auch das ältere leibliche Kind des Pflegeelternpaars. Er ist gesund, munter, lebensfroh und sehr neugierig.

Was war passiert? Man könnte sagen, eigentlich nicht viel. Die Fachkräfte hatten sich auf dieses Kind eingestellt. Sie hatten sich fachlich neu informiert, sie haben sich intensive professionelle Hilfe organisiert, sie haben das Kind die ganze Zeit positiv begleitet, haben es wirklich gemocht, haben es sprichwörtlich und tatsächlich getragen. Sie haben die wissenschaftlichen Ergebnisse der Untersuchungen von René Spitz wirklich verstanden. Wichtig auch, die Pädagoginnen und Pädagogen haben den Ort als Lebensort dieses Kindes kreiert, sie haben ihn freundlich, warm, lebensfroh gestaltet und sich dabei einbezogen. Sie haben den kleinen Max ganz im Sinne von Emmi Pickler auch körperlich nah zu sich genommen, haben ihm alle notwendige Aufmerksamkeit geschenkt. Sie haben das kleine Kind als Person mit Rechten auf ein würdevolles, umsorgtes Leben wahrgenommen und sie waren wirklich engagiert, ja vielleicht sogar aufopferungsvoll, wie wir das von Korczak sagen würden. Auch an solchen Professionellen kann man sich ein Beispiel nehmen.

Literatur

Appell, G./David, M. (1995): Loczy – Mütterliche Betreuung ohne Mutter. Cramer-Klett, München.

Benner, D./Schmied-Kowarzik, W. (Hrsg.) (1994): John Dewey, Erziehung durch und für Erfahrung. Klett-Cotta, Stuttgart.

Bettelheim, B. (2007): Liebe allein genügt nicht. Klett-Cotta, Stuttgart.

Dewey, J. (1994): Erziehung durch Erfahrung. Klett-Cotta, Stuttgart.

Korczak, J. (1992): Tagebuch aus dem Warschauer Ghetto 1942. Vandenhoeck und Ruprecht, Göttingen.

Korczak, J. (1994): Der kleine König Macius. Herder, Freiburg.

Korczak, J. (2001): Von Kindern und anderen Vorbildern. Gütersloher Verlagshaus, Gütersloh.

Korczak, J. (2002): Wie liebt man ein Kind. Gütersloher Verlagshaus, Gütersloh.

Krumenacker, F.-J. (1997): Liebe und Haß in der Pädagogik. Lambertus Freiburg.

Krumenacker, F.-J. (1998): Bruno Bettelheim. Reinhart, München.

Martino, B. (2000): Loczy – Wo kleine Menschen groß werden. Dokumentarfilm, ARTE.

Spitz, R. (1992): Nein und Ja. Klett-Cotta, Stuttgart

Spitz, R. (u. a.) (1996): Von Säugling zum Kleinkind. Klett-Cotta, Stuttgart

Winkler, M. (1997): Die Matrix des Lebens – Bruno Bettelheim und die Konstitution des pädagogischen Ortes, in: Dewey, J.: Liebe und Haß in der Pädagogik.

Regina Rätz

Professionelle Haltungen in der Gestaltung pädagogischer Beziehungen[1]

Einleitung

Die Beschäftigung mit dem Thema „professionelle Haltung" führt – im Studium wie in der Praxis erzieherischer Berufe – i. d. R. zur Auseinandersetzung mit persönlichen, beruflichen und gesellschaftlichen Normen und Werten sowie zur Formulierung von Ansprüchen an das sozialpädagogische Handeln, vor allem im Kontakt der sozialpädagogischen Fachkräfte gegenüber den Kindern, Jugendlichen und deren Eltern, aber auch gegenüber den Kolleginnen und Kollegen im Team sowie gegenüber Kooperationspartnern. Professionelle Haltungen realisieren sich in der Gestaltung pädagogischer Beziehungen. Gäbe es diesbezüglich Übereinstimmung, würden die Diskurse über Fragen professioneller Haltungen und der Gestaltung pädagogischer Beziehungen sicherlich nicht so intensiv und aufgeregt diskutiert. Zwar gibt es im sozialpädagogischen Alltag weitestgehend Übereinstimmung darüber, dass die professionellen Haltungen der sozialpädagogischen Fachkräfte entscheidende Indikatoren für den Erfolg von Erziehungshilfen darstellen, aber die Schwierigkeit scheint darin zu bestehen, in Einrichtungen der Kinder- und Jugendhilfe eindeutige Verständigungen über professionelle Haltungen und die Gestaltung der pädagogischen Beziehung herzustellen, die für alle in der Einrichtung tätigen Fachkräfte eine verbindliche Arbeitsgrundlage bilden, nach denen auch gehandelt wird. Existieren solche Regelungen in Einrichtungen der Kinder- und Jugendhilfe, finden häufig Auseinandersetzungen darüber statt, wenn sie nicht von allen Fachkräften eingehalten oder z. B. schlichtweg ignoriert werden. Letzteres führt allerdings zu einem Dilemma: Für die Erziehungspraxis gibt es nichts Verheerenderes als bestehende Vereinbarungen nicht einzuhalten. Die Glaubwürdigkeit der Fachkräfte wird dadurch ad absurdum geführt.

Mit diesem aufgezeigten Dilemma bleiben die Fachkräfte häufig allein. Die Wissenschaft hat zwar überzeugende Erkenntnisse über professionelle Haltungen beigetragen, doch es kann durch wissenschaftliche Erörterung lediglich über die allgemeinen Rahmenbedingungen aufgeklärt, das Handeln selbst aber nicht vorgeschrieben werden (vgl. Giesecke 1997, S. 265).

Gleiches gilt für das Thema „Haltung": Die ausschließlich normativ und ethisch als Erwartung formulierten professionellen Haltungen bezüglich der

---

[1] Die Ausführungen basieren auf meinem Beitrag „Professionelle Haltung von Heimerzieher/innen – Anforderungen an Ausbildung und Qualifikation" (Rätz 2011), teilweise wurden sie fortentwickelt, teilweise übernommen.

Gestaltung pädagogischer Beziehungen an sozialpädagogisch Handelnde in der modernen Gesellschaft erweisen sich als nicht ausreichend, um sie in der erzieherischen Praxis tatsächlich zu realisieren. Dieses Phänomen kann vor dem Hintergrund der Struktur der modernen, individualisierten, ausdifferenzierten und pluralen Gesellschaft verstanden werden. Die Formulierung von professionellen Grundhaltungen bedarf eines beständigen empirisch-prozesshaften Blickes auf die soziale Realität der Erziehungspraxis. Dies bedeutet, die sozialpädagogische Handlungspraxis so, „wie sie ist", zum Gegenstand der Beschäftigung mit professionellen Haltungen zu machen und diese beständig zu beobachten, zu reflektieren, zu verstehen, ggf. zu verändern. Normative Erwartungen und Ansprüche werden somit auf einer empirischen Grundlage basierend formuliert und fortentwickelt.

Professionelle Haltung und biografische Erfahrungen

Der Begriff „Professionelle Haltung" wird in der Fachliteratur weitgehend ausgeblendet. In einschlägigen Wörterbüchern kommt der Begriff nicht vor. Naheliegende Stichworte umfassen die Begriffe „Professionelles Handeln" oder „Professionalisierung". Auch im Zusammenhang mit dem Begriff „Kompetenz", der mit der Einführung der Bachelor- und Masterstudiengänge an Hochschulen und Universitäten für die Lehr- und Lernpraxis systematisch verankert wurde, werden professionelle Haltungen nicht explizit benannt.

In der Abgrenzung zu nahe stehenden Begriffen wie „Professionelles Handeln", „Kompetenzen", „Professionalisierung" verweist der Begriff „Professionelle Haltung" auf die Persönlichkeit der sozialpädagogischen Fachkraft und der dieser auf der Basis ihres Wissens und Könnens zur Verfügung stehenden Kompetenzen.

Die komplexen Rahmenbedingungen sozialpädagogischen Handelns wie bspw. die Situation des Teams, die Beschaffenheit der Räume, die Arbeitsbedingungen der Einrichtung sowie der gesamten Organisation und die allgemeinen Strukturbedingungen der Kinder- und Jugendhilfe werden, obwohl ihr Einfluss auf das professionelle Handeln der sozialpädagogischen Fachkraft entscheidend ist, unter dieser Perspektive eher vernachlässigt.

Im Ergebnis einer kleinen Befragung von Teilnehmer/innen der Arbeitsgruppe „Professionelle Haltung von Heimerzieher/innen – Anforderungen an Ausbildung und Qualifikation" während der Fachtagung „Wann ist Heimerziehung erfolgreich?" am 19. Mai 2011 in Berlin wurde diese Sicht von den Befragten, die überwiegend in leitenden Positionen sowie die Erziehungspraxis begleitenden Tätigkeiten beschäftigt sind, bestätigt. Es wurde recht übereinstimmend aufgeführt, was zu einer professionellen Haltung in der Heimerziehungspraxis gehören sollte:

- **Fachwissen und Methodenwissen:** Theoretisch Gelerntes umsetzen können, Wahrnehmung von pädagogisch-dynamischen Prozessen, Problemlösungsstrategien;
- **Wissen um die eigene Person:** Persönlichkeit, Selbsteinschätzung, Identität, Sicherheit, Motivation, Vorbild sein, Umgang mit Gefühlen, bspw. Ängsten, Nähe-Distanz;
- **Zuwendung zum Gegenüber:** Interesse an den Adressat/innen Einfühlungsvermögen, Beziehungsarbeit, Respekt, Wertschätzung, Anerkennung, Geduld, Zuhören, Verstehen, Motivieren;
- **Reflexionsfähigkeit:** bspw. eigene Rolle, pädagogische Prozesse, gesellschaftliche Entwicklungen.

Die Aussagen wurden von einer Teilnehmerin bzw. einem Teilnehmer in einem Zitat auf den Punkt gebracht: „Dass das Wissen vom Kopf ins Herz rutscht und ich es lebe!“ (vgl. Rätz 2011) Es bleibt allerdings die Frage: Wie äußert sich in konkreten sozialpädagogischen Situationen die professionelle Haltung der sozialpädagogischen Fachkräfte?

Hiltrud von Spiegel (2008, S. 595) weist darauf hin, dass sozialpädagogische Fachkräfte in ihrem beruflichen Handeln überwiegend situativ – und eben nicht primär auf der Grundlage normativer Erwartungen und eigener Haltungen – handeln. Eine Orientierung findet dabei hauptsächlich an den bisherigen Erfahrungen sowie an institutionellen Routinen statt. „Sie lösen Methoden, Verfahren und Techniken aus ihren konzeptuellen Kontexten heraus und ‚mixen‘ sie pragmatisch, nach Kenntnis, Gutdünken, Kompetenz und Erfahrung. Sie transformieren also fachliche Konzepte, kontextuelle Bedingungen und biografisch erworbene Haltungen in situatives Denken. Die Begründung dieses Handelns entnehmen sie dem Reservoir ihres persönlich verfügbaren wissenschaftlichen und erfahrungsabhängigen Erklärungswissens“ (ebd.). Spiegel prägte auf der Grundlage dieser Erkenntnis den Begriff der „Person als Werkzeug“ (ebd. 594) und meint damit, dass sich das berufliche Handeln in sozialarbeiterischen/sozialpädagogischen Berufen vor allem im Einsatz der eigenen Persönlichkeit realisiert.

In Studien bspw. von Thole/Küster-Schapfl (1997) und Daigler (2008) wurde hervorgehoben, dass der berufliche Habitus vor allem von komplexen lebensgeschichtlichen Erfahrungen der sozialpädagogischen Fachkräfte geprägt wird. Deren biografische Erlebnisse und Aufschichtungen sowie die bewusste Auseinandersetzung und Reflexion mit der eigenen Herkunfts- und beruflichen Geschichte sei dabei prägend.

Auch in den Forschungen zur Professionalisierung der Sozialen Arbeit wurden seit Mitte der 1990er-Jahre zunehmend die Biografien von professionellen

Fachkräften in den Blick genommen, um u. a. Einstellungen und Erfahrungen, aber auch die Binnenlogik und Strukturprobleme professionellen Handelns zu ergründen. Es werden dabei sowohl die Rekonstruktion beruflicher Biografien als auch Professionalisierungsprozesse der Sozialen Arbeit erforscht. Des Weiteren steht das professionelle Selbstverständnis aus der Perspektive der sozialpädagogischen Fachkräfte im Fokus des Interesses (vgl. Kraul/Marotzki/Schweppe 2002). Mit der biografischen Erfahrungsaufschichtung (vgl. Rosenthal 2008) finden bei jedem Individuum Lernprozesse statt und es werden Kompetenzen erworben. Diese bilden nicht nur die Grundlage für das soziale Handeln im privaten Bereich, sondern auch im beruflichen.

Aus einer biografietheoretischen Perspektive wird so das „Subjekt" Gegenstand des Verstehens professioneller, struktureller und gesellschaftlicher Entwicklungen und Wandlungen. Hintergrund dieser Entwicklungen ist, dass mit der Individualisierung und Pluralisierung der modernen Gesellschaft Bewältigungsprozesse zunehmend individuell realisiert werden müssen (vgl. Beck 1986). Dies betrifft auch das professionelle Handeln sowie die Herausbildung einer professionellen Haltung. Die sozialpädagogischen Fachkräfte finden womöglich Orientierung an den Strukturen der Organisation, doch die Bewältigung der komplexen Anforderungen im beruflichen Alltag bleibt ihre individuelle Herausforderung.

Die Biografie bildet den Gesamtzusammenhang für die Integration sehr unterschiedlicher Lebenserfahrungen im persönlichen und beruflichen Bereich. Gesellschaftliche Strukturen und subjektive Sinnkonstruktionen werden in der Kategorie Biografie als sich wechselseitig konstituierend betrachtet (vgl. Fischer-Rosenthal/Rosenthal 1997). Dabei finden beständig Reflexionen und Neukonstruktionen statt. Diese subjektiven Auseinandersetzungen werden als „biografische Arbeit" (vgl. Alheit 2002) bezeichnet. „Aus biographietheoretischer Sicht, die sich mit dem Individualisierungstheorem verschränkt, werden Erzählungen über sich und die soziale Welt konsequent als biographische Arbeit verstanden, die vor dem Hintergrund einer lebenslangen Auseinandersetzung mit pluralen und widersprüchlichen sozialen Anforderungen stattfindet" (Griese, Griesehop 2007, S. 10).

Dies gilt auch für die Herausbildung professioneller Haltungen. „Innerhalb des gesellschaftlichen Transformationsprozesses verändern sich berufliche Rahmenbedingungen und Anforderungen zügig. Nicht zuletzt unterliegen die Lebenswelten der Adressaten Sozialer Arbeit einem rasanten Wandel. Individuelle und soziale Problemlagen werden zunehmend durch globale Entwicklungen verschärft. Professionelles sozialarbeiterisches Handeln muss flexibel auf diese neuen Herausforderungen reagieren" (Rätz-Heinisch, Heeg 2009, S. 27). Professionelle Haltungen werden demnach nicht einmalig bspw. im Studium als Handlungsgrundlage herausgebildet. Sie bedürfen einer beständigen Reflexion und Neukonstruktion in dem Maße, wie sich die Kontextbedingungen und Rahmungen der beruflichen Tätigkeit verändern und wie diese Prozesse biografisch bewältigt werden können.

Die pädagogische Beziehung in der modernen Gesellschaft

Die professionelle Haltung der sozialpädagogischen Fachkräfte äußert sich konkret in der Gestaltung der pädagogischen Beziehung. Diese findet als soziale Interaktion, in der Regel zwischen Kind/Jugendlichen und Erzieher/in, aber auch zwischen sozialpädagogischen Fachkräften im Team bzw. anderen Kooperationspartnern statt. In der Gestaltung der pädagogischen Beziehung realisieren sich auch Kontextbedingungen, wie gesellschaftliche Rahmungen, die Bedingungen und Kultur von Organisationen etc. Die pädagogische Beziehung unterliegt in der modernen Gesellschaft grundlegenden Wandlungsprozessen und hat sich mit der Individualisierung, Pluralisierung, Globalisierung, Ausdifferenzierung und Entgrenzung der Gesellschaft in den letzten Jahrzehnten sehr verändert. Prägend ist dabei auch die Etablierung der demokratischen Gesellschaft. Erziehungsverhältnisse werden heutzutage überwiegend als partnerschaftlich und verhandlungsorientiert beschrieben. Rechte von Kindern und Jugendlichen haben an Bedeutung gewonnen. Minderjährige werden trotz Schutzbedürftigkeit als Subjekte und als aktive Gestalter ihrer Entwicklungsprozesse begriffen. Begriffe wie Emanzipation, Partizipation, und Dialog haben sich als fachliche Konzepte etabliert.

Die komplexen Bedingungen der Gesellschaft erzeugen allerdings Uneindeutigkeiten und Widersprüchlichkeiten, welche die Gestaltung der pädagogischen Beziehung im Kern betreffen. Nicht zuletzt übernehmen sozialpädagogische Fachkräfte ein hohes Maß an Selbstverantwortung in der Gestaltung der täglichen Erziehungspraxis.

Hermann Giesecke (1997) nimmt vor diesem Hintergrund eine Neubestimmung der pädagogischen Beziehung in der Moderne vor. Ausgangspunkt von Gieseckes Überlegungen sind Thesen vom „Ende der Erziehung" und vom Ende der „Kindlichkeit" sowie der Zuwachs der Bedeutung sozialisatorischer Prozesse (vgl. Stahlmann 1993, S. 72)

In einer tiefgründigen Beschäftigung mit der pädagogischen Professionalität in der modernen Gesellschaft (Giesecke 1997, S. 250 ff.) im Vergleich zum familiären Handeln kommt Giesecke zu der Aussage, das in der Ausbildung sozialpädagogischer Berufe zwar spezifische Fachkenntnisse, Techniken und Methoden erworben werden, die allerdings begrenzt in ihrer Wirkung sind. Hinzu kommt, dass Fachkenntnisse in der Ausbildung erworben und mit einer Prüfung (Examen) abgeschlossen werden, „weniger oder gar nicht jedoch charakterliche, motivationale und überhaupt emotionale Aspekte der Persönlichkeit“ (ebd., S. 253). Genau das also, was oben durch die Fachkräfte als wesentlich für eine professionelle Haltung („Dass das Wissen vom Kopf ins Herz rutscht und ich es lebe!“) angegeben wurde, gehört nicht zum Ausbildungscurriculum. Giesecke führt weiter aus, dass die pluralistische Grundstruktur der modernen Gesellschaft den pädagogischen Beruf grundsätzlich *widersprüchlich* und *konflikthaft* gemacht hat (ebd., S. 262). Es müssen Spannungen ausbalanciert werden. Innerhalb dieses aufgezeigten Rahmens „muss jeder Pädagoge *seine* Version der Sache finden. Es gibt keine Möglichkeit einer generellen Rezeptur, weil der Handlungsspielraum dafür zu groß geworden ist. Offen ist er z. B. für *altersspezifische* Modalitäten …; ferner für *geschlechtsspezifische* Variationen. Die pädagogische Beziehung ist sowohl der soziale Raum des pädagogischen Handelns wie auch dessen Gestaltungsaufgabe. Sie ist nicht einfach als bloße Bedingung vorgegeben, sondern wird auch immer wieder neu hergestellt. … Wegen dessen Komplexität ist es unmöglich festzulegen, wie in einer bestimmten Situation mit bestimmten Kindern und Jugendlichen angesichts eines bestimmten Zweckes die Beziehung gestaltet werden soll. Dies muss vielmehr der je *individuellen* Entscheidung überlassen bleiben und ist insofern auch ein schöpferischer Akt“ (ebd., S. 265). Giesecke argumentiert nicht-normativ, bleibt allerdings schlussendlich im „Unkonkreten“.

Eine andere Perspektive bietet Eric Mührel (2005) an. Er beschäftigt sich aus einer philosophischen Sicht mit Fragen zur professionellen Haltung in der Sozialen Arbeit und führt diese in zwei Begriffen zusammen: Verstehen und Achten. In der professionellen Haltung werden Verstehen (der Lebensweise der Klienten) und Achtung (der Andersartigkeit der Klienten) zusammengeführt. In der Realität professionellen Handelns entstehe allerdings eine Ambivalenz, da bspw. ein wirkliches Verstehen gar nicht möglich sei, sondern Verstehen des Anderen immer auf Eigenes und bereits Bekanntes zurückgeführt werde. Diese Ambivalenz, so Mührel, müsse ausgehalten werden (Mührel 2005, S. 188). Mührel erweitert somit die ethische normative Orientierung (Verstehen und Achten) mit einer handlungspraktischen Entsprechung (Ambivalenz in der Spanne zwischen den Polen Verstehen und Achten aushalten) und plädiert für eine sensible Reflexion in professionellen Kontexten, insbesondere für die sozialen Interaktionen.

Für eine sensible und systematische Reflexion plädiert auch der Praxisforscher Donald Schön (1983). Er ermutigt die Professionellen zur Reflexion konkreter Handlungssituationen, um daraus neue Erkenntnisse für das eigene professionelle Handeln zu erlangen. Dabei unterscheidet er zwei Formen der Reflexion durch die professionellen Fachkräfte:

- „reflection-in-action“ umfasst das genaue Beobachten und Reflektieren *während* der Handlungssituation
- „reflection-on-action“ meint die detaillierte Reflexion *nach* der Handlungssituation.

Dieses Vorgehen bedarf grundsätzlich der Bereitschaft zur Reflexion und deren systematische Einübung. Es geht darum zu verstehen, wie sich die professionelle Haltung in der pädagogischen Beziehung in konkreten sozialen Interaktionen zwischen Kindern/Jugendlichen und Erzieher/innen realisiert. Dies verweist auf die Ebene der sozialen Handlungssituation.

Anspruch und Wirklichkeit

Die bisherigen Ausführungen werden nun in der Figur „Anspruch und Wirklichkeit" zusammengeführt. Häufig handelt sich bei Aussagen um professionelle Haltungen eher um die Formulierung von Erwartungen an das Handeln der sozialpädagogischen Fachkräfte und weniger um die Dokumentation eines Ist-Zustandes. Die Erwartungen an das Handeln der sozialpädagogischen Fachkräfte drücken einen Anspruch an professionelle Haltungen aus. Der Ist-Zustand dagegen bezieht sich auf die soziale Realität, also auf die Wirklichkeit der Erziehungspraxis.

Die Frage, die sich nunmehr stellt, ist die nach der möglichen Diskrepanz zwischen Anspruch und Wirklichkeit einer professionellen Haltung. Im Anspruch wird eine Erwartung formuliert, nämlich die, „wie es sein sollte". Diese umfasst eine normative und ethische Dimension erzieherischer Praxis mit einer hohen Anforderung an das professionelle Handeln der sozialpädagogischen Fachkräfte. Die Wirklichkeit bildet nunmehr ab, „wie es ist". Diese umfasst das pädagogische Handeln im Erziehungsalltag und vor allem im Erziehungsverhältnis als soziale Interaktion zwischen Kindern/Jugendlichen und sozialpädagogischen Fachkräften. Es gilt demnach bei der Beschäftigung mit dem Begriff professionelle Haltung beide Ebenen, die des Anspruches und die der Wirklichkeit, in den Blick zu nehmen und auftretende mögliche Diskrepanzen wahrzunehmen. Dieses Vorgehen eröffnet Chancen, die Handlungspraxis zu verstehen, normativ ethisch zu untersetzen und ggf. zu verändern.

Als theoretischer Bezug dieses Denkansatzes sei an den bereits erwähnten Praxisforscher Donald Schön (1983) erinnert, der Vertreterinnen und Vertreter verschiedener Professionen zunächst nach ihren theoretischen und damit auch normativ handlungsleitenden Konzepten befragt hat und sie anschließend beim Ausführen ihrer Tätigkeiten in der Praxis beobachtet hat. Schön stellte eine hohe Diskrepanz zwischen den theoretischen Begründungen und der tatsächlichen Handlungspraxis fest und plädierte zum Abschluss seiner Untersuchung dafür, die Handlungspraxis selbst beobachtend in den Blick zu nehmen, zu verstehen und Theorien des professionellen Handelns aus der so reflektierten Praxis zu entwickeln und zu begründen.

Ethnografischer Zugang zur Reflexion professioneller Haltungen

Dieses Plädoyer verweist auf einen *empirisch-prozesshaften* Blick auf die soziale Realität der Erziehungspraxis. Das Anliegen, die Handlungspraxis, „wie sie ist“, zu beobachten und zu verstehen, kann mit einem ethnografischen Zugang in Ausbildung, Praxis und Qualifikation realisiert werden (vgl. ausführlich dazu Rätz 2011).

Für die Soziale Arbeit prägte Fritz Schütze (1994) den Begriff „ethnographische Fremdheitshaltung“ (ebd., S. 190). Dies bedeutet, das bisherige Vorwissen zunächst zurückzustellen und sich bewusst in die Rolle eines Fremden zu versetzen, auch dann, wenn man sich im Verstehen der Situation zunächst sicher fühlt. Erscheinungen werden nicht in „richtig“ oder „falsch“ eingeordnet, sondern bereits Vertrautes wird so betrachtet, als ob es etwas völlig Unbekanntes wäre. Es wird mit „fremden Augen“ bzw. einem „fremden Blick“ gesehen. Schütze formuliert als professionelle Herausforderung, sich als „Lernender zu begreifen, der in einen für ihn fremden Gesellschaftsausschnitt auf abgekürzte Weise partiell sozialisiert wird – dies im Sinne des Einwanderers, der sich in einer fremden Gesellschaft zurechtfinden muss“ (Schütze 1994, S. 223).

Ein ethnografischer Zugang realisiert sich vor allem in der teilnehmenden Beobachtung. Diese ist geprägt durch eine grundsätzlich offene verstehende Grundhaltung und das Prinzip der Befremdung des Gewohnten, des scheinbar Selbstverständlichen. Es wird versucht, Beobachtetes aus der Perspektive des Alltagshandelns und der Alltagslogik der Menschen zu verstehen, und dabei können ganz neue Erkenntnisse über die strukturelle Regelhaftigkeit des Alltagshandelns entdeckt werden. Ein in diesem Sinne wirkliches Einlassen auf die Lebens- und Erfahrungswelt der Anderen erweitert die Perspektive des Verstehens von Eric Mührel (vgl. oben) durch ein abgesichertes methodisches Verfahren (vgl. Rosenthal 2008). Bei diesem Vorgehen wird davon ausgegangen, dass jede soziale Handlung bzw. jede soziale Interaktion eine (biografische) Geschichte hat, die – wenn sie detailliert wahrgenommen wird – nachvollzogen und in ihrer Entstehung rekonstruiert werden kann. Dieses Vorgehen eröffnet somit eine neue Verstehensperspektive. Ein verstehender Zugang versucht, die Ereignisse in ihrer Entstehung, dem weiteren Verlauf und ihrer Strukturiertheit nachzuvollziehen – im Wissen, dass es unmöglich ist, die soziale Realität in vollem Umfang zu erfassen. Zum Verstehen gehört also die Bereitschaft des Nicht-Verstehens.

Das „‘Verstehenwollen‘ umfasst jedoch nicht nur allein das Beobachten und die Kommunikation …, sondern auch deren Reflexion“ (Köttig 2007, S. 87). Interpretationen dienen der Verarbeitung von Erkenntnissen und können für gezielte Interventionen nutzbar gemacht werden (vgl. Köttig 2007).

Ein ethnografischer Blick sensibilisiert für das wechselseitige soziale Handeln sowie für das Deuten, Interpretieren und Verstehen sozialer Interaktion in Erziehungssituationen. In den Blick geraten damit sowohl das Handeln der Kinder, Jugendlichen sowie weitere Akteure wie Eltern, Kolleginnen und Kollegen als auch das eigene Handeln der sozialpädagogischen Fachkräfte als wechselseitig aufeinander bezogene soziale Interaktionen. In die Reflexionen werden die lebensgeschichtlichen Erfahrungen, welche den Hintergrund konkreter professioneller Handlungen bilden, einbezogen.

Literatur

Alheit, Peter (2002): Biographieforschung und Erwachsenenbildung. In: Kraul, Margret/Marotzki, Winfried (Hrsg.): Biographische Arbeit. Perspektiven erziehungswissenschaftlicher Biographieforschung. Opladen, S. 211–240.

Beck, Ulrich (1986): Risikogesellschaft. Auf dem Weg in eine andere Moderne. Frankfurt a. M.

Daigler, Claudia (2008): Biografie und sozialpädagogische Profession. Eine Studie zur Entwicklung beruflicher Selbstverständnisse am Beispiel der Arbeit mit Mädchen und jungen Frauen. Weinheim und München.

Fischer-Rosenthal, Wolfram/Rosenthal, Gabriele (1997): Narrationsanalyse biographischer Selbstpräsentation. In: Hitzler, Ronald/Honer, Anne (Hrsg.): Sozialwissenschaftliche Hermeneutik. Eine Einführung. Opladen, S. 133–165.

Giesecke, Hermann (1997): Die pädagogische Beziehung. Pädagogische Professionalität und die Emanzipation des Kindes. Weinheim und München.

Griese, Birgit/Griesehop, Hedwig Rosa (2007): Biographische Fallarbeit. Theorie, Methode und Praxisrelevanz. Wiesbaden.

Köttig, Michaela (2007): Zwischen Handlungsdruck im Interaktionsgeschehen und Fallverstehen. Zur Übersetzung rekonstruktiven Vorgehens aus dem Forschungsprozess in die Offene Jugendarbeit. In: Giebeler, Cornelia/Fischer, Wolfram/Goblirsch, Martina/Miethe, Ingrid/Riemann, Gerhard (Hrsg.): Fallverstehen und Fallstudien. Interdisziplinäre Beiträge zur rekonstruktiven Sozialarbeitsforschung. Rekonstruktive Forschung in der Sozialen Arbeit Bd. 1. Opladen, S. 79–92.

Kraul, Margret/Marotzki, Winfried/Schweppe, Cornelia (Hrsg.) (2002): Biografie und Profession. Bad Heilbrunn.

Mührel, Eric (2005): Verstehen und Achten. Philosophische Reflexionen zur professionellen Haltung in der Sozialen Arbeit. Essen.

Rätz, Regina (2011): Professionelle Haltung von Heimerzieher/innen – Anforderungen an Ausbildung und Qualifikation. In: Dokumentation der Fachtagung „Wann ist Heimerziehung für Kinder erfolgreich?" Berlin.

Rätz-Heinisch, Regina/Heeg, Stefan (2009): Handwerker der Demokratie. Bürgerschaftliches und professionelles Handeln in der Kinder- und Jugendhilfe. Weinheim und München.

Rosenthal, Gabriele (2008): Interpretative Sozialforschung. Eine Einführung. 2., korrigierte Auflage. Weinheim und München.

Schön, Donald A. (1983): The Reflective Practitioner. How Professionals think in Action. New York.

Schütze, Fritz (1994): Ethnographie und sozialwissenschaftliche Methoden der Feldforschung. Eine mögliche methodische Orientierung in der Ausbildung und Praxis der Sozialen Arbeit. In: Groddeck, Norbert/Schumann, Michael (Hrsg.): Modernisierung Sozialer Arbeit durch Methodenentwicklung und -reflexion. Freiburg, S. 189–297.

Spiegel, Hiltrud von (2008): Methodisches Handeln in der Sozialen Arbeit. In: Kreft, Dieter/Mielenz, Ingrid (Hrsg.): Wörterbuch Soziale Arbeit. Aufgaben, Praxisfelder, Begriffe und Methoden der Sozialarbeit und Sozialpädagogik. Weinheim und München, S. 594–599.

Stahlmann, Martin (1993): Die berufliche Sozialisation in der Heimerziehung. Erziehende im Spannungsfeld von Grenzsituationen, Leitbildern und Berufsbiographie. Bern, Stuttgart, Wien.

Thole, Werner/Küster-Schapfl, Ernst-Uwe (1997): Sozialpädagogische Profis. Beruflicher Habitus, Wissen und Können von PädagogInnen in der außerschulischen Kinder- und Jugendarbeit. Opladen.

Mechthild Wolff

„Lob des pädagogischen Denkens" – Reflexionen in Zeiten der gesellschaftlichen Widersprüche

Einleitung

Das Motto dieser Reflexionen bezieht sich auf den Titel der sogenannten „Streitschrift" „Lob der Disziplin", die von Berhard Bueb verfasst und 2006 veröffentlicht wurde. Das populärwissenschaftliche Buch stieß zum damaligen Zeitpunkt auf große Resonanz in der Bevölkerung und in Teilen der Fachwelt. Treffen doch gerade derartige, in schlichten Schwarz-Weiß-Kategorien argumentierende Erklärungsmodelle, wie denn Erziehung und Pädagogik gelingen könnte, immer auf großes Interesse. Sie sind einfach zu verstehen und lassen sämtliche äußeren Gegebenheiten außer Acht. Erziehung soll gelingen, wenn die pädagogische Beziehung die Unterwürfigkeit des Zu-Erziehenden erreicht hat. Die Ausblendung sozialer Kontexte in Buebs Schrift (vgl. Bueb 2006) hatte schon Sabine Andresen angemahnt. Sie nahm in der entgegnenden Streitschrift (herausgegeben von Micha Brumlik 2007) mit dem Titel „Vom Missbrauch der Disziplin" eine wissenschaftlich-historische Würdigung der buebschen Erziehungslogik vor und attestierte ihm und seinen Denkweisen eine Rückwärtsgewandtheit und eine fehlende Eignung für die Jetztzeit (vgl. Andresen 2007).

In der Tat müssen Zweifel gegenüber der Behauptung angemeldet werden, dass Erziehung unter Einsatz von mehr Disziplin heute eine bessere und geeignetere sei. Zweifel müssen auch angemeldet werden, weil eine solche Erziehung nicht auf die individuellen, familiären und gesellschaftlichen Zumutungen reagiert, denen Jugendliche derzeit ausgesetzt sind. Bueb nimmt auch keinerlei Anstrengungen vor, solche wahrzunehmen oder sie gar zu verstehen. Vor allem richtete sich Buebs Blick vorwiegend auf eine kleine Elite von Jugendlichen.

Das pädagogische Denken kann natürlich dennoch nicht leugnen, dass Erziehung als strukturelle Voraussetzung einen Machtüberhang zugunsten der Erziehenden hat (ein Mehr an Orientierungsmitteln), wie zum Beispiel Klaus Wolf (1998) gezeigt hat. Aber es kommt entscheidend in pädagogischen Interaktionen darauf an, dass die Dominanz von Machtquellen wie Gewalt, Strafe, Disziplin, körperlicher Gewalt und äußerem Zwang verschoben wird. Eine Interaktion pädagogisch zu legitimieren, bedarf einer advokatorischen Ethik (Brumlik 1992) und den Nachweis, dass das Handeln der Entwicklung und den Interessen der Heranwachsenden dient – und am besten auch so wahrgenommen wird. Um diese Interessen und Rahmenbedingungen der pädagogischen Intervention einschätzen zu können, ist es hilfreich, auf einige Anforderungen des Aufwachsens in modernen Gesellschaften zu blicken.

In der ersten Reflexion dieses Beitrages soll deshalb eine breitere Perspektive eingenommen werden. Es geht nicht um jugendliche Eliten, sondern um diejenigen, die in den Erziehungshilfen „anlanden". Dabei wird es eigentlich um nichts gravierend Neues gehen. Segregation und Exklusion sind bekannte Mechanismen, aber sie erhalten immer wieder neue Gesichter und werden gut verpackt. Nachfolgend soll zunächst der politische Rahmen – genauer die bildungspolitische „Vision" Europas – betrachtet werden. Diese hat auf die Familienerziehung, aber auch auf öffentliche Erziehung enorme Auswirkungen. Im Anschluss daran geht es um die sogenannte „Bewältigungsfalle Familie", die einen widersprüchlichen Rahmen für den Umgang mit Zumutungen für junge Menschen innerhalb und außerhalb der Erziehungshilfen darstellt. Schließlich werden die lautstarken, vehementen und unübersehbaren Signale kommentiert, die Jugendliche angesichts von Exklusionserfahrungen momentan aussenden. All dies – die Ziele im Bildungs- und Erziehungswesen, Familie und Jugendverhalten – bieten den Rahmen, in dem sich Erziehungshilfen verorten. Dies ist die Metaebene.

In einer weiteren Reflexion wird die Mikroebene beleuchtet, d. h. das Binnenverhältnis von Erziehungs- und Bildungspersonal sowie Kindern und Jugendlichen. In der Sicht darauf hat sich etwas Gravierendes verändert: Seit dem Jahr 2010 wird intensiver darüber gesprochen, dass Fälle sexueller Übergriffe in pädagogischen Institutionen passieren können. Inzwischen wissen wir und es wird öffentlich nicht mehr darüber geschwiegen, dass professionelle Beziehungsarbeit viele potenzielle Risiken in sich birgt und pädagogische Institutionen unsichere Orte sein können. Darum ist es wichtig, über eine Neujustierung des pädagogischen Verhältnisses bzw. des pädagogischen Bezugs zu sprechen.

In der Zusammenschau beider Reflexionen folgt ein Fazit, in dem gefragt wird, wie diese Themen alle zusammengehören und welche Implikationen derzeitige Entwicklungen für die Pädagogik mit sich bringen.

Wie Jugend in Zeiten ökonomisierter Bildung neu gedacht wird

In Zeiten der weitgehenden Ökonomisierung sämtlicher Daseinsbereiche des Menschen sind auch Kinder und Jugendliche längst davon direkt betroffen, und ihre Orte des Aufwachsens sind ökonomischen Logiken unterworfen. Die neuen europäischen Pläne zum Erziehungs- und Bildungswesen betrachten Kinder und Jugendliche ausschließlich unter ökonomischen Gesichtspunkten. Von besonderem Interesse sind die Eliten, an denen sich die gesamte Jugend messen und ausrichten soll. Vor diesem Hintergrund richtet sich der Bildungsbereich an einem neuen deutschen Qualifikationsrahmen (DQR) (vgl. www.deutscherqualifikationsrahmen.de) aus, der dem europäischen angepasst ist. Dieser gibt vor, welche Kompetenzprofile auf allen Ausbildungsniveaus erreicht werden sollen. Kinder und Jugendliche sollen „employability“ um jeden Preis erwerben; in den Bildungs- und Ausbildungsstätten muss belegt werden, wie diese herbeigeführt wird. Nach diesen neuen Vorgaben sollen junge Menschen auf dem Arbeitsmarkt funktionieren, dies ist das explizite Ziel. Der neue große Fahrplan folgt der Logik, junge Menschen marktfähig zu machen und sie schnell auf Beschäftigungsverhältnisse vorzubereiten. Bildung als individueller und persönlicher Reflexionsprozess im Sinne einer selbstbildenden kritischen Auseinandersetzung mit sich und gesellschaftlichen Umständen ist nicht gefragt. Wie diese bildungspolitische Strategie funktioniert, bekommen MitarbeiterInnen im Bildungswesen alltäglich zu spüren.

Lebenslange Bildung ist das Motto des neuen Qualifikationsrahmens. Erwerben sollen Kinder und Jugendliche – am liebsten als AbiturientInnen – Wissen, das direkt von der (Sozial-)Wirtschaft abrufbar und nutzbar ist. Lange Ausbildungswege im System sind abgeschafft, alles soll schnell gehen und Bildungsgänge kürzer werden. In jedem Ausbildungssystem gibt es Weiterqualifikationsmöglichkeiten, so dass der Markt stets zugreifen kann auf die Besten. Dies bezeichnen Böhnisch und Schröer als „Bildungsfalle“ (vgl. Böhnisch/Schröer 2011). Lebenslanges Lernen, wie es in der deutschen Bildungspolitik propagiert wird, mündet in einem „flexiblen Jugendlichen“. Er durchläuft eine verschulte Jugendphase, muss aber jederzeit auf den Punkt als fertige Arbeitskraft zur Verfügung stehen. Vor allem aber sollen mehr junge Menschen höhere Bildungsabschlüsse, also akademische, erwerben. Man möchte im europäischen Durchschnitt aufholen, weil Deutschland sich im letzten Drittel bewegt. Der flexible Mensch, den Richard Sennett (1998) bereits in den Endneuzigern für die USA beschrieben hat, hat demnach längst das Bildungs- und Erziehungswesen in Deutschland erreicht.

Bei den Reformen geht es auch um die Neujustierung und die Wertigkeiten von Ausbildungsabschlüssen an unterschiedlichen Schulformen, Hochschulen und beruflichen Ausbildungsstätten und letztlich auch um Bezahlung. Die sozialen Berufe, die meist von Frauen ausgeübt werden, werden durch den Qualifikationsrahmen abgewertet – auch, was die Bezahlung anbelangt. Die politische Gesamtstrategie besteht in einer Mithaltepolitik. Deutschland möchte als Wirtschaftsraum ökonomisch mithalten können auf internationaler Ebene. Statistisch will Deutschland alles tun, um dem wirtschaftlichen Wettstreit in Europa, aber auch international die Stirn bieten zu können.

Was hat das nun mit den Kindern und Jugendlichen in den Erziehungshilfen zu tun? Sie sind ja alles andere als diejenigen, die davon profitieren. Und genau dort ist die Verbindungslinie. Im Bildungswesen wird der immense Druck angemahnt, in den das Bildungssystem augenblicklich selbst geraten ist. Dies übt massiven und neuen Druck auf Kinder und Jugendliche aus, der im Kindergarten beginnt und sich durch sämtliche Bildungsinstitutionen zieht. Die Folgen für die Kinder und Jugendlichen sind immens, ein Anstieg psychosozialer Konfliktkonstellationen wird deutlich reklamiert (vgl. Thimm 2011). Gemäß einer „Mithaltepolitik" wird somit der wirtschaftliche Druck auf die Kinder und Jugendlichen verlagert, sie müssen all dies individuell bewältigen, wenn sie denn gesellschaftliche Teilhabe erzielen wollen.

Dies sind keine Verschwörungstheorien. Als HochschullehrerInnen nehmen wir wahr, dass sich Mechanismen des Drucks in den Schulen auch an den Hochschulen fortsetzen. Druck baut sich frühzeitig im Bildungssystem auf und setzt sich nach oben hin weiter fort. So ist es kein Zufall, dass immer mehr Studierende unter Versagensängsten leiden und mehr Studierende psychosomatisch reagieren. Benachteiligte Kinder und Jugendliche im Bildungswesen bleiben vielfach gänzlich chancenlos. Das Herausfallen von Kindern und Jugendlichen aus Angeboten der Kinder- und Jugendhilfe folgt ebenfalls dieser Logik, die da lautet: Können Ziele in vorgegebenen Zeitfenstern nicht erreicht werden, droht das Ende der Förderung.

Man muss nicht gleich das Ende eines Bildungsideals im Humboldtschen Sinne, welches den ganzen Menschen im Blick hat, beschwören, um zu erkennen, dass in solchen Kreisläufen des „Bildungswettlaufs" Pädagogik nur noch als eine Art „Trainingshilfe" auftauchen soll. Kinder und Jugendliche kommen vor diesem Hintergrund sehr schnell in eine Konkurrenzfalle hinein. Sie müssen und sollen fit sein, um diesen Anforderungen zu genügen und um überhaupt eine Chance auf dem Arbeitsmarkt zu erhalten. Die Vorverlagerung von Schule, die Verschulung des Kindertagesbetreuungsbereiches und der Anstieg der Etablierung von Nachhilfekonzernen sind Entwicklungen im Schulsektor, die diesen Trend belegen. All dies dient dem großen Ziel der Befähigungspolitik für den deutschen und europäischen Markt. Interventionen und Hilfen – vor allem in den aufzubauenden ganztägigen Institutionen – sollen Jugendliche trainieren, hier mitzuhalten, die individuellen Nebenfolgen abzumildern. Mit Qualitätsmerkmalen pädagogisch legitimierter Unterstützung hat das wenig zu tun, denn ein Recht auf Eigensinn und eine Autonomie der Lebenspraxis, der Gehör verschafft wird, ist in diesen Entwürfen der Effektivierungslogik nicht vorgesehen.

Von der Aussichtslosigkeit der „Bewältigungsfalle Familie“

Diese Bildungsstrategie, die nur GewinnerInnen kennt, basiert auf der Annahme, dass Familien als Unterstützungsnetzwerke für Kinder und Jugendliche fungieren können. Junge Menschen sollen von ihren Familien aufgefangen und fit gemacht werden, um ihre individuellen Bildungsbiografien erfolgreich zu durchlaufen. Daher lasten viele Erwartungen auf der Institution Familie. Diese haben sich sogar noch verstärkt, denn viele junge Erwachsene leben inzwischen länger in ihren Familien und sind von ihnen ökonomisch abhängig (vgl. Albert et al. 2010).

Gerade junge Erwachsene aus benachteiligten Milieus können ihre Familien aufgrund fehlender ausreichender eigener Einkünfte auf lange Zeit hin gar nicht verlassen. Die „Bewältigungsfalle Familie“ schnappt zu: Familien sind überfordert und sind wiederum selbst auf Unterstützung angewiesen. Hilfen für Familien sind so zum Regelfall bis in die Mittelschichten geworden, weil Familien strukturell überfordert werden von den Anforderungen der Moderne. Für das Aufwachsen von Kindern und Jugendlichen und den krisengeschüttelten Familien wird die Betreuung und Begleitung in Institutionen (Kita, Hort, Ganztagschule etc.) immer wichtiger und zum Regelfall. Aber gerade hier erwachsen dann, wenn es nicht um Verwahr- und Trainingsanstalten gehen soll, pädagogische Förder- und Schutzaufgaben (siehe die Ausführungen unten).

Für junge Leute besteht das Dilemma darin, dass sie eigentlich selbstständig werden sollten, jedoch können sie die geforderte Autonomie nicht erzielen. Also: alle reden von der Familie und ihren Lebensformen, aber nur wenige können diese ohne Brüche leben. Alle reden davon, dass Jugendliche nicht nur erwerbsfähig, sondern auch „familienfähig“ gemacht werden sollen. Eine größere Selbstautonomie und Selbststeuerung wird ohnehin schon als gegeben vorausgesetzt. Angesichts dieser nur angedeuteten Dilemmata aufseiten der Eltern und jungen Menschen stellt sich die weitere Frage, wie sie eigentlich all diese von ihnen geforderten Ziele erreichen sollen.

Gerade die Kinder und Jugendlichen, die aus benachteiligten Familien oder Milieus kommen, verfügen über weniger Bewältigungskompetenzen und können wenige positive Bewältigungserfahrungen sammeln. Für sie sind die Auswirkungen noch gravierender als für Kinder und Jugendliche aus reichen Familien. Aus der Armutsforschung wissen wir, dass sie schneller aus den Bildungssystemen fallen und verstärkter mit massiveren psychosozialen Fremd- und Selbstgefährdungen reagieren (vgl. Hurrelmann/Andresen 2007). So ist es kein Wunder, dass die Kosten für Jugendhilfefälle in den Kommunen in den letzten Jahren angestiegen sind, weil Kinder und Jugendliche intensiver betreut werden müssen (vgl. Rauschenbach/Schilling 2011). Wenn Probleme von der Bildungspolitik erzeugt werden, müssen sie auch von der Politik finanziert werden, so müsste man die Schlussfolgerung formulieren. Dieser Gedanke ist aber nicht mehrheitsfähig und offensichtlich nicht opportun.

Das Dramatische ist, dass Jugendliche, die dem Druck nicht standhalten können, im nationalen wie im europäischen bildungspolitischen Entwurf gar nicht vorkommen. Es gibt nur Jugendliche, die es schaffen. Das Nicht-Vorkommen von Jugendlichen, die in den Erziehungshilfen betreut, unterstützt und begleitet werden, bedeutet im Kontext europäischer Bildungs- und Wirtschaftspolitik eine mehrfache Abwertung. Jugendliche ohne Bildungschancen im System leben mit vielen Grenzsetzungen und erleben Begrenzungen alltäglich und eigentlich sind sie unsichtbar. Es sind diejenigen, die aufgrund von sogenannter Wohlstandsverwahrlosung oder aufgrund von Chancenlosigkeit herausfallen aus ihren Familien, ihrer peer-group, aus Bildungs- und Erziehungsinstitutionen oder anderen psychosozialen Einrichtungen und Diensten. Bedenklich ist, dass die bildungspolitische Strategie diese Jugendlichen produziert: Die Logik lautet: ein Teil muss herausfallen. Sie können im besten Fall als billige und unterbezahlte Arbeitskräfte, als „working poor" überleben.

Pädagogisches Denken und pädagogisch geleitete Förderung kann sich nicht damit zufriedengeben, in punktuellen Familienhilfen oder in Institutionen die Folgen der gezeigten widersprüchlichen Zumutungen auszugleichen oder abzufedern, sondern sie muss dann auch die Eigenkräfte von Heranwachsenden und Familien stützen und schützen. Dazu gehört sicherlich auch das Arrangieren von lernträchtigen Lebensbedingungen an pädagogischen Orten (Winkler 1988), wo Chancen des Ausprobierens, der Selbstinszenierung und eigenständigen Entwicklung möglich sind. Dafür braucht man nicht flexible Menschen, sondern flexible und lernfähige sowie beteiligungsoffene Organisationen und Institutionen.

Risiken des Missbrauchs in Institutionen benötigen pädagogische Antworten

Es braucht aber auch Schutz in Institutionen und familienähnlichen Fördersettings, und dies hat auch mit dem Gebrauch und Missbrauch von Pädagogik zu tun. Die Zahlen zum sexuellen Missbrauch in Institutionen, die jüngst in der Studie des Deutschen Jugendinstituts erhoben wurden, sprechen eine eindeutige Sprache: Sie zeigen uns, dass Institutionen der Erziehung und Bildung nicht automatisch als Schutzräume fungieren. Vielmehr ist das Risiko, Opfer von Übergriffen oder Gewalt zu werden, in Einrichtungen besonders dort hoch, wo eine hohe Konzentration von Kindern und Jugendlichen vorherrscht, die massive Bewältigungsprobleme aufweisen. Die Zahlen weisen aus, dass in jedem zehnten Heim die Einrichtungsleitung in den letzten drei Jahren einen Verdachtsfall eines sexuellen Missbrauchs in der eigenen Einrichtung zu vermelden hatte. Dies ist das Hellfeld und nicht das Dunkelfeld. Schutz für Kinder und Jugendliche ist demnach nicht automatisch gegeben. Das Risiko der Retraumatisierung einer ohnehin bereits vorgeschädigten Gruppe ist besonders hoch.

Auch partnerschaftliche Vertrauensbeziehungen und ein kreatives Miteinander in familienähnlichen Settings gibt Kindern und Jugendlichen keine Gewähr, dass ihnen Schutz widerfährt. Die Realität in der Odenwaldschule hat uns vor Augen geführt, dass auch gelebte Partizipation zwischen Erwachsenen und jungen Menschen anfällig sein kann für den Missbrauch von Macht. Anfällig insbesondere dann, wenn Personen unter Einsatz krimineller Orientierungen und Handlungen Missbrauch verüben. Unfassbar bleibt, wie von dem pädosexuellen Pädagogen Gerold Becker in der Odenwaldschule jahrelang kriminelle Handlungen verübt werden konnten, ohne dass es jemand angeblich gemerkt hat. Das Landesjugendamt, das Jugendamt, die Fachszene hat geschwiegen, obwohl die Rechtsverstöße bekannt waren. Aufarbeitungen haben bereits zur Genüge entlarvt, dass niemand die Zivilcourage aufgebracht hat, um dem Martyrium für die jungen Menschen ein Ende zu setzen (vgl. Dehmers 2011). All dies ist bereits ein Drehbuch für mehrere Krimis wert.

Auch Fachverbände wie die IGfH, die vor 50 Jahren unter Beteiligung von Lehrern der Odenwaldschule gegründet wurden, müssen ein Interesse an der historischen Aufarbeitung der Rechtsverstöße in der Odenwaldschule haben. Das Thema gehört – auch gegen Widerstände – auf die Agenda der IGfH. Hier gilt es anzufangen, denn gleichzeitig ist eine Würdigung reformpädagogischer Ideen und ihrer mutigen Institutionen sehr wichtig, zumal diese in die Defensive geraten. Denn: Einrichtungen der Erziehung und Bildung haben derzeit viel Vertrauen eingebüßt. Zu reklamieren ist, dass dichte professionelle Beziehungen besondere Risiken für Machtmissbrauch und Grenzverletzungen aller Art in sich bergen. Schutz gilt es zu gewährleisten, denn letztlich geht es um eine Gewährleistungspflicht aufseiten der Träger und das Recht auf Schutz von Kindern und Jugendlichen. Die große Herausforderung der Zukunft besteht in der Bereitstellung partizipativer Strukturen und professioneller Beziehungen vor dem Hintergrund von Schutzkonzepten, die für Kinder und Jugendliche verständlich und für sie als hilfreich erlebt werden. Dies ist seit den Skandalen, den Runden Tischen und vielen vorliegenden Erkenntnissen zum Entstehen und dem Umgang mit Tabus in Soziokulturen angezeigt – im Interesse von Kindern und Jugendlichen.

In einer Positionierung der Internationalen Gesellschaft für erzieherische Hilfen (IGfH) zum Abschlussbericht des Runden Tisches Heimerziehung der

50er- und 60er-Jahre sind in diesem Zusammenhang einige sinnvolle gegensteuernde Ansätze genannt. Aufseiten der Einrichtungen muss zum Beispiel gefordert werden: „Einrichtungen erstellen mindestens eine einrichtungsinterne Analyse zu arbeitsfeldspezifischen Gefährdungspotenzialen und Gelegenheitsstrukturen bzgl. Machtmissbrauchs. Sie erarbeiten einen Notfallplan und kümmern sich in stattgefundenen Fällen von sexueller und sonstiger Gewalt um die zügige Aufarbeitung und nachhaltige Veränderung in der Institution … Einrichtungen, in denen Kinder betreut werden, und ambulante Dienste sind keine „pädagogischen Inseln“ und verstehen sich auch nicht so, sondern suchen den Kontakt und den Austausch mit dem Gemeinwesen. Es gibt daher ausreichende Kontakte mit anderen Organisationen und Personen, die Einblick in das Geschehen der Einrichtungen und ambulanten Dienste erlangen. Dazu gehören u. a. kontinuierliche Evaluationen und Kontrollen durch aufsichtführende Fachkräfte.“ (IGfH 2011, S. 4 f.)

Es ist überdies wichtig, auf rechtlicher Ebene die im Kinder- und Jugendhilferecht immanent enthaltenen Widersprüche, die Einfluss auf die Rechtsstellung von Kindern und Jugendlichen haben, zu beheben. Einerseits werden den Kindern und Jugendlichen Partizipationsrechte zugebilligt, andererseits haben sie – abgesehen von punktuellen Ausnahmen (in Bezug auf § 35a und § 42 SGB VIII) – keine eigenständigen Antrags-, Veto-, Beschwerde- oder Anwesenheitsrechte. *Strukturell* gesehen gibt es zwar in jedem Bundesland überörtliche Behörden, die für den Schutz von Minderjährigen in Einrichtungen nach Maßgabe der §§ 45–48a SGB VIII zuständig sind. Die Möglichkeit der Inanspruchnahme dieser Stellen durch Kinder und Jugendliche hat aufgrund fehlender Informationen und Zugangsschwierigkeiten praktisch keine Relevanz. Insofern bedarf es zunächst eines Perspektivwechsels in Bezug auf eine aktive Rolle von Kindern und Jugendlichen – unabhängig davon, ob sie in Einrichtungen leben oder in anderer Weise im Rahmen der Hilfen zur Erziehung betreut werden – und darauf aufbauend entsprechender Strukturveränderungen und Verfahrensregelungen zur Umsetzung der Schutzrechte von Kindern und Jugendlichen (vgl. zur Notwendigkeit der Einrichtung von unabhängigen Omdusstellen vor dem Hintergrund des Runden Tisches Heimerziehung aktuell Schruth 2011).

Diese Stärkung der Betroffenen ist eine pädagogisch-strukturelle Frage, die nicht von Einrichtungs- oder Amtslogiken geleitet werden kann. Denn hinter all diesen Vorkommnissen geht es längst um eine weitere Ebene: Die Sozialpädagogik hat an Glaubwürdigkeit verloren – nicht nur die Professionellen. Darum müssen von der Sozialpädagogik für all die offenen Fragen überzeugende Antworten gefunden werden. Der Vertrauensverlust in die Profession und Disziplin passiert offen, aber auch schleichend. Von der Politik wird derzeit anderen Hilfesystemen mehr Vertrauen geschenkt, so kann man sich des Eindrucks nicht erwehren, dass der Medizin, Psychologie und Psychiatrie oft mehr Kompetenz zuerkannt wird. Im Rahmen der Frühen Hilfen sollen es nun Hebammen richten, im Rahmen des sexuellen Missbrauchs sind therapeutische Ambulanzen an Kliniken in der Diskussion. Die Gefahr ist groß, dass der Sozialen Arbeit die pädagogischen Aufgaben und die Lösungen in Form professioneller Beziehungsarbeit immer mehr aus der Hand genommen werden und therapeutischen und behandelnden Logiken gefolgt wird, denn vom medizinischen Modell verspricht man sich vor allem mehr Wirksamkeit.

Von fehlenden Lebenschancen und dem Aufbegehren der Jugend

Wenn wir uns die bisher gezeigten Rahmenbedingungen des Aufwachsens ansehen, dann weitet sich zwar die Erziehung in institutionellen Settings aus, was – wie gezeigt – Möglichkeiten und Gefahren impliziert, dennoch müssen die Zumutungen der modernen Gesellschaft individuell ausgehalten und verarbeitet werden. Dafür bringen Kinder und Jugendliche unterschiedliche soziale und familiäre Ressourcen mit. Die Forderung der Bildungs- wie der Sozialsysteme lautet dennoch Mithalten, andernfalls fällt man heraus. Erziehungswissenschaftlich gesehen wurde der Jugend immer eine Phase des Experimentierens, des Sich-Ausprobierens zuerkannt. Dieser Schonraum oder Freiraum des Experimentierens sollte auch der Vorbereitung auf Bildung dienen. Jugend war als Bildungsmoratorium gedacht, als Freiraum und als Phase, die zudem ein hohes gesellschaftliches Innovationspotential in sich bergen kann. Dieses Moratorium wurde Jugendlichen lange Zeit immer zugebilligt.

In den europäischen Szenarien, die sich in den Bildungs- und Wirtschaftskonzepten abbilden, gibt es aber keinen solchen Schonraum für die Jugend mehr, und die benachteiligten Jugendlichen sollen gar nicht mehr vorkommen. Was wir augenblicklich beobachten können, ist aber, dass diese Jugendlichen nicht weiter unsichtbar bleiben wollen. So lassen sich unterschiedliche Varianten des Aufbegehrens einer jungen Generation beobachten. Diese Proteste von Jugendlichen haben viele Gesichter, wie dies jüngst von Schäfer, Witte und Sander erforscht wurde (vgl. Schäfer et al. 2011). Protest und Bewältigungshandeln hängen dabei durchaus eng zusammen, allerdings können sich bestimmte Formen als regelrechte „Fallen“ entpuppen, wie es Böhnisch/Schröer treffend charakterisieren.

Eine dieser Bewältigungsformen bezeichnen Böhnisch/Schröer als „Männlichkeitsfalle“. So lesen sie die gewalttätigen Aufläufe von Hooligans, die in Städten marodierenden Jugendlichen, die auf andere Hetzjagd machen und andere zusammenprügeln, als Impuls, gegen die eigene Marginalisierung und

Minderwertigkeit aufzubegehren und sichtbar zu werden. Männlichkeitsrituale und Zurschaustellung von Chauvinismus kennzeichnen dabei die „Falle“. Die Dynamik wirft die Jugendlichen erneut auf sich zurück. Ihr Bestreben wird nicht durch mehr Teilhabe honoriert, sondern führt zu weiterer Ausgrenzung (vgl. Böhnisch/Schröer 2011). Sie erwerben durch dieses Bewältigungshandeln nicht mehr Entwicklungs- und Teilhabechancen, sondern schränken sie weiter ein. Eine Aufgabe von Pädagogik ist es, Arrangements anzubieten und zu eröffnen, die es jungen Menschen ermöglicht, sich im Bewältigungshandeln nicht weiter selbst zu entmündigen und sich selbst mehr Ressourcen zu erschließen, als vorher vorhanden waren.

Neben dieser individuellen Bewältigungsstrategie erleben wir kollektive Formen des Aufbegehrens. Im eigenen Land werden wir derzeit Zeugen massiver Proteste. Die Jugendrevolten in Neukölln zeigen die Chancenlosigkeit einer jungen Migrantengeneration. Die Segregation unter den Jugendlichen in Deutschland wird offenkundig. Weiten wir den Blick nach Europa und darüber hinaus, zeigt sich eine internationale Protestbewegung einer neuen Generation. Jugendliche sind in Europa auf die Straße gegangen und zeigen Politikern ihre Grenze auf: zunächst in Paris, in Tottenham in London, wo David Cameron auf dem Prüfstand steht, in Spanien ist der Premier José Zapatero unter Beschuss. In Nordafrika war die von Jugendlichen und jungen Erwachsenen begonnene Protestbewegung inzwischen erfolgreich, in Tunesien wurde Präsident Ben Ali vertrieben. Jugendliche auf dem Tahir-Platz in Ägypten haben Hosni Mubarak vor Gericht gebracht, in Chile steht Sebastiá Pinera unter Beschuss. Auf dem Rothschild Boulevard in Tel Aviv begehren junge Menschen gegen Benjamin Netanjahu auf.

Diese Jugendproteste speisen sich daraus, dass eine junge Generation Zukunftschancen einfordert, sie will partizipieren, sie will Beruf, sie will Familie, aber sie bekommt dazu nicht die nötigen Chancen. Es geht um einen Kampf gegen die Marginalisierung von Jugend. Sie klagt nicht global an, die nordafrikanischen und europäischen Protestbewegungen fordern individuelle Chancen, den Respekt vor dem Lebensexperiment des Einzelnen. Insofern ist es eine individualistische Sicht, andererseits geht es aber auch darum, dass sie wieder Vertrauen in eine Gesellschaft bekommen müssen, die sie außen vorlässt oder die politisch keine Verantwortung für ihre Zukunft übernimmt.

Die Proteste der Jugend in Nordafrika werden in Deutschland begrüßt, weil es auch um das Ende undemokratischer Regime geht, allerdings auch um wirtschaftliche Interessen. Afrika, London und Paris sind weit weg. Diese Proteste zeigen die sozialen Unterschiede zwischen armen und reichen Ländern auf. Mögliche Lösungen, die für die Jugendlichen Ausbildungsplätze, bezahlte Arbeit und Zukunftschancen bedeuten würden, werden noch auf sich warten lassen. Die nordafrikanischen Demokratiebewegungen werden für die aufbrechende junge Generation noch keine individuellen, also für sie spürbaren Vorteile haben. So schnell lassen sich die Systeme nicht austauschen.

Die jeweilige individuelle Notlage von Jugendlichen ist verbunden mit den europäischen und internationalen Jugendpolitiken. Längst war es an der Zeit, dass sich Jugendliche zu Wort melden und anmahnen, dass ihre Chancen vergessen wurden. Auch in Deutschland bräuchten wir eine noch breitere Protestbewegung, die auf diese Umstände und Zusammenhänge aufmerksam machen würde. Wahrnehmen müssen wir zunächst neben den politisch motivierten Jugendprotesten und den Protesten von Protestlern aus wohlhabenden Familien, dass es auch alltägliche Proteste vieler Jugendlicher und junger Erwachsener gibt. Diese werden zumeist nicht als Kritik oder Hilferuf verstanden, sondern sanktioniert. Dagegen ist heute eine Pädagogik umso mehr gefragt, die auf Ermutigung und Unterstützung bei der Entwicklung eigener Zukunftsperspektiven setzt. Strafen und Repression werden Menschen nicht verändern – es sind vielmehr Zukunftschancen und Sinnangebote.

Sozialpädagogische Antworten

Angesichts der bildungs- und sozialpolitischen Großstrategie, die hier skizziert wurde, ist der Ruf nach mehr Disziplin leider eine fatale Vorausschau dessen, wie Kindheit und Jugend in Europa längst gedacht werden. Als Verfügungsmasse, die einsetzbar ist, Ruhe gibt und sich in den Nischen beteiligt, die im Sinne eines active citizens zum Systemerhalt zugestanden wird. Die Streitschrift „Lob der Disziplin“ ist für dieses Programm eine vorbereitende Pädagogik. Sie passt auf den Ökonomisierungstrend im Bildungs- und Erziehungswesen und bereitet ihm sogar den Boden. Wer große Zweifel an dem Funktionieren einer ökonomisierten Bildung anmahnt, muss eine andere pädagogische Antwort finden. Darum stehen wir vor der Entwicklung eines neuen Entwurfs von Pädagogik, der Demokratie mit dem Auftrag des Schutzes verbindet, ohne paternalistisch zu sein.

Kinder und Jugendliche in den Erziehungshilfen brauchen pädagogisches Denken – als Stärkung ihrer Selbstbestimmung und Partizipation –, und zwar in der Grenzarbeit des Alltags. Sie benötigen Erfahrungen der Selbstwirksamkeit und müssen selbst Grenzen erleben und selbst Grenzen setzen dürfen, auch gegenüber Professionellen.

Nur mit alltäglichen reflektierten Erfahrungen und einem Lernfeld der Aushandlung zwischen der eigenen Autonomie und der Autonomie des Anderen besteht eine Chance für Neuanfänge. Das heißt aber auch, dass Kinder und Jugendliche eine eigene Autonomie aufbauen und erleben können.

Ein pädagogisches Denken versteht sich als Emanzipationsprozess und als Verarbeitung und Bearbeitung alltäglicher Grenzsetzungen. Es ist also nichts Neues, denn Erziehung besteht in Grenzsetzungen. Seit der Debatte um den Missbrauch in Institutionen geht es auch um den Lernprozess, den Professionelle selbst vollziehen müssen. Auch sie müssen erkennen, dass sie Grenzen einhalten müssen, die ihnen von Kindern und Jugendlichen gesetzt werden oder zu denen sie zum Schutz von Kindern verpflichtet sind.

Durch die Anforderung von mehr Disziplin, durch Zwänge, Auflagen und Druck werden keine Lebenschancen und kein Schutz für Kinder und Jugendliche erzielt. Gefragt ist ein besseres Verstehen, welche Schutzbedürfnisse Kinder und Jugendliche haben, welche Schutzräume sie benötigen. Dies kann nur durch eine gemeinsame Entwicklung sicherer, demokratischer und stark machender Orte gehen. Die Erziehungshilfen brauchen in diesem Sinne kein Lob der Disziplin, sondern partizipative Grenz(ver)arbeit(ung) in ihrem Alltag und Personen, die sich dessen bewusst werden und mit Kindern und Jugendlichen alltäglich an dieser großen Aufgabe arbeiten wollen.

Literatur

Albert, Mathias/Hurrelmann, Klaus/Quenzel, Gudrun (2010): 16. Shell Jugendstudie. Jugend 2010. Frankfurt am Main.

Andresen, Sabine (2007): Vom Missbrauch der Erziehung. In: Brumlik, Micha (Hrsg.): Vom Missbrauch der Disziplin. Antworten der Wissenschaft auf Bernhard Bueb. Weinheim und Basel, S. 76–99.

Böhnisch, Lothar/Schröer, Wolfgang (2011): Blindflüge. Versuch über die Zukunft der Sozialen Arbeit. Weinheim.

Brumlik, Micha (1999): Advokatorische Ethik. Zur Legitimität pädagogischer Eingriffe. Bielefeld.

Brumlik, Micha (Hrsg.) (2007): Vom Missbrauch der Disziplin. Antworten der Wissenschaft auf Bernhard Bueb. Weinheim und Basel.

Bueb, Bernhard (2006): Lob der Disziplin. Eine Streitschrift. Berlin.

Dehmers, Jürgen (2011): Wie laut soll ich denn noch schreien? Reinbek.

Hurrelmann, Klaus/Andresen, Sabine (2007): Kinder 2007. 1. World Vision Kinderstudie. Frankfurt am Main.

IGfH (2011): Positionierung der Internationalen Gesellschaft für erzieherische Hilfen (IGfH) zum Abschlussbericht des Runden Tisches Heimerziehung der 50er- und 60er-Jahre.

Rauschenbach, Thomas/Schilling, Matthias (Hrsg.) (2011): Kinder- und Jugendhilfereport 3. Bilanz einer empirischen Wende. Weinheim und München.

Schäfer, Arne/Witte, Matthias D./Sander, Uwe (2011): Kulturen jugendlichen Aufbegehrens. Jugendprotest und soziale Ungleichheit. Weinheim und München.

Schruth, Peter (2011): Ausblicke auf mehr unabhängige Ombudschaft in der Jugendhilfe. In: Forum Erziehungshilfen 17, Heft 5. Im Erscheinen.

Sennett, Richard (1998): Der flexible Mensch. Die Kultur des neuen Kapitalismus. Berlin.

Thimm, Katja (2011): Kinder in Bedrängnis. Überfordern oder überfördern? Eltern im Erziehungsdilemma. In: Der Spiegel, Heft 42, S. 6–74.

Winkler, Michael (1988): Eine Theorie der Sozialpädagogik. Stuttgart.

Wolf, Klaus (1999): Machtprozesse in der Heimerziehung. Münster.

Internetquellen

www.deutscherqualifikationsrahmen.de

III. Teil
Konkretisierungen

Kurt Hekele
Das Konzept „sich am Jugendlichen orientieren“ – revisited 90

Gabriele Kasswan
Die Vermittlung von professioneller Haltung in der Ausbildung von ErzieherInnen – ein Erfahrungsbericht 109

Talibe Süzen
Interkulturelle Standards in den ambulanten Hilfen zur Erziehung 120

Jörn Meyer
Das Erleben der deutschen Wiedervereinigung aus der Perspektive eines DDR-Erziehers 138

Martina Kriener
Familienrat: Haltungen und Struktur als notwendige Voraussetzungen für die Partizipation der AdressatInnen in der Hilfeplanung 145

Marie Dulle
Von den Herausforderungen des Könnens und Wollens – Bedingungen und Haltungen für eine gelingende Zusammenarbeit sozialpädagogischer Fachkräfte und der Kinder- und Jugendpsychiatrie 159

Dirk Nüsken
Children and Residential Experiences – das nordamerikanische CARE-Konzept 169

Martin Stoppel
„Regeln pädagogischer Kunst“ und rechtliche Rahmenbedingungen 185

Diana Düring
Reflexiver Eigensinn – Professionelles Handeln 198

Kurt Hekele

Das Konzept „sich am Jugendlichen orientieren" – revisited

Als wir vor mehr als 25 Jahren die erste Fassung[1] des Konzepts „Sich am Jugendlichen orientieren" (Arendt/Hekele/Rudolph 1986) vorgelegt haben, das in den 80er-Jahren aus der Arbeit des Jugendhilfeträgers „Verbund Sozialtherapeutischer Einrichtungen" e. V. Celle (VSE) heraus entstanden ist, wurde dies als Kritik und Provokation wahrgenommen. Provokation war der Titel, weil er daran erinnerte, was originäre Aufgabe und Ziele der Kinder- und Jugendhilfe sein sollte, und Kritik, weil wir darauf hinwiesen, dass die vorherrschenden Einstellungen von MitarbeiterInnen, ihre Pädagogik und die Organisation der Jugendhilfe gerade diese grundlegende Ausrichtung der Jugendhilfe verhinderten. In der Zwischenzeit hat sich zwar einiges – nicht zuletzt auch durch die Einführung des KJHG und vor allem die Qualifizierung der (individuellen) Hilfeplanung – zum Positiven geändert, aber einiges ist auch gleich geblieben bzw. kommt in modernisierter Form wieder auf, wie z. B. das Interesse an differenzierten Diagnosen, die Rehabilitierung von Zwangselementen, Punktesysteme, Trainings, die auf (schnelle) Verhaltensänderungen setzen und soziale Verhältnisse unterbelichtet lassen. Allen Partizipationsforderungen zum Trotz wird wieder vermehrt *über* statt mit den Betroffenen geredet. Da eine Haltung zu diesen Entwicklungen gefragt ist, macht es Sinn, sich noch einmal des Konzepts „sich am Jugendlichen orientieren" zuzuwenden, da es eines der wenigen Konzepte ist, das eine Form von Parteilichkeit, „Haltungen" und methodische Orientierungen entwickelt und in Übereinstimmung gebracht hat.

Geschichte

Die Entstehungsgeschichte des Konzepts „sich am Jugendlichen orientieren" steht im Zusammenhang mit der Kritik an der Heimerziehung, wie sie in der „Heimkampagne", der „Kleinheim-Bewegung" und den Auseinandersetzungen gegen die Geschlossene Unterbringung (GU) zum Ausdruck kam. Die Forderung des Konzeptes, von den Menschen auszugehen und die Kinder und Jugendlichen in den Mittelpunkt zu stellen, kritisierte, dass allzu oft Trägerinteressen, Planstellendenken, Verwaltungs- und Organisationslogiken bestimmend waren. Die Kritik richtete sich auch gegen ein überzogenes Expertentum und einer damit verbundenen psychologischen und psychiatrischen Diagnostik, die sich für die Praxis als wenig hilfreich erwies und

[1] Inzwischen liegt eine überarbeitete Neufassung vor; vgl. Hekele 2005.

oft mehr „üble Nachrede“ als gesicherte Erkenntnis war. Das alles war Zündstoff und erregte die Gemüter, fand aber auch Anklang bei einigen Fachleuten und bei verschiedenen Initiativen und Trägern, die neue Wege gehen wollten. Dies zeigte sich u. a. in Anfragen bei Projektierungen, Fortbildungen und in der Nachfrage, in Ausbildungen an den Fachhochschulen bzw. in berufsorientierten Kontaktstudiengängen das Konzept zu vermitteln. Vor allem durch die Fort- und Weiterbildungen ergaben sich immer wieder Anregungen, die Erfahrungen zu dokumentieren und das Konzept fortzuschreiben.

Grundhaltung, Offenlassen als Methode

Der Begriff „sich am Jugendlichen orientieren“ deckt so die inzwischen entstandene Reichweite des Konzeptes nicht mehr ausreichend ab und ist mehr symbolhaft zu verstehen. Deshalb finden öfters die Bezeichnungen „sich am Subjekt orientieren“ oder „sich am Menschen orientieren“ Verwendung. Sie werden im Folgenden synonym verwendet. Mit dem Anspruch, von den Menschen auszugehen, sich an einem anderen Menschen zu orientieren, verbinden sich zwei Fragen:

- Welche Haltung ist dazu erforderlich?
- Was heißt dies methodisch?

Die eine Frage bezieht sich auf die innere **Grundhaltung,** die andere auf die **Methode** meines Handelns.

Grundhaltung

Das Konzept „sich am Jugendlichen orientieren“ geht unter der Überschrift „Menschenbild“ davon aus, „dass jeder Mensch ein positives Interesse an sich selbst, an einem gelungenen sozialen Miteinander und insgesamt an einer sinnhaften und sinngebenden Lebensgestaltung hat“ (Hekele 2005, S. 21).

Eine „prinzipiell positive Grundhaltung“ hat für eine gelingende Kommunikation und ein erfolgreiches professionelles Handeln maßgebliche Bedeutung.

Eine „positive Grundhaltung“ zeigt sich durch ein aufrichtiges Interesse an dem anderen Menschen und ein Zutrauen in dessen Fähigkeit, für sich Lösungen finden zu wollen und zu können. Dieses Zutrauen bedeutet weiter, Prozesse der „Selbstbestimmung“ zu akzeptieren und zu fördern. Spricht man von „Selbstbestimmung“ bei Kindern und Jugendlichen, scheiden sich immer wieder die Geister. Da werden Schreckenszenarien ausgemalt: Vernachlässigung der Schule, Gefährdung zukünftiger Perspektiven, „Null-Bock-Haltung“, Abrutschen in die Drogenszene und sonstige chaotische Dinge werden befürchtet. Klare Vorgaben und Regeln seien wichtig. Dagegen wäre zunächst nichts einzuwenden. Es kommt nur darauf an, von wem sie gemacht und vorgegeben werden.

Vorsicht angebracht ist auch bei vordergründigen halbherzigen Helferhaltungen, die Verständnis signalisieren: „Ja, ich versteh genau, was Du meinst“, um dann doch die eigenen Sichtweisen einzubringen und den Jugendlichen subtil zu beeinflussen, im Sinne von „bist du nicht auch der Meinung, dass du dich mit deinem Verhalten gefährdest?“, oder gar aufopfernd einen Teil der Handlungen selbst zu übernehmen: „Ich mach das schon für dich“.

Es mag sein, dass solche und ähnliche „verständnisvollen Aktionen“ oft aus einer positiven engagierten Haltung heraus geschehen. Hinter dem Schein eines positiven Engagements können sich aber durchaus auch andere Haltungen verbergen: die Lust am Bestimmen, anderen zu sagen, wo es langgeht, von den eigenen Sichtweisen allzu überzeugt zu sein und Recht haben wollen oder einfach die Ungeduld, selbstbestimmtes Lernen bei den Kindern und allgemein Selbstbestimmungsprozesse bei anderen Menschen nicht aushalten zu können. All das verhindert die Entwicklung von Lösungskompetenz bei den beteiligten KlientInnen. Damit ist das Zutrauen in die eigenen Fähigkeiten gemeint. Die Freude, selbst eine Lösung gefunden zu haben, wenn auch mit Um- und Irrwegen, ist mindestens genau so wichtig wie die Lösung selbst: Denn „… ohne Selbstbestimmung ist keine Hilfe möglich, jeder Mensch muss eine innere Entscheidung treffen und zustimmen, ob er eine Anregung annimmt oder nicht. Ein Kind, das lange Schule vermieden hat, muss für sich eine Entscheidung treffen, dass es jetzt aufsteht und zur Schule geht. … Man kann das Kind hinfahren, in den Klassenraum tragen, auf den Stuhl setzen und festbinden, eine echte Teilnahme am Unterricht ist damit nicht gegeben. Es muss in einer inneren Entscheidung zustimmen und es wollen. Mit Gewalt kann man Menschen etwas wegnehmen, aber nichts geben. Es gibt auch keinen ‚Psychotropf‘, der das möglich macht.“ (Hekele 2005, S. 22)

Für eine „positive Grundhaltung“ gegenüber anderen Menschen sind folgende Punkte wichtig:

- Ein aufrichtiges wertschätzendes Interesse
- Zutrauen in die selbstverantwortliche Gestaltungsfähigkeit
- Akzeptanz von Prozessen der Selbstbestimmung

Obgleich diese Punkte relativ einfach zu verstehen und grundlegend sind, und ja auch von jedem für sich in Anspruch genommen werden (jede/r möchte, dass ihm/ihr gegenüber so eine Einstellung besteht),werden sie oftmals als

Haltung gegenüber Kindern/Jugendlichen und anderen Betroffenen angezweifelt:

- Ist denn jemand, der sich in belastende Widersprüche verwickelt hat, überhaupt in der Lage, angemessene Lösungen für sich zu finden; dieselbe Person, die sich in ein Schlamassel gebracht hat, soll nun plötzlich einen Qualitätssprung machen? Ja, wer denn sonst?
- Wo bleibe ich als Gesprächspartner mit meiner Meinung? Sind mein Wissen und meine Lebenserfahrung nicht wichtig? Wir haben als Eltern/PädagogInnen doch auch Verantwortung usw.

Das sind sehr berechtigte Fragen, die sich aber überraschend einfach beantworten lassen. Der Begriff „Orientieren“ im Konzept ist bewusst gewählt. Er gibt die Richtung meiner Aufmerksamkeit an, verlangt aber nicht, dass ich meine Meinung hinter dem Berg halte oder gar den Ereignissen unterordne. Natürlich sind meine eigenen Erfahrungen als helfender Gesprächspartner und meine Sicht der Dinge eine wichtige Ressource, die den Betroffenen zur Verfügung stehen sollte. Es kommt lediglich auf den Zeitpunkt an, an dem sie eingebracht werden. Zeitdruck, die Erwartung einer schnellen Lösung oder vielleicht die Freude an den eigenen Einfällen verführen dazu, seine Gedanken und Vorschläge frühzeitig mitzuteilen. Das nimmt den Betroffenen die Möglichkeit, ihre eigenen Sichtweisen zu entwickeln. Es gibt in jedem Prozedere günstige Zeitpunkte, seine Sicht der Dinge unterzubringen, Stellung zu beziehen und auch kritische Einschätzungen abzugeben; solche Zeitpunkte lassen sich nicht genau festlegen, liegen aber in der Regel zeitlich weit hinter den ersten Impulsen, dies tun zu wollen. Zuerst müssen die Betroffenen ihre Sicht und ihr Empfinden ausreichend darlegen können. Das schafft Vertrauen und das Gefühl, verstanden zu werden (auch wenn ich selbst noch wenig oder nicht alles habe). Erst danach ist es angebracht, eigene Einschätzungen einzubringen. In der Regel fordern dies dann die Betroffenen selbst ein. Bis dahin muss, auch wenn es schwerfällt, die Spannung ausgehalten werden, muss die Situation offengehalten werden. Sich dann aber weiter zurückhalten, hieße die Betroffenen alleine zu lassen. Es wäre unverantwortlich, fahrlässig und Ausdruck einer Laisser-faire Haltung, die mit dem Konzept „sich am Jugendlichen orientieren“ nicht vereinbar ist.

„Offenlassen als Methode"

Offenlassen heißt, einen Prozess zuzulassen mit Um- und Irrwegen, ohne korrigierend einzugreifen, ohne Hinweise auf zu erreichende Ziele, auch nicht, wenn dies in bester Absicht und sehr verständnisvoll gemeint ist.

Die Forderung ist: „Halte dich zurück, halte dich raus, lass zu und traue zu; vertraue auf die Fähigkeiten und vor allen Dingen darauf, dass sich Fähigkeiten entwickeln können." Dieser methodische Aspekt hat sehr viel zu tun mit Akzeptanz und prinzipiellem Vertrauen in die Fähigkeit der Selbstbestimmung und Eigenverantwortung. Im weitesten Sinne hängt dieser Begriff sehr stark mit einer demokratischen Grundeinstellung zusammen.

„Offenlassen" ergab sich als Begriff über die immer wieder gemachten Aussagen, wie schwer es sei, Lösungssuche beim „anderen" zuzulassen und vor allem dann auszuhalten, wenn nach eigener Meinung wichtige Dinge übersehen werden. Es drängt Berater und Gesprächspartner dazu, dieses „Wichtige" irgendwie unterzubringen durch entsprechendes Nachfragen, Hinweise geben, erstrebenswerte Ziele hervorzuheben oder das Einbringen eigener Erwartungen.

„Offenlassen" gilt sowohl im kollegialen Umgang für die kollegiale Beratung als auch im Umgang mit den Kindern und Jugendlichen. Es sei oft schwer, mit anzusehen, dass z. B. Jugendliche in ein paar Monaten in Schule und Lehre eine Prüfung haben, sich aber in keiner Weise vorbereiten und ihre Zeit vertrödeln. Es wird dann versucht, zu „motivieren", d. h. die Jugendlichen zu überreden, zu beeinflussen, unter Druck zu setzen, ihnen zu erklären, wie wichtig ein Lehrabschluss für ihren weiteren Werdegang ist. Die Vorgehensweise zeigt jedoch in den seltensten Fällen Erfolg. Die von den Betreuern nahegelegten Ziele werden nicht erreicht, und die Enttäuschung ist bei den Betreuern oft größer als bei den Betroffenen selbst.

Das Nichterreichen solcher Ziele wird dann auch als Misserfolg ihrer Tätigkeit gewertet. Je mehr Zielvorgaben vorhanden und je selbstverständlicher diese sind, desto weniger offen ist die Situation zur eigenständigen Gestaltung und Bewältigung. Ziele vorgesetzt zu bekommen, immer gesagt zu bekommen, was richtig und falsch ist und wo es langgeht, belastet und macht klein, bringt Gefühle der Unfähigkeit und der Minderwertigkeit. Für die, die es erfahren müssen, heißt dies nichts anderes als „Ich weiß nichts, die anderen wissen es" oder umgekehrt – von der Seite der anderen her betrachtet – „Ich weiß, was richtig für dich ist, du weißt es nicht, weil du noch zu klein, zu unerfahren, zu dumm bist".

In solchen Beziehungen haben Kinder/Jugendliche wenig Chance, sich zu erfahren, ihre Fähigkeiten zu entwickeln und zu erproben. Es bleibt ihnen oft nichts anderes übrig, als auszuweichen, zu verweigern, massiv in Widerspruch zu gehen und dies auch eindringlich zu demonstrieren, z. B. über Kleidung, Haartracht, Gestaltung des eigenen Zimmers, Musik, Zuordnung zu politischen Richtungen oder Subkulturen nicht selten im krassen Gegensatz zu den Eltern: Nur in der radikalen Opposition können sie dann Eigenständigkeit zeigen.

Das eigentliche Übel ist, Erwachsene (Eltern oder Betreuer, aber auch Kollegen oder Lebenspartner) um sich zu haben, die immer schon wissen, „wo es langgeht". So gut Informationen und Ratschläge auch gemeint sein mögen, sie nehmen prinzipiell Erfahrungs- und Erprobungsraum. Nicht das Mitteilen erstrebenswerter Ziele ist wesentlich, sondern die Fähigkeit, Ziele zu entwickeln, für sich selbst Ziele zu erarbeiten, sie anzustreben, sie eventuell aufzugeben und sich neue Ziele zu setzen.

Die Methode des „Offenlassens" ist im Grunde eine einfache und Erfolg versprechende Methode. Dennoch stellt sich immer wieder heraus, dass ihre Anwendung vielen sehr schwerfällt. Besonders folgende Punkte sind hinderlich:

- Die Schwierigkeit, Informationen und Wissen zurückzuhalten, um anderen, z. B. Kindern, eine Chance zu geben, dies selber zu erfahren, zu erarbeiten und zu erkennen.
- Die Angst vor Spätfolgen in der Zukunft, wenn jetzt bestimmte Leistungen nicht erbracht werden.
- Sich in diesem Prozess des „Offenlassens" unwissend und hilflos zu fühlen, vor allen Dingen jedoch die Angst, von außen so gesehen zu werden.
- Im professionellen Bereich der Druck, sichtbare Erfolge vorweisen zu müssen.
- Hierarchische Strukturen und die darin eingebundene persönliche Verantwortung (Weisungsgebundenheit).
- Die bewusste Einstellung, dass für die Vermittlung wichtiger Dinge Vorgaben, Anweisungen und deren Umsetzung notwendig sind.
- Die naturwüchsige Selbstverständlichkeit und Gewohnheit, sich selbst als Maßstab zu setzen.
- Die Lust am Vermitteln, „wo es langgeht", die damit verbundene Selbstaufwertung, das Gefühl der Wichtigkeit, aber auch einfach die Lust an Machtausübung. Das in der Gesellschaft vorherrschende Menschenbild, wo das Bestimmen von Menschen über Menschen, aber auch von Strukturen und Sachzwängen über Menschen, vorherrschend ist und wo natürlich „Offenlassen" im Sinne von Zulassen, selber entwickeln und bestimmen lassen, schwer denkbar ist.

Die Methode des Offenlassens bezieht sich – das muss hier eingrenzend erwähnt werden – auf eine bestimmte Phase des professionellen und auch allgemeinen zwischenmenschlichen Umgangs. Es handelt sich hier um ein Zurechtrücken von Schwerpunkten, um die Aufhebung einer Verkürzung oder Vernachlässigung, nicht um eine weitgehende oder gar ausschließliche Anwendung dieses Prinzips. Dann nämlich könnte „Offenlassen“ zum „Überlassen“ und „Alleinlassen“ werden. Wichtig ist hier die zeitliche Reihenfolge: Zu einem späteren Zeitpunkt kann es durchaus notwendig sein, Standpunkte zu beziehen, Ziele zu betonen und sich auch offensiv auseinanderzusetzen.

Handlungsorientierungen: „Offenlassen“

- Halte dich zurück
- Lasse zu, traue zu
- Stelle öffnende Fragen (Wie/Was-Fragen)
- Lass Gedankengänge und Entwicklungen zu (auch, wenn sie nicht mit deinen übereinstimmen)
- Unterstütze solche Entwicklungen durch Nachfragen

Eine „positive Grundhaltung“, um darauf zurückzukommen, kann nicht als selbstverständlich vorausgesetzt werden. Man muss dafür etwas tun, sich diese Haltung als reflektierte Einstellung aneignen und sie dann noch glaubwürdig spürbar leben.

Dabei kommt man nicht darum herum, seine vorhandenen Einstellungen, das biografisch gewachsene „persönliche Konzept“, das jeder in sich hat, mit seinen ideologisch durchsetzten Normen und Werten zu hinterfragen und hinterfragen zu lassen.

Solches Hinterfragen(lassen) ist aber nicht üblich und auch nicht einfach. Es löst oft beleidigte Betroffenheit und Unmut aus, führt zu Gegenwehr und Rechtfertigung. Kritische Klärungen werden gerne umgangen. Die „persönlichen Konzepte“ setzen sich dann immer wieder durch. Dies kann zu massiven Konflikten führen. Solche Konflikte können dann aber bei Weitem belastender sein als ein kontrollierter „Kritischer Diskurs“.

Wir haben uns während der Entwicklung und Nutzung des Konzepts jahrelang damit beschäftigt, wie man einen solchen kritischen Diskurs gestaltet, vor allem, wie man angemessen kritisiert, bis wir merkten, dass wir auf der falschen Fährte waren. Denn es führte bei den Kritikübenden oft zu einem „Eiertanz“ der Vorsichtigkeit, zu einem „Darum herumreden“ oder zu vorauseilenden Entschuldigungen. Erst recht spät wurde uns klar, dass ein

„Kritischer Diskurs“ ja eine zweiseitige Angelegenheit ist. Auch der Kritisierte muss bereit sein, sich auf einen solchen Diskurs einzulassen. Ja, mehr noch, er oder sie sollte sich freuen und dankbar sein, dass ein anderer Mensch sich mit wohlwollender und wertschätzender Aufmerksamkeit diesem Diskurs widmet und daraus durch konkretes Nachfragen optimalen Nutzen ziehen.

Die Aufarbeitung solcher Erfahrungen führte dann zu konkreten Handlungsorientierungen, wie sie unten in der Tabelle dargestellt sind. Sie sind eine wichtige Hilfe für die Gestaltung eines „Kritischen Diskurses“ geworden (vgl. Hekele 2005, S. 140 ff.)

Handlungsorientierungen „Kritischer Diskurs“

Kritik üben	Kritik annehmen
⇨ Konkret, themenbezogen!	⇨ Vermeide Rechtfertigungen!
⇨ Wertschätzend!	⇨ Frage konkretisierend nach! (Was/Wie-Fragen)
⇨ Gib alles, halte nichts zurück!	⇨ Nimm alles: Nutze die Kritik und sei dankbar!

Von der Grundhaltung zur Methode

Nach dem Konzept „sich am Jugendlichen orientieren“ bilden Grundhaltung und Methode eine Einheit. Methoden müssen von einer positiven Grundhaltung getragen werden. Ist das nicht der Fall, laufen Methoden Gefahr, zur anonymen Technik zu verkommen. Im Folgenden sollen die wichtigsten methodischen Vorgehensweisen des Konzeptes erläutert werden.

Zuwendung

Zuwendung ist Ausdruck einer positiven Grundhaltung. Positive Zuwendung ist ein Zeichen von Akzeptanz und schafft Vertrauen. Sie stellt sich her durch Art der Ansprache, zugewandte Körperhaltung etc. Auch das Arrangement der äußeren Bedingungen spielt eine Rolle: Sitzordnung, Zeit, Vermeidung von Störungen (Telefon), räumlicher Abstand, mit oder ohne Tisch etc.

Zuhören

Beim Zuhören wird das Zusammenspiel von Grundhaltung und Methode besonders deutlich. Ich kann unterschiedlich zuhören: selektiv, oberflächlich, mich nebenher mit anderen Dingen und Gedanken beschäftigen oder aktiv mit „wertschätzendem Interesse".

Ereignisschilderung

Die „Ereignisschilderung" ist der konkrete verbale Einstieg und bezieht sich auf die Darstellung von Vorfällen, Erlebnissen und Sachverhalten, bei denen man noch wählen kann, wie weit man sein Anliegen mitteilen möchte. Es ist nicht möglich, mit seinem Anliegen sofort auf den Punkt zu kommen. Dies hat vielfältige Gründe. Das Anliegen ist in seiner Vollständigkeit, in seiner Tragweite und in seinem Tiefgang evtl. noch gar nicht so umfassend bewusst. Es ist verbunden mit emotionalen Belastungen, Betroffenheit und Unsicherheit.

Ereignisschilderungen können unterschiedliche Bedeutung haben:

- Ereignisse lassen sich einfach schildern. Daher sind sie gut geeignet, um ins Gespräch zu kommen und eine Vertrauensbasis zu schaffen. Das Beschreiben von Ereignissen lässt noch die Wahl zu, wie viel ich von meinem Anliegen mitteilen möchte und inwieweit ich meinem Gegenüber trauen kann.
- Ereignisse sind andererseits immer auch Träger des eigenen Anliegens und es ist deshalb nicht möglich, Dinge völlig neutral zu schildern, ohne etwas von seinen inneren Beweggründen zu offenbaren.

Als Träger des „Anliegens" haben die Ereignisse eine wichtige Funktion. Sie signalisieren in den Schilderungen immer wieder die verschiedenen Bedeutungen des Anliegens. Es ist notwendig, Ereignisse mit „Bedeutungsgehalt" aufzugreifen, um sich dem Anliegen zu nähern.

Bedeutungsträger

In der Anwendung des Konzeptes „sich am Jugendlichen orientieren" haben „Bedeutungsträger" eine äußerst wichtige Funktion erlangt. Schon bei den Ereignisschilderungen fällt auf, dass bestimmte Themen und Aussagen einen höheren Bedeutungsgehalt haben als andere. Bedeutungsträger bekommen ihre Bedeutung durch ihre Beziehung zum „Anliegen".

Über die Bedeutungsträger lässt sich ein Gespräch von den zunächst mehr allgemein gehaltenen Ereignisschilderungen auf zentralere Punkte eingrenzen und vertiefen. Sie machen eine erste inhaltliche Strukturierung des Gesprächs möglich. Es ist oft beeindruckend, wie schnell dann Wesentliches zur Sprache kommt. Und vor allem ist es eine inhaltliche Bestimmung, die durch ein zentrales Anliegen der Betroffenen erfolgt und nicht durch eine Fremdeinschätzung.

Bedeutungsträger lassen sich durch Folgendes erkennen:

- Verwenden bestimmter ausdrucksstarker Wörter und Sätze.
- Körperliches Ausdrucksverhalten (Bewegungen mit Beinen, Händen, Armen, aufstehen, abwenden, zuwenden, Gesichtsfarbe wechseln, Mimik etc.)
- Veränderung in der Sprache (schneller, langsamer, schweigen …)
- Ausgrenzen (um ein bestimmtes Thema herumreden)

Es bedarf allerdings einer gewissen Übung, Bedeutungsträger zu erkennen und methodisch angemessen damit umzugehen.

Hier ein Beispiel: Äußerungen aus einer Ereignisschilderung

(Betroffener Alex, Gesprächspartner XY)

Alex:

„Ich kann das nicht mehr so stehen lassen“
„Es kann einfach so nicht bleiben“
„Es muss sich was tun“
„Ich muss anders damit umgehen“
„Ich muss mein Ding machen, meine Linie finden“

(die Aussagen erfolgen mit fahrigen, etwas hektischen Körperbewegungen und schneller werdendem Sprechen)

XY: „Wie kannst Du so noch weiterarbeiten?“

Alex (etwas unwillig)**:** „Wieso weiterarbeiten? Ich hab doch schon gesagt, dass es so nicht weitergehen kann.“

Kommentar: XY hat wichtige Bedeutungsträger nicht aufgegriffen und konkretisiert.

Zentraler Bedeutungsträger wäre in diesem Fall der Hinweis auf eine Veränderungsnotwendigkeit: „Ich muss etwas verändern.“

Die entsprechende konkretisierende Frage könnte dann z. B. lauten: „Was musst Du verändern?“ (An diesem Thema/Bedeutungsträger müsste dann der Gesprächspartner „dranbleiben“.)

Konkretisieren

„Konkretisieren“ ist ein Vorgang, der ein weitergehendes Beschreiben von Ereignissen, Gedanken, Gefühlen, Lösungsvorstellungen zulässt, ohne sie zu kommentieren und zu bewerten. Dazu eignen sich am besten „offene Fragen“ (Wie? Was? Welche? Wo? Wann? …)

Andere Fragen, nach dem Warum, alternative Ja/Nein-Fragen oder gar rhetorische Fragen „Meinst Du nicht auch …?“ grenzen ein und sind zu vermeiden.

Drei Orientierungs-Bereiche

Wie macht man das, „sich am Menschen orientieren“? An was soll ich mich eigentlich orientieren? Das Konzept nennt drei Orientierungs-Bereiche:

Erstens „Verbale Äußerungen“

Hier geht es um alles, was jemand sprachlich mitteilt. Dazu gehören Willensäußerungen, Absichtserklärungen, Zielsetzungen, Planungen, inhaltliche Ausarbeitungen, Stellungnahmen. Sie können mündlich oder auch schriftlich geäußert werden.

Zweitens „Verhaltens-Äußerungen“

Hier geht es um Gefühle, emotionale Haltungen und Beziehungen, wie sie über bestimmte Verhaltens-Äußerungen zum Ausdruck kommen.

Dazu gehören Mimik, Gestik, Art des Sprechens, Befindlichkeitsäußerungen der Freude, der Belastung oder Aggression etc. Dazu gehört auch ein über längere Zeit andauerndes Gesamtverhalten.

Drittens „Äußere Bedingungen“

Die „äußeren Bedingungen“ richten sich auf die Lebensbedingungen. Dazu gehören Familien- und Wohnverhältnisse, Bedingungen des Lernens, Schulstrukturen, Ämter und Institutionen, Zugehörigkeit zu Gruppen, Verankerung im Stadtteil, Gender-Aspekte, Einkommen, Armutsverhältnisse und im weitesten Sinne die gesellschaftlichen Bedingungen.

Diese drei Bereiche sind nicht additiv, sondern als *Teile eines Ganzen* zu sehen, die – so die methodische Forderung – *„gleichwertig“* und *„gleichzeitig“* einzubeziehen sind. Dies ist gewissermaßen das wichtigste methodische Prinzip, das Kernstück des Konzeptes. (Handlungs-)Praktische Probleme entstehen immer durch Widersprüche zwischen den drei Bereichen und dadurch, dass die drei Bereiche unterschiedlich gewichtet und im praktischen Handeln einzeln „abgearbeitet“ werden. In der Regel dominiert ein Bereich, andere werden vernachlässigt oder sie geraten zu unterschiedlichen Zeitpunkten in den Fokus der Betrachtung.

> Dazu einige Beispiele:
>
> Schulschwierigkeiten werden oft als fehlender Lernwille der Kinder gesehen (erster Bereich) und dabei möglicherweise emotionale Belastungen (zweiter Bereich) übersehen. Es könnte aber auch sein, dass die Bedingungen des Lernens, z. B. der Unterricht eines Lehrers oder die Situation im Elternhaus, besonders miserabel sind (dritter Bereich).
>
> Das ESF-Programm „Schulverweigerung – die 2. Chance“ sieht die zunehmende Schulverweigerung (betroffen sind 300 000–500 000 Kinder) vorrangig in der entwicklungspsychologischen Situation der Kinder. Das Schulsystem, so die implizite Aussage, trifft keine Schuld, soll also nicht infrage gestellt werden. Die „äußeren Bedingungen“ werden also ausgeblendet. Es dominiert eine psychologische Individualisierung (zweiter Bereich). Das Prinzip der „Gleichwertigkeit“ wird verletzt.
>
> Bei Straftaten Jugendlicher liegt z. B. die Gerichtsverhandlung zeitlich im Durchschnitt 13 Monate hinter der erfolgten Tat. Hier wird das Prinzip der „Gleichzeitigkeit“ verletzt. Chancen der Einsicht durch Nähe zur Tat reduzieren sich.

- *Die Wichtigkeit der „äußeren Bedingungen“*
  Die „äußeren Bedingungen“ sollen in den Klärungsprozess mit einbezogen werden und zwar „gleichwertig“ zu den individuellen Widersprüchen und methodisch „gleichzeitig“ zu diesen. Das heißt im Klartext, sich mit diesen Bedingungen auseinanderzusetzen, sich ggf. mit den Institutionen, die die „äußeren Bedingungen“ repräsentieren oder setzen, anlegen. Hier wird das Konzept politisch. Davor drücken sich die helfenden Systeme gerne, weil sie sich nicht trauen, Auseinandersetzungen nicht aushalten und Nachteile für sich selbst befürchten. So wurden z. B. die Erfolgsaussichten des oben beschriebenen ESF-Programmes infrage gestellt, aber trotzdem wurden – unter Akzeptanz der kritisierten Vorgaben – Projekte von Trägern übernommen. Damit bleiben aber die (Schul-)Schwierigkeiten, die so vermutlich zu keiner Lösung oder Veränderung der Situation führen werden, individuelle Probleme der Betroffenen.

- *Die besondere Bedeutung, verbale Äußerungen – Verhaltens-Äußerungen – äußere Bedingungen „gleichwertig“ und „gleichzeitig“ zu berücksichtigen*

  Verbale Äußerungen, Verhaltens-Äußerungen und äußere Bedingungen „gleichwertig“ und „gleichzeitig“ zu berücksichtigen, stellt eine sehr herausfordernde methodische Anweisung dar, wird doch verlangt, einerseits die inhaltlichen Aussagen wahrzunehmen, gleichzeitig aber auch auf die Emotionen und die jeweiligen Bedingungen, unter denen das Handeln stattfindet, zu beachten und dies ohne persönliche Präferenzen, also mit gleicher Wertigkeit.

  In der Praxis erfolgen in der Regel unterschiedlich Gewichtungen. Die einen klammern sich an die direkten „verbalen Äußerungen“. Sie suchen Lösungen über Einsicht und Vernunft, formulieren Ziele, treffen Vereinbarungen, stellen Regeln auf und sind dann enttäuscht, wenn dies nicht funktioniert. Es kann aber nicht funktionieren, wenn Emotionen und Beziehungen zu kurz kommen.

  Andere dagegen befassen sich nun gerade besonders mit den emotionalen Befindlichkeiten und Beziehungen und bleiben vorrangig auf der psychologisierenden und individualisierenden Ebene. Sie vernachlässigen die Klärung von Inhalten und die „äußeren Bedingungen“. Es ist manchmal unerträglich, wenn berechtigte inhaltliche Widersprüche zum persönlichen, gleichsam therapeutischen Problem umdefiniert werden.

  Manche Personen überbetonen dagegen die „äußeren Bedingungen“ und neigen dazu, Problemlagen vorrangig „gesellschafts-politisch“ zu interpretieren. Sie vernachlässigen nicht nur den persönlich subjektiven Bereich, sondern entwerten auch wichtige persönliche Belange als unpolitisch. Besonders, wenn solche Sichtweisen zum normativen Referenzrahmen werden, haben individuelle Sichtweisen und Empfindungen kaum noch eine Chance. Es bedarf dann schon einer beachtlichen persönlichen Courage, um die eigene „Willensäußerung“ gegenüber solchen „äußeren Bedingungen“ kundzutun.

  Es zeigen sich i. d. R. unterschiedliche Gruppierungen, die sich arbeitsteilig verhalten und in Bezug auf die drei Bereiche unterschiedliche Präferenzen haben. Die methodische Anweisung der „Gleichwertigkeit“ und „Gleichzeitigkeit“ „zwingt“ dagegen zu einer angemessenen Gewichtung, qualitativ und zeitlich.

  Die Grafik zeigt die Systematik des Konzeptes im Überblick:

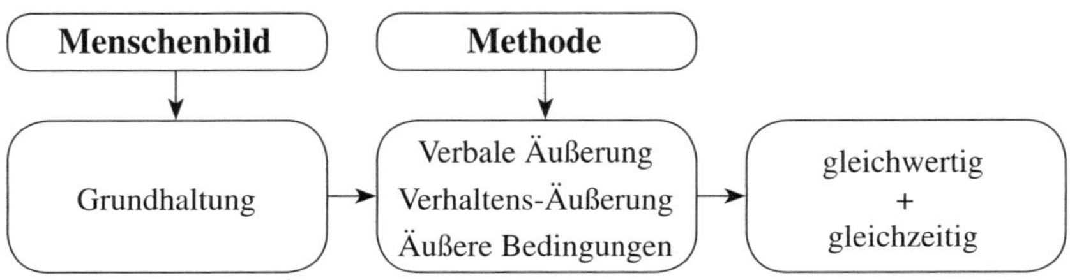

Druck machen oder bedrängen

„Druck machen" ist PädagogInnen und Eltern geläufig; damit sind Forderungen gemeint, die von „außen" „druckvoll" an eine Person gestellt werden, ohne Chancen der Einsicht und des Begreifens, z. B. mit Wenn-dann-Sätzen: „Wenn du das nicht einhältst, dann erfolgt …", wie das ja oft in Familien oder in der Schule der Fall ist. *„Bedrängen"* dagegen heißt, mit den selbstproduzierten und selbstformulierten Widersprüchen zu konfrontieren. Dies hat den Vorteil, im Grunde nicht ausweichen zu können. Es bietet auch keine Grundlage, sich aggressiv gegen den „Bedränger" zu wenden, denn es sind ja die eigenen, selbst formulierten Widersprüche, im Gegensatz zu „Druck machen", wo es um „fremde" Ansprüche geht und in der Folge dann oft massive Aggressionen zu beobachten sind.

Durch das *„Bedrängen"* kommen die Betroffenen in eine emotional ambivalente Situation. Sie wollen zwar einerseits ihr Thema bearbeiten, möchten aber andererseits den sichtbar werdenden Widersprüchen auch gerne aus dem Wege gehen. („Eigentlich ist das auch nicht so schlimm, es sind auch schon Verbesserungen eingetreten.") „Dranbleiben" an den Widersprüchen, die sich aus den „Bedingungsdreieck" (verbale Äußerungen, Verhaltens-Äußerungen, äußere Bedingungen) ergeben, ist hier die methodische Forderung.

Für die Prozesse des „Dranbleibens" und „Bedrängens" ist ein weiterer methodischer Schritt des Konzeptes sehr hilfreich: „im System des anderen bleiben". Damit ist gemeint, dass genau und präzise die Äußerungen verwendet werden, die von den Betroffenen selbst gesagt wurden, möglichst mit derselben Wortwahl. Ungenaue Wiedergaben oder gar eigene Sichtweisen und Kommentare erleichtern das Ausweichen. Die Methode „im System des anderen bleiben" hat einen beachtenswerten Vorteil. Durch die reine Wiedergabe einer Problemschilderung kann das Problem selber nicht schlimmer werden. Diese Aussage ist deshalb wichtig, weil manche GesprächspartnerInnen eine Scheu haben, an heiklen Themen „dranzubleiben".

Zentralorientierungen

Unter „Zentralorientierung" wird eine Bündelung auf das Wesentliche verstanden. Es wird von der Psycho-Logik her angenommen, dass Menschen nicht beliebig viele Probleme nebeneinander haben, sondern dass immer ein Anliegen „zentral" bestimmend ist und andere überlagert. „Zentralorientierungen" ergeben sich durch Konkretisierungen der Widersprüche aus den drei Orientierungsbereichen. Es wird im Konzept unterschieden zwischen

- Zentralorientierung der Erkenntnis und
- Zentralorientierung des Handelns

Diese Unterscheidung entstand durch die Erfahrung aus der Praxis, dass das Erkennen von Problemzusammenhängen noch nicht, was ja eigentlich selbstverständlich sein sollte, zu Lösungshandlungen führt. Mit der Freude an der Erkenntnis ist der Prozess oft abgeschlossen. Es bedarf dann neuer Anstrengungen, um zu „Zentralorientierungen des Handelns“ zu kommen, was das Wesentliche des als Handlungskonzepts entwickelten Konzepts „sich am Jugendlichen orientieren“ darstellt. Sich die Welt nur zu erklären, reicht nicht aus.

Der Begriff der „Zentralorientierung“ ist ein wichtiger Leitbegriff geworden. Er wird im Konzept kritisch dem Begriff der „diagnostischen Erklärung“ gegenübergestellt. Solche diagnostischen Erklärungen sind von „außen“ getroffene Fremdeinschätzungen. Dass Menschen versuchen, das Verhalten anderer Menschen einzuschätzen und zu bewerten, ist ja inzwischen auch schon in der Alltagskommunikation zur Unsitte geworden. Diese Fremdbeurteilungen sind meist unangenehm verunsichernd, können Unwillen und teilweise Aggressionen auslösen. Sie wirken stigmatisierend und vermitteln für die Betroffenen wenig konstruktive Handlungsimpulse.

„Zentralorientierungen“ sind Ergebnisse selbstbestimmter Erkenntnisprozesse, deren innere Federführung die Betroffenen selbst haben. Dieses Vorgehen erhöht die aktive Bereitschaft bei den Betroffenen, für sich Lösungen zu finden und diese umsetzen zu wollen.

Persönliche Gedanken und Erfahrungen

Von zentraler Bedeutung im Konzept „sich am Jugendlichen orientieren“ ist der Subjektgedanke, der von selbstverantwortlichen Menschen ausgeht. Dass dies hervorzuheben überhaupt notwendig ist, liegt daran, dass die Menschen in unserer Gesellschaft eben nicht im Mittelpunkt stehen und dass menschliche Bedürfnisse zu kurz kommen. Intuitiv wissen die meisten Menschen dies auch, aber können sich kaum vorstellen, wie es anders sein könnte, zumal z. B. in der Werbung gerne der Mensch in den Mittelpunkt gerückt und vermarktet wird. So verkündet einer der größten Elektronik-Riesen: „Der Mensch steht im Mittelpunkt ist nicht nur ein Schlagwort, sondern gelebte Firmenkultur im Unternehmen S.“, dem es natürlich darum geht, zu verkaufen und Profite zu erwirtschaften.

Im Konzept „sich am Subjekt orientieren“ wird gefordert, die „äußeren Bedingungen“, also die Lebensbedingungen, verbindlich und systematisch in das eigene pädagogische Handeln einzubeziehen. Das kann dann bedeuten, dass sich in manchen Situationen eben diese Bedingungen ändern müssen und nicht die Menschen – dies die politische Bedeutung des Konzeptes, was eine besondere Herausforderung darstellt. Um hier nicht Illusionen aufzusitzen, ist näher auf die konkreten helfenden Prozesse einzugehen:

Helfende Prozesse finden im Wesentlichen als Kommunikation zwischen den betroffenen Adressaten und den Fachkräften statt. Ereignisse, die nun eine Veränderung der „äußeren Bedingungen“ und ein entsprechend offensives Vorgehen notwendig machen, sind von den hier beteiligten Menschen alleine nicht zu lösen. Hier sind die Institutionen und Träger gefragt, in deren Rahmen die Prozesse stattfinden. Sie haben andere Möglichkeiten, solidarisch unterstützend zur Seite zu stehen. Die meisten Träger sind diesbezüglich aber eher wenig glaubwürdig, auch wenn sie gerne das „Menschliche“ in ihren Konzepten hervorheben. Es dominieren andere Interessen: Sicherung von Marktanteilen, Suche nach neuen Hilfe-Feldern, Finanzierungsfragen etc. Für ein inhaltliches Engagement oder gar für offensive Parteilichkeit bleibt nur wenig Raum. Häufig werden auch Nachteile in der Zusammenarbeit mit den Kostenträgern befürchtet. Das gilt inzwischen auch für einige Einrichtungen, die sich ursprünglich als „Alternative“ verstanden haben und inhaltlich neue Wege gehen wollten. Tatsächlich sind die Befürchtungen auch berechtigt. Ich kann belegen, dass engagierte Einsätze für die Adressaten bis hin zu, im Sinne der Betroffenen positiven gerichtlichen Klärungen, die Zusammenarbeit vonseiten der Kostenträger beendete.

Ohne ausreichenden Rückhalt – über Träger und eine kritische Öffentlichkeit – in Bezug auf die zu verändernden Bedingungen besteht das Risiko, dass die Schwierigkeiten der Betroffenen wieder als deren persönliches Problem individualisiert werden. Die Fachkräfte, hier dann hauptsächlich auf sich allein gestellt, kommen in ein Dilemma. Es bleibt ihrem Engagement überlassen, wie sie dieses bewältigen. Nicht selten geschieht dies durch Mehrarbeit. Hier kann Engagement leicht zur Selbstausbeutung werden. Dies kann man als Kalkül vielleicht nicht unterstellen, aber andererseits wird es auch oft hingenommen. Es entspräche einer allgemeinen Tendenz zur unentgeltlichen oder gering bezahlten Arbeit.

Hier wird ein besonderer Widerspruch, dem die MitarbeiterInnen ausgesetzt sind, der sich aber auch zwischen Individuen und Gesellschaft zeigt, deutlich. Die Umsetzung einer konsequenten Subjektorientierung, als ein für eine gelingende Pädagogik wichtiger Inhalt, hängt wesentlich von individueller Bereitschaft und persönlichem Engagement ab. Dieses Engagement ist zudem eine freiwillige Leistung. Sie wird finanziell nicht und ideell kaum honoriert.

Erschwerend kommt hier ein Widerspruch zwischen Anspruch und Wirklichkeit hinzu. Was in den Konzepten oft wohlklingend formuliert wird, ist in der Praxis meist nicht uneingeschränkt einlösbar. Dennoch werden diese Ansprüche aufrechterhalten und über Tagungen, Fortbildungen und in durchaus attraktiven Vorträgen eher noch erweitert und erhöht. Inhalte können hier dann leicht Alibifunktion haben. Dies verweist auf einen generellen Widerspruch zwischen Theorie und Praxis. In der Jugendhilfe gibt es einen beachtlichen theoretischen Überbau und zunehmend wissenschaftlich gewonnenes Wissen, dessen Bedeutung für die Praxis aber dennoch gering bleibt. So haben z. B. wissenschaftliche Begleitforschungen, selbst bei groß angelegten Projekten, kaum Einfluss auf weitere Projekte. Einrichtungen starten ihre Projekte in der Regel ohne jeglichen Bezug zu vorhandenen Forschungsergebnissen. Was aber sicher jedesmal neu entsteht, ist ein weiterer Anspruchsdruck, der an die Praxis weitergegeben wird und die oben genannten Ansprüche erhöht. Natürlich möchte ich „Wissenschaft" hier nicht generell in ihrer Bedeutung infrage stellen; mir geht es hier um ein Missverhältnis zu den konkreten helfenden Prozessen und praxisnahen Organisationsformen. Sie sind mit vielfältigen und teilweise sehr hohen Ansprüchen konfrontiert, erfahren aber zu wenig Aufmerksamkeit. In diesem Bereich der „helfenden Prozesse" müsste deutlich mehr in direkte und auch begleitende Leistungen (Fort- und Weiterbildung, fachliche Beratung usw.) investiert werden. Dies ist aber eindeutig nicht der Fall, sondern in diesen Bereichen wird eher gekürzt. Inhalte bleiben dann eben auf der „Verkündigungsebene" und so zerbröckeln in der Praxis die „neuen Inhalte" sehr schnell und gewohnte Routinen setzen sich wieder durch.

Wenn die Forderung, „von den Menschen ausgehen" in der Sozialarbeit und auch in der Schule, keine leere Floskel und Glanzpapierforderung sein soll, dann kann man die Umsetzung nicht der Zufälligkeit des individuellen Engagements überlassen. Sie muss auf einer breiten kollektiven Grundlage in den Organisationen und auch im Sinne eines gesellschaftlichen Grundkonsenses gewollt sein.

Dieser darf aber angezweifelt werden. Es gibt zwar inzwischen eine sich ständig erneuernde Vielfalt von Konzepten, Angeboten und Programmen. Sie beziehen sich auf unterschiedlichste Themen wie: Kinderschutz, schulische Förderung, Inklusion, Gewalt, Mobbing etc. Mit deren Einführung verbindet sich immer ein hoher Aufwand. Menschliche Tätigkeiten werden professionalisiert und das Expertentum wird ausgebaut. Es werden Fortbildungen, Schulungen und Trainings durchgeführt. Neue Arbeitsbereiche und Zuständigkeiten entstehen, aber kaum Lösungen, die den Menschen mehr Freiheiten und Gestaltungsmöglichkeiten eröffnen. Ivan Illich spricht hier von einem Ausbau der Versorgungssysteme, dem er allerdings nichts Gutes abgewinnen kann: „Man verschult die Gesellschaft, und sie wird dümmer; man weitet die Medizin aus, und die Menschen werden kränker; man baut immer schnellere Autos, und die Leute sind länger unterwegs … Die eigentlichen Interessenten an diesem Dauerausbau der Versorgungssysteme sind deren Anbieter, nicht die Abnehmer, für die das alles angeblich gemacht wird." Und weiter, sinngemäß dargestellt, meint Illich, dass die „Abnehmer von den Experten erst einmal entmündigt werden", um sie dann durch „festgelegte Qualifizierungsstraßen wieder aufzubauen"[2].

Zurück zu unserem Konzept „sich am Menschen orientieren": Ich bin der Auffassung, dass die Programme und Versorgungssysteme vorrangig die Organisation der „äußeren Bedingungen" im Blick haben und dass der subjektive Bereich der zwischenmenschlichen Verstehensprozesse mit den Betroffenen allzu sehr vernachlässigt wird. Angebotsvielfalt bedeutet zunächst mehr Planstellen und Personen, die sich die Arbeit an einem Kind teilen. Kinder brauchen aber nicht eine Vielzahl von Experten um sich, sondern eher eine vertrauensvolle, verlässliche Bezugsperson. Aber auch dafür gibt es inzwischen ein Angebot, nämlich die Patenschaften, die bereits wieder unterteilt werden in ehrenamtliche und professionelle Patenschaft. Selbst beim „Kinderschutz", bei dem es ja wirklich um sehr elementare Belange von Betroffenen geht, ist ein Missverhältnis zwischen Verstehen und Kontrollaufwand zu kritisieren, wenn zuvörderst erhöhte Kontrollen durch Verunsicherung und Angst, Fehler zu machen, entstehen.

Wenn aber – durch solche Eigen- oder Organisationsinteressen – die Bedürfnisse und Interessen der Adressaten untergehen, sie nicht die nötige Aufmerksamkeit erfahren, dann wird der erhoffte Erfolg, hier Kinderschutz, nicht erzielt werden – mit durchaus negativen Folgen für Betroffene. Denn Maßnahmen, besonders wenn es sich um großangelegte und kostenintensive Programme handelt, dürfen ja offiziell nicht scheitern. „Mangel an Erfolg" wird dann durch Renitenz oder Nicht-Mitmachen-Wollen der Adressaten erklärt. Man liest z. B. in Berichten über „gescheiterte Hilfeverläufe" selten, welche Eigenanteile Einrichtungen an negativen Hilfe-Verläufen haben. Der Anteil von Einrichtungen und Diensten an Misserfolg und Scheitern wird den Betroffenen zugeschrieben, erhöht so die Stigmatisierung der Adressaten und legitimiert härtere Maßnahmen: Intensivtrainings zur schnellen Verhaltensänderung, Rückzug in Beruhigungsräumen, Anwendung von erhöhtem Druck und Zwang, Strafen und Geschlossene Unterbringungen. Darüber legitimiert sich auch wieder ein zunehmendes Interesse an einer differenzierten Diagnostik, denn die schönen neuen (alten) Hilfen sollen ja passgenau und effizient sein. Über Wirkungsanalysen sollen die Erfolge überprüft werden und anstelle inhaltlicher Erörterungen treten immer mehr leicht handhabbare Kontrollinstrumente, wie z. B. Checklisten, obwohl man eigentlich um die Grenzen solcher (sozial-)technischen Instrumente weiß, die Verstehen nicht ersetzen können. Es gibt eben keine bessere Möglichkeit, als zu versuchen, Menschen kommunikativ zu erreichen.

Nimmt man hier nun das Konzept „sich am Subjekt orientieren" bzw. „sich am Menschen orientieren" zu Hilfe, dann ist es notwendig, die wesentlichen, auf

2 Ivan Illich, nach Ernst Ulrich von Weizsäcker, 2004.

die betroffenen Menschen bezogenen Inhalte als „Zentralorientierungen des Handelns“ herauszuarbeiten und in den Prozessen der Umsetzung, die unterschiedlichen Bereiche verpflichtend, „gleichwertig“ und „gleichzeitig“, einzubeziehen.

Literatur

Arendt, D./Hekele, K./Rudolph, M. (1986): Sich am Jugendlichen orientieren, Frankfurt/M.

Hekele, K. (2005): Sich am Jugendlichen orientieren. Ein Handlungsmodell für subjektorientierte Soziale Arbeit, Weinheim/München.

Ivan Illich 2004, zitiert nach Ernst Ulrich von Weizsäcker, in: Jahrbuch der Ökologie.

Gabriele Kasswan

Die Vermittlung von professioneller Haltung in der Ausbildung von ErzieherInnen – ein Erfahrungsbericht

Nachdenken über ein Wort

Ich schreibe aus der Sicht einer Ausbilderin, die junge Menschen auf ihren Wegen in das Berufsleben eines Erziehers/einer Erzieherin begleitet. Dabei erkenne ich mit zunehmender Berufserfahrung immer deutlicher: Ich möchte *Haltungen* vermitteln, aus denen heraus sich die Chance erhöht, dass sie in fast allen beruflichen und persönlichen Lebenslagen greifen, so dass sie die Bewältigung von hohen Anforderungen an die ErzieherInnen erleichtern.

Für mich ist *Haltung* ein Begriff, dessen Wortstamm „*halten*" schon darauf verweist, was mir als Lernziele für die Entwicklung der ErzieherInnenpersönlichkeit wichtig ist:

Für jeden erziehenden Impuls benötige ich zuerst den *Halt* in mir selbst, sonst kann ich in der Praxis nichts halten. Diesen Halt kann man nicht auswendiglernen, es ist ein Prozess, der über Selbstreflexion und Beziehungsgestaltung entsteht. Dabei lernen zukünftige ErzieherInnen, auf sich selbst zu achten, damit sie ihre Gesundheit *behalten*, manchmal Kinder/Jugendliche oder sich selbst *über Wasser zu halten*, ihre Möglichkeiten kennen, ihre Grenzen *einzuhalten*. Halt haben bedeutet Rückgrat beweisen, *sich aufrecht halten* – auch körpersprachlich –, gerade stehen, selbst wenn viele Aufgaben drücken, die ErzieherInnen tagtäglich leisten. Und sie sollen etwas auf sich selbst halten. Auch das gehört zur Qualifikation für die Arbeit des Erziehens. Sie müssen *aushalten*, Geduld bewahren, Zutrauen in den Prozess und ihr Können entwickeln. Sich selbst und anderen bereit sein, etwas zuzutrauen, etwas zuzumuten, damit sie wachsen können. Und sie brauchen es auch zu wissen, wo und von wem sie *gehalten* werden, wenn sie es benötigen. ErzieherIn zu sein bedeutet, ein Netzwerk knüpfen zu können, im Team zu arbeiten, sich selbst Hilfe holen zu können. Es bedeutet nicht zuletzt, sich mit theoretischen Konzepten auseinanderzusetzen, die die Entwicklung von Haltungen begünstigen.

Mit dieser Aufzählung erhebe ich keinen Anspruch auf Vollzähligkeit. Es sind Facetten eines Wortes. Mein Unterricht soll Gelegenheiten bieten, die eigene Entwicklung und damit die von Kindern und Jugendlichen zu reflektieren und Situationen zu schaffen, in welchen Handlungskompetenzen so praxisnah wie irgend möglich erworben und gefestigt werden können. Dabei steht für mich am Beginn jeder Vermittlung das Nachdenken über Haltung. Mit welcher

Grundhaltung werde ich in der Praxis tätig? Aus einzelnen, in Lernsituationen erprobten Haltungen kann sich langsam eine *Gesamthaltung* ergeben, die schließlich die Persönlichkeit ausmacht und durchdringt.

Wer bin ich, dass ich dich erziehen darf?

Diese Frage möchte ich mir täglich stellen, da sie mich zwingt, immer wieder konkrete Antworten zu geben auf die Fragen nach

- meinem Sprechen über Erziehung in der Schule und Praxisbegleitung
- meinen persönlichen und beruflichen Entscheidungen
- meinem Tun
- meiner Bereitschaft zur Selbstkritik

Meine Berufstätigkeit habe ich als Erzieherin begonnen. Später wechselte ich in die Ausbildung, unterrichtete erst Psychologie, heute sozialpädagogische Theorie und Praxis. Meine eigene Haltung hat sich in dieser Zeit entwickelt und verändert. Nachdrücklich beeinflusst haben mich Weiterbildungen aus dem Bereich der systemischen Theorie und der Themenzentrierten Interaktion nach Ruth Cohn. Der systemische Blickwinkel hat mir u.a. lösungs- und ressourcenorientiertes Arbeiten eröffnet. Eine Ausbildung in Themenzentrierter Interaktion hat zu einer bewussteren Verbindung von Themen mit der Gruppe und mir beigetragen. Ich habe erfahren, wie sich Haltung durch die persönliche und fachliche Entwicklung meines Selbst verändert, aber auch durch gesellschaftliche Erfordernisse und Veränderungen in Gang gesetzt wird. So hat z.B. die Wende bei mir erst die Möglichkeit eröffnet, diese beiden Richtungen der humanistischen Psychologie zu studieren. Im Laufe meines Lebens differenziert sich meine Haltung durch die Begegnung mit unterschiedlichsten Menschen und dem ständigen Überprüfen des Gelernten im Leben.

Meine Haltung speist sich aus drei Quellen: Auseinandersetzung mit mir, Beziehung gestalten und mich fachlich weiterzubilden. Dies geschieht auf der Grundlage der gesellschaftlichen Verhältnisse, in denen ich mich befinde und die dies unterstützen oder dem entgegenwirken können.

Erziehen ist dabei ein personengebundener Auftrag. Es ist für mich ein schöpferischer, kreativer Prozess, der es braucht, dass ich bereit bin, ihn ständig wieder neu zu schaffen. Er lebt von meiner Bereitschaft zur Inspiration und braucht mein handwerkliches Können und meine Ausstrahlung. Es gibt nicht den richtigen Weg, es gibt Unterschiedlichkeit. Dies macht es für mich immer wieder interessant und erhält meine Neugier. Es ermutigt mich, nach eigenen Wegen zu suchen. Und wenn ich einen gefunden habe – mich daran zu erfreuen und neugierig auf den Nächsten zu bleiben. Letztendlich brauche ich lebenslanges Lernen. Vielleicht ist dies in der Pädagogik ein wichtiger Standard. Haltung zu zeigen und zu vermitteln ist dabei unerlässlich. Es ist mir ein immer wichtigeres Anliegen geworden, je stärker ich mich selbst damit konfrontiert habe. In Bezug auf die Auszubildenden heißt das, auf ihre Fragen zu warten, ihnen keine vordergründigen Tipps und Rezepte zu geben, ihre Selbstentwicklung zu begleiten. Dafür notwendig ist die Auswahl und Vermittlung gezielter pädagogischer Konzepte mit entsprechenden Grundhaltungen.

> *Was ich in meinen Ausführungen darzustellen versuche, ist die Verbindung zwischen Haltung, Entwicklung und Handlungskompetenz im Selbstwert einer jeden ErzieherInnenpersönlichkeit, die durch Praxisnähe bereits in der Ausbildung auf den Prüfstand sollte.*

Haltung und Handlungskompetenz

Immer wieder frage ich mich, meinem eigenen pädagogischen Auftrag entsprechend, wie aus großen Werten kleine überschaubare Schritte und daraus ein gangbarer Weg zu einer möglichst hohen Professionalität zu machen wäre und was ich selbst durch mein Lehren und mein persönliches Vorbild dafür zu tun in der Lage bin.

Damit sich aus Haltungen Handlungskompetenzen entwickeln, braucht es aus meiner Sicht strukturelle und inhaltliche Schwerpunktsetzungen an der Schule. Exemplarisch möchte ich diese an vier Schwerpunkten unserer Fachschulausbildung verdeutlichen. Hierfür habe ich Themen bzw. Arbeitsfelder gewählt, die mich in den letzten Jahren besonders beschäftigten:

- Praxisbegleitender Unterricht
- Erlebnispädagogik
- Hilfen zur Erziehung
- Elternarbeit

Diese sind aus meiner Sicht Kontexte und Arbeitsgebiete, auf die ich unsere Fachschulabsolventen besonders gut vorbereitet wissen möchte und wo sie dringend sowohl Haltungen überprüfen und neu gewinnen als auch Handlungskompetenzen erwerben sollten.

Praxis begleitender Unterricht (PBU)

Im PBU vermittle ich für den Umgang mit Menschen in Konfliktsituationen, z.B. Elemente des Lern- und Kooperationsmodells der „Themenzentrierten

Interaktion“ (TZI nach Dr. R. Cohn), um negativen Haltungen entgegenzuwirken und kommunikative Handlungskompetenzen zu erweitern.

Es ist mehr als verständlich, dass PraktikantInnen nach schnellen Lösungen suchen, wenn sie von den z. T. geballten zwischenmenschlichen Problemen an ihren Einsatzstellen überrollt zu werden drohen. Sie erwarten Diagnosen, möchten ihre Verantwortung an Fachleute delegieren (erfahrene ErzieherInnen, PsychologInnen, Beratungsstellen, Ratschläge aus Büchern). Sie hoffen – nicht zu Unrecht – auf „gute Tipps“ im PBU. Auch erlebe ich zunehmend, wie oft sie ihre eigene Ratlosigkeit und unbewussten Versagensängste *schönreden*: „Ich habe da keine Probleme …“, „Bei mir läuft alles super…“, „Ich habe gar keine schwierige Situation mitgebracht, über die zu reden wäre….“, „Bei mir ist alles bestens“. Wenn ich dann mit der Einrichtung in Kontakt trete, ergibt sich häufig ein anderes, deutlich problematischeres Bild.

Im PBU verwende ich Achtsamkeit und Mühe darauf, dass PraktikantInnen genau wie ich selber mit dem, was sie schon können, was sie anzubieten haben, in selbstbewussten Kontakt treten und andererseits zu ihren Defiziten stehen, sie möglichst gezielt zu verringern suchen, denn nur aus einer auf diese Weise ausgewogenen *Haltung* werden sie ihre Kompetenzen erweitern. Im fachlichen Austausch mit anderen können sie auftanken, neue Wege gehen. Dazu braucht es Bereitschaft und die Erfahrung, dass es etwas nutzt, so vorzugehen.

Für mich bedeutet das u. a., den Studierenden Handwerkszeug für *kollegiale Beratung* mitzugeben. Dass sie sich selbst in der Praxis beraten können, dies für sie eine Selbstverständlichkeit wird und sie dazu auch entsprechende Fähigkeiten erworben haben. Hier wird in besonderer Weise ihre Haltung – zu Kindern/Jugendlichen, Situationen, dem Team – deutlich. So gilt es z. B. feinfühlig, schwierige Situationen mit Kindern/Jugendlichen zu hinterfragen – auch auf den eigenen Anteil daran, Übertragungen aus der eigenen Geschichte aufzudecken, Strategien zu entwickeln für verändertes (auch ungewöhnliches) Herangehen an Situationen, offen zu bleiben, auch und gerade wenn die Situation ausweglos erscheint. Dazu ist es notwendig, Bedingungen zu schaffen, die solch ein Vorgehen ermöglichen. Kleine Gruppenstärken, ein vertrauter Raum, Regelmäßigkeit des Austauschs, feste Rituale und Mitbestimmung sind einige dieser Basics.

Zunehmend sollen sie in der Lage sein, schließlich diesen Unterricht selbst zu leiten, so dass ich als Beraterin letztendlich für Ungewöhnliches und Neues zur Verfügung stehe, ansonsten eine stille Begleiterin werde. Sie lernen, sich gegenseitig in der Gruppe zu halten. Und dass sie mit ihren Fortschritten, Erfolgen, Problemen, Sorgen, Ängsten nicht allein sind. Dies erzeugt u. a. eine Haltung – ich kann mich mit Problemen zeigen, muss nicht omnipotent auf alles eine Antwort haben, kann im Team arbeiten und dessen Kraft nutzen.

In dem Zusammenhang ist mir *Nachhaltigkeit* wichtig. Sie sollen hier lernen, was sie später im Beruf dringend brauchen. Und es mit in die Praxis nehmen. Mit dieser Art zu arbeiten erlebe ich Haltungsentwicklung. Hier zeigt sie sich auf dem Prüfstand. Ich kann vorher viel davon geredet haben, dass partnerschaftliches Arbeiten mir ein wichtiges Prinzip ist. Wenn sie es in der Praxis nicht anwenden können, so werden sich die Konfliktsituationen wie von selbst ergeben. Und der nächste Schritt ist die Suche nach Lösung und das „ins Denken nehmen" – ich bin ein Teil dieses Konflikts. Was habe ich dazu getan und was kann ich zur Lösung beitragen? Hier braucht es oft Mut, über eigene, lang erlernte Prinzipien hinwegzukommen (z. B. das Kind hat zu tun, was ich ihm sage) und die Sinnhaftigkeit meines Tuns nachzuprüfen (macht es Sinn, dass das Kind das tut, was ich sage, oder ist sein Vorgehen nicht vielleicht sinnvoller). Gleichzeitig zu lernen, was gibt mir Halt in der Arbeit mit den Kindern und Jugendlichen, z. B. Klarheit, Authentizität, Konsequenz, Vernetzung …

Erlebnispädagogik

Meine Suche nach Herausforderungen, durch welche künftige ErzieherInnen Haltungen und Handlungskompetenzen entwickeln, führte mich zur Erlebnispädagogik. Aus einem eher zufälligen Zusammentreffen mit einem Trainer für Erlebnispädagogik entstand ein erprobtes gemeinsames Projekt, welches inzwischen in Spezialklassen inhaltlich umgesetzt wird.

Erlebnispädagogik als „ordentlichen" Unterrichtsinhalt zu etablieren, ging nicht reibungslos vonstatten. Auch mir selbst wurde erst im Laufe meiner fachlichen Weiterbildung klar, wie umfassend das ihr eigene Potenzial für veränderte Haltung und wichtige Handlungskompetenzen ist (natürlich leisten auch andere pädagogische Konzepte ebenso wertvolle Beiträge zur Entwicklung von Haltungen und Handlungskompetenzen). Erlebnispädagogik eröffnet dabei Erfahrungsräume, in denen über die „Lösung" anregender gemeinsamer Aufgaben wesentliche Selbsterfahrungen und Kooperationsmethoden erprobt werden können.

Zudem setzen sich die Auszubildenden anhand ihrer eigenen Erfahrungen mit diesem spezifischen Konzept sozialpädagogischer Arbeit auseinander. Zum einen lernen sie vermittels theoretischen Inputs die Grundsätze erlebnispädagogischer Arbeit kennen, zum anderen erfahren sie durch das Erleben klassischer Teamentwicklungsaufgaben die „Wirkung" der Methode direkt und unvermittelt – „am eigenen Leib". Durch den selbst erlebten Gruppenprozess wird es ihnen möglich, dies zu übertragen und einen Transfer zur Praxis herzustellen. Kooperative Abenteuerspiele sind dabei ein wichtiges Medium in dieser Zusatzausbildung. In den unterschiedlichsten Arbeitsbereichen können unsere Auszubildenden erlebnispädagogische Lernprojekte entwickeln und anleiten. Dabei greifen sie auf die Selbsterfahrung in der Rolle als Anleitende zurück, reflektieren sich und geben anderen qualifizierte und konstruktive Rückmeldung. Damit füllen sie ihren „Methodenkoffer" für die zukünftige berufliche Praxis. Sie erlernen auch zentrale Outdoorkompetenzen (Feuer machen unter einfachen Bedingungen, Kochen am Feuer, Umgang mit Karte und Kompass, Biwakieren im Gelände, Gewährleistung der Sicherheit). Sie sind sensibilisiert für das Thema „Natur" im pädagogischen Kontext und kennen eine Auswahl an Naturerfahrungsspielen. Sie können das klassische erlebnispädagogische Medium, die Treckingtour bzw. deren Elemente, in kleinerem Rahmen zielgerichtet in ihrem künftigen pädagogischen Umfeld einsetzen.

Dies klingt vielleicht für die LeserIn nach simplen Abenteuerspielen, ist aber mehr. Es führt aus unserer Erfahrung zu einer deutlichen Qualitätssteigerung in der pädagogischen Arbeit. Gleichzeitig können wir beobachten, dass die konsequente Verankerung im Unterricht eine positive Veränderung der professionellen Haltung zur Folge hat. Ein Beispiel soll dies illustrieren: Die erste Erfahrung mit dem Medium Erlebnispädagogik ist eine Selbsterfahrung im Team. Dies wird gestaltet durch unsere ErlebnispädagogInnen, mit denen wir eng zusammenarbeiten. Es erzeugt eine hohe Motivation und das Gefühl – dies ist eine tolle Methode, die will ich schnell ausprobieren. Und manchmal auch – ich bin gern KonsumentIn und finde es gut, wenn andere etwas für mich tun und mich in Gang setzen. Die nächste Stufe ist das Erproben als AnleiterIn dieser Spiele in der Seminargruppe. Jetzt müssen die Auszubildenden in die aktive Rolle. Plötzlich merken sie die Tücken und kleinen Fallen, wenn sie sich nicht genau vorbereiten, sich in die Voraussetzungen der Gruppenteilnehmer unzureichend eindenken, das Material vergessen bereitzustellen. In der Anleitung selbst sind sie schnell dabei – wie ich zu Anfang auch –, Hinweise geben zu wollen, einzugreifen. Mit der Zeit lernen sie abzuwarten, ehe sie eingreifen, und der Kraft der Gruppe zu vertrauen. Sie begreifen die Notwendigkeit einer präzisen Vorbereitung – einschließlich der Sicherheitsaspekte – und die Sparsamkeit der direkten Leitung. Dies ist ein wichtiges Grundprinzip der Erlebnispädagogik – die Gruppenselbststeuerung, die so zu einer universellen Haltung im pädagogischen Alltag unserer Auszubildenden werden kann (nicht bei jedem muss). Auch das Prinzip von Aktion – Reflexion – Transfer (nach Outward Bount), wird für unsere TeilnehmerInnen zu einer Selbstverständlichkeit in der pädagogischen Arbeit und sie übernehmen es letztendlich als eine professionelle Haltung.

Letztlich gelangen sie zu dem erforderlichen Mut, dem notwendigen Wissen, aber auch der Selbsterfahrung, die notwendig ist, um erlebnispädagogische Aktionen auch in sensiblen Bereichen der Sozialen Arbeit einzusetzen. So traute sich eine Praktikantin in einer Schule für körperbehinderte Kinder, im Grundschulbereich kooperative Spieleketten nach erlebnispädagogischen Prinzipien anzubieten. Ich selbst war skeptisch in Bezug auf die Machbarkeit. Einige Kinder hatten durchaus schwere Beeinträchtigungen. Der Erfolg gab ihr allerdings recht. Dies erzeugte bei der Praktikantin eine positive Grundhaltung – auch gegen Einwände mit guter Vorbereitung Herausforderungen zu wagen. Und bei den ErzieherInnen vor Ort Neugier auf diese Methode.

Für die Vernetzung im Unterricht spielen die Außenkontakte mit sozialpädagogischen Einrichtungen eine tragende Rolle. Im zweiten Ausbildungsjahr nehmen wir gezielt Kontakte zu Teams in Jugendeinrichtungen auf. Die Auszubildenden werben für die Integration der Erlebnispädagogik in die Arbeit vor Ort. Andererseits beauftragten einzelne Einrichtungen uns, Inhalte so vorzubereiten, wie sie sie im gegebenen Rahmen aktuell brauchen. Eine solch enge Verbindung von Praxis und Schule fördert alle Beteiligten und initiiert auf besondere Weise Haltungen für den Beruf.

Hilfen zur Erziehung (HzE)

Nachdem es seit 2003/2004 eine im gesamten Bundesgebiet und in mehreren EU-Staaten als gleichwertig anerkannte ErzieherInnenausbildung gibt, musste auch in Berlin über Bewährtes und Ergänzendes der Lehrinhalte diskutiert und teilweise neu entschieden werden. Dabei zeigte sich, dass die bisherige Ausbildung den Anforderungen an ErzieherInnen im Bereich der Hilfen zur Erziehung nicht gewachsen war. Es wurde vor allem ein allgemein deutlicher Mangel an Spezialisierung für die sehr differenzierten Einsatzorte festgestellt. Wir beschlossen, künftig auch hier eng mit der Praxis zusammenzuarbeiten, was sich inzwischen für alle Beteiligten bewährt hat.

Im nächsten Schuljahr werden wir eine erste Spezialklasse für diesen Bereich eröffnen. ExpertInnen mit geeigneten Qualifikationen bieten zusätzlich zum allgemeinen Unterricht schulexterne Seminare an, u. a. „Wie verändert meine Haltung das Berichteschreiben?“. Durch eine enge Verzahnung mit PraktikerInnen erreichen wir, dass die Auszubildenden Theorie mit Praxis vergleichen und einen entsprechenden Transfer herstellen können. Sie nehmen die Realitäten vor Ort zur Kenntnis, lernen, mit diesen umzugehen, neue Lösungen anzudenken und auszuprobieren.

Die Auszubildenden erleben unterschiedlichste Haltungen durch das Treffen auf erfahrene KollegInnen und lernen, eigene Haltungen dagegenzustellen, auf Machbarkeit zu überprüfen, eventuell zu korrigieren.

Umgekehrt bekommen PraktikerInnen Rückmeldungen zu ihrer Arbeit, holen sich Impulse und erhalten Anerkennung. Auszubildende erfahren diesen Austausch als einen Wert für ihre spätere Arbeit (vgl. Ausführungen zum PBU). In der langjährigen Zusammenarbeit zwischen einem Profilkurs der Fachschule und einer Einrichtung für HzE haben wir entsprechende Erfahrungen damit sammeln können. In dieser Einrichtung werden Auszubildende im zweiten Studienjahr sechs Stunden pro Woche von PraktikerInnen zu unterschiedlichsten Themen geschult, die gemeinsam erarbeitet werden. Die Auszubildenden bringen sich in die Themenvorbereitung aktiv ein, indem sie z. B. mit dem Team vorher Absprachen treffen und eigene Beiträge erarbeiten. Sie können sich in der Gruppenarbeit ausprobieren, organisieren gruppenübergreifende Veranstaltungen und erfahren dabei hautnah, wie Kinder und Jugendliche auf sie reagieren. Und sie müssen Haltung zeigen und (manchmal – wenn sich z. B. keine Kinder für ihr Angebot interessieren) auch bewahren.

An einem Beispiel möchte ich skizzieren, wie sich Haltungen in diesem Kurs entwickeln (können): Ein ErzieherInnenteam stellte im Rahmen des Themas Hilfeplanung einen konkreten Fall vor. Schon damit bringen sie diesem Kurs ein hohes Vertrauen entgegen und zeigen selbst Haltung – wir sind bereit, uns zu zeigen und problematische Situationen mit euch zu reflektieren. Es ging um einen Jugendlichen, der u. a. aggressiv gegenüber Gruppenmitgliedern war, Einrichtungsgegenstände wiederholt zerstörte u. v. a. m. Nachdem verschiedene Versuche einer Integration gescheitert waren, stand das Team kurz davor, den Jugendlichen in eine andere Gruppe abzugeben. Mit Empathie dachten sich die Auszubildenden in beide Seiten ein und sagten – aus der kritischen Distanz der Unbeteiligten – ihre Meinung dazu. Diese beinhaltete, dass das Team den einzigen Halt dieses Jugendlichen darstellt und sie deshalb ihr eigenes Vorgehen nochmals auf den Prüfstand stellen sollten, egal, wie schwer es ist. Sie ergriffen klar Partei für den Jugendlichen. Ich weiß – sich auf diese Sichtweise einzulassen, fiel dem Team nicht leicht. Dennoch – Team und Jugendlicher wagten einen neuen Anfang miteinander. Für die KursteilnehmerInnen eine besondere Stunde; sie konnten konkret etwas bewirken, wurden ernst genommen als zukünftige ErzieherInnen. Dies entwickelt entsprechende Haltungen, ohne dass es explizit besprochen werden muss. In einer anderen Situation konnte ein Kursteilnehmer kaum aushalten, mit welcher Geduld ein Erzieher auf ein für ihn freches Verhalten eines Kindes reagierte. Er setzte sich im Nachhinein noch lange damit auseinander. Es war der Beginn des Umdenkens für den Umgang mit schwierigen Situationen und initiierte eine Haltungsänderung.

Solche und ähnliche Situationen wiederholen sich in diesem Kurs. Für mich inzwischen eine Selbstverständlichkeit in der Ausbildung. Erst im Gespräch mit anderen KollegInnen bemerkte ich, welche wertvollen Möglichkeiten wir uns hier gemeinsam erarbeitet haben. Und welche Haltung dabei entstanden ist. Dazu brauchte es eine bestimmte Haltung der Einrichtung bzw. des Teams: wir öffnen uns und lassen euch teilhaben. Keine Selbstverständlichkeit. Und von Seiten des Kurses: wir sind neugierig, wissbegierig und einsatzbereit, auch über das Maß hinaus. Für beide Seiten gehört dazu viel Engagement und beide Seiten können auf ihre Weise profitieren. Inzwischen leiten Ehemalige aus dem Kurs selbst Teile dieser Ausbildung. Eine wöchentliche, schriftliche

Reflexion des Erlebten gehört dazu. An dieser lassen sich Entwicklungsprozesse von Haltungen über den Zeitraum eines Jahres gut nachvollziehen; auch Wendepunkte werden hier deutlich.

Einige Stimmen von KursteilnehmerInnen (gekürzt):

> „Ich habe mich mit unterschiedlichsten Themen auseinandergesetzt, bin dadurch selbstbewusster geworden.“ *(Fatima)*
>
> „Es war wichtig, einen Arbeitsbereich besonders genau zu sehen. Der Profilkurs bietet außerdem einen Rundumblick über den Bereich Hilfen zur Erziehung, den man sonst in dieser Form nie mehr bekommen wird. Es war eine besondere Erweiterung für mich und mein Wissen …“ *(Christine)*
>
> „Das hier ist so realitätsnah und nicht vergleichbar …“ *(Anne)*
>
> „Der Profilkurs zeichnet sich durch seine große Komplexität aus: Eigen-Reflexionen, Projektplanung …, Themenbearbeitung, Methoden, … und Fallbeispiele. Die Vielfalt hat mich sehr bereichert und mich auf die sozialpädagogische Arbeit gut vorbereitet, unabhängig davon, ob ich wirklich im Heim arbeiten will …“ *(Nadine)*

Ein Ergebnis dieser Zusammenarbeit ist die Spezialklasse HzE, eine neue Bewährungsprobe. Ist dieses Modell so tragend, dass es nachkommende ErzieherInnen positiv beeinflussen wird? Wird sie zu veränderten Haltungen führen und alle, die daran teilnehmen, zur persönlichen Weiterentwicklung und Arbeitslust anregen? Die Haltung hierzu ist jedenfalls positiv: sowohl die des LehrerInnenkollegiums, der KollegInnen in der Praxis, die als AusbilderInnen klar an unserer Seite stehen, und nicht zuletzt die der Auszubildenden.

Elternarbeit

Ein weiteres – besonders in jüngster Zeit – stark in Bezug zu Haltungen diskutiertes Thema in den Hilfen zur Erziehung stellt die Elternarbeit dar.

Hier fällt mir auf – auch, weil ich selber Mutter und Oma bin –, wie gnadenlos junge Leute oft über sogenannte „schwierige“ Eltern urteilen. Sie gehen davon aus, dass vor allem diese sich ändern müssen, damit ihren Kindern in der Heimerziehung geholfen werden kann.

> *Wenn ressourcenorientiert gearbeitet werden soll – eine Prämisse, die ich als Lehrerin ständig auch theoretisch vertrete – wird das Überprüfen von Vorurteilen und auch die Akzeptanz von Menschen, die man selbst nicht gern als Eltern hätte, zu einer unaufgebbaren Haltung.*

Offensichtlich ist eine zunehmende Herausforderung an künftige ErzieherInnen, dass immer jüngere Kinder phasenweise und/oder langfristig außerhalb familiärer Zusammenhänge in öffentlichen Einrichtungen versorgt werden müssen. Die Anzahl der Eltern steigt, die als psychisch krank gelten und denen die erzieherische Zuständigkeit von Amts wegen entzogen werden muss. Frühe soziale, emotionale und geistige Beeinträchtigungen der Kinder erschweren den oft (auch) emotional überforderten PraktikantInnen den Zugang. Dabei setzen manche ihre ganze Kraft ein, durch positive Impulse und eine positive Lebenseinstellung kindheitsgeschichtliche Katastrophen zu mildern.

Meine Erfahrungen signalisierten mir in dem Zusammenhang deutlich einen zusätzlichen, die Ausbildung flankierenden Bedarf nach externer Weiterbildung, damit speziell an Elternarbeit Interessierte die Gelegenheit wahrnehmen können, dieses Thema zu vertiefen.

Inhaltlich geht es dabei einerseits um entsprechende Informationen und Konzepte, z. B. familientherapeutische und systemische Konzepte. Andererseits reflektierten die künftigen Erzieherinnen eigene Ängste, Hilflosigkeit, Vorurteile und Wege, wie sie mit Eltern zusammenarbeiten: sie als pädagogische Verbündete zu gewinnen, ihre Liebesfähigkeit, Zeitmanagement, Akzeptanz auch „unliebsamer" oder behinderter Kinder und Eltern, das Ausschöpfen therapeutischer Möglichkeiten durch eigene Haltungen und Handlungskompetenz verstärken und sie zur Selbsthilfe motivieren.

Erwähnen möchte ich an dieser Stelle den Weg, die Eltern in die Arbeit vor Ort familiensystemisch einzubeziehen: vom Innewohnen der Eltern und deren Begleitung durch professionelle HelferInnen bis hin zum allmählichen Aufbau von Selbsthilfenetzen von und mit den Eltern, denen vorher geholfen wurde und die bereit sind, ihre Erfahrungen weiterzugeben und sich zu engagieren. Dazu bedarf es der Begegnung auf gleicher Augenhöhe und der Hilfe zur Selbstorganisation. Eltern brauchen Angebote, die ihnen eine aktive Rolle einräumen. *Je mehr Eltern den Prozess selbst aktiv gestalten und erleben, dass sie Veränderung in Gang setzen können, umso wirkungsvoller und nachhaltiger ist die Hilfe für das Kind.* Das Wissen um die Möglichkeiten der Gruppenselbststeuerung (siehe Erlebnispädagogik) kann von den Auszubildenden hierher transformiert werden. Dazu bedarf es einer entsprechenden Haltung, dieses den Eltern auch zuzutrauen. Wendepunkte in der Haltung ergeben sich aus meiner Erfahrung, wenn die TeilnehmerInnen mit PraktikerInnen zusammentreffen, die damit positive Erfahrungen gemacht haben. Es verändert z. T. nachhaltig.

Nachfolgend einige gekürzte Statements aus der Auswertung eines Seminars zur Begegnung mit Eltern:

> „Ich bin mir der eigenen Verantwortung und meines Einwirkens auf den Prozess stärker bewusst geworden.“
>
> „Ich habe erkannt, dass ich selber ein Teil des Problems sein kann und den Mut haben muss, dies zu hinterfragen …“
>
> „Auch meine eigenen Grenzen sollte ich respektieren, z. B. Aufgaben delegieren können.“
>
> „Um dem Kind hilfreich zu sein, muss ich den Eltern auch in extremen Lagen mit Achtung begegnen, denn Eltern, wie auch immer sie sind, bleiben stets die wichtigsten Menschen für ein Kind.“
>
> „Ich habe mehr Einsicht in die familiären Hintergründe wie Schulsystem, Verwaltungssystem, medizinisches Versorgungssystem, Hilfssystem etc. und ihre Einflüsse auf die Sozialisierungssituation bekommen.“

Hier werden für das, was ich als Lehrerin vertrete, ermutigende Haltungen ausgesprochen.

Zusammenfassend lässt sich sagen:

Bildungseinrichtungen sind Dienstleister, deren wichtigste Aufgabe es ist, das, was wir in Klassenzimmern denken, lesen, schreiben und erklären, in die Praxis zu übertragen.

Um Haltungen zu entwickeln, die zu hilfreichen Handlungskompetenzen werden können, braucht es:

- Die Auseinandersetzung mit dem eigenen Selbst als AusbilderIn und Auszubildende
- Die Vermittlung von (eventuell auch speziellen) pädagogischen Konzepten, die entsprechende Menschenbilder transportieren
- Eine enge Verzahnung von Schule und Praxiseinrichtung in der Ausbildung – über die Praktika hinaus
- Organisatorische Bedingungen, die solch eine Zusammenarbeit überhaupt erst ermöglichen

und

- *Menschen, die bereit sind, sich dieser wichtigen Aufgabe zu stellen.*

Talibe Süzen

Interkulturelle Standards in den ambulanten Hilfen zur Erziehung

Die ambulanten Angebote der Hilfen zur Erziehung (HzE) „sind dadurch gekennzeichnet, dass die Kinder, Jugendlichen und Familien direkt in ihrem Lebensumfeld Hilfe und Unterstützung erhalten" (Frindt 2010, S. 7). Vor diesem Hintergrund richtet sich der Fokus in diesem Beitrag auf die Frage, wie die Angebote der Hilfen zur Erziehung organisiert werden sollten, damit diese von allen hilfebedürftigen Kindern und ihren Eltern aus den unterschiedlichen Milieus in ihrem direkten Lebensumfeld erreicht werden können. Vorab ist festzuhalten, dass die wachsende politische und professionelle Aufmerksamkeit gegenüber der Einwandererbevölkerung[1] die Dienste der Sozialen Arbeit nicht nur vor große Herausforderungen stellt, sondern sie auch großen Veränderungsprozessen unterwirft.

Auch mit Bezug auf den Titel des vorliegenden Sammelbandes „Pädagogische Kunst und professionelle Haltungen" wird hier davon ausgegangen, dass ein zentrales Element der professionellen Haltung in der Sozialen Arbeit mit MigrantInnen darin besteht, die Unterscheidung zwischen kulturspezifischen und migrationsspezifischen Merkmalen samt ihren Wirkungen zu beobachten und zu reflektieren. Dabei hat die Entwicklung von interkulturellen Standards, verstanden als Regeln der Kunst, die auf einem spezifischen Wissen zum Migrationsgeschehen basieren, Einfluss auf eine solche professionelle pädagogische Haltung. Der Erwerb von migrationsspezifischem Wissen für professionelles Handeln in einer Einwanderungsgesellschaft ist damit als professionelles Vermögen unabdingbar. In dem Zusammenhang geht es darum zu hinterfragen, unter welchen strukturellen, gesellschaftlichen, institutionellen und interaktionellen Bedingungen MigrantInnen leben und unter welchen Bedingungen der Kultur-Begriff als Differenz benutzt wird. Als Bestandteil interkultureller Standards in der Praxis der erzieherischen Hilfen gilt dann, dass reflektiert werden muss, inwiefern die Unterscheidung zwischen migrationsspezifischen Aspekten und kultureller Differenz zum professionellen Handeln beiträgt bzw. wie diese Unterscheidung professionelles Handeln strukturiert. Vor diesem Hintergrund werden in einem ersten Schritt die Lebenssituationen, die Ressourcen und Potentiale von Familien mit Migrationshintergrund kurz skizziert. Im Anschluss wird die Inanspruchnahme der Hilfen zur Erziehung von Familien mit Migrationshintergrund erläutert und die notwendigen Standards für die migrationssensible Praxis aufgezeigt. Letzte-

---

1 Die Begriffe EinwanderInnen, MigrantInnen und Personen mit Migrationshintergrund werden hier synonym verwendet.

res ist notwendig, weil sich professionelles Handeln insbesondere in der Sozialen Arbeit an die „gesellschaftlichen Normalitätsvorstellungen anpassen“ sollte (Schröer 2009, S. 203).

Lebenslagen von Einwanderer/Innen in Deutschland

Nach den aktuellsten Daten des Statistischen Bundesamtes (2010) sind 19 % der Gesamtbevölkerung der Bundesrepublik Einwanderinnen und Einwanderer[2]. In absoluten Zahlen ausgedrückt, haben somit rund 15,6 Millionen der insgesamt 82 Millionen Menschen in Deutschland einen Migrationshintergrund. Mittlerweile leben ca. 40 % der Migrant/Innen seit mehr als 15 Jahren in Deutschland. Der Anteil der Kinder und Jugendlichen, verglichen mit der entsprechenden Personengruppe ohne Migrationshintergrund, ist deutlich größer: Bei den Personen unter 25 Jahren liegt ihr Anteil bei 28 % und bei den Kindern unter fünf Jahren sogar bereits bei 34 % (vgl. Bildung in Deutschland 2010; DJI Bulletin 2011; Statistisches Bundesamt 2010). In Frankfurt, München und Stuttgart haben inzwischen mehr als die Hälfte aller Kinder und Jugendlichen unter 15 Jahren einen Migrationshintergrund (vgl. Bildung in Deutschland 2010).

Rechtliche Situation

Nicht eingebürgerte Migranten und Migrantinnen unterstehen in Deutschland dem Ausländerrecht, das ein entscheidendes Kriterium für die Lebensbedingungen der Familien innehat.

Der Grundsatz gem. § 1 Abs. 1 im SGB VIII besagt, dass „jeder junge Mensch (…) ein Recht auf Förderung seiner Entwicklung und auf Erziehung zu einer eigenverantwortlichen und gemeinschaftsfähigen Persönlichkeit (hat)“. § 6 Abs. 6 SGB VIII schränkt jedoch § 1 SGB VIII insofern ein, dass „Ausländer (…) Leistungen nach diesem Buch beanspruchen (können), wenn sie rechtmäßig oder aufgrund eines ausländerrechtlich gewöhnlichen Aufenthalts ihren Wohnsitz im Inland haben“. Das heißt, dass eine Ausländerin und ein Ausländer eine Leistung nach SGB VIII dann in Anspruch nehmen kann, wenn sie/er über einen gewöhnlichen[3] Aufenthalt verfügt, der entweder rechtmäßig ist oder aufgrund ausländerrechtlicher Duldung besteht (vgl. Kunkel 2009).

---

[2] „Zu den Menschen mit Migrationshintergrund zählen alle nach 1949 auf das heutige Gebiet der Bundesrepublik Deutschland Zugewanderten sowie alle in Deutschland geborenen Ausländer und alle in Deutschland als Deutsche geborenen mit zumindest einem zugewanderten oder als Ausländer in Deutschland geborenen Elternteil“ (Mikrozensus 2006, S. 6).

[3] Gewöhnlicher Aufenthalt ergibt sich, wenn sich jemand rechtsmäßig und auf Dauer in der Bundesrepublik aufhält. Rechtsmäßigkeit ergibt sich für junge Menschen innerstaatlich aus dem Aufenthaltsgesetz und dem Asylverfahrensgesetz.

Rechtmäßiger Aufenthalt ergibt sich für junge Menschen innerstaatlich aus dem Aufenthaltsgesetz (AufenthG) und dem Asylverfahrensgesetz (AsylVfG). Rechtmäßiger gewöhnlicher Aufenthalt wird der/dem Ausländerin/Ausländer als Visum (§ 6), Aufenthaltserlaubnis (§ 7), Niederlassungserlaubnis (§ 9) oder Erlaubnis zum Daueraufenthalt-EG (§ 9a) erteilt (Münder, 2006, S. 151 ff.).

Formen der Aufenthaltserlaubnis:

- Aufenthalt zum Zwecke der Ausbildung (§§ 16, 17 AufenthG)
- Aufenthalt zum Zwecke der Erwerbstätigkeit (§§ 18 bis 21 AufenthG)
- Aufenthalt aus völkerrechtlichen, humanitären und politischen Gründen (§§ 22 bis 26 AufenthG)
- Aufenthalt aus familiären Gründen (§§ 27 bis 36 AufenthG)
- Außerdem besondere Aufenthaltsrechte (§ 37 AufenthG-Rückkehroptionen, § 38 Aufenthaltstitel für ehemalige Deutsche)
- Grundsätzlich ist eine Aufenthaltserlaubnis für sonstige Zwecke nach § 7 Abs. 1 Satz 3 AufenthG möglich

Duldung bedeutet, dass eine Abschiebung vorübergehend ausgesetzt wird (§ 60a AufenthG). Das heißt, dass wegen eines fehlenden rechtmäßigen Aufenthalts eine Ausreisepflicht zwar besteht, diese aber nicht vollstreckt wird. Der/die AusländerIn erhält eine Bescheinigung über die Duldung (§ 60a Abs. 4). Neben der Duldung als vorübergehender Aussetzung der Abschiebung gibt es ein Abschiebungsverbot nach § 60 AufenthG. In den dort geregelten Fällen wird aber eine Aufenthaltserlaubnis nach den §§ 24, 25 AufenthG erteilt, so dass in diesen Fällen ein rechtmäßiger Aufenthalt vorliegt (Arbeiterwohlfahrt 2010, S. 9).

Nach dem bestehenden Ausländerrecht können Ausländerinnen und Ausländer aus verschiedensten Gründen ausgewiesen werden. Die Inanspruchnahme von Hilfen zur Erziehung (§ 27 SGB VIII) stellt z. B. nach dem Wortlaut des § 55 Abs. 2 Nr. 7 AufenthG einen Ausweisungsgrund dar, wenn der Betroffene Vollzeitpflege nach §§ 33, 34, 35 SGB VIII in Anspruch nimmt (vgl. Kunkel 2006, S. 92). Damit ist nicht nur der oder die AntragstellerIn gemeint, sondern einbezogen ist ebenso, wer tatsächlich Hilfe bekommt – also in diesem Falle auch das Kind. Durch diese rechtliche Konstellation besteht ein „Zielkonflikt zwischen Jugendhilfe und Ausländerrecht" (Münder 2006, S. 155). In der Praxis hat diese rechtliche Konstruktion jedoch aufgrund zahlreicher internationaler Vorgaben kaum Relevanz (bspw. die UN-Kinderrechtskonvention, das Haager Kinderschutzübereinkommen (KSÜ) u. a.). Diese ausländerrechtlichen Vorschriften führen aber im Zusammenhang mit erheblichen Straftaten von Jugendlichen zu einer Überprüfung und ggf. Veranlassung von Ausweisungen, darüber hinaus stellen sie eine Zugangsbarriere für die Migrantenbevölkerung dar, weil viele Familien sich fürchten, das Jugendamt bei Bedarf aufzusuchen.

Tabelle I:
Muss-, Soll- und Kann-Ausweisung eines Ausländers

Muss-Ausweisung gem. § 53 AufenthG	Verurteilung zu mindestens drei Jahren Haft (mehrere Strafen innerhalb von fünf Jahren werden zusammengezählt) oder Verurteilung wegen Drogen, Gewaltdemonstrationen oder des Einschleusens von AusländerInnen
Regelausweisung gem. § 54 AufenthG	Jede Gefängnisstrafe, Jugendstrafe ab zwei Jahren, Verurteilung wegen Schleusens (z. B. Geldstrafe), Drogendelikte, Terrorismus-Verdacht, falsche Angaben bei Anhörung zur Visumerteilung
Kann-Ausweisung gem. § 55 AufenthG	Falsche und unvollständige Angaben zur Erlangung eines deutschen Aufenthaltstitels, im Visumverfahren, Straftat außerhalb Deutschlands, Prostitution, drogenabhängig, obdachlos, Sozialhilfebezieher, Empfänger von Hilfe zur Erziehung, „Billigung" von Terrorismus, wer Teile der Bevölkerung „beschimpft, böswillig verächtlich macht oder verleumdet"

Quelle: Pohl, 2004 und Ausländerrechtliche Aspekte von Strafverfahren, unter: Stand: http://www.freiabos.de/PDF/Jur_Stichw.verzeichnis.pdf

Sozioökonomische Situation

Die unterschiedlichen Lebenswelten und -orientierungen der EinwanderInnen unterscheiden sich voneinander nicht nur nach Herkunftsland, Nation und Religion, sondern auch nach ihren Teilhabe- und Teilnahmechancen an gesellschaftlichen Ressourcen und Bildungsressourcen, nach dem Aufenthaltsstatus bzw. der -dauer und nach der eigenen Migrationserfahrung. Filsinger weist zu Recht darauf hin, dass vor dem Hintergrund der Heterogenität der Migrantenbevölkerung in den sozialen Lagen sich Krisen-, Differenz-, und Fremdheitserfahrungen, aber auch Erfahrungen der Diskriminierung und des Ausschlusses nicht verallgemeinern lassen (ders. 2011, S. 51).

Folgende Indikatoren werden in verschiedenen Berichten und Studien zur sozioökonomischen Situation der Einwandererbevölkerung abgebildet:

- Ein Großteil der Menschen mit Migrationshintergrund besitzt keine beruflichen Abschlüsse.
- In Familien mit Migrationshintergrund wachsen 1,7 Millionen Kinder (42 %) in sozialen, finanziellen und/oder kulturellen Risikolagen auf (bei Familien ohne Migrationshintergrund: 29 %).
- Der Anteil der Kinder und Jugendlichen mit Migrationshintergrund in den Ballungsgebieten nimmt tendenziell zu. Die Zahl der unter Dreijährigen mit Migrationshintergrund hat in diesen Räumen am stärksten zugenommen.

- Die Arbeitslosenquote ist bei der ausländischen Bevölkerung doppelt so hoch.
- Die Zahl der ALG II-Bezieher unter der Migrantenbevölkerung wird als hoch eingeschätzt.
- Einwanderer sind eher im Niedriglohnsektor und als un- und angelernte Arbeitnehmer/-innen beschäftigt.
- Die Jugendarbeitslosigkeit ist im Vergleich zu Jugendlichen ohne Migrationshintergrund wesentlich höher.
- Einwanderer sind im sozialen Bereich und im Gesundheitssystem unterversorgt (vgl. Bildung in Deutschland 2010, Der 3. Armuts- und Reichtumsbericht der Bundesregierung 2008 u. a.).

Es bleibt festzuhalten, dass Einwandererfamilien in der Regel überdurchschnittlich von Armut betroffen sind und das Armutsrisiko überdurchschnittlich hoch ist (vgl. Bericht der Integrationsbeauftragten der Bundesregierung 2010; Migration und Gesundheit 2010; Der 3. Armuts- und Reichtumsbericht der Bundesregierung 2008 u. a.).

Bildungssituation

Obwohl die aktuellen PISA-Ergebnisse (Programme for International Student Assessment) Verbesserungen im Bildungssystem aufzeigen, ist es jedoch nach wie vor so, dass kein anderes Industrieland eine so enge Verknüpfung von sozialer Herkunft und Schulerfolg der Kinder aufweist wie Deutschland. Mit anderen Worten: Der Bildungserfolg der Kinder und Jugendlichen in Deutschland hängt bis heute stärker mit der sozialen Herkunft zusammen als in vielen anderen Industrieländern. Die Bildungs- und Ausbildungschancen für Kinder und Jugendliche mit Migrationshintergrund in Deutschland sind daher immer noch ungünstig. Diese Bildungsbenachteiligung in allen Phasen der Bildungsbiografie von Kindern und Jugendlichen mit Migrationshintergrund umfasst auch schlechtere Bildungs- und Ausbildungschancen für diejenigen, die in Deutschland geboren sind (vgl. DJI Bulletin 2010). Somit sind die Möglichkeiten zur gesellschaftlichen Teilhabe und Partizipation für Kinder und Jugendliche mit Migrationshintergrund stark eingeschränkt (vgl. OECD-Sonderauswertung der PISA-Studie 2006; Sozialbericht der AWO 2009) und die Bildungssituation der Einwandererkinder lässt sich wie folgt charakterisieren:

- Der Anteil der Kinder und Jugendlichen mit Migrationshintergrund an den Hauptschulen liegt mit 38 % weit über ihrem Anteil an der Gesamtzahl der Schülerinnen und Schüler.
- Kinder von gering qualifizierten Einwanderern erreichen sehr häufig nur den Hauptschulabschluss.

- Kinder mit Migrationshintergrund sind selbst bei gleichem sozioökonomischem Status bis zu doppelt so häufig an Hauptschulen vertreten als Kinder ohne Migrationshintergrund.
- 13 % der Jugendlichen mit Migrationshintergrund verlassen die Schule ohne einen Schulabschluss (Deutsche: 2 %).
- 7 % der 20- bis 24-Jährigen mit Migrationshintergrund haben keinen Schulabschluss.
- 33,8 % der 25- bis 34-Jährigen mit Migrationshintergrund haben keine Berufsausbildung.
- Nur 10,5 % der in Deutschland geborenen Personen mit Migrationshintergrund erlangen einen Hochschulabschluss.
- Der Migrationshintergrund verringert durchschnittlich die Einmündungschancen von Jugendlichen in eine Ausbildung und erhöht gleichzeitig ihre Verweildauer im Übergangsmanagement (vgl. Bildung in Deutschland 2010, Der 3. Armuts- und Reichtumsbericht der Bundesregierung 2008, Datenreport zum Berufsbildungsbericht 2011 u. a.).

Als Zwischenfazit lässt sich festhalten, dass die Lebensrealität der meisten EinwandererInnen in besonderem Maße durch soziale Ungleichheit und Bildungsbenachteiligung gekennzeichnet ist.

EinwandererInnen in den Diensten der erzieherischen Hilfen

Bevor nachfolgend die Zugangsbarrieren für die Migrantenbevölkerung in Bezug auf die Inanspruchnahme von Hilfen zur Erziehung betrachtet werden, soll zunächst ein Blick auf den Entwicklungsstand der statistischen Zahlen geworfen werden. Verlässliche Daten über die Inanspruchnahme der erzieherischen Hilfen durch Einwandererfamilien gab es lange nicht[4]. Erwartungsge-

4 Nach der Änderung des Staatsangehörigkeitsrechts zum 01.01.2000 erfasst die Kinder- und Jugendhilfestatistik die Hilfen für junge Menschen mit Migrationshintergrund nicht mehr nach einzelnen Altersjahren. Mit dieser Änderung erwerben in Deutschland geborene Kinder nach dem sog. „Optionsmodell“ automatisch die deutsche Staatsbürgerschaft, wenn ein Elternteil seit mindestens drei Jahren eine Niederlassungserlaubnis hat. Nach dem Optionsmodell müssen sich Kinder nach Volljährigkeit bis zum 23. Lebensjahr für/gegen den Erhalt der deutschen Staatsbürgerschaft entscheiden. Das Optionsmodell dient zur Vermeidung von Mehrstaatlichkeit auf Dauer. In den Jahren 2000–2002 waren ca. 50.000 Personen aufgrund einer Übergangsregelung mit der Optionsregelung eingebürgert worden. Maximales Alter dieser Kinder war damals zehn Jahre. Die betroffenen Kinder sind im Jahre 2008 volljährig geworden. Somit ist die Optionspflicht seit letztem Jahr gegenwärtig geworden. Die ersten Betroffenen haben bereits ein entsprechendes Anschreiben von der zuständigen Behörde erhalten. Zu den komplexen Folgen des Optionsmodells vgl. die Broschüre des Fachausschusses Migration und Integration der Bundesarbeitsgemeinschaft der Freien Wohlfahrtspflege 2009.

mäß sollte aufgrund der höheren sozioökonomischen und soziostrukturellen Belastungen der Einwandererfamilien, die sich auf den Bedarf an Unterstützungsleistungen niederschlagen, die Inanspruchnahme der Hilfen zur Erziehung deutlich höher liegen als ihr Anteil an der Gesamtbevölkerung, schließlich sind Familien aus sozial belasteten Verhältnissen (z. B. Arbeitslosigkeit, ALG II-Bezug der Eltern, Bildungsarmut u. a.) in der Gruppe der Betroffenen von Hilfen zur Erziehung deutlich überrepräsentiert.

Erstmals seit 2009 sind der Statistik zu den Hilfen zur Erziehung auch Informationen zur Inanspruchnahme der Angebote durch Familien mit Migrationshintergrund zu entnehmen. Diese Zahlen verweisen darauf, dass Kinder und Jugendliche mit Migrationshintergrund in den erzieherischen Hilfen nicht (mehr) unterrepräsentiert sind. Im Jahr 2008 wurden 453.328 Erziehungshilfen eingeleitet. Davon wurden 100.501 (26 %) von jungen Menschen mit Migrationshintergrund in Anspruch genommen. Der Anteil der Kinder, Jugendlichen und jungen Erwachsenen liegt bei den im Jahr 2008 begonnenen erzieherischen Hilfen (ohne Erziehungsberatung) höher als in der Gesamtbevölkerung.

Tabelle II:
Begonnene Hilfen zur Erziehung 2008 nach Migrationshintergrund

Art der Hilfe	insgesamt	mit MH	in %
Flexible Hilfe (orientiert am jungen Menschen)	5.693	1.659	29,1
Flexible Hilfe (familienorientiert)	11.371	3.425	30,1
Erziehungsberatung	307.494	62.543	20,3
Soziale Gruppenarbeit	8.015	2888	36,0
Erziehungsbeistand/Betreuungshelfer	22.471	5.315	23,7
Sozialpädagogische Familienhilfe	39.196	10.460	26,7
Erziehung in einer Tagesgruppe	9.356	2.515	26,9
Vollzeitpflege	14.423	3.015	20,9
Heimerziehung, sonstige betreute Wohnform	32.198	7.837	24,3
Intensive sozialpädagogische Einzelbetreuung	3111	844	27,1
Insgesamt	**453.328**	**100.501**	**22,2**

Quelle: Statistisches Bundesamt 2010

Betrachtet man die Inanspruchnahme von erzieherischer Hilfe durch junge Menschen mit Migrationshintergrund für einzelne Altersgruppen, so lässt sich festhalten, dass Kinder im Vorschulalter bis zu fünf Jahren deutlich seltener eine Hilfe zur Erziehung in Anspruch genommen haben, als es ihrem Anteil in der Bevölkerung entspricht. Dagegen nehmen jugendliche Einwanderer ab 15 Jahren und junge Erwachsene häufiger professionelle erzieherische Hilfen in Anspruch (vgl. Lehmann/Kolvenbach 2010, S. 855).

Weitere Differenzierungen bei Inanspruchnahme von Hilfen zur Erziehung:

- Der Anteil zwischen sechs und 14 Jahren der EmpfängerInnen mit Migrationshintergrund von Erziehungshilfen ist im Vergleich dem der Gesamtbevölkerung sehr ähnlich.
- Der höchste Anteil junger Menschen mit Migrationshintergrund findet sich mit 36 % bei der Sozialen Gruppenarbeit (gem. § 29 SGB VIII).
- Am geringsten ist der Anteil junger Menschen mit Migrationshintergrund mit 21 % bei Hilfen der Vollzeitpflege und ist im Vergleich zur autochthonen Bevölkerung niedrig (vgl. Lehmann/Kolvenbach 2010, S. 854 ff., in: Statistisches Bundesamt 9/2010).

Die aktuellen Daten zeigen auch, dass bei EinwanderInnen der Anstoß zu Angeboten der Hilfen zur Erziehung häufiger von externen BeobachterInnen in Schulen oder Kindertageseinrichtungen gegeben wird als bei Kindern und Jugendlichen der autochthonen Gesellschaft (Lehmann/Kolvenbach 2010, S. 4). Migranteneltern regen also seltener zu einer Hilfe an als Eltern ohne einen Migrationshintergrund.

Bei 15 % aller erfassten jungen Menschen mit Migrationshintergrund wird zu Hause nicht Deutsch gesprochen. Dies wiederum stellt die Dienste und Fachkräfte vor besondere Anforderungen, entsprechende Kommunikation bzw. sprachliche Fähigkeiten sicherzustellen (vgl. ebd.).

Zugangsbarrieren

In den folgenden Abschnitt fließen neben wissenschaftlichen Erkenntnissen ebenso Ergebnisse von Veranstaltungen mit ein, die im Rahmen des interkulturellen Öffnungsprozesses der Arbeiterwohlfahrt durchgeführt wurden.

In der Praxis werden häufig kulturelle Unterschiede als Hindernis bei der Arbeit mit Einwandererfamilien betrachtet. Jedoch stimmt diese Annahme insofern nicht, weil die Lebenswelten vieler EinwandererInnen weit komplexer sind als vermutet und ihre Probleme eher migrationsspezifisch bedingt und kulturübergreifend sind. Meist gehen die migrationsspezifischen Hindernisse mit struktureller Benachteiligung einher. Die nachfolgende Übersicht zeigt die unterschiedlichen Aspekte von migrationsspezifischen Störungen und kulturellen Hindernisse als mögliche Zugangsbarrieren:

Tabelle III:

Migrationsspezifische Aspekte	Kulturelle Aspekte
Fehlende Kenntnisse über das Leben hier (Erwartungen von Eltern sind Institutionen/Fachkräften nicht bekannt und umgekehrt ebenso, herrschendes Misstrauen und Angst vor Institutionen seitens der MigrantInnen) Vorhandene Sprachschwierigkeiten Schlechte/falsche Beratung durch Herkunftsleute (MigrantInnen knüpfen Kontakte, die selbst eingewandert sind. Diese geben eigene Erfahrungen mit dem bestehenden Hilfesystem weiter, die häufig nicht richtig sind.) Wenig Aufklärung über das Rechts-/Hilfesystem Unsicherer Aufenthaltsstatus Nicht aufgearbeitete Traumata, Entwurzelung (nirgendwo zu Hause zu sein, Trennung von Kindern und Netzwerken) Kulturelle Identität (Schuldgefühle) Festhalten an der Tradition bzw. traditionellen Werten Kind zur Sicherung von Aufenthaltsstatus (Ehegatten von minderjährigen Kindern, die in familiärer Gemeinschaft mit den Begünstigten leben, erhalten eine Aufenthaltserlaubnis – das Resultat sind dann ungeklärte Finanzen, weil die Betroffenen kein Anspruch auf Leistungen haben) Fehlende Motivation (aufgrund negativer Erfahrungen mit verschiedenen Institutionen) Die Angst, die Familienehre zu verletzen Angst vor aufenthaltsrechtlichen Konsequenzen Heimweh (innere Immigration, Depression, Krankheit wird nicht erkannt, Hilfe wird nicht eingeleitet, selbst eingeleitete Hilfe wird nicht angenommen) Prekäre finanzielle Lage der Familien	Kulturelle Einflussnahme Angst der Eltern vor Entfremdung Schlechte/falsche Beratung durch Herkunftsleute Vorurteile seitens der Fachkräfte und der Klientel Angst vor Institutionen und Bürokratie Tabuthemen (AIDS, psychische Krankheiten, Suchtkrankheiten werden tabuisiert) An traditionellen Werten festhalten Missbrauch Kinderarbeit (Ausbeutung), Kinderarbeit wird seitens der Eltern als „normal“ angesehen Kommunikationsform (unterschiedliche Codes) Religiöse Vorbehalte Fehlende Kenntnisse von Ritualen Die Angst, die Familienehre zu verletzen

Fachliche Standards einer migrationssensiblen Praxis im Hilfeprozess

Interkulturelle Öffnungsprozesse in Organisationen am Beispiel der Arbeiterwohlfahrt

Wie bereits zu Beginn formuliert, stellen die Herausforderungen im Kontext einer Einwanderungsgesellschaft die Soziale Arbeit bzw. die sozialen Dienste vor die Aufgabe, sich auf diese einzustellen und entsprechende Veränderungsprozesse einzuleiten: Dies beginnt in der eigenen Einrichtung und gilt ebenso im Rahmen von Planungen in der Kinder- und Jugendhilfe vor Ort. Es ist notwendig, dass Fachkräfte der Kinder- und Jugendhilfe die migrationsspezifischen Hindernisse kennen, um ihren Arbeitsauftrag gemäß § 1 SGB VIII erfüllen zu können. Ebenso müssen auch die Arbeitsstrukturen für die Umsetzung der fachlichen Standards vorhanden sein bzw. geschaffen werden.

Mit dem Thema interkulturelle Arbeit bzw. interkulturelle Öffnung befasst sich die AWO intensiv. Die AWO hat verbandspolitisch bereits im Jahr 2000 eine Grundsatzentscheidung getroffen[5] und sich hiernach verpflichtet, all ihre Dienste und Einrichtungen interkulturell zu öffnen. Mit dieser Grundsatzentscheidung werden alle AWO-Gliederungen aufgefordert, bestehende und neue Dienste und Einrichtungen interkulturell zu öffnen. Dabei wird darauf geachtet, dass MigrantInnen ihrem Bevölkerungsanteil entsprechend in den Angeboten repräsentiert sind und somit konzeptionell, organisatorisch und personell ihren Bedürfnissen in den Einrichtungen und Maßnahmen entsprochen wird.

„Interkulturelle Öffnung ermöglicht Überwindung von Exklusionsmechanismen, um Inklusion in den sozialen Diensten zu erreichen. Interkulturelle Öffnung bedarf der klaren und deutlichen Willenserklärung eines Trägers (beispielsweise wie die Beschlüsse der AWO), führt zu einer inhaltlichen Bereicherung der regulären Arbeit und ist kein zusätzliches Angebot, sondern wirkt integrativ. Sie verbessert somit die pädagogische Qualität und sichert weitestgehend die Arbeits- und Kundenzufriedenheit im Arbeitsprozess und den erfolgreichen Hilfeprozess“ (Süzen 2010, S. 391).

Das Thema interkulturelle Arbeit/Öffnung im Verband findet in vielfältiger Form in Diskussionen, Fachveranstaltungen und Fortbildungsangeboten Eingang. Diese Veranstaltungen umfassen bspw. Bestandsaufnahmen, die Entwicklung von Positionspapieren, die Organisation und Durchführung von Fortbildungsveranstaltungen, die Entwicklung von Handreichungen und

---

5 Dieser Beschluss wurde bei der Bundeskonferenz 2008 mit zwei weiteren Beschlüssen zur interkulturellen Öffnung erweitert.

Praxishilfen, aber auch die Initiierung von Modellprojekten. Die nachfolgend vorgestellten Standards sind auch Ergebnis dieser Workshops und Fachtagungen[6]. Sie zielen darauf ab, eine migrationssensible Herangehensweise in den Hilfen zur Erziehung zu befördern. Die folgende Darstellung fachlicher Standards in der Sozialen Arbeit mit Einwandererfamilien erhebt nicht den Anspruch auf einen vollständigen Überblick, sondern skizziert Hilfen, die für eine adäquate Versorgung dieser Klientel notwendig sind. Sie beziehen sich dabei sowohl auf die handelnden Fachkräfte, aber auch auf die Arbeitsstrukturen.

Interkulturelle Handlungskompetenz

Interkulturelle Handlungskompetenz ist eine professionelle Grundhaltung, die Fachkräfte in die Lage versetzt, mit Ambivalenzen und Unterschieden umgehen zu können. Sie „… ist nicht auf die Arbeit mit der Migrantenbevölkerung zu reduzieren, sondern umfasst alle betroffenen Individuen im Hilfesystem unabhängig des Geschlechts, des Alters, der Religion, der sexuellen Orientierung, der körperlichen Ausstattung, der sozioökonomischen Lage …" (Schröer 2009, S. 203). Der Kulturbegriff wird dabei im jeweiligen Kontext betrachtet. Denn allein der Bezug auf kontextlose kulturelle Differenz birgt die Gefahr, die Unterschiede und komplexen sozialen Fragen und migrationsspezifischen Belastungen mit dem Kulturbegriff klären zu wollen. Damit würden sich Individuen nur noch als Träger einer bestimmten Kultur begegnen, was wiederum zu Ab- und Ausgrenzung führte. Mit Blick auf die Einwandererbevölkerung sollten interkulturell kompetente und erfahrene Fachkräfte neben hoher sozialer und selbstreflexiver Kompetenz gleichfalls über hohe Sachkompetenz verfügen, die Migrationsgeschichte, Migrations-/Integrationspolitik, ausländerrechtliche Bestimmungen etc. beinhaltet. In gelingenden Hilfeprozessen kommt es darauf an, zu erkennen und im Blick zu behalten, um welches Individuum mit welchen Lebenswelten es geht, damit bei der Gestaltung des Hilfeprozesses die Mitbestimmung der Klientel gewährleistet ist.

---

[6] Darüber hinaus werden auch Auszüge aus der Handreichung der Arbeiterwohlfahrt „Interkulturelle Öffnung des Handlungsfeldes Hilfe zur Erziehung" übernommen.

Konsequenzen für die Fachkraft:

- Sie verfügt über Kontextwissen: Es hilft der Fachkraft, sich auf den konkreten Fall vorzubereiten.
- Sie verfügt über Kulturwissen: Somit wird eine falsche Akzeptanz durch die Fachkraft vermieden, wie bspw.: *Das ist in unserer Kultur so!* Die Fachkraft geht in einer solchen Situation selbstbewusst damit um, zeigt keine Hemmnisse vor kritischen Fragen und hinterfragt: *Wie ist es denn in Ihrer Kultur?* Sie ist auch der Gefahr nicht ausgeliefert, migrationsspezifische Probleme, Kommunikationshemmnisse und -barrieren zu kulturalisieren und zu ethnisieren.
- Sie hat hohe Reflexionsfähigkeit: Die Fachkraft betrachtet das eigene Weltbild und die Perspektiven nicht als Konsens für alle. Unsicherheit macht Betroffene sensibler, daher schaut man/frau genauer hin, legt Wert auf Äußerungen. Wichtig in einem Hilfeprozess ist, dass die Fachkraft die Unsicherheit wahr- und ernstnimmt, um damit umgehen zu können.
- Sie ist für unterschiedliche Themen mit Bezug auf Migration sensibilisiert (über Armutsproblem, Diskriminierungserfahrungen, Rassismus, integrationspolitische Debatten, Vorurteile, verschiedene Lebensentwürfe der Einwanderer etc.).
- Sie kennt unterschiedliche Methoden und spezifisches Handwerkszeug und setzt diese in der Arbeit mit EinwandererInnen bewusst ein.
- Sie beherrscht Kenntnisse, Methoden und die Befähigung zur professionellen Beziehungs- und Biografiearbeit.
- Sie kann sich im Umgang mit Betroffenen verständlich machen.
- Sie kann mit Irritationen umgehen und in unterschiedlichsten Situationen handlungsfähig bleiben.
- Sie bezieht beim Einsatz von Dolmetscherinnen und Dolmetschern grundsätzlich geschulte, professionelle Personen in den Hilfeprozess ein, Laiendolmetscher werden vermieden. (Es ist grundsätzlich zu vermeiden, dass Kinder für die Eltern übersetzen.)
- Sie hat einen respektvollen und wertschätzenden Umgang mit der betroffenen Person, zeigt Geduld, hört aufmerksam zu, stoppt bei Sprachschwierigkeiten nicht.

Interkulturelle Haltung

Mit interkultureller Haltung ist das „Bündel" von expliziten (bewussten) und impliziten (unbewussten) Einstellungen gemeint, das sich in unserem Verhalten ausdrückt und über Erfolg oder Misserfolg eines Beratungsprozesses maßgeblich mitentscheidet. Insbesondere in der interkulturellen Arbeit ist es erforderlich, sich der eigenen „Vor-Urteile", den eigenen Bewertungen des „Andersseins" bewusst zu werden. In der Lage zu sein, eine ressourcenorientierte, wertschätzende und positive Haltung einzunehmen und die Fähigkeit zu haben, offen für Vielfalt zu sein, Unsicherheiten zuzulassen sowie sich auf neue Situationen einlassen zu können, ist eine herausragende Schlüsselqualifikation der sozialpädagogischen Fachkräfte. Vor diesem Hintergrund kommt der eigenen Haltung in der Arbeit mit Kindern und Familien in prekären und schwierigen Lebenslagen – hierzu gehören auch Migrantenfamilien – umso mehr Bedeutung zu, wenn es darum geht, ihre Perspektiven in den Hilfeprozess mit einzubeziehen.

Eine interkulturell kompetente Fachkraft ist sich bewusst, dass es auf die Haltung ankommt. Das heißt, sie ist in einem Hilfeprozess in der Lage, migrationsspezifische Faktoren von kulturspezifischen Besonderheiten getrennt zu betrachten. Sie hat dabei die Kompetenzen und Fähigkeiten, sowohl problematische Migrationsverläufe als auch die Chancen und Ressourcen nicht aus dem Blick zu verlieren.

Konsequenzen für die Praxis:

- Familien soll man/frau mit „Nichtwissen" unabhängig vom Migrationshintergrund begegnen. Fachkräfte sollen hinterfragen, was in ihrer Macht liegt, was sie verändern können und was nicht.
- Die Fachkraft reflektiert permanent ihre eigene Haltung: Welche Fragen werden warum gestellt? Welche Antworten werden warum gehört? Welche Ressourcen werden warum aktiviert?
- Die Fachkraft lebt Haltung und innere Strategie vor, bei der Begegnung mit Einwandererfamilien wird signalisiert: *Ich weiß nichts über sie.* Begegnung soll mit organisiertem „Nichtwissen" ermöglicht werden.
- Bei Bedarf soll die Möglichkeit zur Gestaltung des Beratungsgesprächs in den der Familie vertrauten Räumen gegeben werden.

Ressourcenorientierte Arbeit

In der Regel sind sowohl in der Forschung als auch in der Praxis Arbeitsbereiche im Zusammenhang mit Migration mit Fokus auf Sprachdefizite, bildungsferne oder bildungsarme Familien usw. defizitorientiert. Bekannt ist aber, dass jeder Hilfeprozess einen Aushandlungsprozess darstellt, der die unterschiedlichen Sichtweisen der Beteiligten ressourcenorientiert mit berücksichtigen muss. Jede Hilfeleistung kann nur dann zum Erfolg führen, wenn die Betroffenen sich mit der eigenen Problemsicht, ihren Ressourcen, Zielen und den verabredeten Handlungsschritten identifizieren können (von Spiegel 2004, S. 184). Mit Blick auf den Hilfeprozess mit Einwandererfamilien stellt die Aushandlungsfähigkeit ein Qualitätsmerkmal dar, wenn sie alle fachlichen Standards berücksichtigt. Vor diesem Hintergrund bedeutet Aushandlungsfähigkeit die Kompetenz, sowohl die migrationsspezifischen Störungen als auch die Ressourcen in einem Hilfeprozess nicht auszuklammern. Daher ist es an der Praxis, zu überprüfen, ob die formulierten Ziele an den wirklichen Alltag und die Ressourcen der Familie anknüpfen oder sich eher entfernen, und ob die praktische Umsetzung dieser Ziele sowohl für die Familien als auch für die Fachkraft eindeutig ist. MigrantInnen haben zwar migrationsspezifische Benachteiligungen, sie sind aber weder minderwertig noch handlungsunfähig und ihr Handeln darf nicht weniger wertgeschätzt werden als das der betroffenen Familien der autochthonen Bevölkerung. In der Arbeit mit Einwandererfamilien heißt das gleichermaßen, dass die Betroffenen selbst die Ziele in einem Hilfeplanverfahren formulieren und bei deren Umsetzung „ExpertInnen ihrer selbst“ bleiben. Zusammenfassend ist hier festzuhalten, dass die Fachkräfte den Anforderungen eines ressourcenorientierten Hilfeplanprozesses nur dann gerecht werden können, wenn sie neben ihren sozialpädagogischen Handlungskompetenzen über ausgeprägtes interkulturelles Know-how verfügen, Empathiefähigkeit zeigen und entsprechendes Sachwissen vorweisen können.

Konsequenzen für die Praxis:

- Infos zu migrationssensiblem Ressourcencheck und migrationssensibler Diagnostik stehen den Fachkräften zur Verfügung.
- Der Zugang zu Maßnahmen und Angeboten ist migrationssensibel gestaltet.
- Unsicherheiten seitens der Familien werden in der Angebotsgestaltung berücksichtigt.
- Die Zielerreichung wird systematisch überprüft und ggf. justiert.
- Entwicklungen und Ergebnisse im Hilfeplan werden in einer verständlichen Sprache für alle Beteiligten dargestellt.
- In den unterschiedlichen Stationen einer Hilfeplanung wird überprüft, ob die fachlichen Standards von allen beteiligten Fachkräften erfüllt werden und ob die migrationsspezifischen Aspekte bei Entscheidungen für Maßnahmen berücksichtigt worden sind.

Kommunikationssprache

In einem Hilfeprozess müssen Begrifflichkeiten und Sprachcodes der Familie allen Beteiligten bekannt sein. Es ist unumgänglich, sich bewusst zu machen, welche Familiensprache bei den Betroffenen zu Hause gesprochen wird, welchen Begriffen welche Bedeutung in dieser Sprache zugewiesen wird. Es kommt in der Praxis häufig vor, dass die Kommunikationssprache der Familie anders ist als die offizielle Sprache des Herkunftslandes (beispielsweise ist nicht für alle Menschen aus der Türkei türkisch die Muttersprache, sondern kurdisch – kurmanci und zaza –, tscherkessisch oder arabisch; unter anderem bei Familien aus dem ehemaligen Jugoslawien werden verschiedene Sprachen wie kroatisch, serbisch etc. gesprochen). Selbst wenn die Familien Deutsch sprechen können, werden viele Begriffe in der Herkunftssprache anders gedeutet.

Konsequenzen für die Praxis:

- Für eine ergebnisorientierte Kommunikation mit Einwandererfamilien ist in der Arbeit mehr Zeit einzuplanen.
- Muttersprachliche Kommunikation wird empfohlen, vor allem, weil familiäre Themen oft mit Scham und Tabus besetzt sind.

Resümee

Was Ansätze zur pädagogischen Kunst und professionellen Haltung, bei allen Unterschieden in den Einrichtungen und Arbeitsbereichen der Kinder- und Jugendhilfe, letztlich leisten können, ist die kritische Thematisierung der institutionellen und strukturellen Bedingungen pädagogischen Handelns in einer Einwanderungsgesellschaft. Mit Blick auf die pädagogische Kunst und professionelle Haltungen im Migrationskontext stehen im Mittelpunkt die Auseinandersetzung mit dem Kulturbegriff, die Analyse des Migrationsphänomens und der gelebten und erlebten Migrationserfahrungen von Familien mit Migrationshintergrund. Unterschiedlich gelebte und erlebte Erfahrungen in der Migration sowie der Rechtsstatus beeinflussen Individuen in ihrem subjektiven Handeln. Die Entwicklung von interkulturellen Standards orientiert sich vor diesem Hintergrund an den aktuell-gesellschaftlichen Veränderungen. In diesem Kontext lassen sich für die Umsetzung der fachlichen Standards hinsichtlich interkultureller Standards als Regeln der Kunst folgende unabdingbare Konsequenzen für die Organisations- und Strukturebene identifizieren:

- Förderung interkultureller Qualifizierung des Teams durch spezifische Fortbildungsprogramme, intensive Einarbeitung in die Thematik, institutionalisierte Supervisionen, Reflexionen und regelmäßige Teambesprechungen.

- Ziele für die interkulturelle Arbeit werden durch den/die Träger/Einrichtung festgelegt und verfolgt, um die Bedürfnisse der Migrantenbevölkerung zu erkennen und adäquate Angebote zu entwickeln.
- Förderung und Forderung von mehrsprachiger Kompetenz bei pädagogischen Fachkräften.
- Vorhandene Kommunikationshemmnisse und -barrieren durch mangelnde Deutschkenntnisse oder schichtspezifischen Sprachcode der Klienten werden erfasst und Überwindungsstrategien entwickelt.
- Vernetzungsarbeit konstruktiv gestalten: Zielgruppenspezifische Präventions- und Unterstützungsangebote werden gemeinsam mit Migrationsfachdiensten und den Sozialen (Fach-)Diensten der freien und der öffentlichen Träger entwickelt.
- Vereinfachter Zugang ohne viel Bürokratie zu Hilfen zur Erziehung: Zugangsbarrieren werden identifiziert, reduziert bzw. abgebaut und migrationssensible, ganzheitliche Angebotsstrukturen geschaffen.

Und nicht zuletzt ist festzuhalten, dass im Bereich der Hilfen zur Erziehung das Handlungsrepertoire der Fachkräfte auch auf andere Formen von Angeboten in der Betreuung und Unterstützung von Einwanderungsgesellschaften deutlich auszubauen und weiterzuentwickeln ist. Diese müssen flexibel, offen und allen bekannt sein. Dazu werden bspw. Presseorgane in jeweiligen Herkunftssprachen genutzt. Die Erreichbarkeit ist kontinuierlich zu überprüfen und im Rahmen der sozialräumlichen Orientierung den Bedürfnissen und Ressourcen der betroffenen Familien mit Migrationshintergrund anzupassen.

Literatur

Arbeiterwohlfahrt Bundesverband e. V. (2010): Interkulturelle Öffnung der „Hilfe zur Erziehung“ in den Diensten und Einrichtungen der AWO. Eine Handreichung für die Praxis. Schriftenreihe Theorie und Praxis. Berlin.

Arbeiterwohlfahrt Bundesverband e. V. (2009): Sozialbericht der AWO. Was hält die Gesellschaft zusammen? Zur Zukunft der sozialen Arbeit in Deutschland. Hrsg.: AWO Bundesverband. KLARTEXT. Essen.

Ausländerrechtliche Aspekte von Strafverfahren, Juristisches Stichwortverzeichnis. Stand: 19.07.2006: http://www.freiabos.de/PDF/Jur_Stichw.verzeichnis.pdf

Bericht der Integrationsbeauftragten der Bundesregierung (2010): 8. Bericht der Beauftragten der Bundesregierung für Migration, Flüchtlinge und Integration über die Lage der Ausländerinnen und Ausländer in Deutschland (Juni 2010). Hrsg : Die Beauftragte der Bundesregierung für Migration, Flüchtlinge und Integration: http://www.bundesregierung.de/Content/DE/__Anlagen/2010/2010-07-07-langfassung-lagebericht-ib,property=publicationFile.pdf

Datenreport zum Berufsbildungsbericht (2011): Informationen und Analysen zur beruflichen Bildung. Bundesinstitut für Berufsbildung (BIBB). Bonn.

Der 3. Armuts- und Reichtumsbericht der Bundesregierung (2008): Lebenslagen in Deutschland: http://www.bmas.de/portal/26742/property=pdf/dritter__armuts__und__reichtumsbericht.pdf

DJI Bulletin (2010): Die soziale Seite der Bildung. Wie benachteiligte Kinder und Jugendliche in Deutschland gefördert werden – und welche Konzepte zukunftsfähig sind. Eine Analyse anlässlich der Prognosen im Nationalen Bildungsbericht 2010 2/2010, Heft 90, Deutsches Jugendinstitut e. V. München. http://www.dji.de/bulletin/DJIB_90.pdf

Filsinger, D. (2011): Integration von Familien mit Migrationshintergrund. In: Handbuch Migration und Familie. Hrsg.: Fischer, V./Springer, M. Wochenschau Verlag. Schwalbach.

Frindt, A. (2010): Entwicklungen in den ambulanten Hilfen zur Erziehung. Aktueller Forschungsstand und strukturelle Aspekte am Beispiel der Sozialpädagogischen Familienhilfe. Hrsg.: Deutsches Jugendinstitut e. V. München. http://www.dji.de/bibs/64_12095_Expertise_Frindt.pdf

Krok, I./Rink, B./Bruhns, K. (2010): Interkulturelle Kompetenz durch internationale Kinderbegegnung Hauptstudie: Die Kinder im Mittelpunkt. Hrsg.: Deutsches Jugendinstitut e. V. München. http://www.dji.de/bibs/816_IKKB_Endbericht_FINAL_1711.pdf

KoMDat-Jugendhilfe (2009): Dortmunder Arbeitsstelle Kinder- & Jugendhilfestatistik – AKJ Technische Universität Dortmund. Hrsg.: Rauschenbach, T. Ausgabe September 2009, Heft Nr. 2/09, 12. Jg.: http://129.217.208.150/akj/komdat/pdf/komdat35.pdf

Kunkel, P.-C. (2006): Jugendhilfe für junge Ausländer. In: Zeitschrift für Ausländerrecht und Ausländerpolitik (ZAR). Heft 3, S. 92–102.

Lehmann, S./Kolvenbach, F.-J. (2010): Erzieherische Hilfe, Migrationshintergrund und Transferleistungsbezug im Jahr 2008. Statistisches Bundesamt Wirtschaft und Statistik 9/2010.

Migration und Gesundheit (2010): Schwerpunktbericht der Gesundheitsberichterstattung des Bundes. Migration und Gesundheit. Gesundheitsberichterstattung des Bundes. Robert Koch Institut.

Mikrozensus (2006): Bevölkerung mit Migrationshintergrund. Statistisches Bundesamt, Wiesbaden 2009: http://www.destatis.de/jetspeed/portal/cms/Sites/destatis/Internet/DE/Content/Publikationen/Qualitaetsberichte/Bevoelkerung/Migrationshintergrund Mikrozensus2006,property=file.pdf

Münder, J. u. a. (2006): Frankfurter Kommentar zum SGB VIII: Kinder- und Jugendhilfe. 5. vollständig überarbeitete Auflage 2006. Gesetzesstand: 01.04.2006. Juventa Verlag. Weinheim.

OECD Sonderauswertung der PISA Studie (2006): Schulerfolg von Jugendlichen mit Migrationshintergrund im internationalen Vergleich. Hrsg.: Bundesministerium für Bildung und Forschung (BMBF). Berlin.

Pohl, R. (2004): Zuwanderungsgesetz. http://www.gla.ac.uk/rg/dright02.pdf

Schröer, H. (2009): Interkulturelle Öffnung und Diversity Managament. In: Migration und Soziale Arbeit. Heft 3/4 Juventa Verlag S. 203–211.

Spiegel, H. v. (2008): Methodisches Handeln in der Sozialen Arbeit. Grundlagen und Arbeitshilfen für die Praxis. 3. Auflage. UTB für Wissenschaft. Stuttgart.

Süzen, T. (2010): Sozialpädagogische Arbeit mit Familien in Erziehungshilfen. In: Handbuch für Migration und Familie. Hrsg.: Veronika Fischer, Monika Springer. Wochenschau Verlag. S. 386–398.

Jörn Meyer

Das Erleben der deutschen Wiedervereinigung aus der Perspektive eines DDR-Erziehers

Heimerziehung in der DDR bestand nicht nur aus Kollektivstrafen und dem GJWH[1] Torgau. Es gab die ganz normale Heimerziehung, unspektakulär und des Erwähnens in heutigen Medien nicht wert; politisch gelenkt, auf Umerziehung bedacht und auf ein Kollektivbewusstsein gerichtet.

Heimrealitäten waren in der DDR bis zum Schluss gut sortiert, in normal Verlassene, Schwierige beim Lernen und Schwierige im Verhalten. Allein diese Sortierung forcierte Stigmatisierung und sich selbst erfüllende Prophezeiung. Kinder sprachen übereinander: die Heimkinder, die aus dem Spezi[2] und die aus dem Jugendwerkhof. Junge Menschen kamen nicht umhin, nun, da sie schon im Heim für Schwererziehbare angekommen waren, den eigenen Schweregrad auch unter Beweis stellen zu müssen, eben auch bis ins Jugendalter und manchmal bis ins unsägliche Torgau. Torgau, der einzige geschlossene Jugendwerkhof, war dem jungen Menschen erst bekannt, wenn er in einem „normalen" Jugendwerkhof angekommen war. Dann hörte er Geschichten, in etwa solche, die der Soldat bei der NVA von Schwedt[3] hörte. Es waren sozusagen Endstationen, letzte Tabus, welche nicht offen diskutiert wurden, aber Angst machen sollten.

Es gab Hilfepläne, die von dem Jugendfürsorger aus dem Referat Jugendhilfe (aus dem Amt, würde man heute sagen) geschrieben und auch gemeinsam mit Eltern, Erziehern und Jugendlichen besprochen wurden. Die Heimakte lag bei der Heimleitung, von der hing es ab, inwieweit Mitwirkung gewünscht oder erlaubt war.

Trotzdem, es gab gute Erzieher!

Vielleicht ist das ein wichtiger Satz, aus dem Herzen gesprochen, der auch stimmt und in den Gesamtzusammenhängen falsch ist, der nichts rechtfertigt und rechtfertigen darf, nur nachdenken lassen soll.

Einen guten Erzieher zeichnet aus, auf Veränderung des pädagogischen Alltags im Diskurs hinzuwirken. Er bringt sich aktiv ein und respektiert sein Gegenüber. Gerne will ich das hier Übernahme von Verantwortung nennen. Offen diskutiert wurde in DDR-Realitäten nur im gesellschaftlich vorgegebenen

---

[1] GJWH geschlossener Jugendwerkhof

[2] Spezialkinderheim

[3] In Schwedt stand das einzige DDR-Militärgefängnis.

Rahmen, die Akzeptanz dessen war eben auch gesellschaftliche Realität, und Vorgabe und Akzeptanz bedingen einander. Diskutiert wurde fast immer auf das Kind bezogen, selten inhaltlich zum pädagogischen Alltag, nie strukturell über die Organisation. Eine inhaltliche Diskussion in der Einrichtung war dort geduldet, wo Leitung nicht selbstherrlich (oder schlimmer obrigkeitshörig), regierte und die Diskussionen, das Infragestellen eigener Positionen, nicht in die Ecke des Oppositionellen und Staatsfeindlichen stellte.

Ich erinnere den auf der Gruppenversammlung ausgesprochenen Wunsch von Heimjugendlichen nach der Gruppenwaschmaschine im Wohnbereich. Darauf folgte dann die Diskussion im „Pädagogischen Aktiv" nach der Notwendigkeit der zentralen Waschküche, möglichem Heimumbau und logisch folgernd: nach kleineren Betreuungseinheiten und Selbstständigkeit fördernde Wohnmöglichkeiten. Diskussionen im „pädagogischen Aktiv" konnten Änderungen im Handeln bewirken. Große Ideen scheiterten an den strukturellen Grenzen, gebaut werden konnte nicht aus eigener Entscheidung. Kein Kinderheim existierte für sich, es war der Bezirksbehörde unterstellt und die letzte Verantwortung lag bei der Ministerin.

Tendenzen zur Individualisierung waren in den letzten DDR-Jahren selbst in der Provinz zu spüren und fanden zunehmend Berücksichtigung. Junge Menschen suchten nach Eigenverantwortung, wollten raus aus der fürsorglichen Bedrängung. Betreute Wohnformen sind dennoch nicht entstanden, weil Entscheidungskompetenzen vor Ort deutlich überschritten worden wären.

Mitwirkung war im sogenannten Normalheim eher anzutreffen als im Jugendwerkhof. Hier beschränkte sie sich eher auf eine Gruppenabstimmung über die Art der wöchentlich einmaligen freizeitbezogenen Gruppenaktivität. Die andere Kommunikation mit Jugendlichen war weitaus häufiger und für die jungen Menschen in der Erinnerung einprägsamer: die allabendliche Zeitungsschau, bei welcher zwangsweises Lesen angeordnet und durch Abfragen überprüft wurde. Das gab es in allen Heimformen, in unterschiedlicher Ausprägung und nur durch den „Mut" des einzelnen Erziehers ließ man es gerne auch mal ausfallen.

Der Mut eines Erziehers, diese Aktionen auf der monatlich stattfindenden pädagogischen Konferenz zu kritisieren oder infrage zu stellen, hätte zumindest im Werkhof, nur zur Ermahnung, zum Infragestellen der (sozialistischen) Erzieherpersönlichkeit geführt, wohl nicht zur Entlassung, da schon ausreichend Strafversetzte in den Werkhof abgeschoben waren. Warum hatten also so wenige von uns den Mut zum Widerspruch? Warum werden Realitäten so gerne akzeptiert?

Festzustellen blieb nach der DDR-Zeit: Entwicklung fördernde Kritik kann nur in freiheitlicher Meinungsäußerung stattfinden. Diesen so schnell dahingesprochenen Satz mag man unterstreichen wollen, aber das Argument ist eben nicht ausreichend, denn es braucht immer den Mut und die Haltung des Einzelnen zur Auseinandersetzung und vielleicht grundlegender, überhaupt die Bereitschaft zur Auseinandersetzung.

Start in das Ungewisse

Der Start in das neue System war nicht nur euphorisch. Ich habe viele Erzieher in den Jahren 1989 bis 1995 angstbesessen erlebt, aus ganz unterschiedlichen Gründen. Natürlich jene, die „Dreck am Stecken" hatten und jene, die es von sich annahmen. Zu unterscheiden wurde sich bis heute nicht die Zeit genommen, vielleicht wäre es an der Zeit. Vorrangig waren aber die Ängste um eigene Perspektiven der Erzieher. Was geschieht mit dem Heim, gibt es im Westen eigentlich Kinderheime, wird der Kapitalismus dafür auch Geld ausgeben?

Aus heutiger Sicht absurde Vorstellungen wurden entwickelt und mit ihnen auf sich bezogene Ängste. Zu wenige schauten auf die Kinder in den Heimen, auf die Jugendlichen, deren Chancen und deren Risiken. Erzieher fanden zu Gott aus der Not heraus, denn im Westen war wohl die Kirche zuständig für das gute Handeln am Menschen. Sehr schnell sprach sich herum, dass der Getaufte das Recht auf Arbeit erhielt. Erstaunlich fand ich, dass eben auch die Bereitschaft zur Aufnahme der Bereitwilligen durch aus dem Westen kommende Träger vorhanden war. Die Skeptischen hingegen ließ man ebenso gerne ziehen. Im Grunde also blieben die Opportunen opportun und die Suchenden suchten weiter.

Hier ergab sich aber die Chance: Es gab Informationen ohne Selbstverpflichtungserklärungen. Wer suchte, fand Haltungen und Werte und fand neue Probleme. Im Aufbruch fragten viele nicht nach dem richtigen Weg, sondern gingen einfach los.

Rückblickend auf die ersten fünf Jahre nach der Wiedervereinigung muss ich kopfschüttelnd schmunzeln. Es waren sozusagen gesetzlose Jahre[4], denn wir handelten und hatten keine Zeit zum Lesen von Vorschriften. Alles schien erlaubt, denn alle Einschränkungen waren ja weggefallen. Freiheit war das Zauberwort für jeden, der etwas schaffen wollte, die ersten Hürden nahm man nebenbei, im Schwung, mit dem Hinweis auf gesetzlich erlaubtes freies Handeln. Jeden zögerlichen Dienstvorgesetzten auf jeder Hierarchiestufe verwies man in die Schranken mit dem Hinweis auf das Recht zur freien Entscheidung. Ordnungshüter waren unsicher. Hier trafen sich Menschen mit gleichen Vorstellungen über das mögliche Heranwachsen Jugendlicher.

---

4 Unser erster Steuerberater sprach häufig vom wilden Osten und genoss ebenso wie wir die Aufbruchstimmung und fand in vielen einen berauschenden Pioniergeist.

Wir waren schließlich eine Gruppe junger Pädagogen und anderer Professionen und auch ehemalige, nun erwachsene Heimkinder, die zuerst der Gewalt auf der Straße etwas Menschliches entgegenzusetzen versuchten. In den ersten Monaten nach der Wende betrieben wir Streetwork und wussten nicht, dass es Streetwork war. Wir sprachen mit den Jugendlichen auf der Straße, in den besetzten Häusern und in den Klubs. Wir sprachen über neue Ziele, über Ängste und über die Sorgen der Eltern in jener Zeit.

Fast alle Eltern, Lehrer, Erzieher und Ausbilder waren in den Jahren 1990 bis 1995 mit sich beschäftigt, in den Umbrüchen gefangen, mit der Neusortierung befasst, mit den eigenen Ängsten beschäftigt. Beziehungen brachen auseinander, Menschen stoben in alle Richtungen auf der Suche nach dem großen Glück. Der eine wurde Millionär im Autohandel, der andere um den Lohn betrogen bei der halbjährlichen Probearbeit im Saarland. Den Kindern blieb häufig das Nachsehen und sie fragten sich, was wird aus uns? Sie sahen, wie manche Eltern sich in den Wirren aufrieben, sich nicht zurechtfanden, und sie erlebten Armut[5]. Das brachte Angst, Depression und auch Wut. Die Pole brachen auseinander und es gab nur wenig dazwischen. Wenn wir in Schulklassen waren, erlebten wir nicht selten, dass sich Achtklässler halb in Rechte und halb Linke sortierten.

Gleichzeitig fehlten die ausgebildeten Sozialarbeiter. Pädagogen in der DDR waren als Lehrer, Kindergärtner und Hort- oder Heimerzieher ausgebildet, und es gab die Pionierleiter. Wenige Ausnahmen waren die kirchlich ausgebildeten Diakone und Sozialarbeiter bei der katholischen Kirche. Ein Sozialarbeiter, der auf soziale Problemlagen eingeht, Konflikte in einem sozialen System bearbeitet, wurde bis dahin nicht gebraucht, jedenfalls nicht aus Sicht des Staates.

Jetzt aber brannte die Straße. Hier konnte kein erfahrener Jugendhilfeträger aus dem Westen des Landes kommen und arbeiten, das musste schon aus eigenen Kräften geschehen, mit den Menschen vor Ort, die eben Ideen hatten und den Mut, etwas zu unternehmen.

Also gingen wir los, ohne Bezahlung, nach der Arbeit, in den Nächten und an den Wochenenden, ganz unkonventionell. Es gab ja keine Normen mehr[6].

---

5 Ein Jugendlicher, mit dem wir engen Kontakt hatten, gab sein Geburtstagsgeschenk, heiß begehrte Turnschuhe, dem Verkäufer zurück, weil die allein erziehende Mutter dafür die Miete nicht pünktlich bezahlt hatte.

6 Wir vermittelten zwischen den Szenen, heute würden wir „Mediation“ sagen, die jungen Leute vereinbarten einen „Friedensvertrag“ und bauten sich „Räume für Begegnungen“ aus. Wir organisierten mobile Jugendtreffs, verhandelten mit Eigentümern und der Stadt über Grundstücke und Häuser, ohne Geld zu haben.

Dann kam das erste Förderangebot mit AgAG[7], ABM und bereits 1992 die Eröffnung der ersten Jugendwohngruppe.

Erkenntnis kommt nach Veränderung

Woher kam die Struktur? Es war nicht nur einem DDR-Heimerzieher unerklärlich, wie Heimerziehung nichtstaatlich funktionieren könnte. Denn Erziehung ließ sich doch nicht „verkaufen" und als Dienstleistung dem Jugendamt anbieten. Von dieser Art „Verkauf" lebten aber doch alle, die hier im Westen reich und selbstständig wurden.

Der Paritätische führte 1991 zumindest eine 14-tägige Fortbildung zur Funktionsweise des Wohlfahrtswesens in der Bundesrepublik durch. Hier trafen die neuen ostdeutschen Dezernenten und Geschäftsführer, Amtsleiter und leitende Mitarbeiter der Wohlfahrtsverbände auf westdeutsche Realitäten. Wir besuchten große Behindertenwerkstätten, Freizeitheime und lauschten Referaten über Subsidiarität. Wir fragten zehn Tage lang: Wer bezahlt das alles? Am elften Tag verstanden wir: der Staat ist nur verpflichtet zu zahlen, machen soll es möglichst die Zivilgesellschaft, Gesetze beschreiben Leistungsverpflichtungen an den Staat und Handlungsverpflichtungen nur, wenn andere es nicht tun.

Mit diesem Wissen und der Erfahrung, dass alle unsere Erfolge vom Amtsleiter der Stadtverwaltung vereinnahmt würden, gründeten wir 1991 den Verein (Jugendhilfe Cottbus e. V.), beantragten die AgAG-Mittel und waren 1992 der erste neu gegründete freie Jugendhilfeträger der Stadt, übernahmen als Erste einen Jugendklub, bekamen den ersten städtischen Erbbaupachtvertrag über ein innerstädtisches Haus für die Hausbesetzer, die ja mit uns den Verein gegründet haben, und verhandelten den ersten Kostensatz[8] für „Betreutes Jugendwohnen", eben jene Jugendwohngruppe. Alles in einem Jahr.

Im zwölften Monat des Neubeginns beschäftigte der Jugendhilfe Cottbus e. V. 25 Mitarbeiter in fünf Projekten und war immer noch eine Familie, keine Trägerstruktur. 1992 kämpften wir um die Gründung des Jugendhilfeausschusses nach geltendem Recht. Denn in dem ersten wurden Polizei und Arbeitsamt als Vertreter der freien Träger gewertet. Das war kein böser Wille, einfach nur Unkenntnis. „Freier Träger", das hört sich doch an wie „Siemens-

---

7 AgAG Aktionsprogramm gegen Gewalt und Aggression, 1992 aufgelegt durch das Bundesjugendministerium, Ministerin war damals Angela Merkel.

8 Das erste Entgelt für die Jugendwohngruppe verhandelten wir übrigens sehr detailliert. Wir kalkulierten Anzahl von Pflaster und Hustentropfen, zählten den Verbrauch an Seife und auf Vorschlag des Amtsleiters kalkulierten wir für jeden Jugendlichen ein Kondom pro Monat.

Lufthaken" – irgendwie unstabil. Als dann die Erkenntnis über Verein und GmbH als Rechtsformen reifte, gab es viele Jahre, in denen freie Träger als Rettung des Haushaltes wahrgenommen wurden. Im zweiten Jahr der Trägerschaft über den Jugendklub wurde die Bezuschussung durch den Kämmerer komplett gestrichen. Um die Erkenntnis, dass die Stadt den Inhalt nicht mehr verantworten muss, aber bezahlen soll, mussten wir lange ringen. Noch 1997 erhielten wir seitens der Stadtverwaltung den ernstgemeinten Rat, die Mitgliedsbeiträge zu erhöhen, um den Kinder- und Jugendnotdienst ausreichend zu finanzieren.

Es folgten also ab 1995 Jahre, die von Verletzungen und Zerwürfnissen geprägt waren, vom Streit über Wachsen und Verantwortung. In bestimmt jeder partizipativ wachsenden Organisation finden genau diese Prozesse um Verantwortung und Werte statt. Können sich Wirtschaftlichkeit und Ideale, Arbeitsrecht und Gemeinsinn vertragen?

Alle diese Kämpfe brachten uns weiter. Letztlich waren sie auch die Auseinandersetzung um gesellschaftliche Positionen. Und niemals mehr lernten wir so intensiv. Ein Drittel der Mitarbeiter befand sich regelmäßig in einer längerfristigen Ausbildung, wir studierten, erlangten Basis- und Zusatzqualifikationen und hatten täglich das heiße Leben in der neuen Praxis.

Zurück auf Los?

Als widersprechender Erzieher glaubt man auch, es müsste allen Pädagogen so gehen: eigene Ideen umsetzen zu wollen, mit Partnern auf Augenhöhe über Ziele und Methoden zu streiten, immer den Respekt vor den jungen Menschen bewahrend. Aber so ist es nicht. Es gibt Handelnde und Folgende, es gibt Streitende und Duldsame, und wo viele Menschen miteinander arbeiten, sind eben alle vertreten.

Viele, die damals gestartet sind, mussten aufgeben. Träger haben sich stark verändert und manche gibt es nicht mehr. Träger profilierten sich, nicht immer im Respekt gegenüber den Familien, auch im Preiskampf, auch in einem willfährigen Dienstleistungsverständnis gegenüber dem Kämmerer. Aber es ist auch im Osten Deutschlands eine Trägerlandschaft entstanden, die Kompetenz ausstrahlt, über eine hohe Fachlichkeit verfügt und selbstbewusst und parteilich für Kinder und Jugendliche Positionen verteidigt.

Systeme kommen in Balance. Wenn eine Seite übergewichtet ist, finden Ausgleiche statt. Wir nehmen heute Rückschritte wahr, von der Individualisierung zurück zur Vereinheitlichung. Politisch Verantwortliche wünschen sich eher Vereinheitlichung und Standardisierung statt Vielfalt und Pluralität. Einrichtungen und Dienste werden rekommunalisiert und die Träger wehren sich nicht, ziehen sich zurück in ein selbstaufopferndes Gutmenschentum, zurück in das Fürsorgeland. Werte und Ziele werden parteipolitisch gepachtet und nicht mehr diskutiert.

So können wir fragen: Haben wir die DDR schon vergessen? Denn wir zeigen zu häufig nur Filme über die Schrecken der Berliner Mauer, anstatt über unser erlebtes standardisiertes Leben in der DDR zu sprechen. Sicherheit gewinnen wir nicht durch die Wahl eines Königs oder die dauerhafte Vergabe einer Gebietskörperschaft an eine Partei.

Demokratie lebt von Partizipation, Qualität entsteht in der Auseinandersetzung; und ein Erzieher wird gut, wenn er sich mit den Verhältnissen auseinandersetzt!

Martina Kriener

Familienrat: Haltungen und Struktur als notwendige Voraussetzungen für die Partizipation der AdressatInnen in der Hilfeplanung

Einleitung

Wenn eine Familie Unterstützung und Hilfe bei der Erziehung ihrer Kinder braucht, dann ist ein Familienrat eine Möglichkeit, gemeinsam mit Verwandten und anderen Menschen aus dem familiären Netzwerk Lösungen zu finden. In den 1980er-Jahren in Neuseeland als Family Group Conference entwickelt, firmiert das Verfahren in Deutschland als Familienrat oder auch als Familiengruppenkonferenz und Verwandtschaftsrat. Hier treffen sich die Familienmitglieder mit Verwandten, Freunden, Nachbarn oder Freunden der Kinder und entwickeln gemeinsam Ideen, diskutieren verschiedene Hilfemöglichkeiten und planen schließlich selbst – ohne Einfluss der Fachleute – eine geeignete Form der Unterstützung. Dabei werden die Fähigkeiten und Stärken der Familie, aber auch die Angebote der Verwandtschaft und des Freundeskreises genutzt. Die Fachkräfte des Jugendamtes oder anderer sozialer Dienste informieren die Familie über professionelle Unterstützungsmöglichkeiten und unterstützen sie bei der Umsetzung der Vereinbarungen (vgl. IGfH 2009).

Das Verfahren Familienrat zielt auf die Stärkung der AdressatInnen sozialer Arbeit als Entscheidungsträger im Hilfesystem, mobilisiert bürgerschaftliche und professionelle Ressourcen im Sozialraum der Familien, insistiert damit auf der Wertigkeit und Kompetenz der Lebenswelt und erfordert entsprechende Flexibilisierung und Öffnung des Hilfesystems (vgl. Straub/Früchtel 2011). Diese Ziele sollen durch spezifische Verfahrensabläufe, wie z. B. eine exklusive Beratungsphase für die Familie und ihr Netzwerk, erreicht werden. Darunter ist der Versuch zu verstehen, grundlegende Handlungsprinzipien durch organisatorische Bedingungen und damit unabhängig von der Person der zuständigen Fachkraft sicherzustellen. Gleichzeitig – in der internationalen wie auch nationalen Umsetzung – wird deutlich, dass neben der Einhaltung des Handlungsrahmens die Realisierung von spezifischen Haltungen von hoher Bedeutung ist (vgl. Sundell/Vinnerljung/Ryburn 2001; Hansbauer u. a. 2009). Das Verfahren des Familienrates bietet sich daher in besonderer Weise an, das Verhältnis von Haltungen und organisatorischen Bedingungen (Struktur) im Blick auf eine gelingende Partizipation von AdressatInnen in der Hilfeplanung konkreter auszuleuchten. Fragen wie: Was macht Haltungen in der Fachdiskussion wieder aktuell? Welche Haltungen fördern die Umsetzung eines Familienrates? Können Haltungen gelernt werden? Sind

Haltungen oder organisatorische Bedingungen ausschlaggebend? oder: Wie können Haltungen verstetigt werden?, soll im vorliegenden Beitrag nachgegangen werden.

Herausforderungen von Partizipation in der Hilfeplanung und die Antworten des Familienrates

Die formulierten Ziele des Familienrates, die Stärkung der AdressatInnen, die Aktivierung ihrer Ressourcen und ihres Netzwerkes und die lebensweltliche Ausrichtung des Hilfesystems sind nicht neu. Intendierte doch das 1991 inkraftgetretene Kinder- und Jugendhilfegesetz einen grundlegenden Wandel hin zu einem partizipativen Verständnis von Jugendhilfe als adressatengesteuerte Dienstleistung. Der Hilfeplanung nach § 36 SGB VIII kam dabei eine Schlüsselrolle zu. Hier soll(t)en sich die AdressatInnen mit ihren Interessen und Bedürfnissen artikulieren und adäquate, an ihre jeweilige Lebenssituation angepasste Hilfen abstimmen können. Als entsprechende Verfahrensstandards wurden das „Zusammenwirken mehrerer Fachkräfte" und die „Mitwirkung der Personensorgeberechtigten, des Kindes oder Jugendlichen" rechtlich verankert. Mit diesen Vorgaben wurde jedoch das traditionell in der Jugendhilfe bestehende Spannungsfeld von Hilfe und Kontrolle in Bezug auf den Aushandlungsprozess nicht aufgelöst (Hansbauer u. a. 2009, S. 16). Vielmehr müssen sich die fallzuständigen MitarbeiterInnen dem Grunde nach paradoxen Herausforderungen stellen: „Bei gleichzeitiger Respektierung der fachlich-rechtlichen Forderung nach umfassender Partizipation besteht für Fachkräfte das Problem darin, die gesellschaftliche Verantwortung dafür zu tragen, dass die Adressaten sich so entwickeln, wie die Gesellschaft dies toleriert" (Pluto et al. 2007, S. 417).

Die Herausforderungen im Hilfeplanverfahren haben sich für die Fachkräfte in den letzten Jahren durch den im Rahmen der Kinderschutzdebatte erstarkten Kontrollauftrag, durch die Kostenentwicklung sowie die zunehmende „Verbetriebswirtschaftlichung" (Peters 2011, S. 188) der Jugendhilfe noch verschärft.

Wie Fachkräfte mit solchen Widersprüchen umgehen, das hängt stark davon ab, ob ihr professionelles Selbstkonzept eher von „Expertentum" oder von „Diskursivität" geprägt ist (vgl. Urban 2004, S. 115 ff.). Ähnlich konstatiert Pluto (2007, S. 154), dass Partizipation in der Ausarbeitung von Hilfeplanverfahren eher ein sekundäres Motiv darstellt bzw. das Verfahren quasi an sich bereits Partizipation gewährleistet und legitimiert. „Das liegt vor allem an einer weit verbreiteten und institutionell gestützten, professionellen Haltung, die davon ausgeht, dass sich die Prinzipien Diagnose und Aushandlung nicht miteinander vereinbaren lassen. (…) Der fachlichen Einschätzung wird von der Fachkraft eine höhere Relevanz zugemessen als dem Ergebnis der Aushandlung zwischen Fachkraft und Adressat" (ebd.). Es hängt eben auch stark von den Haltungen der MitarbeiterInnen ab, ob sie Hilfeplanung als Aushandlung partizipativ gestalten, weil sie Partizipation als Voraussetzung für gelingende Hilfeprozesse wahrnehmen. Oder ob sie Partizipation eher technologisch als Instrument nutzen, um AdressatInnen für fachliche Vorgaben und Lösungsvorschläge zu gewinnen.

Weniger mit dem Blick auf Haltungen, sondern vielmehr bezogen auf die strukturellen Bedingungen von Hilfeplanungsprozessen analysieren Hansbauer u. a. (2009, S. 17) Hilfeplanung als eine soziale Situation, die durch ein strukturelles Machtgefälle zwischen den Professionellen und den AdressatInnen bestimmt ist, wobei sich die AdressatInnen eher in der schwächeren Position befinden. „Die mit hoheitlichen Befugnissen ausgestatteten Fachkräfte verfügen im Allgemeinen nicht nur über die besseren Rechts-, Verfahrens- und Angebotskenntnisse, sondern sind qua Ausbildung und sozialer Herkunft den Adressaten oft auch rhetorisch überlegen und besser als diese dazu in der Lage, Einschätzungen und Beurteilungen argumentativ so zu untermauern, dass sie auch vor den Augen Dritter Bestand haben. Zwar schließt dieses Machtgefälle Aushandlungsprozesse auf ‚gleicher Augenhöhe' nicht aus, macht aber deutlich, dass solche nur dann zustande kommen, wenn seitens der Fachkräfte die Bereitschaft besteht, die Adressaten als gleichwertige Partner anzuerkennen und sie zur Aushandlung zu befähigen" (ebd.).

Hier setzt das Verfahren des Familienrats an und begegnet dem beschriebenen Machtgefälle mit strukturellen Verfahrensansätzen, die Aushandlung auf gleicher Augenhöhe sichern sollen. Anders formuliert, wird die Position der AdressatInnen strukturell derart gestärkt, dass Partizipation weniger von den Haltungen der Professionellen abhängt. Mit welchen Ansätzen soll dies erreicht werden? (Vgl. im Folgenden Hansbauer u. a. 2009, S. 19 ff.)

Rolle der Koordination zusätzlich zur Rolle der zuständigen Fachkraft

Ein zentraler Ansatz, der den Familienrat auszeichnet, ist die Rolle der Koordination. Die KoordinatorInnen sind zuständig für den Ablauf des Familienrats und wachen damit auch über die Einhaltung der Verfahrensstandards. Sie handeln lösungsneutral und bereiten gemeinsam mit der Familie den Familienrat vor, begleiten und moderieren die Durchführung des Familienrates. Sie sollen dafür sorgen, dass der Familienrat möglichst ein Heimspiel für die Familie wird (Zeit, Ort, Teilnehmer, Kultur, Sprache etc.) und dabei die Sicherheit aller Teilnehmenden, die Stärkung schwacher Interessen sowie die angemessene Beteiligung der Kinder gewährleisten. Mit der Rolle der Koordination schafft das Verfahren eine „verfahrenstechnische Separierung von Interessenslagen“ (ebd. S. 20) mit dem Ziel, Interessenskonflikte, die z. B. aus den oben genannten Herausforderungen und Spannungsfeldern resultieren können, zu minimieren. Im „normalen“ Hilfeplanverfahren müssen die zuständigen MitarbeiterInnen des Jugendamtes mit mehreren, häufig unterschiedlichen und gegensätzlichen Erwartungskontexten (der Gesellschaft, der Organisation, der Familie bzw. einzelner Familienmitglieder, den eigenen etc.) umgehen. Im Familienrat beschränkt sich ihre Rolle auf die Information der Beteiligten hinsichtlich ihrer Sorge, der wahrgenommenen Ressourcen der Familie, ihres fachlichen Wissens zum Problem, ggf. Anforderungen, deren Nichteinhaltung zwangsläufig Konsequenzen hat (z. B. Einschaltung des Familiengerichts bei Kindeswohlgefährdung), und mögliche professionelle Unterstützungsleistungen.

Einbezug des sozialen Netzwerkes

Im Familienrat wird gegenüber dem Hilfeplanverfahren der Kreis der Beteiligten durch möglichst viele TeilnehmerInnen aus der Lebenswelt der Familie erweitert, wobei die Familie bestimmt, wer eingeladen wird. Die Einbeziehung des sozialen Netzwerkes sowohl in die Lösungsfindung als auch -umsetzung ist ein weiteres zentrales Prinzip. Der Netzwerkaktivierung bzw. -erweiterung wird derselbe Stellenwert zugesprochen wie der Lösung des aktuellen Problems (vgl. Früchtel/Straub 2011, S. 50). Damit berücksichtigt der Familienrat, dass die meisten Menschen in soziale Netzwerke eingebunden sind, zu denen Familienmitglieder, Verwandte, Freunde, Nachbarn, ArbeitskollegInnen etc. gehören. Soziale Netzwerke schaffen nicht nur Artikulationsmöglichkeiten und Zugänge zu Bedarfslagen der Familien, vielmehr verfügen sie selbst häufig über Hilfe- und Unterstützungsoptionen. Die aktive Einbeziehung des sozialen Netzwerkes in den Lösungsprozess vervielfältigt Perspektiven und trägt oftmals zu einer veränderten Situationswahrnehmung bei. Darüber hinaus impliziert sie die Hinwendung zur Lebenswelt der AdressatInnen und die Verankerung von Hilfe- und Unterstützungsleistungen eben genau dort.

Familienphase „Family only“

Das dritte zentrale Verfahrenselement ist die Inanspruchnahme einer sogenannten Familienphase oder „Family only“-Zeit. In dieser Phase diskutiert, berät, löst, entscheidet und plant die Familie mit ihrem sozialen Netzwerk ohne die beteiligten Fachkräfte, die nach der ersten sogenannten Informationsphase den Raum verlassen. Die/der MitarbeiterIn des Jugendamtes kommt nach der Familienphase zurück und kann den vorgestellten Plan nur dann ablehnen, wenn er ein unverhältnismäßiges Risiko für das Kindeswohl bedeutet oder außerhalb des rechtlichen Rahmens liegt. Die Familie findet gemeinsam mit ihrem sozialen Netzwerk Lösungen, ohne Unterstützung durch die Fachkraft, aber auch ohne ihre fachliche und i.d.R. durchsetzungsfähige Steuerung. Das heißt nicht, dass die Familie bei Bedarf keine professionelle Hilfe erhält. Diese kann sie, wenn notwendig, in ihren Plan aufnehmen, trifft aber selbst die Entscheidungen über die Inanspruchnahme. Hier spiegelt sich nochmals die verfahrenstechnische Separierung von Interessenslagen, diesmal zwischen dem/der MitarbeiterIn des Jugendamtes und der Familie mit ihrem Netzwerk. So begegnet der Familienrat der Gefahr, dass Familien Hilfen als fremdbestimmt erleben, indem sie hier Entscheidungsträger im Hilfeplanungsprozess sind.

Die aufgeführten Verfahrensstandards verdeutlichen, dass der Familienrat sehr viel stärker durch diese organisatorischen Vorgaben die Partizipation der AdressatInnen zu sichern sucht, als durch die zuständigen Fachkräfte und deren professionelle Haltungen. In der Umsetzungspraxis von Familienräten wird – nicht überraschend – deutlich, dass Haltungen ebenfalls wichtig und wirksam sind.

Haltungen wirken auch im Familienrat

Die Internationale Gesellschaft für erzieherische Hilfen (IGfH) hat in Kooperation mit der Fachhochschule Münster im Rahmen eines Modellprojektes von 2006–2008 den Familienrat in der Hilfeplanungspraxis von fünf Jugendämtern implementiert und evaluiert. Die Ergebnisse des Modellprojektes sind in Hansbauer u.a. (2009) veröffentlicht und werden im Folgenden fokussiert auf das Thema Haltungen dargestellt.

Von Beginn des Modellprojektes an war die Notwendigkeit von professionellen Haltungen im Blick, zunächst aber vor allem bezogen auf die Rolle der Koordination. Schließlich war diese Aufgabe neu und die KoordinatorInnen sind nicht nur umfassend aktiv, sondern auch für die Sicherung eines ordnungsgemäßen Ablaufs zuständig. Die Thematisierung von Haltungen trägt der Tatsache Rechnung, dass Handeln in Hilfekontexten stets wertgeleitetes Handeln ist (vgl. v. Spiegel (2008, S. 97). Bekanntlich können Haltungen nicht verordnet oder gezielt erlernt werden, sondern unterliegen vielmehr einem sich fortlaufend wiederholenden, reflexiven Bewusstwerdungsprozess, in dem die eigene Rolle und die Intention des Kontextes thematisiert werden. Im Projekt wurden die KoordinatorInnen für ihre Aufgaben geschult und insbesondere durch Rollenspiele Anregungen geschaffen, Haltungen bewusst zu machen und zu reflektieren. Folgende Haltungen wurden für das Handeln von KoordinatorInnen als bedeutsam identifiziert:

„Wertschätzung: Die Koordinatoren respektieren andere Menschen mit ihren Lebensformen und kulturellen Hintergründen. Bisherige Lösungen bzw. die Wirklichkeit der Betroffenen werden geachtet (nicht: sie haben etwas falsch gemacht, sondern: es war bisher nicht ausreichend). Sie behandeln andere Menschen so, wie sie selbst behandelt werden wollen.

Adressaten sind Experten: Die Familien kennen ihre Lebenswelt am besten. Profis sind Experten für das Verfahren und für professionelle Hilfemaßnahmen. Koordinatoren unterstützen das Entstehen eines Arbeitsbündnisses, mit dem Ziel, Erfahrung von Selbstwirksamkeit erfahrbar zu machen („Ich erfahre mich als aktiv gestaltend").

Ressourcenorientierung: Koordinatoren glauben an die Stärken und die Möglichkeiten einer Familie und ihres Netzwerkes bzw. ihres sozialen Umfeldes. Die Selbstorganisation der Familie und ihres Netzwerkes wird gestärkt (Lösungen im System suchen durch Empowerment).

Netzwerkorientierung: Jeder Mensch verfügt über Netzwerke, die mittelbar oder unmittelbar mit ihm verbunden sind. Im Mittelpunkt steht die Förderung sozialer Netzwerke, aus denen „die Kraft der Vielstimmigkeit" genutzt werden kann.

Neutralität: Die Koordinatoren sind verantwortlich für den Prozess, d.h. darauf, dass das Verfahren so abläuft, dass Familiengruppen die Chance haben, einen eigenen Hilfeplan zu erstellen. Sie verhalten sich stets neutral.

Neugier: Erforderlich ist eine gewisse Neugier für Menschen und die unterschiedlichen Meinungen anderer. Eigene Meinungen sind für Koordinatoren eher Hypothesen und nicht Doktrinen.

Aushandlungsorientierung: Koordinatoren unterstützen Menschen darin, ihre eigenen Wahrnehmungen, Bedürfnisse und Ideen zu verdeutlichen und sich mit anderen darüber auszutauschen und Lösungen auszuhandeln" (Hansbauer u.a. 2009, S. 75).

Wie oben bereits festgestellt, galt die Reflexion von Haltungen zunächst den KoordinatorInnen. Schnell wurde aber deutlich, dass sie weitgehend auch für die zuständigen Fachkräfte im Prozess gelten. Im Projektverlauf zeigte sich, dass für die KoordinatorInnen die größte Herausforderung im Bewahren von Neutralität bestand. Und das gerade in Situationen, in denen Vermittlungsarbeit zwischen Teilnehmern vor und innerhalb eines Familienrates notwendig scheint, z.B. weil sich Familienmitglieder bzgl. eines Teilnehmers nicht einigen können. Für die MitarbeiterInnen des Jugendamtes und andere Professionelle lag die größte Herausforderung nicht in der Neutralität, sondern eher darin, die Expertenrolle in Bezug auf die Lösungen aufzugeben, sich einzulassen auf ein Verfahren, den AdressatInnen Expertise und Entscheidungskompetenz zuzutrauen und neugierig auf das Ergebnis der Familienphase zu sein (vgl. ebd.).

In der Auswertung von zehn Videomitschnitten verschiedener Familienräte konnten drei Koordinationstypen herausgearbeitet werden, die weitere Aufschlüsse über Handlungen und Haltungen der KoordinatorInnen enthalten. Der „*strukturierende Begleiter*“ ist in seiner Rolle klar und übernimmt Verfahrensverantwortung, ohne sich zu sehr inhaltlich beeinflussend zu betätigen. Wertschätzung und Akzeptanz der Personen werden in seinem Agieren deutlich. Ein Satz, der die Haltung zur eigenen Rolle spiegelt, könnte sein: „Ich unterstütze euch, euren Weg zu finden“. Der „*zögerliche Gast*‘ zeichnet sich eher durch eine passive Grundhaltung aus. Er ist darauf konzentriert, keinen Einfluss auf die Konferenz zu nehmen und lässt den Familienrat eher laufen. Dadurch sichert er zu wenig den Konferenzverlauf, was z. T. zu Verunsicherung der Familie und zu eher langen Konferenzdauern geführt hat. Der Satz „Es ist nicht mein Job, euch zu beraten. Ich werde keinen Einfluss nehmen“ drückt hier die Haltung zur eigenen Rolle aus. Der „*kontrollierende Berater*“ nimmt in der ersten und letzten Phase einen hohen Redeanteil für sich in Anspruch. Es fällt ihm schwer, das Konferenzgeschehen von der Dynamik der und den Interaktionen der Familie gestalten zu lassen. Eine inhaltliche Steuerung bis zur Bewertung und Einflussnahme verletzt deutlich den Neutralitätsanspruch. Dieser Typus scheint dem inneren Satz zu folgen: „Die Lösung für euch kenne ich schon, warum tut ihr euch so schwer damit?“ Auch wenn die einzelnen Typen in keinem Familienrat in Reinform auftauchten, waren sie dennoch mit deutlicher Ausprägung zu erkennen. Von den zehn Konferenzvideos war dies für den strukturierenden Berater sechs Mal, für den zögerlichen Gast drei Mal und für den kontrollierenden Berater ein Mal der Fall (vgl. ebd., S. 174 ff.).

Zusammenfassend kommt die wissenschaftliche Begleitung mit Blick auf die Bedeutsamkeit von Haltungen zu folgenden Schlussfolgerungen. Für die Koordination stellt sie fest: „Je besser es der Koordination von Familiengruppenkonferenzen gelingt, die für Familiengruppenkonferenzen beschriebenen Handlungsschritte und Haltungen umzusetzen, desto leichter kann die Familiengruppe zum Entscheidungsträger ihrer Lösungen werden und desto besser sind die gefundenen Vereinbarungen“ (ebd., S. 181). Diese Bedingung hat sich als sehr förderlich, aber nicht hinreichend erwiesen, da sich in einer Konferenz trotz schlecht bewertetem Koordinationsverhalten die Familie mit eigenen und qualitativ guten Lösungen durchgesetzt hat. Ähnliches gilt für die Rolle der zuständigen Fachkraft: „Ein im Sinne des Konzepts unterstützendes und wertschätzendes Verhalten der Fachkraft ist förderlich für den Konferenzverlauf und sein Ergebnis. Dennoch ist es im Einzelfall möglich, dass Familiengruppen trotz nachteiligen Agierens der Fachkraft mit Unterstützung der Koordination zu guten Vereinbarungen kommen können (ebd.). Bezogen auf das Verfahren des Familienrates kann festgestellt werden, dass sich das strukturell gegebene Machtgefälle zugunsten der Familiengruppe verschiebt und dass

Aushandlungsprozesse de facto vollzogen werden. Die Position der Fachkraft ist eine unter vielen. Die Haltungen von KoordinatorInnen und Fachkräften sind förderliche, aber nicht hinreichende Bedingungen, d.h. expertenorientierte Haltungen der Professionellen haben keinen so starken Einfluss, wie das eher für das reguläre Hilfeplanverfahren gilt (ebd., S. 190f.).

Die Haltungen der zuständigen Fachkräfte erwiesen sich jedoch im Vorfeld des Verfahrens als sehr einflussreich. Da das Verfahren hier in Deutschland nicht gesetzlich verankert ist, sind es i.d.R. die MitarbeiterInnen der sozialen Dienste in den Jugendämtern, die Familien das Verfahren vorschlagen. In fast allen beteiligten Jugendämtern wurden nur schleppend Familien benannt, die einen Familienrat durchführen wollten. Zwar gaben die MitarbeiterInnen als Gründe an: fehlende Bereitschaft einzelner Familienmitglieder, zu private Themen für eine große Teilnehmergruppe, Trennungs- und Konfliktsituationen, das Fehlen eines Netzwerkes oder die Methode erschien für die Familie nicht geeignet (ebd., S. 132). Dass aber auch Haltungen der Fachkräfte ausschlaggebend waren, zeigte sich z.B., als eine der beteiligten Jugendamtsleitungen, nachdem über Wochen und Monate kaum „Fälle" in das Projekt eingebracht wurden, einen Begründungszwang anordnete. Fortan musste bei jedem neuen Kontakt und bei anstehenden Hilfeentscheidungen begründet werden, warum hier kein Familienrat umgesetzt werden kann. In relativ kurzer Zeit gab es in diesem Jugendamt eine Warteliste. Auch die Familien bestätigten, dass die Art und Weise, in der sie auf den Familienrat aufmerksam gemacht wurden, ausschlaggebend für ihre Entscheidung war (ebd., S. 207). Ob Familien sich für einen Familienrat entscheiden, hängt offensichtlich auch stark davon ab, in welcher Haltung und mit welcher Intention die Professionellen das Verfahren einer Familie vorstellen.

Vor diesem Hintergrund kann festgestellt werden, dass der Familienrat nicht auf eine methodische Forderung und entsprechend genaue Umsetzung reduziert werden kann. Der Erfolg einer Implementation des Verfahrens hängt auch davon ab, auf welche Zustimmung und Umsetzungsbereitschaft der Familienrat im Jugendamt trifft. Schließlich muss das Verfahren und die Hilfeplanungsabläufe im Jugendamt verknüpft werden. Und das umso mehr, wenn Hilfen zur Erziehung zum Plan der Familien gehören. Häufig bedarf es der Unterstützung bei der Umsetzung von Vereinbarungen nach einem Familienrat. Auf den gesamten Prozess gesehen sind Angebote und Leistungen des Netzwerks und der öffentlichen Hilfen oft schon verzahnt, dass es der fachlichen und inhaltlichen Verschränkung bedarf, um die erwünschten Effekte zu erzielen. Vielmehr muss die Einführung des Familienrat „eingebunden und gestützt werden durch eine diesem Verständnis sozialer Hilfen fördernden Organisationskultur. (…) Eine erfolgreiche Implementation des Verfahrens ist eng verkoppelt mit einer professionellen Haltung, die sich kulturell und strukturell in der Organisation des Jugendamtes abbildet: Einer sozialpädagogischen Professionalität, die versucht, gerade nicht bevormundend zu sein, sondern die Interessen und Bedarfe der AdressatInnen in den Vordergrund rückt und sich darauf einlässt“ (ebd., S. 22).

Haltungen und Struktur: zwei Seiten einer Medaille

In den bisherigen Ausführungen ist deutlich geworden, dass Partizipation fördernde Haltungen wichtig für die Bemächtigung der AdressatInnen und für gelingende Aushandlungsprozesse sind. Sie sind aber nicht ausreichend, da Partizipation damit zu stark von den Fachkräften als Person abhängt und damit von ihren Strategien mit den eingangs aufgezeigten Spannungsfeldern in der Hilfeplanung umzugehen. Der Familienrat hat in seiner Umsetzung belegt, dass strukturell gesicherte Verfahrensschritte zu mehr Partizipation führen. Die Struktur stößt aber auch hier an Grenzen, wenn das Verfahren im Jugendamt nicht auf eine breite Zustimmung stößt, die die Anschlussfähigkeit des Verfahrens an die vorhandenen Hilfeplanungsprozesse ebenso ermöglicht, wie eine Öffnung des Hilfesystems gegenüber der Lebenswelt.

Das vermittelnde Moment zwischen Haltung und Struktur ist die „Kultur“ einer Organisation – ein allgemein getragenes Leitbild. Das heißt, wenn bestimmte Handlungsweisen (z. B. dass das Netzwerk von Familien in Hilfeplanung eingebunden wird) kollektive Muster bilden, also offensichtlicher Ausdruck gemeinsam geteilter Haltungen sind, dann spricht die Organisationssoziologie von Organisationskultur. Kultur ist in diesem Sinne ein allgemein getragenes Set an Vorstellungen, das handlungsleitende Funktionen auch dort übernimmt, wo Partizipation über Dienstverpflichtungen und hierarchische Vorgaben nicht mehr eingefordert werden kann (vgl. Lang u. a. 2005, S. 209 ff.). Daher beruht das Denkmuster „Organisationskultur“ auf der Vorstellung, dass Verhalten einer Gruppe nicht nur durch formale Strukturen (in der Regel schriftlich fixierte Reglements bzgl. Aufbau-, Aufgaben- und Ablauforganisation) geprägt, beeinflusst und oftmals wesentlich geleitet wird, sondern auch durch implizite, unverwechselbare Vorstellungs- und Orientierungsmuster (vgl. Mund 2004). Die Substanz einer Organisationskultur bezeichnet Klatetzki (1998, S. 63) als praktische Ideologie von Personen mit emotional besetzten gemeinsamen Vorstellungen, Werten und Normen, die diese Personen verbindet. Diese Ideologie verbindet Vorstellungen über Ursache und Wirkungsrelationen mit Präferenzen für bestimmte Ziele und mit Erwartungen im Hinblick auf richtiges Verhalten. Wenn beispielsweise im Hilfeplanungsalltag eines ASD-Teams entschieden werden muss, wie mit dem Ergebnis der kollegialen Fallberatung gegenüber der betroffenen Familien weiter verfahren wird, sind solche Einstellungen und Haltungen die „Folie“, auf deren Hintergrund interpretiert und entscheiden wird, was getan werden soll.

Die Kultur einer Einrichtung, die sich in gemeinsam geteilten und verbindenden Einstellungen, Haltungen, Werten und Normen manifestiert, steht in einem sich wechselseitig bedingenden Verhältnis zu den formalen Strukturen. Dies bedeutet: Strukturen regen Kulturbildung und -verstetigung an und weisen gleichsam eine Richtung. Gleichzeitig beeinflussen kulturelle Einstellungen und Haltungen den Bedeutungsgehalt und die Wirkung von Strukturen wesentlich. Während Strukturen kurzfristig entwickelt werden können, ist die Veränderung von Einrichtungskulturen jedoch ein länger andauernder Prozess (vgl. Hansbauer/Kriener 2006).

Gewendet auf die weitere Umsetzung von Familienräten lässt sich hier nochmals an die Diskussion im Rahmen des „Vierten Bundesweiten Familienrat-Netzwerktreffen" anknüpfen, wo in einer größeren Diskussion die deutschen Standards des Familienrates abgestimmt wurden. Auch hier drehte sich die Diskussion darum, ob die Umsetzung von Familienräten einer Organisationsoptimierung bedarf und offensiv vorangetrieben werden muss oder ob die konsequente Umsetzung des Prinzips Familienrat zwangsläufig Veränderungen bewirkt (vgl. Früchtel/Straub 2011, S. 49). Die DiskussionsteilnehmerInnen haben sich für letztere Position entschieden.

Hinweise zur Implementation von Familienräten

Im oben schon angeführten Modellprojekt wurden abschließend zentrale Ergebnisse zur Implementation von Familienräten pointiert. Dabei geht es um die Frage, welche Lehren sich aus den Erfahrungen im Modellprojekt für eine gelingende Implementation in Jugendämtern ziehen lassen? Im Folgenden werden die dazu von der wissenschaftlichen Begleitung formulierten fünf Thesen wiedergegeben und ausgeführt (vgl. im Folgenden Hansbauer u. a. 2009, S. 224–227).

1) *Eine erfolgreiche Implementation des Familienrat-Verfahrens gelingt offensichtlich nur, wenn das Verfahren durch die Leitungsebene gestützt wird, entsprechende (zeitliche) Ressourcen bereitgestellt werden und eine „kritische Masse" von Kolleginnen das Projekt unterstützt.*

Entscheidende Impulse für die Umsetzung und Fortführung der Familienkonferenz kamen in den beteiligten Jugendämtern zumeist von der Leitung. Am eindrücklichsten ist sicherlich das oben genannte Beispiel des angeordneten Begründungszwangs durch die Leitung, falls ein Familienrat nicht infrage kommt, aber auch in den anderen Jugendämtern spielte die Unterstützung durch die Leitungsebene eine zentrale Rolle. Dies gilt insbesondere dann, wenn Widerstände in den Fachteams oftmals erheblich waren, auch wenn die Vorteile des Verfahrens offensichtlich anerkannt werden. Die Widerstände resultierten offensichtlich aus einem Mix aus Arbeitsüberlastung, Angst davor, das Bewährte aufzugeben, Befürchtungen hinsichtlich eines Verlusts von Steuerungs- und Kontrollmöglichkeiten, aber auch eher „banalen" Dingen, wie die Durchführung der Konferenzen außerhalb der üblichen Arbeitszeiten, an Abenden oder an Wochenenden. Eben deshalb ist es wichtig, dass seitens der Leitung von Beginn an Ressourcen für das Verfahren bereitgestellt werden, so dass sich die Arbeitsbelastung und -verdichtung mit der Einführung des Verfahrens nicht weiter erhöht.

Deutlich wurde zudem, dass Initiativen einzelner Fachkräfte in der Regel nicht ausreichen, um das Verfahren erfolgreich zu implementieren. Falls es nicht gelingt, eine größere Gruppe von MitarbeiterInnen von der Sinnhaftigkeit des Verfahrens zu überzeugen, so dass diese das Konzept unterstützen und sich innerhalb der bestehenden Teamstrukturen dafür einsetzen, dann drohen einzelne Personen in die Defensive zu geraten und schließlich zu scheitern.

2) *Soll das Familienrat-Verfahren in eine Regelpraxis überführt werden, müssen zum einen teamweite Schulungsaktivitäten erfolgen, um möglichst viele MitarbeiterInnen vom Familienrat zu überzeugen, zum anderen müssen Informationen über und „Reflexionsanlässe" zum Verfahren institutionalisiert werden, um fachliche Haltungen thematisieren und Fragen zum Verfahren diskutieren zu können.*

Wie bereits ausgeführt, erfolgte die Ansprache und Gewinnung von Familien in das Verfahren über die fallverantwortlichen Fachkräfte. Dies geschah eher schleppend und drohte phasenweise einzubrechen. Eine allgemeine Information über das Verfahren zu Beginn des Projektes sowie und im weiteren Verlauf war offensichtlich nicht hinreichend, um die Motivation innerhalb des gesamten Teams auf Dauer aufrechtzuerhalten. Mit Blick auf eine erfolgreiche Implementation scheint es daher notwendig – zumindest in der ersten Zeit –, „stützende Maßnahmen" zu etablieren. Neben Schulungen können dazu regelmäßige Anlässe geschaffen werden, z. B. im Rahmen von Fallberatungen und Hilfekonferenzen, die Raum für Information über umgesetzte Räte, Einschätzungen und Fragen sowie über Familien, denen der Familienrat angeboten werden kann, zu reflektieren.

3) *Um über Erfolg und Misserfolg der Implementation zu entscheiden, bedarf es längerer Beobachtungszeiträume.*

Teilweise neigten MitarbeiterInnen dazu, gerade vor dem Hintergrund eines „turbulenten" Alltags, das „Misslingen" der ersten Konferenz mit dem Scheitern des Konzepts gleichzusetzen. Der Begriff des „Misslingens" war dabei eng an individuell gehegte – vielleicht auch unrealistische – Erwartungen und Hoffnungen gekoppelt, die aber im Hinblick auf subjektive Kosten-Nutzen-Bilanzen nicht zu unterschätzen sind. Das heißt, wie bei allen neu zu implementierenden Ansätzen und Verfahren im Jugendamt ist es auch bei der Einführung des Familienrats-Verfahren notwendig, die Erfahrungen aus mehreren Konferenzen zusammenzutragen und auszuwerten, um zu realistischen Einschätzungen hinsichtlich des Verfahrens zu kommen.

4) *Erfolg und Misserfolg des Verfahrens sind wesentlich davon mitbestimmt, ob die Familiengruppenkonferenz als Teil des gesamten Hilfeprozesses betrachtet wird.*

Wie von Projektakteuren vor Ort immer wieder betont wurde, werden die Vorteile des Verfahrens, neben verbesserten Partizipationsmöglichkeiten, vor allem in der höheren Akzeptanzbereitschaft zur Annahme von Hilfen gesehen, weil die Familien diese in wesentlichen Teilen selbst bestimmen und mitgestalten können. Dies darf allerdings nicht dazu verleiten, sich nach erfolgter Konferenz zurückzuziehen und die Familie sich selbst zu überlassen. Ebenso wie beim üblichen Hilfeplanverfahren gilt es, die Familie bei der Umsetzung ihrer Entscheidungen und ihrem Versuch, eine Änderung der Situation herbeizuführen, zu unterstützen und zu begleiten. Auch das reguläre Hilfeplanverfahren ist nicht gegen „Wechselfälle des Lebens“ gefeit und muss damit zurechtkommen, dass die an ein bestimmtes Ergebnis gekoppelten Erwartungen nicht eintreten. Mit anderen Worten: Nur wenn die Familiengruppenkonferenz Teil der normalen Abläufe und Handlungsformen im Jugendamt ist und den Familien, die an diesem Verfahren teilnehmen, die üblichen Unterstützungsmöglichkeiten zuteil werden, ist ein Erfolg des Verfahrens wahrscheinlich.

5) *Erhebliche Kosteneinsparungen sind durch die Aktivierung von Selbsthilfepotentialen durch die Familiengruppenkonferenz nicht zu erwarten, eher übernehmen diese eine flankierende Funktion und tragen zum Erfolg der Hilfen bei.*

Bei der Implementation des Verfahrens in den Jugendämtern haben fast immer auch Überlegungen zur Kosteneinsparung durch die Ersetzung von Fremd- durch Selbsthilfe eine Rolle gespielt. Solche Einsparungseffekte sind allerdings nicht – zumindest nicht im erwarteten Maße – eingetreten. Häufig stand auch am Ende einer Familiengruppenkonferenz eine professionelle, durch die öffentliche Hand finanzierte Hilfe. Die Vorteile des Verfahrens liegen zum einen in einer höheren Hilfeakzeptanz. Zum anderen gab es neben den professionellen Hilfen auch immer Unterstützungsleistungen aus dem familialen Netzwerk, die die Familie unter den Bedingungen des Alltags so unterstützten, dass hierdurch der Lösungsprozess vorangebracht wurde. Nicht Kosteneinsparung ist deshalb ein zentrales Argument für die Einführung von Familienräten, sondern größere Nachhaltigkeit und vermehrter Erfolg von Hilfen bei gleichen Kosten.

Fazit

Die Ergebnisthesen bzgl. der Implementation von Familienräten zeigen, dass das dauerhafte Gelingen sowohl Strukturen als auch Haltungen bedarf. Bezüglich partizipativer Haltungen erweist es sich als notwendig, Anregungen zur Reflexion der Partizipationspraxis auf Dauer zu stellen, um sie zunehmend zum prägenden Element der Organisationskultur werden zu lassen. Bezüglich der notwendigen strukturellen Sicherung des Verfahrens Familienrates (zeitliche Ressourcen, Einbettung des Familienrats in das reguläre Hilfeplanverfahren etc.) machen die Umsetzungserfahrungen mit dem Familienrat darüber hinaus auch deutlich, dass die strukturelle Sicherung von Partizipation zwingend auch auf die Bemächtigung der AdressatInnen zielen müssen. Die stärkere Strukturierung des Hilfeplanverfahrens seit der zweiten Hälfte der 1990er-Jahre, vor allem entlang von Ansätzen zur Zielfindung und -konkretisierung, hat nicht zu einer nachhaltigen Stärkung von Partizipation geführt. Die Verfahrensschritte der Koordination, der Family-only-Phase und der Mitwirkung des sozialen Netzwerkes von Familien tragen deutlich stärker zu tatsächlichen Aushandlungsprozessen bei. Der erstarkte Blick auf professionelle Haltungen als Garant für Partizipation ist notwendig, spiegelt m. E. aber auch, dass die bisherigen strukturellen Ansätze nicht ausreichend die AdressatInnen stärken. Neben Anregungen für Haltungsentwicklung enthält das Verfahren des Familienrats in diesem Sinne auch wichtige strukturelle Anregungen.

Literatur

Früchtel, Frank/Straub, Ute (2011): Standards des Familienrates. In: Forum Erziehungshilfen 17. Jg., 2011, Heft 1, S. 47–50.

Hansbauer, Peter/Hensen, Gregor/Müller, Katja/Spiegel, Hiltrud v. (2009): Familiengruppenkonferenz. Eine Einführung. Weinheim und München

Hansbauer, Peter/Kriener, Martina (2006): Erziehung braucht eine Kultur der Partizipation. Ausgangslage, Konzeption und Ergebnisse zum Modellprojekt. In: Diakonieverbund Schweicheln e. V.: Erziehung braucht eine Kultur der Partizipation. Eigendruck.

Internationale Gesellschaft für erzieherische Hilfen (IGfH) (2009): Familienrat – Ein neuer Weg zu mehr Beteiligung in der Hilfeplanung. Eine Information für Familienmitglieder und Fachkräfte.

Klatetzki, Thomas (1998): Qualitäten der Organisationen. In: Merchel, J. (Hrsg.): Qualität in der Jugendhilfe, Münster, S. 61–75.

Lang, Rainhart/Winkler, Ingo/Weik, Elke (2005): Organisationskultur, Organisationaler Symbolismus und Organisationaler Diskurs. In: Weik, E./Lang, R.: Moderne Organisationstheorien 1, Wiesbaden, S. 201–258.

Mund, Petra (2004): Jugendhilfe im Wandel – zwischen neuer Steuerung, Sozialraumorientierung und zunehmendem Finanzdruck: Welche Konsequenzen ergeben sich für die Organisationsentwicklung der freien Träger? In: Becker-Textor, I./Textor, M. R.: SGB VIII – Online-Handbuch, www.sgbviii.de/S151

Peters, Friedhelm (2011): Kurzes Plädoyer für die Wiedergewinnung des Politischen in der Jugendhilfe. In: Gintzel, Ullrich/Hirschfeld, Uwe/Lindenberg, Michael (Hrsg.) Sozialpolitik und Jugendhilfe. IGfH-Eigenverlag, S. 187–197.

Pluto, Liane (2007): Partizipation in den Hilfen zur Erziehung. Eine empirische Studie. München.

Spiegel, Hitrud v. (2008): Methodisches Handeln in der sozialen Arbeit. 3. durchgesehene Auflage, München.

Sundell, Knut/Vinnerljung, Bo/Ryburn, Murray (2001): Social workers' attitudes towards familiy group conferences in Sweden und UK. In: Child Abuse und Neglect, 28, S. 267–287.

Marie Dulle

Von den Herausforderungen des Könnens und Wollens – Bedingungen und Haltungen für eine gelingende Zusammenarbeit sozialpädagogischer Fachkräfte und der Kinder- und Jugendpsychiatrie

Ausgangssituation

Der 13. Kinder- und Jugendbericht befasst sich mit der Lebenssituation junger Menschen sowie den Leistungen der Kinder- und Jugendhilfe in Deutschland und fokussiert Entwicklungsbedingungen von Gesundheit und Krankheit bei Kindern und Jugendlichen. Im Zusammenhang mit der Kinder- und Jugendhilfe wird ein Bedarf an Vernetzung u. a. mit dem Gesundheitssystem erkannt: „Da Jugendliche in ambulanten, teilstationären und stationären Hilfen zu Erziehung in der Regel stärker als Gleichaltrige in körperlicher und psychischer Hinsicht gesundheitlich belastet sind und über weniger personale Ressourcen verfügen, ist es notwendig, ihnen von Anfang an genügend intensive, aber an ihre Lebenswelt anschlussfähige, nicht ausgrenzende und gut mit dem Gesundheitssystem vernetzte Hilfen zu gewähren, um Abbrüche von Hilfen und ‚Verschiebebahnhöfe' zwischen Kinder- und Jugendhilfe und Kinder- und Jugendpsychiatrie zu vermeiden" (13. Kinder- und Jugendbericht 2009, S. 256 f.). Mit dieser Empfehlung greift das Zitat die Thematik der Vernetzung und Kooperation der Jugendhilfe mit angrenzenden Systemen (hier: Gesundheitssystem; erforderlich ist aber ebenso die Kooperation mit dem Bildungssystem) auf, wie sie auch in Leistungs- und Qualitätsdiskursen der Jugendhilfe eingefordert wird und von deren Richtigkeit und Wichtigkeit eigentlich doch alle Beteiligten wissen, und das nicht erst seit Veröffentlichung des Berichtes. Aufzumerken gilt es allerdings bei der Mahnung, Abbrüche und „Verschiebebahnhöfe" zu vermeiden. Schon 1990 – also *20 Jahre* vor Erscheinen des 13. Kinder- und Jugendberichts durchgeführt – problematisierten Gintzel und Schone Praxen der Abschiebung von Kindern und Jugendlichen aus der stationären Erziehungshilfe in die Kinder- und Jugendpsychiatrie und verwiesen dabei auf drei Muster der Überweisung vom Heim in die Klinik: permanente Ratlosigkeit, plötzlich auftretende Hilflosigkeit und längerfristige Eskalationen. Nicht einmal der Hälfte der Jugendlichen wurde durch das Heim die Rückkehr in die Gruppe zugesichert (Gintzel, Schone 1990, S. 37 ff.). Seitdem ist die Bedeutung von Beziehungen und die fatale Erfahrung von Beziehungsabbrüchen von jungen Menschen in Einrichtungen intensiv diskutiert worden. Und dennoch stellt sich die Frage, ob die oben aufgezeigte Forderung des 13. Kinder- und Jugendberichtes, nämlich in der Kooperation zwischen Jugendhilfe und dem Gesundheitssystem Abbrüche für belastete Kinder und Jugendliche zu vermeiden, eingelöst werden konnte. Gelingt es in der Praxis – insb. vor dem Hintergrund des Wissens um die gravierenden Folgen von Beziehungsabbrüchen für die betroffenen Kinder und Jugendlichen –, Heimerziehung auch unter Einbezug der Kinder- und Jugendpsychiatrie so zu gestalten, dass die Arbeit mit besonders belasteten Kindern und Jugendlichen gelingt, ohne dass sie in eine anderes Hilfesystem „abgeschoben" werden? Und welcher Strukturen und Haltungen bedarf es hierzu? Im Folgenden wird diesen Fragen nachgegangen.

Ein Blick auf die Lebenslagen von Kinder und Jugendlichen

Gesellschaftliche Veränderungen und die Individualisierung von Lebenslagen erhöhen die psychosozialen Probleme der Menschen und erschweren die Lebensbewältigung. In Bezug auf Kinder und Jugendliche ist hier die wachsende Kinderarmut als eine solche Bedingung zu zu benennen: dem Deutschen Kinderhilfswerk (2007) zufolge sind 14% der Kinder in Deutschland arm. Des Weiteren wird davon ausgegangen, dass es bei etwa 10%–20% der SchülerInnen in Deutschland zu Schulverweigerung kommt (Neurologen und Psychiater im Netz, 2009); nach Schätzungen von UNICEF leben in Deutschland ca. 200.000 Kinder in vernachlässigtem Zustand bzw. sind Misshandlungen ausgesetzt … (Seithe 2010, S. 71 ff.) Hier sind nur exemplarisch einige Problemlagen benannt und sie könnten noch um viele erweitert werden. Deutlich wird aber schon hier, dass Aufwachsen unter diesen Bedingungen riskante und belastende Folgen für die Kinder haben (können), die eine gesellschaftliche Teilhabe und ein selbstständiges und selbstbestimmtes Leben hochgradig gefährden. In Bezug auf ein gesundes Aufwachsen gehören Kinder, die unter diesen Bedingungen aufwachsen, einer Hochrisikogruppe an. Die BELLA-Studie, ein Modul des deutschen Kinder- und Jugendgesundheitssurveys (KiGGS), befragte in einer repräsentativen Studie Familien mit Kindern und untersuchte Risikofaktoren für das Auftreten psychischer Auffälligkeiten: „Als spezifische Auffälligkeiten treten Ängste, Störungen des Sozialverhaltens und Depressionen der Kinder und Jugendlichen auf. Unter den untersuchten Risikofaktoren erweisen sich vor allem ein ungünstiges Familienklima sowie ein niedriger sozioökonomischer Status als bedeutsam." (BELLA-Studie 2007, S. 15)

Ausgehend davon, dass Familien in prekären Lebenssituationen häufiger als andere Hilfen zur Erziehung in Anspruch nehmen, kann davon ausgegangen werden, dass junge Menschen in der stationären Erziehungshilfe dieser Risikogruppe angehören. Diese Annahme wird durch eine Studie von Mark Schmid zur psychischen Gesundheit von Heimkindern untermauert: „Heimerziehung stellt als sehr kostenintensive Maßnahme in jeder westlichen Gesellschaft den Endpunkt des Jugendhilfesystems dar, in welcher sich die Kinder und Jugendlichen mit der stärksten psychosozialen Belastung und dem größten Hilfebedarf versammeln. Die in dieser Arbeit mit einer standardisierten Diagnostik festgestellte Punktprävalenz von ca. 60% kann daher als Referenzwert für die Situation in Deutschland verwendet werden." (Schmid 2007, S. 135 ff.) Schmid konstatiert eine viermal höhere Prävalenz von psychischen Störungen bei Heimkindern im Vergleich zur Allgemeinbevölkerung (ebd.).

Ein Blick auf das System Jugendhilfe

Nun ist das Wissen um strukturelle Benachteiligung und die exkludierenden Folgen von bestimmten Lebenslagen nicht neu. Insbesondere in den Diskussionen um Kinder und Jugendliche, die durch das Hilfesystem schwer erreichbar scheinen, wird deutlich, dass Aufwachsen unter risikohaften Bedingungen jungen Menschen Schwierigkeiten macht und das System der HelferInnen ihnen oft hilflos gegenübersteht. Aus diesem Grund gab und gibt es ein stetes Bemühen, die Jugendhilfe und ihre Angebote zu qualifizieren und bedarfsgerechte Hilfen anzubieten. An den Schnittstellen der Systeme von Bildung, Gesundheit und Erziehung gibt es engagierte AkteurInnen, die durch Netzwerkarbeit und Kooperationsbemühungen eben jene „Verschiebebahnhöfe" zu vermeiden suchen, um benachteiligte und gefährdete Kinder und Jugendliche nicht weiter zu benachteiligen. Die Ergebnisse oben zitierter Studien belegen die Dringlichkeit und nehmen die unterschiedlichen Systeme in die Pflicht.

Allerdings ist in diesem Zusammenhang zu bemerken, dass Veränderungen in der Sozialen Arbeit diese Bemühungen erheblich erschweren: im Zuge der Ökonomisierung und Beschleunigung kommt die Ressource „Zeit" abhanden, die doch so dringend für die gelingende Betreuung psychisch gefährdeter und belasteter junger Menschen benötigt wird (Wolffersdorf 2011, S. 82). Mechthild Seithe beschreibt die Konsequenzen bzw. Begleiterscheinungen der Verknappung von Zeit wie folgt: „Weniger Personal soll nun die gleiche Arbeit leisten oder aber ein unverändertes Team wird mit mehr Arbeit als bisher oder auch mit schwierigerer Arbeit konfrontiert" (Seithe 2010, S. 119); sie sieht somit die Qualität der Arbeit gefährdet. Auch Christian von Wolffersdorf weist auf die Herausforderungen hin, mit der sich Jugendhilfe konfrontiert sieht: „Ausgerechnet in einer Situation, da die psychosozialen Folgen einer langjährigen gesellschaftlichen Fehlentwicklung in Form von wachsender sozialer Polarisierung, zunehmender (Kinder-)Armut und ansteigenden Zahlen psychisch belasteter junger Menschen mit voller Wucht auf die Praxis der Jugendhilfe durchschlagen, geraten ihre Fachlichkeit und ihre Qualitätsstandards verstärkt unter Druck" (ders. 2011, S. 83 f.).

Ein Blick auf die Praxis der stationären Hilfen

Heimerziehung gilt heute oftmals als ultima ratio in den Erziehungshilfen. Fremdunterbringung findet demnach häufig zu einem Zeitpunkt statt, an dem Kinder und Jugendliche bereits subjektiv empfundenes Scheitern in anderen Hilfeformen bzw. Institutionen erlebt haben, ihre negativen Erfahrungen mit dem HelferInnensystem sich verfestigt haben und sie Beziehungsabbrüche hinnehmen mussten. Auch vor dem Hintergrund, dass in den letzten Jahren Soziale Arbeit im Allgemeinen und die stationäre Hilfe zur Erziehung im Besonderen von starkem Kostendruck betroffen sind, haben sich beispielsweise Unterbringungszeiträume verkürzt; analog dazu ist der Druck auf die MitarbeiterInnen gestiegen, in immer kürzerer Zeit ihre Arbeit zu verrichten (s. o.). Die notwendige Kontinuität und Zeit für Beziehungsaufbau und -pflege scheint nicht mehr in ausreichendem Maße zur Verfügung zu stehen.

Konstatiert werden kann, dass sich mit der zunehmenden Komplexität von Problemlagen und Krisensituationen in jungen Biographien und deren Auswirkungen auf Verhaltensweisen von Kindern und Jugendlichen die Anforderungen an die MitarbeiterInnen – aber auch die Rahmenbedingungen – erheblich verändert haben. Die MitarbeiterInnen in den Einrichtungen müssen zunehmend SpezialistInnen sein für ein sich ständig erweiterndes Spektrum an Aufgaben und Belangen: Bildungsberatung, Berufsvorbereitung, Schuldenberatung, ärztliche Versorgung, Jugendgerichtshilfe, Drogenkonsum, Antigewalt- und Deeskalationsstrategien, Kinderschutzfälle, psychisch erkrankte Eltern, neue Medien, Cybermobbing.

Subjektiv wahrgenommen, aber auch objektiv erfahrbar sind Begegnungen mit jungen Menschen im Alltag der Einrichtung, die sozialpädagogische Fachkräfte an ihre Grenzen bringen, sie hilflos machen und das Gefühl entstehen lassen, dass die Kinder und Jugendlichen „immer schwieriger“ werden. So kann davon ausgegangen werden, dass die von Gintzel und Schone (1990) definierten Merkmale von permanenter Ratlosigkeit, plötzlich auftretender Hilflosigkeit und längerfristige Eskalationen bis heute in der Heimerziehung mit praxisrelevanten Folgen vorhanden sind.

Die jungen Menschen in den Einrichtungen der Kinder- und Jugendhilfe sind, wie oben bereits beschrieben, häufig in einem Umfeld aufgewachsen, welches das Risiko erhöht, psychisch zu erkranken bzw. psychische Störungen zu entwickeln. Viele dieser Kinder und Jugendlichen und ihre Familien haben schon in ihrem Sozialisationsumfeld so viele Schwierigkeiten, dass sie ambulante Hilfen zur Erziehung bekommen haben. In den stationären Hilfen kommen also Kinder und Jugendlichen „an“, die

- psychosozial schwer belastet sind, häufig traumatisierende Erfahrungen haben
- aus desolaten Familienstrukturen kommen

- Gewalt und Missbrauch erlebt haben
- die kaum/wenige verlässliche Erwachsene kennengelernt haben und in Unsicherheit aufgewachsen sind
- Demütigung erlebt haben
- in einem Umfeld von Armut und Perspektivlosigkeit großgeworden sind
- niemand geschützt hat
- Einrichtungswechsel und Beziehungsabbrüche erlebt haben

Mit Blick auf die Praxis der stationären Erziehungshilfen stellt sich die Frage, was *tun* sie in den Einrichtungen um die Mitarbeitenden subjektiv und objektiv zu überfordern? In der Heimerziehung werden die Kinder/Jugendlichen als schwierig beschrieben, die:

- sich auf die sozialpädagogischen Fachkräfte nicht einlassen, Beziehungen verweigern oder nicht aushalten können
- nicht an diesem Ort leben wollen oder können und immer wieder weggehen
- die Regeln der Wohngruppe nicht akzeptieren
- aggressiv agieren und gewaltbereit sind
- Suchtmittel konsumieren
- Schule verweigern
- sich selbst und/oder andere in Gefahr bringen

Es sind also Kinder und Jugendliche, die Schwierigkeiten hatten und haben und die den Erwachsenen Schwierigkeiten durch ihr Verhalten bereiten. Mit anderen Worten: Es sind Kinder und Jugendliche, die sozialpädagogische Fachkräfte in den Einrichtungen an die Grenzen fachlichen Handelns bringen.

An diesen Grenzen angekommen, kann es passieren, dass die Einrichtung zu einer Institution wird, die den Kindern/Jugendlichen Schwierigkeiten *macht*. Es gibt immer noch die Praxis der Abschiebung aus dem System der Jugendhilfe in die Kinder- und Jugendpsychiatrie, wobei die Verantwortung hierbei häufig den Kindern und Jugendlichen selbst zugeschrieben wird. Hierfür stehen Fälle wie dieser: Ein Jugendlicher wird in einer vom Heim definierten Krisensituation in die Kinder- und Jugendpsychiatrie gebracht – mit der Botschaft an die Klinik, dass er für die Gruppe nicht mehr tragbar wäre und auf keinen Fall wieder zurück in die Einrichtung kommen könne. „Wenn die Heime das Kind nicht mehr aushalten, werden nicht die eigenen Grenzen verbalisiert, sondern die unverständlichen (statt unverstandenen) Verhaltensweisen des Kindes ausführlich und manchmal mit anklagendem Grundton beklagt." (Abels, Schäfer, Wolf 2007, S. 131). Eine mögliche Erklärung für ein solchen institutionelles Muster besteht darin, dass die dort tätigen sozialpädagogische Fachkräfte über zu wenig Wissen und Handlungskonzepte verfüge: „Wenn sich Pädagoginnen die Schwierigkeiten der Kinder primär mit Ursachen erklären, die sie nicht beeinflussen können und dabei Ursachen negieren, die sie verändern können, reduzieren sie ihre Handlungsfähigkeit" (ebd., S. 131).

Deutlich wird, dass die Verknappung finanzieller Mittel, das „Konzept" ultima ratio und ein zunehmender Fachkräftemangel in die Praxis hineinwirken und Strukturen bestimmen. Diese Bedingungen wirken umso schwerer, bedenkt man die Tatsache, dass Kinder und Jugendliche, die in den Einrichtungen „ankommen", bereits äußerst belastende dysfunktionale Beziehungen erlebt haben. Es besteht die Gefahr der Re-Traumatisierung und Wiederholung von Erfahrungen, wenn junge Menschen in ein System der strukturellen Dysfunktionalität aufgenommen werden.

Gute Orte für Kinder und Jugendliche in belastenden Lebenslagen/ Angemessene Hilfen

Um solche Erfahrungen zu vermeiden, braucht es sozialpädagogische Fachkräfte, die umfassend analysieren, verstehen und bewerten können und Verhalten von jungen Menschen über eine reine Symptombeschreibung hinaus umfassend wahrnehmen. Schon bevor ein Kind in ein Heim kommt, macht es die Erfahrung, dass sein *Verhalten* das Agieren eines Helfersystems auslöst. Beschränkt sich das Handeln der HelferInnen lediglich auf Verhaltensveränderungen, ohne verursachende Bedingungen einzubeziehen, scheint für das Kind die Verantwortung für ein Gelingen und Zielerreichung ganz allein bei sich selbst zu liegen. Kommt es zu Konflikten oder Krisen, erlebt das Kind diese als Scheitern, welches es durch sein Verhalten herbeigeführt hat. Deshalb „muss es in diesen Situationen zuerst darum gehen, die Lerngeschichten und Überlebensstrategien von Kindern zu verstehen, und nicht darum, Abweichung von Normalität zu behandeln oder Grenzüberschreitungen strikt zu sanktionieren. Denn erst, wenn die Funktion auffälligen und störenden Verhaltens von Professionellen verstanden wird, können Kindern Lernerfahrungen eröffnet werden, die an ihren inneren Handlungsmotiven ansetzen, die ihre Zustimmung finden und die Erprobung und Aneignung alternativer Handlungsstrategien ermöglichen können" (Ader 2004, S. 443).

Bei einer Unterbringung in eine stationäre Einrichtung der Jugendhilfe kommt die Trennung von den Familien und des bekannten Umfeldes als weitere verunsichernde Erfahrung und Belastung hinzu. Kinder brauchen daher einen Ort der Sicherheit, der seinen Ausdruck in tragenden und haltenden Strukturen und Menschen findet. Das aufnehmende Umfeld muss sich der Lebenswelt und den Lebenserfahrungen des Kindes anpassen und nicht umgekehrt. Sicherheitserfahrungen bedeuten, dass bei Abweichungen von Regeln und Normen nicht mit Exklusion gestraft wird. Das Verhalten der Kinder macht aus ihren Erfahrungen immer Sinn und sind Strategien, mit denen sie ihr Leben bewältigen mussten. Hierfür müssen strukturelle Ressourcen zur Verfügung stehen, die dies ermöglichen.

Kinder in Einrichtungen brauchen Fachkräfte, die über umfassendes *Wissen und Verständnis* ihrer Situation verfügen und dies in praxisrelevantes Handeln umsetzen können. „Die Anforderungen an die Fachkräfte der Kinder- und Jugendhilfe besteht daher darin, diese belastenden – verrückten – Überlebensstrategien der Kinder und Jugendliche in der

1. je biographischen Gewordenheit (Lebenssituation und Lebensgeschichte)
2. in ihrer subjektiven Sinnhaftigkeit (Selbstaussagen) und
3. im Zusammenhang bisherigen institutionellen Hilfenhandelns (Hilfsgeschichten) zu verstehen, um sozialpädagogisch die „Beeinträchtigung von Teilhabe" zu erschließen und Ideen für sinnvolle Hilfen zu entwickeln" (Dörr 2009, S. 54).

Voraussetzungen für die Kooperation von Jugendhilfe und KJPP

Für Kinder und Jugendliche, die in bedrückenden Verhältnissen aufwachsen (müssen), ist oftmals nicht nur ein System ausreichend, um den komplexen Hilfe- und Unterstützungsbedarf zu erfüllen, der notwendig ist. Orientiert an der Lebenswelt der Kinder und an ihren Bedürfnissen, braucht es eine Kultur der Zusammenarbeit mit anderen Orten und Institutionen, die für diese jungen Menschen zuständig sind und Verantwortung für ein gesundes und heilendes Aufwachsen tragen. Es gilt, biographische Erfahrungen und deren Bedeutung, wissenschaftliche Erkenntnisse und fachspezifische Kompetenzen aus unterschiedlichen Bereichen zusammenzutragen und ein Netz zu bilden, welches den jungen Menschen im Mittelpunkt hat und hält.

Kooperationsnotwendigkeit muss von Institutionen erkannt und gewollt sein. Dem liegen das *Wissen* und die *Überzeugung* zugrunde, dass die komplexen Herausforderungen von einer Berufsgruppe nicht immer alleine bewältigt werden können und zum Gestalten von Prozessen Kompetenzen angrenzender Professionen und Systeme notwendig sind, um die eigenen Ressourcen zu verbessern und zu bereichern. Kooperation muss entwickelt werden und braucht Zeit und Menschen. Das heißt, beteiligte Institutionen müssen entsprechende Ressourcen zur Verfügung stellen: *Zeit* für gemeinsame Fortbildungen, *Zeit* für gegenseitige Beratungen und Fallgespräche, *Finanzen* für die Qualifizierung der Fachkräfte etc. Eine Orientierung an vorhandenen (Mindest-)Standards wird nicht ausreichend sein.

Jedes System muss deshalb aus sich heraus die Ziele definieren, die es in der Kooperation hat und was es dazu beitragen kann, diese Ziele zu erreichen; notwendig hierbei ist eine klare Benennung von Leistungsmöglichkeiten und -grenzen. Nur mit Kenntnis von gesetzlichem Auftrag, Arbeitsmethoden und Normierungen, aber auch des Leitbildes der jeweiligen Institutionen, können die Erwartungen aneinander erkannt und klar formuliert werden. In der Regel geht der Impuls zur Kontaktaufnahme aus der Einrichtung hervor, in der der junge Mensch lebt. Das heißt, sozialpädagogische Fachkräfte müssen in der Lage sein, ihre Fragen klar zu formulieren und einen deutlichen und abgrenzbaren Auftrag erteilen. Das Wissen um das andere System schützt vor nicht realistischen Erwartungen, und die jeweiligen spezifischen Kompetenzen können sich ergänzen. Kooperation ist also vor allem auch ein Kommunikationsprozess und setzt eine Wertschätzung der jeweils anderen Profession voraus.

Kooperationen zwischen Einrichtungen der Jugendhilfe und der Kinder- und Jugendpsychiatrie und -psychotherapie (KJPP) dürfen nicht dazu dienen, Defizite des einen Systems durch das andere auszugleichen. Sinnvolle Zusammenarbeit muss vor dem Hintergrund einer gemeinsamen Verantwortung für Kinder und Jugendliche entstehen, die durch strukturelle Benachteiligung gesundheitlichen Risiken ausgesetzt und deren Teilhabechancen eingeschränkt sind. Aus dieser Verantwortung heraus kann ein institutionelles *Wollen* entstehen, welches Kooperation als integralen Bestandteil der Einrichtungskonzeption für unverzichtbar hält. Aus dem institutionellen *Wollen* heraus müssen Ressourcen in Form von Zeit, Wissen, Personen und finanziellen Mitteln zur Verfügung gestellt werden, um sozialpädagogischen Fachkräften einen sicheren Handlungsrahmen zu geben. Somit entsteht ein klarer Auftrag an die Leitungsebene, nämlich die Unterstützung der individuellen Qualifizierung wie der Qualifizierung der Teams durch die Leitung und den Träger zu gewährleisten. Dazu gehört auch ein angemessenes – im Entgeltsatz berücksichtigtes – Kontingent für die Reflexion im Team und strukturell verankerte Formen der Reflexionen mit den jungen Menschen.

Um diesen Herausforderungen und Erwartungen begegnen zu können, erfordert dies von den sozialpädagogischen Fachkräften Kompetenzen, nämlich:

- Fallverstehen als Voraussetzung, um Brüche in der Biographie der Kinder zu erkennen und sie als mögliche Ursachen für nichtregelkonformes Verhalten zu verstehen
- die Fähigkeit der systemischen Herangehensweise und des systemischen Verstehens, der nicht nur das Kind, sondern sein gesamtes Umfeld in den Fokus nimmt

- eine umfassende Methodenvielfalt im pädagogischen Handeln
- Fähigkeit zur Selbstreflexion
- ein Beziehungsangebot aufrechtzuerhalten, auch wenn es nicht sichtbar angenommen oder abgelehnt wird

Um das leisten zu können, müssen MitarbeiterInnen motiviert sein, sich auf diesen Prozess und diese Bedingungen einzulassen und von der Sinnhaftigkeit von dem, was sie tun, überzeugt sein. Sie müssen sich immer wieder in einer ehrlichen Selbstprüfungen fragen, ob sie weiterhin oder auf eine neue Weise in der Lage sind, diesen pädagogischen Ort zu prägen und den Kindern einen sicheren Rahmen für ihre Entwicklung bieten können. Sie müssen über entsprechende Lebens- und Arbeitserfahrungen, Charisma und Habitus verfügen, um den jungen Menschen glaubhafte und kongruente Beziehungsangebote machen zu können. Durch das Anbieten von Modellen, Bildern und Perspektiven in sicheren Beziehungen können junge Menschen Erfahrungen machen, die Grundlage für Veränderung in ihrem Leben sein können (vgl. Positionspapier der Fachgruppe Heimerziehung der IGFH 2008).

Literatur

Abels, Inga/Schäfer, Dirk/Wolf, Klaus (2007): Neue Entwicklungschancen oder zusätzliche Belastungen? Kinder zwischen Jugendhilfe und Psychiatrie, in: Köttgen, Charlotte: Ausgegrenzt und mittendrin, Jugendliche zwischen Erziehung, Strafe und Therapie. Frankfurt am Main, S. 122–144.

Ader, Sabine (2004): „Besonders schwierige" Kinder: Unverstanden und instrumentalisiert. In: Fegert, Jörg M./Schrapper, Christian (Hrsg.): Handbuch Jugendhilfe – Jugendpsychiatrie. Interdisziplinäre Kooperation, Weinheim und München, S. 437–497.

BELLA-Studie: Ravens-Sieberer, U., Wille, N., Bettge, S., Erhart, M. (2010): Psychische Gesundheit von Kindern und Jugendlichen in Deutschland. Ergebnisse aus der BELLA-Studie im Kinder- und Jugendgesundheitssurvey (KiGGS), Zusammenfassung in: Psychisch gestört oder „nur" verhaltensauffällig? Kooperation von Jugendhilfe und Kinder- und Jugendpsychiatrie in einem schwierigen Dunkelfeld, Berlin.

Dörr, Margret (2009): Gesundheitsförderung in stationären Angeboten der Kinder- und Jugendhilfe: Heime als Orte der Salutogenese; Expertise zum 13. Kinder- und Jugendbericht; Sachverständigenkommision des 13. Kinder- und Jugendberichtes.

Gintzel, Ulrich/Schone, Reinhold (1990): Heimerziehung und Jugendpsychiatrie – Problemlagen junger Menschen, Entscheidungsprozess und Kooperationsformen. In: Gintzel, Ulrich/Schone Reinhold (Hrsg.): Zwischen Jugendhilfe und Jugendpsychiatrie. Konzepte - Methoden – Rechtsgrundlagen, Münster, S. 29–52.

Schmid, Mark (2007): Psychische Gesundheit von Heimkindern – eine Studie zur Prävalenz psychischer Störungen in der stationären Jugendhilfe, München.

Seithe, Mechthild (2010): Schwarzbuch Soziale Arbeit, Wiesbaden.

Wolffersdorf, Christian v. (2011): Schwer psychisch gestörte Kinder und Jugendliche und die hilflosen Helfer (oder doch nicht?) Aus Sicht der Jugendhilfe: Hilflose Helfer? Junge Menschen mit psychischen Störungen zwischen Jugendhilfe und Psychiatrie. In: Psychisch gestört oder „nur“ verhaltensauffällig? Kooperation von Jugendhilfe und Jugendpsychiatrie in einem schwierigen Dunkelfeld, Berlin, S. 80–102.

13. Kinder- und Jugendbericht (2009), Bericht über die Lebenssituation junger Menschen und die Leistungen der Kinder und Jugendhilfe in Deutschland, Hrsg.: Bundesministerium für Familie, Senioren, Frauen und Jugend.

Positionspapier Fachgruppe der IGFH „Stationäre Heimerziehung und andere betreute Wohnformen“ (2008). In: Forum Erziehungshilfen Nr. 1, S. 49 ff.

Dirk Nüsken

Children and Residential Experiences – das nordamerikanische CARE-Konzept

Der vorliegende Artikel bietet einen Einblick in die Grundannahmen des CARE-Konzeptes und die bislang vorliegenden Erfahrungen. Grundannahmen der Fachkräfte (Haltungen/Überzeugungen), wie auch methodische und organisatorische Aspekte (die „Regeln der Kunst") zu den Bedingungen einer guten Entwicklung von Kindern und Jugendlichen im Rahmen der Heimerziehung geraten hierbei dezidiert in den Blick. Ergänzend werden einige prinzipielle Herausforderungen solcher Konzepte und der damit verbundenen Implementationsstrategien diskutiert. Grundlage dieses Artikels sind die Präsentation des CARE-Programmes im Rahmen des FICE-Kongresses 2010 in Stellenbosch/Südafrika (Martha Holden, Michael Nunno, James Anglin), die Programminformationen der Cornell University (http://rccp.cornell.edu/caremainpage.html) und der Band „Children And Residential Experiences: Creating Conditions for a Change" von Martha Holden (CWLA, Arlington 2009).

Gemeinsam mit zahlreichen Praxispartnern entwickelten Wissenschaftlerinnen und Wissenschaftler der Cornell Universität (New York, USA) und Victoria (Kanada) seit 2005 ein prinzipienorientiertes Modellkonzept zur Professionalisierung der Heimerziehung, in dem es im Wesentlichen um die Entwicklung eines einheitlichen und kohärenten Ansatzes im Zusammenspiel von Organisation, Umwelt und Fachkräften geht. Der gestellte Anspruch lautet dabei, ausgehend von einer praxisorientierten Theorie zu einer theorieorientierten Praxis zu gelangen. Die auf der Grundlage von Theorie, Empirie, internationaler Standards und Erfahrungswissen gegründeten Prinzipien sollen in diesem Konzept den Rahmen zur Herstellung guter Bedingungen der Entwicklung von jungen Menschen in der Heimerziehung bilden und eine Konkretion des „besten Interesses des Kindes" (vgl. UN-Kinderrechtskonvention Artikel 3/1) vornehmen. Nach Abschluss der Pilotphase zur Erprobung dieses Konzeptes in der Praxis liegen auch erste Evaluationsergebnisse vor.

Was wissen wir über gute Heimerziehung für Kinder und was tun wir derzeit?

Anlass für die Entwicklung des CARE-Programmes – so Holden (2009, S. 3) – ist die feststellbare Lücke zwischen dem Wissen um gute Heimerziehung und der realisierten Praxis. Unter Bezug auf Gibson (2005) verweist sie darauf, dass es weder an Theorie, guter empirischer Forschung, veröffentlichter reflektierter Praxis oder hilfreichen konzeptionellen Rahmungen mangelt. Das Wissen um gute Praxis geht über die tatsächlich realisierte Praxis deutlich hinaus (Belknap 2001; Eisikovits/Beker 1991; Gibson 2003), und obwohl sich vieles in der Jugendhilfe der letzten 70 Jahre verändert hat, erscheint demnach die Kluft zwischen diesem Wissen und dem tatsächlichen Handeln „so groß wie nie zuvor". Warum gibt es aber diese Diskrepanz? Hinsichtlich der angloamerikanischen Hilfesysteme wird an dieser Stelle auf folgende Faktoren verwiesen (vgl. Holden 2009, S. 3f.):

Staatlich und politisch gesehen, ist Heimerziehung oft eine unerwünschte Option, die nur genutzt wird, wenn nichts anderes für das Kind verfügbar ist. Wenn Heimerziehung aber gewissermaßen als „letztes Mittel" gesehen wird, gleichen Platzierungen einem Akt der Verzweiflung („niemand sonst wird das Kind nehmen"), nicht aber einem durchdachten (Hilfeplan-)Prozess entsprechend der Bedürfnisse des Kindes, der Familie und der Möglichkeiten und der Ressourcen der Organisation resp. der jeweiligen Heimeinrichtung.

Darüber hinaus verkompliziert sich die Situation durch die Finanzierungsstrukturen von Heimerziehung, in der eine gute Personalentwicklung und Aktivitäten zur Entwicklung von guter Heimerziehung nicht als grundlegende Elemente finanziell berücksichtigt werden. Wenn Heimerziehung somit prinzipiell nicht geschätzt und als unerwünscht angesehen wird, ist demnach die Wahrscheinlichkeit groß, dass sie missbräuchlich genutzt und nicht ausreichend ausgestattet wird, was letztendlich zu schlechten Ergebnissen bei den Kindern führt.

Chancen werden dagegen in der Kooperation von Leistungsträgern und Leistungserbringern ausgemacht. Die gemeinsame Festlegung von Leistungen, Standards, Ressourcen und Verfahren im besten Interesse des Kindes erscheint als zentrale Weichenstellung für eine qualitativ hochwertige Erziehung und Betreuung von Kindern, die einer eben solchen hochwertigen Betreuung bedürfen (vgl. ebd., S. 4).

Auf der Ebene des Managements einer einzelnen Heimeinrichtung besteht Heimerziehung dagegen oft darin, Belegungszahlen und Personalstellen in Einklang mit den Erfordernissen des Budgets und der Betriebserlaubnis zu bringen. Konfrontiert mit solch konkurrierenden Interessen werden Entscheidungen dann nicht immer im Interesse des Kindes oder in Übereinstimmung mit den Werten und Leitbildern der Organisation getroffen (vgl. Anglin 2002). Um gute Leistungen im Interesse der Kinder erbringen zu können, muss deshalb ein Rahmenkonzept, eine gemeinsame Hilfe-Philosophie, in der ganzen Organisation geteilt und vorhanden sein. Alle Fachkräfte müssen diese „Philosophie", die Werte der Organisation, teilen und danach handeln. Wenn die Praxis in diesem Sinne klar strukturiert ist, können Fachkräfte und Kinder sich auf ihre zentralen Aufgaben und Ziele konzentrieren, ungeachtet von Veränderungen und Druck, die der Organisation begegnen. Andernfalls werden andere Prioritäten wie Kostendämpfung, Vorlieben der Mitarbeiter und die Aufrechterhaltung von Kontrolle vielleicht die treibende Kraft bei Alltagsentscheidungen und in der Interaktion von Fachkräften und Kindern (vgl. ebd.). Leitungskräfte haben demzufolge einen großen Einfluss darauf, welche Fähigkeiten und Verfahren Heimerzieher in ihrem Beruf nutzen (vgl. Curry 1991) und sollten ihre Rolle als „unterstützende Herausforderer" (Anglin 2002, S. 92) ausfüllen. Management und Leitung bilden damit gewissermaßen die „Stellschrauben", soll eine Organisation ihre Leistungen an der Philosophie des besten Interesses des Kindes ausrichten. Bei hoher Fluktuation des Personals und einer geringen Bedeutung von Personalentwicklung sind auch Leitungskräfte jedoch kaum in der Lage, auf die Qualität der Heimerziehung gemäß einer solchen Orientierung einzuwirken.

Auf der Ebene der Fachkräfte benötigt eine Orientierung am „Interesse des Kindes" Mitarbeiterinnen und Mitarbeiter mit klaren Zielen für die täglichen Routinen, für Freizeitgestaltung und für die Kind-Erzieher-Interaktionen. Diese ermöglichen es den Fachkräften, sich auf die Hilfe für das Kind, hinsichtlich der Erreichung von Kompetenzen, die erforderlich sind, um den Herausforderungen des Lebens erfolgreich begegnen zu können, zu konzentrieren. Ohne einen solchen Rahmen, in bzw. mit dem Hilfe erbracht wird, bleiben – so die Argumentation – Möglichkeiten ungenutzt, durch Routinen, Freizeit und Interaktion Kindern zu Entwicklungen zu verhelfen und Hilfeziele zu erreichen.

Fachkräfte der Heimerziehung interagieren mit jungen Menschen basierend auf der Interpretation ihrer Rolle, aufgrund des Auftrages der Organisation, in Abhängigkeit vom Klima innerhalb der Organisation, von der sie umgebenden Kultur und gemäß ihrer eigenen Philosophie des Aufwachsens von Kindern. Die Vorstellungen davon, wie sich Kinder gut entwickeln, stimmen – so eine weitere Begründung – bei den Akteuren der Praxis aber keinesfalls immer überein, nicht einmal innerhalb einer Organisation. Aus diesem Grund und aus der hohen Bedeutung kongruenten und kohärenten Handelns in der Heimerziehung braucht es demnach ein Rahmenkonzept, eine grundlegende Struktur für die Praxis basierend auf einer begründeten Theorie darüber, wie sich Kinder entwickeln, aufwachsen und verändern. Konsequenterweise muss eine solche Theorie vereinbar sein mit den Bedürfnissen von Kindern. Nur dann kann sie Kinder und Fachkräfte motivieren an guten Routinen, Strukturen und Verfahren festzuhalten und Konfliktpotential zu vermindern. Ziel eines solchen Rahmens ist es, in prinzipiellen Dingen ein hohes Maß an Einheitlichkeit bezüglich der Ansprache und der Umgangsweise mit Kindern in der gesamten Einrichtung zu erzielen.

Die Herausforderung besteht demgemäß in der Verständigung um einen übergeordneten Rahmen oder ein Kernkonzept, welches gute Praxis hinsichtlich der Leistungen „im besten Interesse des Kindes“ befördert (Anglin 2002, S. 52).

Diese Verständigung umfasst im CARE-Konzept drei Zielstellungen:

- Übereinstimmung in Werten, Zwecken, Prinzipien und Verfahren
- Gegenseitigkeit bzw. Anerkennung, die sich in der Interaktion von Menschen in der Organisation zeigt
- Zusammenhalt oder Ganzheit innerhalb des Hilfesystems

Das Konzept des „besten Interesses des Kindes“ (vgl. UN-Kinderrechtskonvention) dient dabei als allgemein anerkannter Prüfstein (auch) für die Jugendhilfepraxis.

„Bei allen Maßnahmen, die Kinder betreffen, gleichviel ob sie von öffentlichen oder privaten Einrichtungen der sozialen Fürsorge, Gerichten, Verwaltungsbehörden oder Gesetzgebungsorganen getroffen werden, ist das Wohl des Kindes ein Gesichtspunkt, der vorrangig zu berücksichtigen ist.“ (UN-Kinderrechtskonvention, Artikel 3/1)

Funktion eines solchen Kernkonzeptes ist es, einen Rahmen, eine Grundlage im Sinne einer „Landkarte“ zu schaffen, auf deren Basis man Entscheidungen treffen und Wege auswählen kann. Der Vorstellung davon, wie sich Kinder verändern und was sie zu einem guten Aufwachsen benötigen, kommt dabei eine „Schlüsselfunktion“ zu, denn viele Alltagshandlungen sind letztendlich in den entsprechenden Vorstellungen der Mitarbeiterinnen und Mitarbeiter begründet. Trotz entsprechender Fachausbildung sind solche Vorstellungen oftmals stark alltagstheoretisch gesättigt und orientieren sich zuweilen wenig an theoretischen und empirischen Erkenntnissen. Innerhalb des CARE-Programmes wurde deshalb ein Set von Prinzipien erarbeitet, welches im Rückgriff auf theoretische Erkenntnisse, empirische Einsichten, internationale Standards und Praxiserfahrungen einen Orientierungsrahmen für die pädagogische Arbeit in der Heimerziehung bilden soll. Die Orientierung an diesen Prinzipien meint nicht, dass jede Fachkraft in den beteiligten Heimeinrichtungen nun absolut das Gleiche zur gleichen Zeit in jeder Situation auf die gleiche Art und Weise zu tun hat. Das Handeln der einzelnen Fachkräfte kann durchaus vielfältig und unterschiedlich sein, jedoch hat alles Handeln im Zusammenhang mit den vereinbarten Prinzipien zu stehen (vgl. Holden 2009, S. 17).

Die BASIS-Prinzipien von CARE

Entwicklungsfokussierung

Ergebnisse der Heimerziehungsforschung der letzten beiden Jahrzehnte (bezogen auf die Fähigkeit, trotz widriger Umstände oder traumatischer Erfahrungen erfolgreich sein zu können) und Langzeitstudien zur Entwicklung von jungen Menschen aus Hochrisiko-Umgebungen haben aufgezeigt, dass „Resilienz eine Eigenschaft aller jungen Menschen für eine gesunde Entwicklung und für erfolgreiches Lernen ist" (Bernard 2004, S. 4).

Während alle Kinder die gleichen grundlegenden Erfahrungen und Möglichkeiten der Entwicklung hin zu einem erwachsenen Menschen brauchen, benötigen Kinder in der Heimerziehung zusätzliche Unterstützung und heilende Erfahrungen zur Überwindung von Lebenserfahrungen, die ihre Entwicklung behindert haben. Ein Hauptziel von Heimerziehung ist es deshalb, die Chancen eines Kindes auf eine normale Entwicklung zu verbessern (Hawkins-Rodgers 2007; Maier 1987, 1991).

In dieser Perspektive ist ungewöhnliches Verhalten daraufhin zu betrachten, wie es zu dem Entwicklungsfortschritt des Kindes „passt", anstatt als deviant oder als abweichendes Verhalten gesehen zu werden (vgl. Bronfenbrenner 1979). Entwicklung geschieht dabei in kleinen Schritten und im Kontext von Geschehen und Ereignissen (vgl. Elkind/Weiner 1978). Strategien zur Veränderung sind dabei effektiver, wenn sie zur Entwicklungsstufe des Kindes passen, denn Kinder lernen dann am besten, wenn Anlässe und Fähigkeiten da sind, die sie zu Neuem herausfordern, sie aber nicht überfordern. Dies wird als „Zone der nächsten Entwicklung" (vgl. Vygotsky 1978) des Kindes bezeichnet. Diese Zone lässt sich definieren in Bezug auf Aufgaben, die für das Kind alleine schwierig zu tun sind, jedoch mit Unterstützung erreicht werden können. Durch das Erreichen neuer Fähigkeiten in defizitären Bereichen, die Schaffung von Möglichkeiten für das Kind, diese neuen Fähigkeiten mit Unterstützung anzuwenden und die Anpassung der Umwelt, so dass das Kind erfolgreich sein kann, können Fachkräfte Lerngelegenheiten in für die Kinder und Jugendlichen wichtigen Bereichen arrangieren. Gerade in der Heimerziehung können Fachkräfte dabei kindliche Entwicklungsnotwendigkeiten in Verbindung mit alltäglichem Geschehen bringen.

Familienbeteiligung

Die Familie eines jeden Kindes in der Kinder- und Jugendhilfe ist ein unersetzbarer Teil des Lebens dieses Kindes, unabhängig von den jeweiligen sozialen Umständen. Die ethnische und kulturelle Identität ist gebunden an die Familie des Kindes. Ein Ziel der Heimerziehung ist deshalb die Stärkung der familiären Beziehungen. Kinder brauchen permanente Bindungen an pflegende und helfende Erwachsene. Die Einbindung von Eltern oder anderen verwandten Erwachsenen in die Heimerziehung, wie auch die Planung entsprechender Unterstützung für das Kind zur Rückführung in die Community, sind zwei Kriterien erfolgreicher Hilfe, was als empirisch belegt gelten kann (Curry 1991; USGAO 1994; Whittaker/Pfeiffer 1994). Diese „Outcome-Studien" unterstreichen das Bedürfnis nach Kontakt und Einbindung der Familie während der Heimunterbringung und im Anschluss. Familienorientierte Heimerziehung erzielt demnach die größten Erfolge bei den Kindern (Barth 2005; Barth et al. 2007). Umsetzungsbeispiele dazu sind etwa die Hilfe beim Schreiben von Elternbriefen, das Arrangieren von Kontakten mit Geschwistern oder die Planung von gelingenden Wochenend-Besuchen. Auf solche Art und Weise können Fachkräfte die Beziehung des Kindes zu seiner Familie unterstützen (vgl. Holden 2009, S. 19).

Beziehungsorientierung

Die wichtigste Aufgabe für Fachkräfte in der Heimerziehung ist es, zu den Kindern eine vertrauensvolle Beziehung aufzubauen. Die Beziehung und Bindung, die in der sozialen Umgebung gebildet werden, sind bedeutsam, um Kindern dabei zu helfen, Fähigkeiten zu entwickeln und während des ganzen Lebens sinnvolle Beziehungen zu gestalten (Fahlberg 1990; Hawkins-Rodgers 2007; Maier 1991). „Nährende" Hilfeerfahrungen und grundlegende Bindungen sind notwendig, damit Kinder gut aufwachsen können. Durch Bündnisse mit Erwachsenen können Kinder es lernen zu vertrauen, sich sicher zu fühlen, Beziehungen einzugehen und Unterstützung bei der Überwindung von Hindernissen und bei der Lösung von Problemen zu erhalten. Die Fähigkeit eines Menschen, Beziehungen und positive Bindungen einzugehen, ist eine notwendige und wesentliche Stärke und Manifestation von Resilienz. Diese ist verbunden mit gesunder Entwicklung und erfolgreicher Lebensgestaltung (Bernard 2004; Goleman 1998; Masten 2004). Zudem steigern gute Beziehungen den Einfluss der Fachkräfte auf das Lernen von zwischenmenschlichen Fähigkeiten seitens der Kinder (Hubble et al. 1999; Trieschman et al. 1969). Junge Menschen in „schwierigen Situationen" achten Erwachsene mehr, zu denen sie eine gute Beziehung haben, und kooperieren eher (vgl. Holden 2009, S. 19 f.).

Konzentration auf Kompetenzen

Kompetenzzentrierung meint die bewusste Beachtung der Möglichkeiten, das Leistungsvermögen eines Kindes zu entdecken und zu fördern. Kompetenz ist dabei die Kombination von Fähigkeiten, Wissen und Haltung, die jedes Kind braucht, um tagtäglich handeln zu können. In der Heimerziehung müssen Fachkräfte Kindern helfen, kompetent zu werden, um in ihrer Umgebung (erfolgreich) handeln zu können. Zudem müssen sie sie motivieren, Herausforderungen zu bewältigen und sich neue Fähigkeiten anzueignen (Maluccio 1991; Reiter/Byen 1991).

Wenn es das Ziel ist, soziale Kompetenzen und andere Lebensfähigkeiten zu erwerben, werden alle Interaktionen und Aktivitäten zu gezielten und prozesszentrierten Interventionen. Erwachsene sind dann immer darauf bedacht junge Menschen in einem Prozess zu helfen, so dass diese neue Fähigkeiten entwickeln können und Einblicke erhalten in den Umgang mit den Herausforderungen und Geschehnissen des Lebens. Der Weg ist dabei genauso bedeutend wie das Ergebnis. Wenn sich z. B. zwei Kinder, die sich ein Zimmer teilen, um Platz streiten, ist es genauso wichtig den Kindern zu helfen, den Konflikt zu lösen und Differenzen aufzuzeigen, wie den Streit zu beenden. Konflikte lösen zu lernen, die Entwicklung von Anpassungsfähigkeit, die Fähigkeit zum kritischen Denken und Einsichtsfähigkeit sind notwendig für Kinder, um Widrigkeiten zu überwinden und Dinge gestalten zu können (Bernard 2004). Kindern dabei zu helfen persönliche Ziele zu erreichen und ihre Motivation zu steigern, neue Fähigkeiten zu erlernen, sind somit Hauptaufgaben der Heimerziehung (vgl. Holden 2009, S. 20 f.).

Traumakundig sein

Ein hoher Prozentsatz von Kindern in der Heimerziehung hat Gewalt, Missbrauch und Vernachlässigung erfahren. Diese Erfahrungen hemmen ihr Aufwachsen und ihre Entwicklung (Abramovitz/Bloom 2003; Bloom 1997; Garbarino 1999; Lieberman/Knorr 2007; Perry/Pollard 1998). Neuere Traumaforschung führt in diesem Zusammenhang zu einem neuen Verständnis von Herausforderungen und schwierigem Verhalten von Kindern. Fachkräfte müssen insofern ihr Denken hinsichtlich der Kinder verändern: Statt zu fragen „was ist falsch mit dir“, sollten sie fragen „was ist mit dir passiert?“ (Bloom 1997, S. 191). Wenn Fachkräfte verstehen, was mit Kindern passiert ist, und die Folgen von Gewalt, Macht und Kontrolle hinsichtlich menschlicher Entwicklung begreifen, hilft es ihnen, die Umgebung darauf auszurichten, und (Entwicklungs-)Aufgaben und Lernerfahrungen bereitzuhalten statt Folgsamkeit einzufordern und Kontrolle auszuüben. Eine Umgebung mit einer gewaltfreien und sicheren Kultur zu erhalten ist dabei unverzichtbar, damit Kinder sich sicher fühlen und neue Reaktionen auf stresshafte Situationen erlernen können. Kinder lernen in ihrer Umgebung durch das Modell von Erwachsenen, die sie umgebende Kultur und durch direkte Erfahrungen. Zentral erscheint dabei die Förderung der Kindern angeborenen Fähigkeit zu einer gesunden Entwicklung. Resilienz ist dabei im Kind und um das Kind angelegt. Aufgabe der Heimerziehung ist es, angemessen auf Traumata und Schmerz-basiertes Verhalten reagieren zu können (vgl. Holden 2009, S. 21).

Sozial-ökologische Orientierung

Im Zentrum der (sozial-)ökologischen Orientierung steht der Anspruch, eine Umgebung zu gestalten bzw. zu sichern, in der Kinder gut aufwachsen können. Dies ist bedeutsam, da Kinder und Jugendliche in ihrer Entwicklung sich kontinuierlich aktiv mit ihrer Umwelt auseinandersetzen (Bronfenbrenner 1979; Maluccio 1991). Je vielfältiger und anregender die Umwelten sind, desto förderlicher sind sie im Prozess des Aufwachsens. Wenn Kinder in engen sozialen Kontakten mit fürsorglichen Erwachsenen leben, die ihren Glauben an die Fähigkeiten und Stärken des Kindes kommunizieren, sind Kinder motiviert zu lernen und ihr angeborener Antrieb zum Aufwachsen und zur Entwicklung wird gepflegt (Bernard 2004). Eine fürsorgende und unterstützende Umwelt stellt Kindern in diesem Zusammenhang ein Modell zur Sorge für sich selbst und für andere zur Verfügung (Swick 2007).

Eine zentrale Annahme der Heimerziehung ist, dass die Unterstützung der Umwelt zu den Bedürfnissen des Kindes und den wechselnden Ansprüchen des aufwachsenden Kindes passen müssen. Wenn sich ein Kind also nicht entwickeln kann, ist es genauso notwendig, auf die Umwelt zu sehen wie auf das Kind selbst, um eine Lösung zu erzielen. Es ist dabei zudem viel leichter, etwas in der Umwelt zu verändern, als zu fordern, dass das Kind etwas verändern möge, wozu es ggf. (noch) gar nicht die Fähigkeit hat. Wenn es z.B. ein Kind nicht schafft, morgens in 45 Minuten fertig für die Schule zu sein, kann es 15 Minuten eher geweckt werden.

Die beiden wichtigsten Aspekte im Gruppensetting sind (physische und soziale) Gelegenheitsstrukturen, die es Kindern ermöglichen, sich zu beteiligen: An Aktivitäten mit anderen Kindern, mit Erwachsenen und auch alleine. Je mehr die Umwelt so ausgerichtet ist, dass Kinder zur Beteiligung auch in komplexeren Aktivitäten und Beziehungen motiviert werden, umso mehr Gelegenheiten für Entwicklung gibt es (Bronfenbrenner 1979) (vgl. Holden 2009, S. 22).

Eine Organisation mit einer klaren Erziehungshilfephilosophie wie den CARE-Prinzipien soll so die Grundlage schaffen, dass alle Fachkräfte kohärent, also zusammenhängend im Interesse der Kinder arbeiten können. Die genannten Prinzipien sollen dabei nicht nur auf die physischen und emotionalen Bedürfnisse des Kindes eingehen, sondern auch darauf abzielen, Kindern gute Wege aufzuzeigen, sich mit ihrer Umwelt auseinanderzusetzen. Da jedes

Kind und jede Situation unterschiedlich ist, sollen diese Prinzipien (und deren Einhaltung) dazu verhelfen in einer Organisation Entscheidungen zu treffen, die im besten Interesse des Kindes stehen.

Zur Implementation und Evaluation

Die Implementation des CARE-Konzeptes bei Trägern der Heimerziehung erfolgt in einem dreijährigen Prozess in Zusammenarbeit der CARE-Projekt-Mitarbeiter und der Fach- und Führungskräfte der Heimeinrichtung (Quelle: http://rccp.cornell.edu/careimplmentation.html).

Folgende Schritte sind dabei vorgesehen:

- Bildung einer Arbeitsgruppe zur CARE-Implementation
- Erarbeitung einer Organisationsanalyse (einschließlich der Beurteilung von Kultur/Klima, Konzept und aktueller Praxis)
- Weiterbildung der Fachkräfte auf allen Ebenen hinsichtlich der CARE-Prinzipien
- Weiterbildung der Leitungskräfte hinsichtlich der Unterstützung und Verantwortung der CARE-Prinzipien
- Organisatorische Unterstützung der Leitungskräfte zur Entwicklung gemeinschaftlicher Managementstrategien zur nachhaltigen Sicherung der CARE-Prinzipien
- Organisatorische Hilfe zur Unterstützung, Verbesserung und Beibehaltung der CARE-Prinzipien im Alltag z. B. durch Beobachtungen, in Arbeitsgruppen oder in Fallbesprechungen

Die Evaluation erfolgt mit qualitativen und quantitativen Methoden. Basierend auf der Grounded Theory, kommen hier im qualitativen Teil Tiefeninterviews und teilnehmende Beobachtung zum Einsatz. Quantitativ findet ein quasi-experimentelles Design Anwendung, um Auswirkungen bei den Kindern, bei den Fachkräften und innerhalb der Einrichtungen in den Blick zu nehmen. Der quasi-experimentelle Ansatz zeigt sich durch den Vergleich von sieben Heimeinrichtungen, die an dem beschriebenen CARE-Projekt teilnehmen mit acht Heimeinrichtungen, die auf der Warteliste von CARE stehen und somit zu einem späteren Zeitpunkt CARE-Teilnehmer werden. Zwischen den Erhebungszeitpunkten liegen jeweils zwölf Monate.

Kriterien hinsichtlich der Kinder und Jugendlichen sind hier z. B. die Verbesserung des Selbstwertgefühls und der Selbstwirksamkeit, wie auch die soziale Einbindung und konkretes Verhalten. Zum Einsatz kommt hier u. a. der Fragebogen zu Stärken und Schwächen *SDQ (Strengths and Difficulties Question-*

naire Goodman, 1997), ein Fragebogen zur Erfassung von Verhaltensauffälligkeiten und -stärken bei Kindern und Jugendlichen (Selbst- und Fremdbeurteilung) im Alter von vier bis 16 Jahren. Der SDQ ist skalenbasiert aufgebaut. Er besteht aus fünf Einzelskalen mit jeweils fünf Merkmalen: Emotionale Probleme, Hyperaktivität/Aufmerksamkeitsprobleme, Probleme im Umgang mit Gleichaltrigen, Verhaltensauffälligkeiten und Prosoziales Verhalten. Evaluationskriterien bezogen auf die Fachkräfte sind u. a. deren Möglichkeiten zur Erweiterung der Selbstwirksamkeit, der Beziehungen und der Kompetenz der Kinder und Jugendlichen, deren Erwartungen hinsichtlich des Entwicklungsstandes der Kinder, deren familienintegrierende Aktivitäten sowie das Erkennen von und der angemessene Umgang mit Trauma-basiertem Verhalten. Hinsichtlich der Organisationen werden Strategien und Praktiken zur Unterstützung von Innovationen, Klima und Kultur, die Kongruenz und die datenbasierte Entscheidungsfindung bewertet. Getragen wird der Evaluationsansatz von der Philosophie; nicht nur ausweisen zu können, welche Ergebnisse erzielt wurden, sondern zu verstehen, was die Einrichtungen getan haben, um diese Ergebnisse zu erzielen.

Die seit 2006 gesammelten Evaluationsergebnisse zeigen bislang positive Auswirkungen des CARE-Ansatzes (Quelle: http://rccp.cornell.edu/caremainpage.html). So konnte das Wissen der Fachkräfte wie auch die Kongruenz der Wahrnehmungen gesteigert werden und die CARE-Prinzipien erfahren eine hohe Akzeptanz. Klimaverbesserungen in den Einrichtungen zeigen sich durch Stressreduktion und die Bereitschaft zu vermehrtem Engagement. Hinsichtlich des Verhaltens der Kinder und Jugendlichen ist eine Abnahme von kritischen Ereignissen wie z. B. körperliche Gewalt und Beschimpfungen oder auch von Weglaufen festzustellen. Verbessert haben sich auch die erhobenen kindbezogenen Effekte. Ziel der weiteren Evaluation ist es nun, den wissenschaftlichen Nachweis zu erbringen, wodurch diese Effekte erzielt werden konnten.

Kommentar: Welches Wissen braucht die Erziehungshilfe und wozu?

Wie eingangs geschildert, ist es Anspruch mittels der CARE-Prinzipien einen Rahmen zur Herstellung guter Bedingungen der Entwicklung von jungen Menschen in der Heimerziehung zu bilden und eine Konkretion des „besten Interesses des Kindes“ (vgl. UN-Kinderrechtskonvention Artikel 3/1) vorzunehmen. Die sechs Basisprinzipien (entwicklungsfokussiert, Familienbeteiligung, beziehungsbasiert, kompetenzzentriert, traumakundig, sozial-ökologisch orientiert) wurden dazu auf der Grundlage von Theorie, Empirie, internationaler Standards und Erfahrungswissen entwickelt und sollen Leitlinien der alltäglichen Heimerziehung bilden und damit die zuvor skizzierte Lücke zwischen dem Wissen um gute Heimerziehung und der realisierten Praxis schließen.

Mit diesem Anliegen nimmt das CARE-Konzept (auch) die Frage nach der sozialen Produktion von professionellem Handeln und professionellem Wissen (vgl. (Gredig/Sommerfeld 2010, S. 87 ff.) und damit die Relation von wissenschaftlichem und handlungspraktischem Wissen in den Blick und ist anknüpfend auch vor dem Hintergrund der aktuellen Debatte um eine evidenzbasierte Sozialarbeitspraxis diskutierbar. Darüber hinaus – darauf sei im Rahmen dieses Beitrages lediglich hingewiesen – ließen sich die Evaluationskriterien und die zumindest teilweise einer klinischen Praxis entstammenden Evaluationsinstrumente näher beleuchten. Dadurch würden der Heimerziehung hier zugeschriebene Aufträge und Zielstellungen deutlich und damit nicht zuletzt fachpolitisch diskutierbar.

Die als (ein) Hintergrund für das CARE-Konzept diagnostizierte Kluft zwischen dem, was aus dem Wissen über Heimerziehung zu lernen wäre und der tatsächlichen Gestaltung der Praxis lässt sich nicht allein mit der sozialstaatlichen Bedeutung von Heimerziehung, mit konkurrierenden finanzierungsrelevanten Logiken oder mit fehlenden Leitbildern begründen. Mindestens ebenso relevant erscheinen hier professionstheoretische Überlegungen, die professionelles Handeln als durchaus widersprüchliche Einheit von wissenschaftlichem Erklärungswissen und berufspraktischem Handeln kennzeichnen (vgl. Dewe et al. 1993; Oevermann 1996).

Nach Engelke (2003) lässt sich hinsichtlich des Wissens von professionellen Akteuren Alltagswissen, wissenschaftliches Wissen und Berufswissen unterscheiden. Alltägliche Beobachtungen, Erlebnisse und Erfahrungen bilden das „Alltagswissen“, welches eine Grundlage gemeinsamer Werte, Vorstellungen, Meinungen und Grundannahmen bildet, auf denen menschliches Denken und Handeln beruht. Darüber hinaus beinhaltet wissenschaftliches Wissen das gezielte, systematische und reflektierte Bemühen um Erkenntnisgewinnung und damit überprüfbares, begründetes und nicht zuletzt dokumentiertes Wissen. Berufswissen schließlich verbindet Fachwissen und individuelle Erfahrungen, es bildet sich in der Praxis heraus und entwickelt sich im Lauf einer Berufsbiografie z. B. durch Fortbildung weiter und bemisst sich im Wesentlichen daran, was sich in der Praxis bewährt. „Berufswissen kann daher als eine Verbindung (‚Kompositum‘) von Alltagswissen und wissenschaftlichem Wissen angesehen werden, in Berufstraditionen erworben und in ständiger Auseinandersetzung mit neuen Berufserfahrungen und wissenschaftlichen Erkenntnissen weiter entwickelt“ (Engelke, 2003, S. 188). Das Wissen etwa um gute Heimerziehung wird demzufolge durch Berufserfahrungen und durch wissenschaftliche Erkenntnisse erworben. Während Berufserfahrungen in hohem Maße von der Berufsbiografie, dem Feld, der Position, den Institutionen, den jeweiligen Fort- und Weiterbildungen und damit stark individuell geprägt sind, stehen wissenschaftliche Erkenntnisse prinzipiell allgemein zur Verfügung. Inwiefern diese allerdings tatsächlich rezipiert werden, etwa durch die Lektüre von Fachzeitschriften, oder ob diese Niederschlag in Konzeptentwicklungen finden und damit zumindest die Möglichkeit angelegt wird, Handlungspraxen zu prägen, bleibt jedoch offen (vgl. Nüsken/Seidenstücker 2008). Das Verhältnis von wissenschaftlichem Wissen oder vom Wissen um „good practice" zur Handlungspraxis ist somit deutlich jenseits einer „naiven Transfermentalität" (Dewe et al. 1992, S. 71) zu sehen. „Das Modell eines unidirektionalen Transfers von Wissen aus dem Kontext der Wissensgenerierung in den Kontext der Verwendung erweist sich als technokratisches Missverständnis und führt Probleme in seinem Gefolge, die aus der Warte seiner Vertreter/innen als Widerstände und Rezeptionshindernisse kodiert werden. Hiervon sind mehrere Varianten bekannt: Eine Praxis, die nicht willig die neueste und beste verfügbare Evidenz ‚umsetzt', kann der Ignoranz bezichtigt, als untauglich gebrandmarkt und als unverantwortlich bezeichnet werden. Umgekehrt kann abstrahierendes wissenschaftliches Wissen, das den Anspruch erhebt, Handeln anleiten zu wollen, der Irrelevanz bezichtigt, als realitätsfremd entwertet und dem Elfenbeinturm entsprungen diskreditiert werden" (Gredig/Sommerfeld 2010, S. 85). Entsprechend voraussetzungsvoll erscheinen Implementationsstrategien insbesondere für Konzepte, die die Wertebene berühren und damit Haltungen, Deutungs- und Umgangsroutinen in den Blick nehmen (ausführlich s. Bellamy et al. 2010).

Nach den vorliegenden Veröffentlichungen scheint die Implementation des CARE-Konzeptes hier einen Weg der Kombination von Wissensbasierung und Verantwortlichenkonsens zu verfolgen. So bilden die sechs Basisprinzipien den konzeptionellen Rahmen für die Implementation des CARE-Konzeptes. Diese werden jedoch nicht in einem top-down-Ansatz quasi per „Dienstanweisung" eingeführt, sondern unter Beteiligung der Akteure der Heimeinrichtungen in einem komplexen, viele Aspekte der Personal- und Organisationsentwicklung umfassenden Prozess. Diese Strategie scheint nach den bislang vorliegenden Evaluationsergebnissen erfolgversprechende Züge zu haben, wenngleich weitere Ergebnisse insbesondere hinsichtlich der Nachhaltigkeit abzuwarten sind. Dennoch erscheinen diesbezügliche Ergebnisse aus dem CARE-Programm anschlussfähig an Erkenntnisse aus dem jüngst abgeschlossenen Bundesmodellprogramm Wirkungsorientierte Jugendhilfe. Wenn auch weniger vereinheitlicht, so wurde den teilnehmenden Einrichtungen auch hier wissenschaftliches Wissen zu den Hilfen zur Erziehung erschlossen und konnte so (zumindest prinzipiell) in lokale Entwicklungsprozesse einfließen, und im Ergebnis wird auch hier eine angemessene Standardisierung, die gleichzeitig Ermessensspielräume in der Fallarbeit gibt, als Wirkfaktor ausgewiesen (vgl. Albus et al. 2009, S. 26 ff.).

Hinsichtlich einer Evidenzbasierung scheint das CARE-Konzept einen reflexiven Mittelweg einzuschlagen, denn einerseits spielen Wirkungsstudien bei der Entwicklung der Basisprinzipien durchaus eine Rolle (z. B. zur Begründung der Familienorientierung), andererseits folgt das Konzept nicht einer managerialistischen „What-Works-Ideologie", in der nur gilt, was empirisch als wirksam gekennzeichnet werden kann. So finden etwa Aspekte der Bindungs- und der Aktivitätstheorie, der Trauma- und Resilienzforschung und der ökosystemische Ansatz Einfluss in die Basisprinzipien. Als weitere Quellen werden internationale Standards und Erfahrungswissen angeführt. Hinweise finden sich hier etwa auf die Best Practice Guidelines der Child Welfare League of America (CWLA) und auf das Green Paper „Every Child Matters" aus Großbritannien. Gewissermaßen die Klammer all dieser Zugänge bildet das Bestreben, Leistungen im „besten Interesses des Kindes" zu gestalten. Der Anspruch der UN-Kinderrechtskonvention Artikel 3/1 soll auf diesem Weg für die Heimerziehung konkretisiert werden.

Entscheidend erscheint damit die Funktion, welche der Wirkungsforschung hier hinsichtlich der Gestaltung von Praxis zukommt. „Für die Gestaltung von sozialen Dienstleistungen wie der Heimerziehung können die Ergebnisse von Wirkungsstudien, insbesondere, wenn sie auch die entsprechenden Kontexte erfassen und analysieren, eine wertvolle Reflektionsgrundlage darstellen, die dazu beiträgt, Praxis zu qualifizieren, indem neben Erfahrungswissen auch empirisches Wissen in die Entwicklung von Fachkonzepten und Handlungspraxen und damit auch in das Berufswissen einfließt" (Nüsken/Seidenstücker 2008, S. 145). Empirisch fundiertes Wissen über Wirkungswahrscheinlichkeiten und Wirkungsweisen von sozialer Arbeit dient in diesem Verständnis als Informationsquelle, die zur Qualifizierung und damit zur Professionalisierung sozialer Arbeit dienen kann. Das entscheidende Kriterium für das Richtige des professionellen Handelns ist bzw. bleibt hingegen weiterhin die Angemessenheit, weniger die Wahrheitsdifferenz als solche (vgl. Dewe/Otto 2010, S. 211). Unter Nutzung der Orientierungsfunktion solch begründeter Leitlinien, wie hier der Basisprinzipien, bleibt es Aufgabe des Professionellen, wissenschaftliche Erkenntnisse mit Blick auf den Einzelfall zu reflektieren und zu relationieren (vgl. Otto et al. 2010, S. 11). Das Wissen um Wirkungen wird somit zu *einer* Leitlinie für die Profession, es trägt zu einer Professionalisierung sozialer Arbeit, zu einer wissenschaftlichen Fundierung des Berufswissens und zu einer Qualifizierung von Handlungspraxen, nicht aber zur Manualisierung einer Praxis ohne Subjektbezug bei. „Es geht also um nichts anderes als die wissenschaftstheoretische und empirische Fundierung des wirklichkeitswissenschaftlichen Aspekts des Professionswissens (Dewe/Otto 2010) und genau nicht um eine technologische Anleitung professioneller Praxis“ (Otto et al. 2010, S. 22).

Damit ist zugleich eine bedeutsame Herausforderung für Konzepte wie CARE genannt. Die bislang vorliegenden Erkenntnisse zum CARE-Konzept geben begründete Hinweis darauf, dass wissenschaftliches Wissen hier als Professionalisierungsressource genutzt wird, ohne die Logik sozialer Angemessenheit aus dem Blick zu verlieren und einem „Mangement by measurement“ (Dewe 2009, S. 98) zu verfallen. Mit Spannung lassen sich deshalb auch unter diesem Fokus die weiteren Entwicklungen und Evaluationen verfolgen.

Literatur

Abramovitz, R./Bloom, S. (2003): Creating sanctuary in residential treatment for youth: From the „well-ordered asylum“ to a „living learning environment“. In: Psychiatric Quarterly, 74 (2), S. 119–135.

Albus, S./Greschke, H./Klingler, B./Messmer, H./Micheel, H.-G./Otto, H.-U./Polutta, A. (2009): Elemente Wirkungsorientierter Jugendhilfe und ihre Wirkungsweisen: Erkenntnisse der wissenschaftlichen Evaluation des Bundesmodellprogramms. In: ISA Planung und Entwicklung GmbH (Hrsg.): Schriftenreihe Wirkungsorientierte Jugendhilfe Band 9: Praxishilfe zur Wirkungsorientierten Qualifizierung der Hilfen zur Erziehung. Münster. S. 24–60.

Anglin, J. (2002): Pain, normality, and the struggle for congruence. New York.

Barth, R. P. (2005): Residential care: From here to eternity. In: International Journal of social work. 14, S. 158–162.

Barth, R. P./Greeson, J. K./Guo, S./Green, R. L./Hurley, S./Sisson, J. (2007): Outcomes for youth receiving intensive in-home therapy or residential care: A comparison using propensity scores. In: American Journal of Orthopsychiatry, 77(4), S. 497–505.

Belknap, N. (2001): Minding the children in 1951: Who is minding them in 2001? In: Reclaiming Children and Youth, 10 (2), S. 66–70.

Bellamy, J. L./Bledsoe, S. E./Mullen, E. D. (2010): Evidenzbasierte Sozialarbeitspraxis – Konzepte und Probleme der Implementation. In: Otto, H.-U./Polutta, A./Ziegler, H. (Hrsg.): What Worke – Welches Wissen braucht die Soziale Arbeit. Zum Konzept evidenzbasierter Praxis. Opladen/Farmington Hills. S. 29–61.

Bernard, B. (2004): Resiliency: What we have learned. San Francisco.

Bloom, S. (1997): Creating sanctuary: Toward the evolution of sane societies, New York.

Bronfenbrenner, U. (1979): The ecology of human development. Cambridge.

Cornell University: CARE Implementation and Integration Package: http://rccp.cornell.edu/careimplmentation.html (11.08.2011).

Cornell University: The CARE Practice Model Overview: http://rccp.cornell.edu/caremainpage.html (11.08.2011).

Curry, J. (1991): Outcome research on residential treatment: Implications and suggested directions. In: American Journal of Orthopsychiatry, 61, S. 348–358.

Dewe, B. (2009): Reflexive Sozialarbeit im Spannungsfeld von evidenzbasierter Praxis und demokratischer Rationalität – Plädoyer für die handlungslogische Entfaltung reflexiver Professionalität. In: Becker-Lenz, R./Ehlert, G./Müller, S. (Hrsg.): Professionalität in der sozialen Arbeit. Standpunkte, Kontroversen, Perspektiven. Wiesbaden. S. 89–109.

Dewe, B./Ferchhoff, W./Radke, F.-O. (1992): Das „Professionswissen" von Pädagogen. Ein wissenschaftstheoretischer Konstruktionsversuch. In: Dewe, B./Ferchhoff, W./Radke, F.-O. (Hrsg.): Erziehen als Profession. Zur Logik professionellen Handelns in pädagogischen Feldern, Opladen. S. 70–91.

Dewe, B./Ferchhoff, W./Scherr, A./Stüwe, G. (1993): Professionelles soziales Handeln. Soziale Arbeit im Spannungsfeld zwischen Theorie und Praxis. Weinheim/München.

Dewe, B./Otto, H.-U. (2010): Reflexive Sozialpädagogik. Grundstrukturen eines neuen Typs dienstleistungsorientierten Professionshandelns. In: Thole, W. (Hrsg.): Grundriss Soziale Arbeit. Ein einführendes Handbuch. Wiesbaden. S. 179–198.

Eisikovits, Z./Beker, J. E. (1991): The known and used in residential child and youth care work. In: Beker, J. E/Eisikovits, Z. (Hrsg): Knowledge utilization in residential child and youth care work. Washington, D. C.

Elkind, D./Weiner, I. (1978): Development of the child. New York.

Engelke, E. (2003): Die Wissenschaft Soziale Arbeit. Werdegang und Grundlagen. Freiburg.

Fahlberg, V. (1990): Residential treatment: A tapestry of many therapies. Indianapolis.

Garbarino, J. (1999): Lost boys: Why our sons turn violent and how we can save them. New York.

Gibson, J. (2003): Anger: Troublesome emotion or therapeutic challenge? In: Refocus 8, 1–3, 12–15. Ithaca, New York.

Gibson, J. (2005): Reflections on a conference workshop. In: Refocus, 11, 1–3, 7–10. Ithaca, New York.

Goleman, D. (1998): Working with emotional intelligence. New York.

Gredig, D./Sommerfeld, P. (2010): Neue Entwürfe zur Erzeugung und Nutzung lösungsorientierten Wissens. In: Otto, H.-U./Polutta, A./Ziegler, H. (Hrsg.): What Works – Welches Wissen braucht die Soziale Arbeit? Zum Konzept evidenzbasierter Praxis. Opladen/Farmington Hills. S. 83–98.

Hawkins-Rodgers, Y. (2007): Adolescents adjusting to a group of environment: A residential care model of re-organizing attachment behavior and building resiliency. In: Child and Youth Service Review, 29, S. 1121–1141.

Holden, M. (2009): Children And Residential Experiences: Creating Conditions for a Change, Arlington.

Hubble, M./Duncan, B./Miller, S. (1999): The heart & soul of change: What works in therapy. Washington D. C.

Lieberman, A. F./Knorr, K. K. (2007): The impact of trauma: A developmental framework for infancy and early childhood. In: Psychiatric Annals, 37(6), S. 416–422.

Maier, H. (1987): Developmental group care of children and youth. New York.

Maier, H. (1991): An exploration of the substance of child and youth care practice. In: Child and Youth Care Forum 20 (6). S. 393–411.

Maluccio, A. (1991): Interpersonal and group life in residential care: A competence-centerend, ecological perspective. In: Beker, J./Eisikovits, Z. (Hrsg.): Knowledge utilization in residential child and youth care practice, Washington D. C. S. 49–63.

Masten, A. (2004): Regulatory processes, risk and resilience in adolescent development. In: Annals of the New York Academy of Sciences 1021, S. 310–319.

Nüsken, D./Seidenstücker, B. (2008): Was Wirkungen bewirken können: Der empirisch informierte Professionelle – Ein Beispiel zur wirkungsorientierten Qualifizierung der Erziehungshilfen durch evidenzbasierten Professionalismus. In: ISA-Jahrbuch zur Sozialen Arbeit, Münster. S. 141–162.

Oevermann, U. (1996): Theoretische Skizze einer revidierten Theorie professionellen Handelns. In: Combe, A./Helsper, W. (Hrsg.): Pädagogische Professionalität, Frankfurt a. M. S. 70–182.

Otto, H.-U./Polutta, A./Ziegler, H. (2010): Zum Diskurs um evidenzbasierte Soziale Arbeit. In: Otto, H.-U./Polutta, A./Ziegler, H. (Hrsg.): What Works – Welches Wissen braucht die Soziale Arbeit? Zum Konzept evidenzbasierter Praxis. Opladen/Farmington Hills. S. 7–25.

Perry, B./Pollard, R. (1998): Homeostatis, stress, trauma and adaption: A neurodevelopmental view of childhood and trauma. In: Child and Adolescent Psychiatric Clinics of North America, 7, S. 33–51.

Reiter, S./Byen, D. (1991): Promoting social competence: Implications of work with mentally retarded children and adults in residential settings. In: Beker, J./Eisikovits, Z. (Hrsg.): Knowledge utilization in residential child and youth care practice, Washington D. C. S. 25–48.

Swick, K. J. (2007): Empower foster parents toward caring relations with children. In: Early Childhood Education Journal, 34 (6), S. 393–398.

Trieschman, A./Whittaker, J./Brendtro, L. (1969): The other 23 hours: Child care work with emotionally disturbed children in a therapeutic milieu. Chicago.

United States General Accounting Office (USGAO) (1994): Residential care: Some high-risk youth benefit, but more study needed. Gaithersburg.

Vygotsky, L. (1978): Mind and society: The development of higher mental processes. Camebridge.

Whittaker, J./Pfeiffer, S. (1994): Research priorities for residential group child care. In: Child Welfare, 73, S. 583–601.

Martin Stoppel

„Regeln pädagogischer Kunst" und rechtliche Rahmenbedingungen

Die Problemstellung

PädagogInnen fühlen sich im Erziehungsalltag der Kinder- und Jugendhilfe häufig allein gelassen. Das führt gerade in eskalierenden Situationen zu Reaktionsweisen, die manchmal von außen kaum nachvollziehbar erscheinen. Die Bewältigung solcher zugespitzter Situationen ist einerseits geprägt von der persönlichen pädagogischen Haltung der/des PädagogIn, andererseits ist sie auch immer verbunden mit einer oft nicht näher bekannten Vorgeschichte. Im Vorfeld derart zugespitzter Situationen können Zuwendung und verbale pädagogische Grenzsetzungen erfolglos geblieben sein, etwa aufgrund von Konflikten in der Beziehung zwischen Kind/Jugendlichem und Erwachsenem. Ursache für derartige Konflikte kann der für alle PädagogInnen nur schwer umzusetzende Doppelauftrag „Pädagogik und Zwang[1]" sein, d. h. das Verfolgen der höchst unterschiedlichen Ziele der „Persönlichkeitsentwicklung" und der „Gefahrenabwehr".

Genauso wie Pädagogik und Zwang oder Hilfe und Kontrolle liegen Macht und Ohnmacht in der Kinder- und Jugendhilfe eng beieinander. Oft wird in schwierigen Situationen ausschließlich gefragt, ob Verhalten rechtens ist, etwa im ersten Beispiel das Eigentumsrecht des Jungen verletzt wird. Aber reicht eine solche rechtliche Reflektion? Müssen nicht in der Erziehung vorab fachliche Grenzen und Orientierungen gelten, bevor ausschließlich Rechtsnormen eigenem Handeln zugrunde gelegt werden?

Die Konsequenzen mangelnder fachlicher Selbstreflexion sind nicht selten, dass Fachkräfte sich vor Staatsanwaltschaften und Gerichten auf der Grundlage von Rechtsnormen rechtfertigen müssen. Es fehlen vorgeschaltete fachliche Normen i. S. pädagogischer Verantwortbarkeit, die in juristische Verfahren hilfreich sind, diesen vielleicht sogar entgegenwirken. Fachliche Reflexion und wertschätzende Haltungen könnten neben in Rahmenverträgen vereinbarten allgemeinen Fachstandards der Leistungsebene (§ 78 f. SGB VIII) und Mindeststandards der Kindesschutzebene Leitlinien eröffnen, in denen fachliche Erziehungsgrenzen erläutert werden.

---

[1] Zwang bedeutet, dass bei bestehender Eigen- oder Fremdgefährdung eines Kindes/Jugendlichen die zu deren Abwehr erforderlichen, „geeigneten" und „verhältnismäßigen" Maßnahmen im Rahmen zivilrechtlicher Aufsichtspflicht verantwortet werden. „Geeignet" ist Aufsichtsverhalten insbesondere, wenn es pädagogisch aufgearbeitet wird, „verhältnismäßig", wenn weniger einschneidende Maßnahmen nicht in Betracht kommen. Eigen- oder Fremdgefährdung erfordert akute Gefahr, die mit hoher Wahrscheinlichkeit zu einer Schädigung führt, bei Fremdgefährdung zur Verletzung von Rechten anderer Personen, bei Selbstgefährdung zur Verletzung eigener Rechte.

Aber: Pädagogische Positionen und Standards allein können den Rahmen verantwortbarer Pädagogik beeinflussen, nicht jedoch ersetzen. Was die Jugendhilfe braucht, ist das Beschreiben objektivierender fachlicher Verantwortbarkeit, manifestiert in den bereits erwähnten „Regeln pädagogischer Kunst". Das bedeutet fachliche Legitimität, die der rechtlichen Zulässigkeit (Legalität) vorangestellt ist.

Handlungssicherheit geben

Das alles zeigt uns, es fehlt an Handlungssicherheit, die wir nicht nur beim Thema „Pädagogik und Zwang" im Alltag sehen können, sondern auch beim Kindesschutz. Der Kindesschutz und die Handlungssicherheit von den in Institutionen unmittelbar und mittelbar Verantwortlichen (Jugend-, Behindertenhilfe, Internate, Kinder- und Jugendpsychiatrie) sind miteinander kausal verknüpft. Gerade die Aufarbeitungen in den Runden Tischen Heimerziehung und zum sexuellen Missbrauch in Institutionen zeigen, dass eine wichtige Ursache und Legitimation in beliebigen, rein individuellen Kindeswohl-Interpretationen lag. Daher geht es ganz wesentlich darum, beliebigen Kindeswohl-Interpretationen vorzubeugen.

Dafür müssen fachliche und rechtliche Erziehungsgrenzen, gerahmt von Regeln pädagogischer Kunst entwickelt werden, die wertschätzende Haltungen der Pädagoginnen und Pädagogen implizieren, ihnen aber gleichzeitig eine Rahmung geben. Es geht also um das Festlegen der fachlichen (Legitimität) und rechtlichen Erziehungsgrenze (Legalität) einerseits und um die Förderung des Rechts auf die Entwicklung eigener kindbezogener Rechte andererseits. Im Ergebnis können neue Strukturen neben den vorrangig zu betrachtenden erziehungsverantwortlichen PädagogInnen auch die Handlungssicherheit der Leitung, des Trägers und der im Staatlichen Wächteramt Verantwortlichen verbessern. Damit haben die nachfolgenden strukturellen Vorschläge auch Bedeutung für Jugend- und Landesjugendämter, für die es in der Aufarbeitung der Vergangenheit nicht nur darum gehen kann, Kontrollinstrumente zu verfeinern, sondern vielmehr im präventiven Ansatz die Beratung strukturell zu verbessern.

Die fachliche Grenze und Möglichkeit der Erziehung sollte in Regeln pädagogischer Kunst beschrieben werden, auf der Grundlage ethischer Prinzipien. Dabei bleibt das „Wie" der Erziehung der pädagogischen Gestaltungsfreiheit geöffnet, allerdings durch einen Rahmen fachlicher Verantwortbarkeit (Legitimität) gestützt, der ausschließlich subjektiven Kindeswohl-Interpretationen durch das Prinzip der Objektiven pädagogischen Begründbarkeit entgegenwirkt. Solche Regeln pädagogischer Kunst sind noch zu entwickeln. Sie gelten individuell für die unmittelbar Erziehungsverantwortlichen, institutionell für Leitung, Träger, Jugend- und Landesjugendämter.

Die rechtliche Grenze der Erziehung ist hingegen durch die Rechtsordnung festgelegt. Es gelten die Gesetze, die Rechtsprechung und das Verbot der Kindeswohlgefährdung. Doch blicken wir zunächst auf die fachlichen Grenzen und Möglichkeiten:

Fachliche Grenze und Möglichkeit der Erziehung – Fachliche Verantwortbarkeit/Legitimität

Die fachliche Grenze und Möglichkeit der Erziehung, verbunden mit den Fragen, ob nachvollziehbar ein pädagogisches Ziel verfolgt wird („Objektive pädagogische Begründbarkeit") und kein Kindesrecht verletzt ist. „Objektive pädagogische Begründbarkeit" beinhaltet dabei, dass sich PädagogInnen in einem Rahmen denkbarer fachlicher Begründung bewegen, wobei pädagogische Grundhaltungen und in eigener Haltung zurechtgelegte subjektive Begründungen irrelevant sind. Die „Objektive pädagogische Begründbarkeit" sollte in „Regeln pädagogischer Kunst" konkretisiert werden: in Leitlinien, die als größter gemeinsamer Nenner unterschiedlicher pädagogischer Grundhaltungen bundesweit vereinbart werden: als Grundgerüst gemeinsamen Erziehungsverständnisses im Rahmen von Erziehungsethik.

Die fachliche Grenze und Möglichkeit der Erziehung manifestiert sich in der fachlichen Verantwortbarkeit/Legitimität. Die Verantwortbarkeit/Legitimität der Erziehung richtet sich wiederum nach der „Objektiven pädagogischen Begründbarkeit" im Sinne des SGB VIII. Das SGB VIII weist in § 1 die eigenverantwortliche, gemeinschaftsfähige Persönlichkeit als Ziel der Erziehung aus. Pädagogisch begründbares Verhalten liegt also vor, wenn dieses Ziel nachvollziehbar verfolgt wird. Das heißt, dass sich Verantwortliche in einem Rahmen denkbarer fachlicher Begründung bewegen (Objektive pädagogische Begründbarkeit). Diese „Objektive pädagogische Begründbarkeit" richtet sich u. a. nach Alter und Entwicklungsstand des Kindes/Jugendlichen. Das Prinzip „Objektive pädagogische Begründbarkeit" kann und will nicht unterschiedliche pädagogische Grundhaltungen ausschließen, etwa die anthroposophische Position, Kindern Kontakt zu Computern nicht zu ermöglichen oder das religiös bedingte Verbot erotischer Darstellungen. Umso wichtiger ist es, unterschiedliche pädagogische Grundhaltungen in Form des größtmöglichen gemeinsamen Nenners als Regeln pädagogischer Kunst zu bündeln: als ein Grundgerüst gemeinsamen Erziehungsverständnisses, das z. B. subjektiv begründetem Import von aufsichtstypischen Maßnahmen wie Postkontrollen und Beruhigungsräumen entgegenwirkt.

Derartige pädagogische Leitlinien erleichtern es, im Einzelfall das Prinzip der Objektiven pädagogischen Begründbarkeit umzusetzen. Fachintern müsste folglich der Rahmen „Objektiver pädagogischer Begründbarkeit" in Regeln pädagogischer Kunst beschrieben werden, Erziehungsethik zugrunde legend. Diese „Objektive pädagogische Begründbarkeit" erleichtert insbesondere die Interpretation, welches Handeln dem Kindeswohl entspricht. Dies gilt zugleich auch für Jugend- und Landesjugendämter, die im präventiven Wächteramt (Pflege-, Betriebserlaubnis) bzw. im reaktiven Wächteramt das Kindeswohl bzw. die Kindeswohlgefährdung nachvollziehbar zu interpretieren haben. Alle institutionell Verantwortlichen unterliegen also dem Beurteilungsspielraum der „Objektiven pädagogischen Begründbarkeit" im beschriebenen Sinn. Entscheidungen haben sich nach der Frage zu richten, was dem pädagogischen Ziel der Eigenverantwortlichkeit und Gemeinschaftsfähigkeit dient, nicht danach, was nach eigener Auffassung das Richtige ist. Letzteres ist freilich relevant in der Frage, mit welchen Mitteln ein pädagogisches Ziel nachvollziehbar verfolgt wird. Das heißt: im gestaltenden Wie sind Verantwortliche frei, in der Frage fachlicher Grenze unterliegen sie dem Rahmen der „Objektiven pädagogischen Begründbarkeit".

Falls eine „Objektive pädagogische Begründbarkeit" zu bejahen ist, kann Fachliche Verantwortbarkeit/Legitimität angenommen werden. Aber: trotz Objektiver pädagogischer Begründbarkeit fehlt die fachliche Verantwortbarkeit, wenn ein Kindesrecht verletzt wird (Beispiel rechtswidriger Taschengeld-Einbehalt). Aus dem im Rahmen der Legitimitätsprüfung geltenden Prinzip objektiver Begründbarkeit ist auch zu folgern, dass sich die Bewertung des Verhaltens von PädagogInnen im Kontext verantwortbarer Pädagogik nicht an dem Aspekt optimaler Pädagogik ausrichtet, vielmehr daran, ob innerhalb eines Rahmens möglicher Verhaltensoptionen so gehandelt wird, dass fachliche Begründbarkeit zugrunde gelegt werden kann. Die beschriebene Maxime „Objektive pädagogische Begründbarkeit" bewirkt also eine verbesserte Operationalisierung des Kindeswohl-Begriffs. Dem Grundgedanken eines im Interesse des Kindesschutzes und der Handlungssicherheit Verantwortlicher einheitlichen Kindeswohl-Verständnisses ist Rechnung getragen, unterschiedlichen Kindeswohl-Interpretationen, vorrangig subjektiv getragen, entgegengewirkt.

Im Rahmen der Überprüfung der fachlichen Erziehungsgrenze ist insbesondere zu fragen, ob eine pädagogisch begründbare, kein Kindesrecht verletzende pädagogische Grenzsetzung (verbal oder aktiv) vorliegt (zulässige Macht/Gewalt). Ist dies nicht der Fall, ist das Verhalten illegitim. Verhalten ist jedoch legal, wenn es erforderlich, geeignet und verhältnismäßig auf eine Gefährdung reagiert, die vom Kind/Jugendlichen ausgeht (vgl. Prüfschema im Kontext Integriert fachlich-rechtlicher Fallbewertung in diesem Band).

Rechtliche Grenze der Erziehung – Rechtliche Zulässigkeit/Legalität

Neben der durch die „Objektive pädagogische Begründbarkeit" festgelegten fachlichen Grenze/Legitimität bedarf die Erziehung einer rechtlichen Grenze. Diese rechtliche Grenze ist beachtet, wenn das Verhalten Verantwortlicher der Rechtsordnung, insbesondere den Gesetzen und der Rechtsprechung, entspricht. Von besonderer Bedeutung ist das generell für Eltern und Institutionen geltende Verbot der Kindeswohlgefährdung.

Sofern das Verhalten Verantwortlicher objektiv pädagogisch nicht begründbar ist, bedingt dies Illegalität. Legalität liegt aber außerhalb der Pädagogik bei zulässiger Gefahrenabwehr vor: bei Eigen- oder Fremdgefährdung (Zwang), die vom Kind/Jugendlichen ausgeht, ist das Verhalten legal, wenn es erforderlich, geeignet und verhältnismäßig ist. Geeignet ist diese Gefahrenabwehr insbesondere, wenn sie pädagogisch begleitet wird, verhältnismäßig, wenn keine weniger einschneidende Maßnahme in Betracht kommt (vgl. Prüfschema im Anhang des Beitrages). Zukünftig sollte die rechtliche Grenze der Erziehung durch einen in Art. 6 GG einzufügenden dritten Absatz mit dem allgemeinen, für die elterliche Erziehung geltenden Kriterium der Kindeswohlgefährdung konkretisiert werden. Folgender 3. Absatz des Art 6 GG wird vorgeschlagen:

„Der Erziehung liegt das Kindeswohl zugrunde, bestehend aus den Kindesrechten, welche die Eltern unter Wahrung der Fähigkeit zur Selbstbestimmung für ihre Kinder wahrnehmen. Kinder besitzen insbesondere ein Recht auf ethisch begründbares Handeln in der Erziehung und auf Bildung. Eine kindgerechte Entwicklung ist zu gewährleisten. Die elterliche Erziehung findet ihre Grenze in der Kindeswohlgefährdung."

Insgesamt sollte der neue dritte Absatz des Art. 6 GG Folgendes beinhalten:

- Beschreiben des Kindeswohls als Rahmen der Erziehung
- Festlegen des Kindesrechts auf ethisch begründbare Erziehung, in von Eltern beauftragten Institutionen in Form eines Rechts auf geregelte Erziehung konkretisiert (fachliche Begründbarkeit/zukünftige Regeln pädagogischer Kunst)
- Festlegen des Kindesrechts auf kindgerechte Entwicklung und Bildung
- Wahrnehmung der Kindesrechte durch die Eltern entsprechend Alter und Entwicklungsstufe
- Festlegen der Kindeswohlgefährdung als rechtliche Grenze elterlichen Erziehungsrechts

Auch bevor Art. 6 GG für die elterliche Erziehung ein Kindesrecht auf ethisch begründbare Erziehung aufweist, sollte im SGB VIII ein Kindesrecht auf geregelte Erziehung manifestiert werden, welches durch Regeln pädagogischer Kunst praxisgerecht umgesetzt wird. Damit wäre sowohl dem Kindesschutz wie auch der Handlungssicherheit in der Jugendhilfe Erziehungsverantwortlicher Rechnung getragen und zwar auch jenseits individueller Haltungen und Begründungen. Derartige Regeln pädagogischer Kunst sind ihrerseits aber auch im Vorfeld einer SGB VIII-Ergänzung zu entwickeln und sollten insgesamt für die Erziehung in Institutionen gelten, d.h. auch für die Behindertenhilfe, Internate sowie Kinder- und Jugendpsychiatrie. Bemerkung: ein Kindesrecht auf ethisch begründbare Erziehung (Eltern) bzw. geregelte Erziehung (Institutionen) würde im Übrigen die beiden Kindeswohl-Komponenten der fachlichen Begründbarkeit der Erziehung (Pädagogik) und der Kindesrechte (Recht) in sinnvoller Weise miteinander verknüpfen und somit dem Prinzip der Kindeswohl-Zweigliedrigkeit entsprechen.

Schließlich sollte im Kontext des Wächteramts von Jugend- und Landesjugendämtern der Begriff Kindeswohlgefährdung wie folgt definiert werden:

- Lebens- oder erhebliche Gesundheitsgefährdung
- Ansonsten die voraussichtlich andauernde Verletzung eines Kindesrechts oder des Erziehungsziels der Eigenverantwortlichkeit/Gemeinschaftsfähigkeit (Gefährdungsprognose)
- Das Nichtbeachten von Kindesschutz-Mindeststandards, welche Jugend- und Landesjugendämter in nachvollziehbarer Umsetzung des Kriteriums Kindeswohl gegenüber Institutionen festgelegt haben

Solche Kindesschutz-Mindeststandards sollten in Rahmenverträgen der freien und kommunalen Spitzenverbände festgeschrieben werden. Für diese Rahmenverträge könnte das geplante Bundeskinderschutzgesetz in einem neuen § 79a SGB VIII eine Grundlage bieten. Erforderlich sind jedenfalls der Kindeswohlgefährdung vorbeugende einheitliche Mindeststandards, etwa zu Personal-Anhaltszahlen und zur bisher sehr unterschiedlichen Auslegung des Begriffs Personaleignung (s.g. Fachkräftegebot von Landesjugendämtern). Damit würde dem Ansatz eines gemeinsamen Kindeswohl-Verständnisses entsprochen und der Gefahr beliebiger Kindeswohl-Interpretationen von Jugend- und Landesjugendämtern entgegengewirkt, insbesondere der Vermischung fachlicher Standards der Finanzierbarkeit mit Mindeststandards des Kindesschutzes. Es bestünde eine verbesserte Objektivierung und Akzeptanz des Kindeswohls.

In der folgenden Übersicht ist die auf diesen Ausführungen fußende „Integriert fachlich-rechtliche Fallbewertung" pädagogischer Alltagssituationen kompakt dargestellt. Diese wird zur verbesserten Handlungssicherheit – damit auch im Interesse des Kindesschutzes – empfohlen: im Kontext der Selbstreflexion und kollegialer Prozesse, z.B. in Workshops.

SCHAUBILD I
Integriert fachlich-rechtliche Bewertung pädagogischer Alltagssituationen

RPK = „Regeln pädagog. Kunst“
SB = Sorgeberechtigte
KWG = „Kindeswohlgefährdung“ (*1)

A. Fachliche Erziehungsgrenze		**B. Rechtliche Erziehungsgrenze**	
1. Objektive pädagog. Begründbarkeit = Subjektive Begründg. und pädagogische Haltung sind insoweit ohne Bedeutung	**2.** Keine Kindesrechtsverletzung (*2)	**1.** Objektive pädagog. Begründbarkeit = Subjektive Begründg. und pädagogische Haltung sind insoweit ohne Bedeutung	**2.** Rahmen der Rechtsordnung
Wird nachvollziehbar ein pädagogisches Ziel verfolgt?	**Wird in ein Kindesrecht eingegriffen?** Nicht bei Zustimmg. des einsichtsfähigen Kindes/Jugendlchn.	**Wird nachvollziehbar ein pädagogisches Ziel verfolgt?**	**Sind Gesetze, Rechtsprechung und das Verbot der KWG beachtet?**
Es geht um objektiv begründbare Optionen pädagogischen Verhaltens. Falls zukünftig geltend: RPK beachten!	**Falls ja:** SB – Zustimmung bei für diese nicht vorhersehbarem Verhalten. Aber: bei KWG und Straftat ist die Zustimmung nichtig	Es geht um objektiv begründbare Optionen pädagogischen Verhaltens. Falls zukünftig geltend: RPK beachten!	
Fachliche Verantwortbarkeit/ *Legitimität*		Rechtliche Zulässigkeit/*Legalität*	

Erläuterungen zu der Grafik
Integriert fachlich-rechtliche Bewertung pädagogischer Alltagssituationen

(*1) „Kindeswohl" beinhaltet im erzieherischen Kernbereich das begründbare Ziel einer „eigenverantwortlichen, gemeinschaftsfähigen Persönlichkeit". Darüber hinaus umschließt es die Kindesrechte. Es handelt sich um einen unbestimmten Rechtsbegriff, der in der Erziehung unterschiedliche Interpretationen offenlässt, unter Berücksichtigung der Kindesrechte u. der „Regeln pädagogischer Kunst" (sofern zukünftig bundesweit festgelegt) sowie unter weitestgehender Beachtung des Kindeswillens.

„Kindeswohlgefährdung" weist drei Ebenen aus:

1. Lebens- oder erhebliche Gesundheitsgefährdung
2. Voraussichtlich andauernde Gefahr für das körperliche, geistige oder seelische Wohl: als Gefahr für ein Kindesrecht oder für die Entwicklung zur „Eigenverantwortlichen, gemeinschaftsfähigen Persönlichkeit". Eine solche Gefährdungsprognose ist erforderlich bei unzulässiger „Macht"/„Gewalt", Nichtwahrnehmen der Erziehungsverantwortung o. bei „Vernachlässigung".„Vernachlässigung" stellt eine „Kindeswohlgefährdung" dar, wenn aufgrund fehlender oder unzureichender Fürsorge elementare Bedürfnisse nicht oder mangelhaft befriedigt werden, mit der Prognose chronischer körperlicher, geistiger oder seelischer Unterversorgung.
3. Andauerndes Nichtbeachten von Standards, die Jugend- und Landesjugendämter in nachvollziehbarer Umsetzung des „Kindeswohls" festgelegt haben (der Träger ist nicht bereit oder in der Lage, die Standards einzuhalten).

(*2) Ein Kindesrecht ist nicht verletzt, wenn der Eingriff in ein solches Recht von der Zustimmung der/des Sorgeberechtigten getragen ist. Dies ist in „Angelegenheiten des täglichen Lebens" anzunehmen, da im Erziehungsauftrag für vorhersehbares, alltägliches Erziehungsverhalten eine Zustimmung enthalten ist. Bei außergewöhnlichem, daher nicht vorhersehbarem Verhalten bedarf es hingegen der ausdrücklichen vorherigen Zustimmung der/des Sorgeberechtigten im Einzelfall (Beispiel: Ausräumen des Zimmers, um bei Zerstören von Gegenständen die Bedeutung fremden Eigentums nahezubringen). Die Zustimmung der/des Sorgeberechtigten darf freilich nicht missbräuchlich sein. Dies ist der Fall, wenn sie auf ein Verhalten ausgerichtet ist, das mit einer „Kindeswohlgefährdung" verbunden ist oder aber eine Straftat beinhaltet. Hinweis: Mit dem Einbehalten (trotz erkennbarer Bedürfnisse des Kindes/Jugendlichen) oder der Verwendung von Taschengeld muss die/der Minderjährige einverstanden sein. Die sorgerechtliche Zustimmung ist ohne Bedeutung (höchstpersönlicher Taschengeld-Anspruch).

Ethische Leitlinien in Form „Regeln pädagogischer Kunst"

Auch in Konsequenz der sogenannten „Nachkriegsheimgeschichte" ist es wichtig, objektivierende fachliche Grenzen der Erziehung in Form von den angesprochenen „Regeln pädagogischer Kunst" festzulegen: als Orientierungsrahmen im Sinne von Erziehungsethik. Derart beschriebene „Objektive pädagogische Begründbarkeit" ist nicht nur wichtiger Bestandteil pädagogischer Verantwortung/Legitimität, vielmehr können solche Regeln rechtliche Probleme verhindern. Fachkräfte sind, durch eigene Fachregeln gestützt, nicht mehr ausschließlich mit Rechtsnormen konfrontiert. Sie unterliegen freilich – wie auch Anbieter/Träger und Jugend- bzw. Landesjugendämter – selbstbindenden pädagogischen Orientierungen, die sie sich in einem juristischen Verfahren auch vorhalten lassen müssen.

Verantwortung für Kinder und Jugendliche wahrzunehmen, bedeutet, jede Entscheidung und jedes Handeln am „Kindeswohl" zu orientieren. „Regeln pädagogischer Kunst" erleichtern die Unterscheidung zwischen zulässiger und unzulässiger Macht, hier synonym mit dem Begriff „Gewalt" (Anlage „Prüfschema zulässige Macht", Frage Nr. 1/Kriterium der „Objektiven pädagogischen Begründbarkeit").

Im Interesse der Handlungssicherheit Erziehungsverantwortlicher – somit auch des Kindesschutzes – sind bundesweite „Regeln pädagogischer Kunst" unentbehrlich, in denen der Rahmen pädagogisch begründbaren, ethisch verantwortbaren Handelns objektiviert wird. Jeder Anbieter/Träger sollte dabei auf dieser Grundlage seine eigene pädagogische Grundhaltung konkretisieren („Trägernormen" im Rahmen der Trägerverantwortung). Er sollte erläutern, welche pädagogischen Mittel und Instrumente er für verantwortbar hält.

Angesichts teilweise zunehmender Gewaltbereitschaft von Kindern und Jugendlichen sowie steigender Zahl sogenannter „Systemsprenger" sehen sich Verantwortliche zunehmend vor die Frage gestellt: „Was tun mit den Schwierigen?" Wirkung ist u. a. eine Renaissance restriktiver Maßnahmen wie Postkontrollen und Abschließen in einem Raum („Beruhigungsraum"), verbunden mit Kindesrechte-Grauzonen. Die Frage „Was tun mit den Schwierigen?" kann aber neben praxisbezogener Beratung und Fortbildung nur durch bundesweit beschriebene „Regeln pädagogischer Kunst" beantwortet werden. Es ist daher an der Zeit, die fachlichen Grenzen der Erziehung zu formulieren. Im Interesse unserer Kinder und Jugendlichen kann nicht länger verantwortet werden, dass sich – je nach Zeitgeist – pädagogisches Handeln grundlegend ändert. Als Beispiel ist auf eine Verdopplung der Platzzahl in „Geschlossenen Gruppen" innerhalb der letzten zehn Jahre hinzuweisen, nachdem in den 90er-Jahren die meisten Gruppen aufgelöst worden waren. Kinder und Jugendliche dürfen nicht länger höchst unterschiedlichen „Erziehungsmethoden" unterworfen sein. Immerhin ist innerhalb der letzten 40 Jahre eine Entwicklung von militärähnlichen, teilweise menschenverachtenden Eingriffen der Nachkriegszeit über die „Laisser-Faire"-Haltung der 68er-Generation bis zu heutigen Restriktionen festzustellen.

Unabhängig von politischen Initiativen muss eine praxisbezogene Reform eingeleitet werden, die auch auf die elterliche Erziehung ausstrahlt. Wesentlicher Gesichtspunkt ist dabei, den Rahmen ethisch verantwortbarer Pädagogik herauszuarbeiten, insbesondere verbunden mit den Werten der Achtung, des Vertrauens und der Gerechtigkeit. Während in der Medizin eine ärztliche Behandlung „de lege artis" ausgeführt ist, wenn sie aufgrund des bekannten Standes der Medizin sachgerecht erfolgt, fehlt in der erzieherischen Verantwortung ein vergleichbarer Rahmen. Wie bereits erläutert, gilt in der Jugendhilfe teilweise das Prinzip, dass „der Zweck die Mittel heiligt". Dies beinhaltet zum Beispiel, dass typische Maßnahmen zivilrechtlicher Aufsichtsverantwortung, wie Freiheitsentzug, Post- und Besuchskontrollen, pädagogisch begründet und somit irrigerweise als pädagogische Instrumente betrachtet werden.[2] Damit ist aber die Gefahr des Verletzens von Kindesrechten verbunden. Wenn z. B. die Inanspruchnahme eines „Beruhigungsraums" pädagogisch begründet wird, könnte die rechtlich erforderliche „Eigen- oder Fremdgefährdung" vernachlässigt werden, die vom Kind/Jugendlichen auszugehen hat, damit dieses Rechtsinstrument greifen soll.

Regeln pädagogischer Kunst und Kunstfehler

Die „Regeln pädagogischer Kunst" sollten für Angebote der Erziehungshilfe gelten, die von unmittelbarer Erziehungsverantwortung geprägt sind, auf der Grundlage eines Erziehungsauftrages Sorgeberechtigter (§ 1688 BGB): für Heimerziehung, „Sonstig betreute Wohnformen", Vollzeitpflege und „Intensive sozialpädagogische Einzelbetreuung". Auch für Tagesgruppen sollten die Regeln Geltung entfalten. Angesichts der erzieherischen Eigenverantwortung von Eltern besteht jedoch für ambulante Angebote nur dann der Bedarf solcher Regeln, wenn der Erziehungsprozess außerhalb elterlicher Präsenz stattfindet, z. B. im Kontext einer Freizeitaktivität. Bei ambulanten Leistungen, die in Anwesenheit der Eltern erbracht werden, sind hingegen „Regeln pädagogischer Kunst" entbehrlich, da nur eine Begleitverantwortung der PädagogInnen in Form des Beratens und Unterstützens der Eltern besteht.

---

2 Freiheitsentzug ist keine Pädagogik, wohl aber ein bei Fremdgefährdung eines Kindes/Jugendlichen aufgrund der Aufsichtsverantwortung gesetzlich vorgegebenes Instrument der Gefahrenabwehr („Zwang"). Bei Selbstgefährdung ist die stationäre Kinder- und Jugendpsychiatrie gefragt. Freiheitsentzug ist „ultima ratio", wenn Erziehung unter anderen Bedingungen nicht mehr möglich ist. Freiheitsentzug erfordert erhebliche Anstrengungen, um in diesem Rahmen der Gefahrenabwehr pädagogisch zu wirken (s. Ziffer 3).

Die durch Fachverbände zu entwickelnden, bundeseinheitlichen „Regeln pädagogischer Kunst“, d.h. der Rahmen objektiver pädagogischer Begründbarkeit, könnte sich z.B. an dem nachfolgenden Vorschlag orientieren[3]. Innerhalb dieser Leitlinien vertritt jeder Anbieter seine eigene pädagogische Grundhaltung, verhält sich der/die einzelne PädagogIn entsprechend seiner eigenen fachlichen Haltung.

Es geht also nicht darum, Erziehungsverantwortliche in ihrer pädagogischen Haltung einzuengen, sondern um einen grundlegenden Orientierungsrahmen der Erziehungsethik, der bestimmte Verhaltensformen als „Pädagogischen Kunstfehler“ ausgrenzt. „Pädagogische Kunstfehler“ liegen vor, wenn Entscheidungen getroffen werden, die unter fachlichem Aspekt nicht am „Kindeswohl“ ausgerichtet sind.[4] Stellt sich also eine Entscheidung so dar, dass kein nachvollziehbares pädagogisches Ziel verfolgt wird, ist von einem „pädagogischen Kunstfehler“ auszugehen, der nur bei Vorliegen einer Eigen- oder Fremdgefährdung des Kindes/Jugendlichen gerechtfertigt und damit „zulässige Macht“ ist (Anlage „Prüfschema zulässige Macht“).

Zwei Arten „Pädagogischer Kunstfehler“ sind zu unterscheiden:

- Institutionelle „Pädagogische Kunstfehler“ liegen vor, wenn Leitungsverantwortliche, Anbieter/Träger oder Jugend- und Landesjugendämter Entscheidungen treffen, die nicht am „Kindeswohl“ ausgerichtet sind.
- Individuelle Kunstfehler liegen vor, wenn Erziehungsverantwortliche Entscheidungen treffen, die nicht am „Kindeswohl“ ausgerichtet sind.

In diesem Kontext ist auch zu beachten, dass „Regeln pädagogischer Kunst“ von besonderer Bedeutung im Kontext des Themas „Freiheitsentzug-Freiheitsbeschränkung“ sind (ausführlich dazu siehe unter www.paedagogikundzwang.de). Freiheitsentzug ist stets ein Instrument zivilrechtlicher Aufsichtsverantwortung, mit ihm können keine pädagogischen Ziele verfolgt werden. Anders ausgedrückt: Freiheitsentzug erfüllt nicht die Voraussetzungen der geforderten „Objektiven pädagogischen Begründbarkeit“, da er im rechtlichen Rahmen der Gefahrenabwehr verankert ist: als Instrument, das geeignet und „verhältnismäßig“ einer Gefahrenlage begegnet, die von einem Kind/Jugendlichen ausgeht oder diesem droht. Statt zu fragen, ob Freiheitsentzug pädagogisch sinnvoll ist, muss dann gefragt werden: Wie kann unter den Rahmenbedingungen des Freiheitsentzugs pädagogisch erfolgreich gearbeitet werden? Und:

[3] Der Evangelische Fachverband für Erzieherische Hilfen Rheinland Westfalen-Lippe hat in einer „Handreichung Kindesschutz“ ebenfalls „Regeln pädagogischer Kunst“ veröffentlicht. Der Autor nimmt an der entsprechenden Arbeitsgruppe teil. http://www.diakonie-rwl.de/cms/media//pdf/arbeitsbereiche/junge_menschen/erziehungshilfe/Verantwortung_und_Handlungssicherheit_im_Alltag_der_Erziehungshilfe_Teil_1.pdf

[4] Das „Kindeswohl“ umschließt eine fachliche Komponente i.S. des nachvollziehbaren Verfolgens eines pädagogischen Ziels und eine rechtliche i.S. der Kindesrechte.

Welches pädagogische Konzept ist geeignet, den auf die Psyche eines Kindes/Jugendlichen einwirkenden Negativwirkungen des Freiheitsentzugs zu begegnen?

Schlussbemerkung

Die Entwicklung von „Regeln pädagogischer Kunst“ bedingt umfangreiche Fachdiskussionen. Dieser Prozess wird sicherlich einige Zeit in Anspruch nehmen und sollte von einem bundesweit aktiven Fachverband koordiniert werden. Zusätzlich sollte – auch im Vorfeld dieser Leitlinien – die alltägliche Arbeit fortlaufend von qualitätssichernden Prozessen zum Thema „Fachliche Verantwortbarkeit“ begleitet werden. Das erfordert einerseits offene Diskussionskulturen in Einrichtungen, gefördert durch die Leitung, andererseits professionellen Mut, sich im KollegInnenkreis und in Workshops mit eigenen Erfahrungen zu öffnen. „Regeln pädagogischer Kunst“ können pädagogische Haltungen nicht beeinflussen. Dies bleibt selbstverständlich dem Anbieter/Träger und der/m einzelnen PädagogIn überlassen, die ihre jeweilige Haltung verantworten. „Regeln pädagogischer Kunst“ sind jedoch ein Orientierungsrahmen, der die Entwicklung pädagogischer Haltungen erleichtert und diese stützt, indem fachlich verantwortbares Verhalten beschrieben wird.

Literatur

Praxisbeispiele sind in der hier vertretenen „Integriert fachlich-rechtlichen Fallbewertung“ in einer neuen Praxisanleitung erläutert[5], die im Internet zugänglich ist unter (Internetprofil des Projekts PÄDAGOGIK UND RECHT)
http://paedagogikundzwang.de/app/download/5778497705/Praxisanleitung+p%C3%A4d.+Handlungssicherheit+1.+Auflage.pdf

[5] Die Praxisanleitung wird gemeinsam mit Tobias Corsten als Broschüre veröffentlicht. Herr Corsten leitet die Corsten Jugendhilfe GmbH in Reifferscheidt. www.corsten-jugendhilfe.de

Schaubild II:
Prüfschema zulässige Macht

Prüfschema zulässige Macht (a)

1.	Wird das Ziel *eigenverantwortliche, gemeinschaftsfähige Persönlichkeit* pädagogisch nachvollziehbar verfolgt (b)?	ja	→ Frage 2
		nein	→ Frage 4
2.	Wird in ein Kindesrecht eingegriffen (c)?	ja	→ Frage 3
		nein	→ keine *Macht*
3.	Erfolgt der Eingriff in ein Kindesrecht mit Zustimmung der/des Sorgeberechtigten/SB (d) ohne Sorgerechtsmissbrauch (e)?	ja	→ zul. *Macht*
		nein	→ Frage 4
4.	Liegt Eigen- oder Fremdgefährdung des Kindes/Jugln. vor, der *geeignet* (f) und *verhältnismäßig* (g) begegnet wird (h)?	ja	→ zul. *Macht*
		nein	→ unzuläss. *Macht*

a) Bei strafbarer Handlung ist ohne weitere Prüfung von unzulässiger *Macht* auszugehen.

b) Bei fehlendem o. nicht nachvollziehbarem pädagogischem Ziel ist Frage zu verneinen: zulässige *Macht* kann nur im Rahmen der Frage 4 vorliegen.

c) Ein Kindesrechtseingriff liegt auch bei *pädagogischer Grenzsetzung* vor/ Kein Eingriff jedoch bei Zuwenden, Anerkennen und Überzeugen (da keine *Macht*ausübung).

d) Bei päd. Routine genügt der Erziehungsauftrag, sonst ausdrückliche SB-Zustimmung erforderlich/Bei Taschengeld ist die Zustimmung des Kindes/ Jugendlichen zwingend.

e) Sorgerechtsmissbrauch liegt im Falle einer Straftat oder *Kindeswohlgefährdung* vor.

f) *Eignung* liegt z. B. nur vor, wenn die Gefahrenabwehr pädagogisch begleitet wird.

g) *Verhältnismäßig* bedeutet, dass keine weniger einschneidende Maßnahme möglich ist.

h) Die Zustimmung der/des SB ist erforderlich, wenn keine Betreuungsroutine vorliegt.

Diana Düring

Reflexiver Eigensinn – Professionelles Handeln

Ungewissheit als konstitutives Element sozialpädagogischer Professionalität

Nachfolgend wird der Frage nachgegangen, welche Aspekte professionelles Handeln im Feld Sozialer Arbeit kennzeichnen und somit eine besondere Qualität beruflichen Handelns konstituieren, die im Titel des vorliegenden Bandes mit dem Begriff „Pädagogische Kunst" gefasst wird.

Für eine erste Annäherung an Professionalität und professionelles berufliches Handeln ist ein Blick in die interaktionistisch fundierte Professionssoziologie/-theorie hilfreich[1]. Diese professionssoziologische Theorieperspektive steht einerseits für die Auseinandersetzung mit den Prozessen, die in der Etablierung von Professionen in Gesellschaften münden. Andererseits liegt der Fokus auf den konkreten Arbeitsbedingungen und Arbeitsvollzügen. Dabei wird sowohl auf die paradoxen Anforderungen an Professionelle in organisatorischen Kontexten abgehoben als auch auf die interaktiven Strategien, mit denen Professionen (Definitions-)Macht und Einfluss erringen und sich gegen konkurrierende Berufsgruppen durchsetzen.

Folgt man Fritz Schütze, der die interaktionistisch begründeten Ideen über Professionen und professionelles Handeln in Bezug auf die Soziale Arbeit für die deutschsprachige Diskussion nutzbar gemacht hat, stellt sich die Profession Soziale Arbeit als abgegrenzter Orientierungs- und Handlungsbereich dar. Dieser bietet spezifische Sinnressourcen, die sich aus höhersymbolischen Teil-Sinnwelten (z.B. aus der Wissenschaft) speisen. Der Status des Berufes Soziale Arbeit als Profession bestimmt sich demnach über die Trägerschaft rollenspezifischen Wissens der Professionellen. Die Bedeutung von spezifischem Wissen bzw. die exklusive Verfügung über einen „einschlägigen Sonderwissensbestand" wird damit als konstituierendes Merkmal von Professionalität markiert.

Des Weiteren basiert professionelles Handeln auf stetigen Aushandlungsprozessen zur Fallproblematik. Die „Binnenstrukturen" professionellen Handelns können demnach als Prozesse der Fallproduktion gefasst werden, die aus Interaktion und Interpretation bestehen. Die Fachkräfte sind dabei zuständig für Problematiken, die sich in „einer konkreten Handlungs-, Erleidens- und/oder historischen Veränderungssituation" zeigen, welche zugleich die „Lebenssituation" der AdressatInnen darstellt (Schütze 1996, S. 191). Die Aushandlungsprozesse bzw. Prozesse der Fallproduktion bergen viele „Fehlerquellen" und

[1] Vgl. Pfadenhauer 2003 für einen Überblick zu anderen theoretischen Ausrichtungen.

professionelle Verfahren und Lösungen sind immer nur begrenzt auf lebenspraktische Probleme übertragbar. Unter der Bedingung, dass „Fälle“ stetig Entwicklungen bzw. Veränderungen unterliegen – durch das Leben der AdressatInnen, sich verändernde gesellschaftliche Rahmenbedingungen und durch Handlungen der Fachkräfte –, können allgemeine (als allgemein anerkannte) Wissensbestände der Profession nur begrenzt „angewendet“ werden: „er [der Professionelle, D. D.] kann nie sicher sein (...) das zugrundeliegende Muster der Projekt- bzw. Falldynamik wirklich hinreichend erfasst [zu haben]“ (ebd., S. 192).

Diese – mit Schützes Worten – Paradoxie professionellen Handelns umfasst somit die Anforderung an die Fachkräfte Sozialer Arbeit, eine Prognose auf „schwankender empirischer Basis“ (ebd., S. 186) zu treffen und ggf. auch zu *riskieren*, möglicherweise „falsche“ Entscheidungen zu fällen. Dabei müssen sie vermitteln zwischen der „Tendenz zum Zuwarten, wie sich (...) der Fall ‚natürlich‘ entwickeln wird, ohne dass professionelle Interventionen stattfinden, und der Tendenz zum unmittelbaren (erstmaligen oder erneuten) Einsatz der mächtigen Verfahren (‚Intervention‘)“ – sprich: „den richtigen Zeitpunkt zum eingreifen zu finden“ (ebd., S. 194). Zugespitzt geht es darum, das „Richtige“ oder Angemessene zum richtigen Zeitpunkt zu tun und zu verantworten.

Was Schütze hier unter der begrenzten Anwendbarkeit professioneller Wissensbestände auf dynamische Fallverläufe postuliert, soll im Folgenden als Unhintergehbarkeit von Unsicherheit und Ungewissheit in jeglichem sozialpädagogischem Tun diskutiert werden. Ungewissheit als Merkmal von Dienstleistungsprozessen ergibt sich aus deren „doppelten Prozeßcharakter (...) aus dem des Arbeitsprozesses und aus dem der Arbeitsprodukte selbst, wobei der Arbeitsprozeß oftmals mit dem Ergebnis der Arbeit zusammenfällt“ (Rabe-Kleberg 1996, S. 294). Dabei sind sowohl das Verhältnis von Funktion und Ziel als auch das Verhältnis von Mittel und Ziel von Ungewissheit geprägt. In der Konsequenz sind berufliche Handlungssituationen in der Sozialen Arbeit immer offen und ambivalent, nur begrenzt zu durchschauen und hinsichtlich ihrer Planung begrenzt (vgl. Combe/Helsper 2002).

Zu konstatieren ist demnach ein „diffuses Gesamtproblemfeld“ (Schütze 1992, S. 163), in dem Professionelle der Sozialen Arbeit mit paradoxen Handlungsanforderungen konfrontiert werden und sich trotz Diffusität orientieren sowie Strukturen und Verläufe erkennen müssen. Eine Paradoxie, die Wimmer für die Praxis der Erziehung wie folgt konkretisiert: „(...) durch Erziehung eine Intention verfolgen zu wollen, es aber eigentlich nicht zu können, weil, was gewollt wird, nur vom Anderen selbst hervorgebracht werden kann“ (Wimmer 1996, zit. nach Müller 2003, S. 163). Damit wird die kompetente Bewältigung von prinzipiellem Nicht-Wissen und Nicht-Wissen-Können zum Kern pädagogischen Handelns und pädagogischer Professionalität (ebd.). Im Anschluss daran wird hier der *professionelle* Umgang mit Ungewissheit als konstitutives Element sozialpädagogischer Kunst verstanden.

Ausgehend von der These, dass Soziale Arbeit und hier vorfindbares professionelles Handeln als Teil des wohlfahrtsstaatlichen Arrangements in einem Bedingungsfeld verortet werden muss, welches durch wohlfahrtsstaatliche Rahmungen bzw. institutionelle Vorgaben, den beruflichen Diskurs sowie die konkrete Organisiertheit strukturiert wird (vgl. Kessl 2005; Köngeter 2009), ohne die grundlegende Sinn- und Subjekthaftigkeit des Handelns zu suspendieren – sind die jeweils (dominierenden) Vorstellungen zu gelingender Professionalität in der Sozialen Arbeit in Bezug zu solchen Entwicklungen zu setzen. Die Thematisierung von Ungewissheit im Zusammenhang mit Bildungs- und Erziehungsprozessen sowie die jeweils zu beobachtenden Umgangsweisen damit können dann als „Begleiterscheinungen" veränderter gesellschaftlicher Selbstbeschreibungen gelesen werden. Mit gesellschaftlichen Selbstbeschreibungen, die sich um Begriffe und Konzepte wie Risiko, Nicht-Wissen, Unsicherheit und Ungewissheit zentrieren und die unter Überschriften wie bspw. „Risikogesellschaft", „Reflexive Modernisierung" oder „Wissensgesellschaft" firmieren, wird u. a. das Verhältnis von Wissen, Wissenschaft, Risiko neu verhandelt (vgl. z. B. Beck 1986, Beck/Giddens/Lash 1996). Zudem wird im Rahmen wissenssoziologischer Theoriedebatten und der sog. Verwendungsforschung das Prinzip der methodischen Skepsis auch auf die eigenen Praktiken der Wissenserzeugung angewendet. Damit verliert wissenschaftliches Wissen seinen „Autoritätscharakter" (Liesner/Wimmer 2003, S. 33) und die Anwendbarkeit sozialwissenschaftlicher Erkenntnisse in der Praxis wird infrage gestellt wird (vgl. Beck/Bonß 1989).

Diese Diskurse finden auch Eingang in die disziplinären und professionsspezifischen Debatten innerhalb der Sozialpädagogik. Nachdem lange Zeit die Möglichkeit der intentionalen Steuerung von Erziehungs- und Bildungsprozessen zum festen „Glaubenssatz" in Theorie und Praxis der Erziehungswissenschaft gehörte – trotzdem „dieses Problem, über die Wirkungen der eigenen Anstrengungen nicht verfügen zu können, zu den Ausgangskonstellationen moderner Erziehungs- und Bildungstheorie zählt" (Liesner/Wimmer 2003, S. 7); wird diese Möglichkeit bspw. unter dem Stichwort „Technologiedefizit der Erziehung" und der „Krise des Expertentums" infrage gestellt bzw. zurückgewiesen.

Doch was heißt das nun für die Praxis professioneller Sozialer Arbeit? Sind jegliche Wirkungsannahmen aufzugeben? Wozu braucht es dann überhaupt Professionelle bzw. worauf bezieht sich dann professionelles Handeln? Irgendetwas müssen doch die Professionellen wissen oder können, was der oder die Andere (die Adressatin/der Adressat) noch nicht weiß oder kann[2]. Es bleibt also die Frage[3], auf welcher Basis professionelle Handlungen entworfen bzw. Entscheidungen vorbereitet werden – unter der Bedingung von Ungewissheit bzw. von Einwirkung/Kontrolle einerseits und Selbsttätigkeit/Unvorhersehbarkeit andererseits (vgl. Kade/Seitter 2003, S. 50).

Zum Umgang mit Ungewissheit – zwischen Ausblendung und Reflexion

Ein Teilbereich der Kinder- und Jugendhilfe, der in den letzten Jahren verstärkt in den Blick – auch der medialen Öffentlichkeit und politischen Aufmerksamkeit – geraten ist, umfasst den Umgang mit „Verdachtsfällen" auf Kindeswohlgefährdung und die dabei notwendig zu treffenden Entscheidungen. An diesem Bereich zeigt sich auf herausragende Weise die Anforderung an Professionelle der Sozialen Arbeit, weitreichende und besonders sensible Entscheidungen unter Unsicherheitsbedingungen zu treffen. Dass dieses anspruchsvolle Aufgabenprofil hohe Belastungen für die Mitarbeiterinnen und Mitarbeiter birgt, zeigt sich bspw. in einer steigenden Anzahl von Überlastungsanzeigen (vgl. Seckinger et al. 2008).

Die Ursachen hierfür liegen nach Auskunft der befragten Fachkräfte neben einer Zunahme von besonders komplexen Hilfebedarfen, in den zunehmend schwierigen Abwägungsprozessen im Hinblick auf Verdachtsfälle von Kindeswohlgefährdungen. Zu konstatieren ist zudem, dass mit der Einführung des § 8a SGB VIII umfangreiche Reaktionen und Aktivitäten im Feld zu verzeichnen waren – sichtbar in einer Vielzahl von Expertisen, Tagungen, Stellungnahmen, Arbeitshilfen, Fachartikeln sowie Fortbildungs- und Qualifizierungsangeboten. Und das, obwohl Gefährdungseinschätzungen für ASD-Fachkräfte keineswegs einen neuen Arbeitsbereich darstellen und davon ausgegangen werden kann, dass sich hierzu entsprechende Routinen der Professionellen ausgebildet haben müssten. Diese nachweislich verstärkten Aktivitäten könnten als „Indikator eines entlarvten bzw. realisierten Mangels an (ebendiesem) notwendigen Wissen und Können im sensibelsten Aufgabenbereich der Jugendhilfe" gedeutet werden (Theißen 2006, S. 24), wobei gemäß dieser Argumentation ein gesteigerter Rückgriff auf (vermeintlich) sicheres Wissen die Unsicherheiten, die mit den Gefährdungseinschätzungen einhergehen, tendenziell auflösen würden.

---

2 Vgl. analog hierzu Klaus Wolf (2010), der dieses (Kompetenz-)Gefälle im Rahmen seiner Überlegungen zum Machtüberhang in der Erziehung beschreibt.

3 Auch die Frage nach den Wirkungen pädagogischen Handelns bleibt bestehen. Dieser Frage wird im vorliegenden Text nur indirekt nachgegangen: in Form der kritischen Auseinandersetzung mit einer evidenzbasierten und managerialistisch ausgeprägten Wirkungsorientierung.

Insgesamt lassen sich hier – aber auch in den anderen Bereichen Sozialer Arbeit – verschiedene Umgangsformen bzw. Strategien der Fachkräfte unterscheiden, die zur Begründung und Legitimierung von Handlungen herangezogen und in diesem Sinne als (Ab-)Sicherungsaktivitäten im Umgang mit Ungewissheit[4] verstanden werden können. Nachgezeichnet werden können beispielsweise Formen, die auf Ausblendung, Kontingenzverleugnung und ExpertInnentum setzen, aber auch Formen, die auf Netzwerkbildung, Reflexionsschleifen oder theoriebezogener Komplexitätssteigerung basieren (vgl. Kade/Seitter 2003; Liesner/Wimmer 2003).

Restauration: Autorität und Werteerziehung – Zwang und Disziplinierung

Eine Reaktionsform besteht darin, Unsicherheit und Ungewissheit in Erziehungs- und Bildungsprozessen (weitestgehend) zu verleugnen. Stattdessen wird konsequent an dem Konzept planmäßiger Erziehung festgehalten und damit bspw. ein „neuer Mut zur Erziehung“ behauptet – einhergehend mit einer Revitalisierung bzw. Re-Etablierung von Autorität, Werteerziehung, Zwangselementen und dem „Lob der Disziplin“ (kritisch dazu bspw. Langenohl et al. 2009; Brumlik 2007).

Tilman Lutz weist darauf hin, dass ein „Diskurs in Disziplin und Profession Zwang in der Jugendhilfe zunehmend – nicht nur für die sog. „Schwierigen“ oder „Gefährlichen“ – wieder salonfähig macht“ (ders. 2011, S. 149). Zwangspraxen, wie z. B. der kurzfristige oder länger andauernde Freiheitsentzug[5], institutionalisierter körper- und abhängigkeitsgestützter Zwang, Privilegiensysteme – werden demgemäß in der Erziehung bzw. Jugendhilfe erneut (!) explizit über eine sozialpädagogische Argumentation und im Interesse der Jugendlichen enttabuisiert und legitimiert. Zwangsausübung in Kontexten der Erziehung und Bildung impliziert „jemanden gegen seinen Willen dazu zu bringen, etwas Bestimmtes zu tun oder zu unterlassen“ (ebd., S. 150) – schärfer formuliert es Helga Cremer-Schäfer (2007, S. 67): „Zwang bedeutet Strafen, Unterwerfen und Züchtigen.“ Mit Blick auf die Geschichte der Hilfen zur Erziehung und insbesondere auf die Auseinandersetzung/Aufarbeitung der Heimerziehung der 1950er- bis 1970er-Jahre wird deutlich, dass Praxen der Gewalt, Zwang und Disziplinierung und die entsprechenden Versuche, diese pädagogisch zu legitimieren, *auch* eine kontinuier-

---

[4] Zur Annäherung an das Phänomen der Unsicherheit und Ungewissheit aus anthropologischer Perspektive und einer machttheoretisch begründeten Auseinandersetzung mit Sicherheitsstrategien im Kontext Sozialer Arbeit vgl. Magyar-Haas/Grube 2009.

[5] Die Anzahl von Einrichtungen, die eine geschlossene Unterbringung anbieten, wächst, allein in Bayern sind es derzeit acht Einrichtungen mit 126 Plätzen (vgl. Hillmeier et al. 2011).

liche Entwicklungslinie sozialpädagogischen Denkens und Handelns darstellt – mit dramatischen Folgen für die Kinder und Jugendlichen (vgl. Düring i. E.).

Die Re-Etablierung von Zwangselementen als „pädagogisches Programm" sowie die Lobgesänge auf Disziplin und Werteerziehung, mit denen tyrannische Kinder in ihre Schranken verwiesen werden sollen, leugnet die prinzipielle Offenheit von Bildung und Erziehung. Der Umgang mit Ungewissheit stellt sich dann als „Kontingenzverleugnung" (Liesner/Wimmer 2003) dar und ist einerseits Ausdruck des öffentlichen Diskurses über Erziehung und Bildung, mit dem die „Diagnose einer um sich greifenden Ungewissheit und Orientierungslosigkeit mit der Forderung nach Sicherheitsmaßnahmen und Gewissheitserzeugungen verbunden wird, die sie legitimieren soll" (ebd., S. 31). Darüber hinaus zeitigt diese Umgangsform Schnittflächen zu wohlfahrtsstaatlichen Umbauprozessen in der Logik des aktivierenden Staates, die Zwang und Disziplin als Kehrseite von Sicherheit und Freiheit erscheinen lässt (vgl. Lutz 2011). In der Konsequenz werden Adressatinnen und Adressaten (wieder einmal) nicht als Subjekte, sondern als Objekte professionellen Handelns angesprochen.

Rationalität des Wissens: Wirkungsorientierung und Evidenzbasierte Praxis

Eine andere Sicherungsstrategie im Umgang mit Ungewissheit zeigt sich an der neuerdings geführten Debatte zur Wirkungsorientierung. Unsicherheit und Ungewissheit wird in dem Zusammenhang über die Revitalisierung von (Diagnostik-)Technologien, den Rückgriff auf Instrumente wie Audits, Richtlinien und Standards, die „Testifizierung" von Adressatinnen und Adressaten sowie über Verfahren wie Akkreditierung, Zertifizierung und Qualitätsmanagement zu bearbeiten versucht (vgl. Kade/Seitter 2003, S. 65, Otto 2007; S. 15 f.).

Eine wirkungsorientierte Soziale Arbeit bezieht sich (auch) auf Vorstellungen zu einer Evidenzbasierung Sozialer Arbeit, die vor allem in England, den USA und Skandinavien vorangetrieben und praktiziert wird. Evidenzbasierung meint die „methodisch-praktische[n] Gestaltung der Leistungserbringungsprozesse in einer Form, die systematisch auf den möglichst aussagekräftigsten empirisch-wissenschaftlichen Wirkungsnachweisen der Maßnahmen und Programme gegenüber je spezifischen Adressatengruppen bzw. Problemkonstellationen aufbaut" (Otto 2007, S. 12; Sheldon 1986, S. 24). Es geht also um die Frage: „Does social work work?" (Macdonald et al.1992, S. 618) und somit um die Effektivität und die Effekte Sozialer Arbeit.

Die Aufgabe von Forschung und Wissenschaft besteht dann nicht mehr in Produktion von Erklärungs- und Reflexionswissen, sondern in der Produktion[6] von nützlichem, unmittelbar auf die Verwendung ausgerichtetem Wissen, „das die Professionellen zur wirksamsten Vorgehensweise anleiten soll: ein Wissen, das sich ganz unmittelbar auf die Lösung praktischer Probleme richtet" (Otto 2007, S. 58). Demgemäß zielt Wissenschaft bzw. wirkungsorientierte Forschung auf die Bereitstellung „sicheren Wissens", das ausdifferenzierte Indikations-, Diagnose- und Assessmentverfahren fundiert, auf deren Basis Handlungsprogramme entwickelt werden, die die gewünschten Wirkungen erzielen (vgl. ebd., S. 52). Befürworterinnen und Befürworter versprechen sich, dass eine evidenzbasierte Soziale Arbeit zu besseren, rationaleren professionellen Entscheidungen führt (Macdonald et al.1992, S. 616). In Bezug auf das Verhältnis zwischen wissenschaftlichem Wissen und professioneller Sozialer Arbeit spiegelt diese Position ein starkes Vertrauen in die Anwendbarkeit wissenschaftlichen Wissen wider und grenzt sich damit ab von Positionen, wonach dieses Verhältnis eher als ambivalentes und uneindeutiges gefasst wird.

Mit der Evidenzbasierung bzw. Wirkungsorientierung Sozialer Arbeit findet einer der zentralen, zuförderst auf das Feld der Kinder- und Jugendhilfe bezogenen Modernisierungsdiskurse der 1990er-Jahre seine Fortsetzung: die sogenannte Neue Steuerung[7], mit der ausdrücklich auf eine Markt- und Wettbewerbsorientierung zur Effektivitätssteigerung öffentlicher Leistungen gesetzt wird. „Die herausragende Zielstellung stellt die Umgestaltung der *Organisation* der (öffentlichen) Jugendhilfe vermittels mikroökonomischer Instrumente dar, um sie effizienter, effektiver und transparenter zu gestalten" (Düring 2011, S. 43)[8]. Nachdem die Neue Steuerung zunächst mit der Debatte zur Qualität der Sozialen Arbeit eine erste Neukonnotierung erfuhr, zeigt sich eine weitere Verschiebung und Weiterentwicklung in dem Versuch, wirkungsorientierte Steuerungsmodelle[9] bzw. evidenzbasierte Handlungsprogramme zu implementieren. Die entscheidende Frage in dem Zusammen-

6 Wirkungsorientierte Forschung zielt darauf ab, Faktoren zu ermitteln, um anhand dieser Risikoprofile zu erstellen, die wiederum in standardisierten Diagnose- und Klassifikationssystemen münden – zu den methodischen Zugängen der Wirkungsforschung vgl. Otto 2007, S. 58 ff.

7 Mit der Neuen Steuerung inkorporiert die Jugendhilfe eine (weitere) Reformdebatte, die weder von der Profession initiiert noch durch eine eigene, professionelle Logik strukturiert wird.

8 Dieses als Verwaltungs- und Organisationsreform des kommunalen Staates gestartete Reformprojekt geht in seinem *Verlauf* über Management- und Organisationsfragen der öffentlichen Verwaltung hinaus und schließt an die Modernisierungsdiskussion des (Wohlfahrts-)Staates insgesamt an.

9 Vgl. dazu insb. die Veröffentlichungen im Rahmen des Bundesmodellprojektes „Wirkungsorientierte Jugendhilfe" sowie Frey 2008, IGfH 2006.

hang ist, „ob die wirkungsorientierte Steuerung in der Sozialen Arbeit professionelle Entscheidungen *ersetzen* oder ob sie professionelles Handeln und Entscheiden auf der Basis von empirisch fundierten Reflexions- und Erklärungswissen über Wirkungsweisen *fundieren* soll" (Otto 2007, S. 39). Ersteres – also die Ersetzung *professioneller* Entscheidungen durch den Einsatz standardisierter Instrumente und formalisierter Vorgaben „genau dort (...), wo es um die Kernaktivität der Professionellen, nämlich um die Realitäts- bzw. Problem- und Falldefinition geht" – impliziert eine managerielle Ausrichtung Sozialer Arbeit, mit der Soziale Dienste und Fälle eher gemanagt als professionell erbracht werden (ebd., S. 16). Es bedarf dann „des ExpertInnentypus einer ‚manageriellen PraktikerIn', die Willens und in der Lage ist ‚wirksame Programme' an den zugewiesenen AdressatInnen mit der notwendigen ‚Complience' zu den ‚Manualized Practice Proctocols' (...) zu exekutieren [... und] sich detailgenau nach den Programmvorschriften und -standards zu richten, zu wissen *warum* sie welche Maßnahme einsetzen ist eher sekundär" (Otto/Ziegler 2006, S. 105).

Anstelle einer Konzeption von pädagogischer Kunst, wonach die Bestimmung, wer die Adressatinnen/Adressaten Sozialer Arbeit sind und welches Handeln im Einzelfall angemessen ist, durch fachliche Kriterien begründet wird und somit im Rahmen des professionellen Ermessens verhandelt wird, treten Verfahrens- und Diagnoseinstrumente, die eine effektive und effiziente Praxis gewährleisten sollen. Professionelles Handeln und folglich der Umgang mit Ungewissheit wird damit von Ideen gerahmt bzw. strukturiert, die einerseits aus (mikro-)ökonomischen Kontexten und Theoriekonzepten stammen und zum anderen auf positivistischen und empiristischen Vorstellungen von Wissenschaft fußen (vgl. Webb 2001). „Zugespitzt formuliert zeigt sich ein Dreiklang von (vermeintlich) sicherem Inhaltswissen, von benotetem und damit vergleichbarem Adressatenwissen sowie von zertifiziertem Organisationswissen" (Kade/Seitter 2003, S. 65). Letztlich fördert der Versuch, professionelle Entscheidungen über vermeintlich sicheres (überindividuelles) wissenschaftliches Wissen abzusichern, eine behavioristische Ausrichtung sowie eine verstärkte Deprofessionalisierung und Ökonomisierung Sozialer Arbeit.

Reflexionsschlaufen: Fallberatungsarbeit in Sozialraumteams

Nachfolgend wird anhand der Fallberatungsarbeit in *gemeinsamen Teams* öffentlicher und freier Träger der Hilfen zur Erziehung– hier Sozialraumteams genannt – eine weitere Strategie im Umgang mit Ungewissheit vorgestellt, die die Autorin im Rahmen ihrer Dissertation zu kooperativen Steuerungsformen in der Sozialen Arbeit empirisch gegründet[10] herausgearbeitet hat. Die hier „untersuchten" Sozialraumteams bestehen laut Geschäftsordnung aus den Fachkräften des ASD-Regionalteams, einer Fachkraft der Wirtschaftlichen Jugendhilfe sowie der Jugendgerichtshilfe, je mindestens einer Fachkraft der im Stadtteil (ASD-Gebiet) ansässigen Träger der Hilfen zur Erziehung sowie einer Fachkraft der stadtweit tätigen Erziehungsberatungsstelle. Programmatisch verfolgen sie den Anspruch, Jugendhilfeleistungen in ihrem Zuständigkeitsgebiet kooperativ zu steuern bzw. zu organisieren und sind – auch in ihrem Selbstverständnis – innerhalb der Reformprogrammatik einer flexiblen und/oder integrierten und/oder sozialraumorientierten Jugendhilfe verortet.

Der Begriff Fallberatungsarbeit macht deutlich, dass die Mitglieder der Sozialraumteams in ihren regelmäßig stattfindenden Teamsitzungen Fälle beraten. Folglich werden in diesem Gremium Handlungsanforderungen und/oder Entscheidungsaufgaben, wie sie sich im Berufstalltag von Fachkräften Sozialer Arbeit darstellen, bearbeitet. Die Fallberatungsarbeit vollzieht sich dabei in bestimmten Arbeitsschritten, die in ihrer Gesamtheit einen spezifischen Arbeitsbogen[11] bilden (Düring 2011, S. 107).

Abbildung 1:
Arbeitsbogen der Fallberatungsarbeit

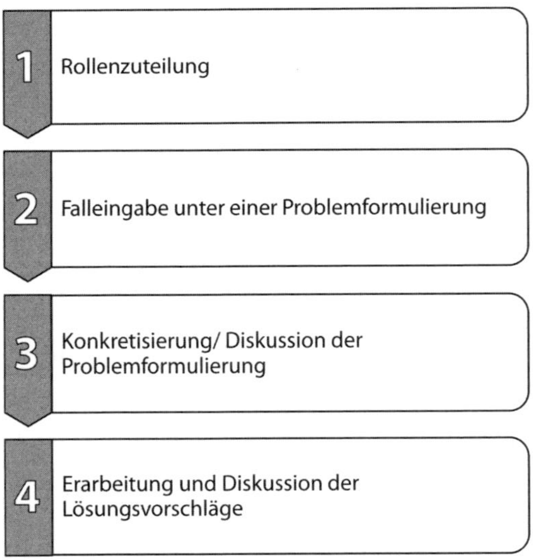

10 Die Sozialraumteams entstanden im Rahmen des Bundesmodellprojektes INTEGRA (1998–2003), das auf eine neue Strukturqualität der Jugendhilfe im Sinne einer bedarfsgerechten, flexiblen und regionalisierten Ausgestaltung zielte – vgl. Koch/Peters 2004.

11 Der Begriff Arbeitsbogen verweist auf die prozessualen Aspekte der Erzeugung und Aufrechterhaltung der Fallberatungsarbeit.

Der Arbeitsbogen Fallberatungsarbeit wird *während* der Sozialraumteamsitzung über die gemeinsam vorgenommene Rollenzuteilung eröffnet, wobei folgende Rollen besetzt werden[12]: Moderator/Moderatorin, Protokollant/Protokollantin, Falleingeber/Falleingeberin, Perspektivwechsler/Perspektivwechslerin[13]. Im Anschluss erfolgt die *Falleingabe* unter einer vom Falleingeber bzw. von der Falleingeberin[14] gewählten Fragestellung.

> „Und ähm dann gibt es eine konkrete Fragestellung zu dem Fall. Also zum Beispiel, wie gehe ich mit dem Antrag auf Hilfe zur Erziehung um, wenn ne Mutter einen Antrag gestellt hat und vielleicht noch nicht klar ist, soll das ne Hilfe werden, soll's keine Hilfe werden, gibt es andere Möglichkeiten. Oder was ist hilfreich und unterstützend für die Familie? Oder wie geh ich mit dem Verdacht auf sexuellen Missbrauch äh in der Familie um. Also immer unter einer ganz konkreten Fragestellung wird dieser Fall präsentiert" (ebd., S. 108).

Hieran wird deutlich, dass bereits im Vorfeld der Sozialraumteamsitzung eine spezifisch professionelle Leistung erbracht werden muss: die Konstruktion einer Fallgeschichte – basierend auf ersten Gesprächen zwischen ASD-Fachkräften und Adressaten bzw. Adressatinnen. Fälle liegen demnach nicht einfach vor, sondern werden erst durch die Arbeit sozialpädagogischer Fachkräfte hergestellt, indem Individuen in ihren „relevanten Aspekten etabliert und bearbeitbar gemacht werden" (Hitzler/Messmer 2008, S. 250) und somit zu einer sozialen Adresse.

Mit der Falleingabe und dem dazu formulierten Handlungsproblem (der Fragestellung) konstituieren die Falleingeber/Falleingeberinnen den Gegenstand der Fallberatungsarbeit. Die entsprechenden Fragestellungen fokussieren drei Ebenen der Fallarbeit: die Ebene des individuellen, professionellen Handelns: „Was soll ich tun?", die organisatorisch-institutionelle Ebene: „Welche Hilfe ist die richtige?" sowie die Ebene der Adressaten/Adressatinnen: „X hat Problem Z". Mit der Formulierung des Handlungsproblems werden der Falleingeber bzw. die Falleingeberin zum Ratsuchenden bzw. zur Ratsuchenden und die anderen Teammitglieder zu Ratgebern bzw. Ratgeberinnen.

In einem nächsten Schritt wird die Problemformulierung/Fallgeschichte konkretisiert und diskutiert. Dabei können die Ratgeberinnen und Ratgeber zunächst Verständnisfragen stellen sowie das Passungsverhältnis von formuliertem Handlungsproblem und Fallgeschichte thematisieren. Der Verfahrens-

---

12 Die Rollen der Beraterinnen bzw. Berater werden nicht explizit besetzt.

13 Die Perspektivwechslerinnen/Perspektivwechsler nehmen die Adressatinnen- bzw. Adressatenrolle in der jeweiligen Fallgeschichte ein.

14 Die zu beratenden Fälle wurden hier ausschließlich von den fallzuständigen ASD-Fachkräften eingebracht.

schritt endet mit der Festlegung einer Fragestellung. Nach der Konkretisierung und Diskussion der Problemformulierung werden Ideen zu Beantwortung der gestellten Frage gesammelt und Lösungsvorschläge erarbeitet, die anschließend durch den oder die Ratsuchende(n) bewertet werden. Diese Bewertung wird in einer Reflexionsschleife wiederum durch die Ratgeber und Ratgeberinnen kommentiert und kann u.U. zu weiteren Modifizierungen führen. Schließlich werden die abgestimmten Vorschläge/Handlungsempfehlungen protokolliert, womit das Ende der Fallberatungsarbeit angezeigt wird.

Konstatiert werden kann, dass im Rahmen der Fallberatungsarbeit professionelle Urteile und Fall-Deutungen in einen „kasuistischen Raum" (Hörster 2003, S. 335) eingebracht und verhandelt und dabei bestätigt und/oder verworfen und/oder ergänzt werden. An diesem Prozess sind die zentralen professionellen Akteurinnen und Akteure der Jugendhilfe beteiligt – d.h. sowohl Mitarbeiterinnen und Mitarbeiter des ASD als auch der freien Träger. Dabei schaffen die Mitglieder der Sozialraumteams mit ihren regelmäßigen Treffen einen Zeit-Raum, der Optionen des Einsichtnehmens in die Arbeit und Denkweisen der *je Anderen* bietet und so zur Bearbeitung organisatorischer und institutioneller Grenzen genutzt wird. Die Fachkräfte bringen ihre Interessen und Perspektiven auf die zu bearbeitenden Probleme ein, verhandeln diese bzw. gleichen sie miteinander ab. Gemeinsam werden vielfältige (Sinnes-)Eindrücke aus konkreten Situationen mit Adressaten/Adressatinnen interpretiert, um mittels des Verstehens zu einem *professionellen Urteil* (vgl. Taylor/White 2001, Abbott 1988) über die Situation zu gelangen. Im Ergebnis führt die Fallberatungsarbeit zur (kollektiven) Transformation und Produktion einer Fallgeschichte. Auch hier greifen die Fachkräfte auf Wissen zurück: allerdings auf habitualisiertes Deutungswissen[15], welches mit dem *Erleben* abgeglichen wird. Deutungswissen meint hier sowohl Fach- als auch Alltagswissen (vgl. Michel-Schwartze 2002, S. 11 ff.) und bietet Erklärungen für (praktische) Problemstellungen. In diesem Sinne entspricht die Fallberatungsarbeit einer Reflexionsschleife, mit der Fallentscheidungen vorbereitet und Falldeutungen erarbeitet werden. Entscheidend – und somit der zentrale (professionelle) Zugewinn für die Fachkräfte – ist hierbei, dass mit der Fallberatungsarbeit *multiperspektivische „Draufsichten"* auf die Fallgeschichten und Handlungsprobleme entwickelt, weitergegeben und/oder erhalten werden (können).

Diese multiperspektivischen Draufsichten gründen auf:

- „der je spezifischen Beteiligung der Professionellen in den unterschiedlichen Phasen im Hilfeverlauf und den entsprechend differenten Zugängen zu entscheidungs- und handlungsrelevanten Fallinformationen

[15] Deutungswissen liefert Erklärungen für (praktische) Problemstellungen und meint hier sowohl Fach- als auch Alltagswissen (vgl. Michel-Schwartze 2002, S. 11 ff.).

- der Zugehörigkeit zu spezifischen Organisationen bzw. Institutionen (z. B. zu stationären oder ambulanten Einrichtungen oder Jugendamt) und daraus abgeleiteten Rollen und Funktionen
- den unterschiedlichen Zugangsmöglichkeiten zu verschiedenen, subjektgebundenen Wissensarten: Fortbildungswissen (systemische Beratung, Ressourcentraining), stadtteilbezogenes Wissen, Deutungswissen." (Düring 2011, S. 114)

Fallberatungsarbeit steht somit ebenfalls für eine spezifische Rationalisierung professioneller Entscheidungen, wie sie vor allem in Konzepten der „kollegialen Beratung" aufscheint. Im Gegensatz zu den anderen vorgängig dargestellten Strategien wird hier allerdings der Umgang mit Ungewissheit über den Rückgriff auf *professionell fundierte Multiperspektivität* bearbeitet, um darüber neue Handlungsoptionen zu eröffnen, bis hin zur „Absicherung"[16] der fallzuständigen Fachkräfte. Darin zeigt sich eine Vorstellung von Professionalität, welche die (grundlegende) Subjektivität und Subjektgebundenheit professioneller Leistungen und Deutungen berücksichtigt. In diesem Sinne kann Fallberatungsarbeit als *professionstypische Strukturierung und Kontrolle* professionellen Handelns gelesen werden, da anstelle technologischer Verfahren oder einfach strukturierter konditionaler Programmierung kommunikative Verfahren treten, mit denen die Anforderungen professioneller Praxis bearbeitet werden.

Fazit: Reflexive Eigensinnigkeit als pädagogische Kunst

Ausgangspunkt des Beitrags war die Frage danach, mit welchen Handlungsanforderungen sich Fachkräfte der Sozialen Arbeit konfrontiert sehen und wie sie diese professionell bearbeiten können. Hierbei wurde der Umgang mit Ungewissheit als konstitutives Element von Professionalität markiert. Dementsprechend muss sich professionelles Handeln – sprich „pädagogische Kunst" – daran messen lassen, ob und wie der Umgang mit Ungewissheit bearbeitet wird. In dem Zusammenhang wurden drei Strategien skizziert, die das Handeln der Fachkräfte prägen: (1) Kontingenzverleugnung als Betonung von Autorität und Disziplin (2) Rückgriff auf sicheres, wissenschaftliches Wissen im Rahmen einer wirkungsorientierten und evidenzbasierten Ausrichtung Sozialer Arbeit (3) Fallberatungsarbeit als Beispiel für einen reflexiven Umgang mit Ungewissheit.

Aus der hier vertretenen Perspektive auf Professionalität stellt nur ein reflexiver Umgang mit Ungewissheit eine angemessene Strategie der professionellen

---

16 Vgl. Düring 2011, S. 117 zur Absicherung, aber auch zur Verschärfung von Unsicherheit durch Fallberatungsarbeit.

Bearbeitung dar. Im Anschluss an das von Dewe/Otto (2005) bzw. Dewe (2009) als „Strukturkonzept" von Professionalität für Soziale Arbeit vorgeschlagene Modell einer reflexiven Professionalisierung trägt Fallberatungsarbeit in gemeinsamen Teams von öffentlichen und freien Trägern zu einer diskursiven, kontextualisierten und kommunikativen Auslegung lebensweltlicher Schwierigkeiten und „Fälle" bei. Zielstellung ist es, Perspektiven zu eröffnen und Entscheidungen unter Ungewissheitsbedingungen begründen zu können (vgl. Dewe/Otto 2005). In diesem Sinne zeichnet sich professionelles Handeln über eine reflexive Kompetenz als Fähigkeit zum deutenden Fallverstehen aus. Diese reflexive Kompetenz gründet in professionellem Wissen bzw. Professionswissen, welches „hier aufgefasst [wird] als ein eigenständiger Bereich zwischen praktischem Handlungswissen, mit dem es den permanenten Entscheidungsdruck teilt, und dem systematischen Wissenschaftswissen, mit dem es einem gesteigerten Begründungszwang unterliegt (ebd., S. 192f.). Erfolgreiches professionelles Handeln ist „an das Vermögen gebunden, Wissen fallspezifisch und in je besonderen Kontexten zu mobilisieren, zu generieren und differente Wissensinhalte und Wissensformen reflexiv aufeinander zu beziehen. Es ist weiter an das Vermögen gebunden, in Interaktionen mit den Adressaten auf der Basis eines Arbeitsbündnisses eine Verständigung darüber herbeizuführen, was die je individuelle Problemkonstellation auszeichnet und was aus der Sicht der Adressaten sozialer Arbeit eine angemessene Bearbeitung und Lösung der Problemkonstellation sein könnte" (Dewe 2009, S. 105). Professionalität realisiert sich im situativ angemessenen Wissen und Können der Fachkräfte und nicht in der Anwendung technologischer und vorgefertigter Lösungen, wie sie charakteristisch für Ansätze einer evidenzbasierten Sozialen Arbeit sind. Damit werden die Erfahrungen und das Handlungswissen bzw. Deutungswissen der Professionellen – die sich eben auch in je eigensinnigen Lösungen zeigen – positiv konnotiert. Kontingenz wird dann nicht als irrationale Beliebigkeit abgewertet, sondern als Realisierung professionellen Ermessens. Wissenschaftliches Wissen wird hierfür als Reflexions- und Erklärungswissen gebraucht – nicht für die Generierung standardisierter Handlungsprogramme.

Bilanziert werden kann, dass Fallberatungsarbeit einen Rahmen bietet, in dem Fachkräfte ihr Wissen miteinander abgleichen, es aufeinander beziehen bzw. neues Wissen generieren können. Ihre je unterschiedlichen (professionellen) Perspektiven, die immer auch durch biographische Erfahrungen geprägt sind, strukturieren Entscheidungsfindungsprozesse und berufliches Handeln. Nicht zu vernachlässigen ist allerdings der Umstand, dass in diesen Fallproduktionsprozessen äußerst wirkmächtige Interpretationen, Kategorisierungen und Typisierungen der jeweiligen konkreten Problemlagen oder Fall-Lagen entstehen – die Adressatinnen und Adressaten jedoch an diesen Prozessen nicht beteiligt sind und folglich keinen Einspruch geltend machen können. Obgleich über die

„Perspektivwechsler" versucht wird, ihre Perspektive einzuholen, findet in diesem Setting zuvorderst ein „sprechen über" und kein „sprechen mit" statt (vgl. Düring 2011, S. 168 f.). Das Spannungsfeld zwischen Hilfe und Kontrolle, zwischen den Interessen und Bedürfnissen der Adressatinnen/Adressaten und dem gesellschaftlichen Auftrag ist und bleibt konstitutiv – auch für professionalisiertes Handeln. Daran wird deutlich, dass ein reflexiver, professionell gestalteter Umgang mit Ungewissheit nicht zur Auflösung paradoxer Handlungsanforderungen in der Sozialen Arbeit führt, sondern „nur" bearbeiten kann – dieses allerdings auf eine Weise, die eine Stilisierung als pädagogische Kunst verdient.

Literatur

Abbott, A. (1988): The system of professions: An Essay on the Division of Expert Labor. Chicago.

Beck, U. (1986): Risikogesellschaft: Auf dem Weg in eine andere Moderne. Frankfurt (Main).

Beck, U./Bonß, H. (Hrsg.) (1989): Weder Sozialtechnologie noch Aufklärung? Analysen zur Verwendung sozialwissenschaftlichen Wissens. Frankfurt (Main).

Beck, U./Giddens, A./Lash, S. (1996). Reflexive Modernisierung. Frankfurt (Main).

Brumlik, M. (Hrsg.) (2007): Vom Missbrauch der Disziplin: Die Antwort der Wissenschaft auf Bernhard Bueb. Weinheim.

Combe, A./Helsper, W. (2002): Professionalität. In: Otto, H.-U./Rauschenbach, T./Vogel, P. (Hrsg.): Erziehungswissenschaft: Professionalität und Kompetenz. Opladen. S. 29–47.

Cremer-Schäfer, H. (2007): Populistische Pädagogik und das „Unbehagen in der punitiven Kultur", in Widersprüche Heft 106, 27. Jg., Nr. 4, S. 59–75.

Dewe, B. (2009): Reflexive Sozialarbeit im Spannungsfeld von evidenzbasierter Praxis und demokratischer Rationalität – Plädoyer für die handlungslogische Entfaltung reflexiver Professionalität. In: Becker-Lenz, R./Busse, S./Ehlert, G./Müller, S. (Hrsg.): Professionalität in der Sozialen Arbeit. Standpunkte, Kontroversen, Perspektiven. Wiesbaden. S. 89–109.

Dewe, B./Otto, H.-U. (2005): Reflexive Sozialpädagogik, in: Thole, W. (Hrsg.): Grundriss Soziale Arbeit. Ein einführendes Handbuch. Wiesbaden. S. 179–198.

Düring, D. (2011): Kooperation als gelebte Praxis. Steuerungshandeln in Sozialraumteams der Kinder- und Jugendhilfe. Wiesbaden.

Düring, D. (i. E.): Vertrauensbrüche in sozialpädagogischen Kontexten – eine Perspektive auf die institutionellen Bedingungen. In: Tiefel, S./Zeller, M. (Hrsg.): Vertrauensprozesse in der Sozialen Arbeit. Baltmannsweiler.

Frey, F. (2008): Chancen und Grenzen von Wirkungsorientierung in den Hilfen zur Erziehung. Wiesbaden.

Hillmeier, H./Rösler, S./Kaiser, F./Britze, H. (2011): Freiheitsentziehende Maßnahmen im Kontext der Jugendhilfe. In: BLJA Mitteilungsblatt 3/2011. S. 1–12.

Hitzler, S./Messmer, H. (2008): Gespräche als Forschungsgegenstand in der Sozialen Arbeit. In: Zeitschrift für Pädagogik, Heft 2, S. 244 –260.

Hörster, R. (2003): Fallverstehen. Zur Entwicklung kasuistischer Produktivität in der Sozialpädagogik. In: Helsper, W./Hörster, R./Kade, J. (Hrsg.): Ungewissheit. Pädagogische Felder im Modernisierungsprozess. Weilerswist. S. 318–344.

IGfH (2006): Thema Wirkungsorientierung. In: Forum Erziehungshilfen, Heft 5, S. 260–285.

Kessl, F. (2005): Der Gebrauch der eigenen Kräfte, Weinheim.

Köngeter, S. (2009): Professionalität in den Erziehungshilfe. In: Becker-Lenz, R./ Busse, S./Ehlert, G./Müller, S. (Hrsg.): Professionalität in der Sozialen Arbeit. Standpunkte, Kontroversen, Perspektiven. Wiesbaden. S. 175–191.

Langenohl, S./Lauer, N./Magyar-Haas, V./Oelkers, N./Tamuleviciute, A./Thieme, N. (2009): Wider die undemokratischen Tendenzen der neuen Disziplinierung. In: Otto, H.-U./Sünker, H. (Hrsg.): Demokratische Bildung oder Erziehung zur Unmündigkeit. Pädagogisch-politische Alternativen heute. Lahnstein.

Liesner, A./Wimmer, M. (2003): Der Umgang mit Ungewissheit. Denken und Handeln unter Kontingenzbedingungen. In: Helsper, W./Hörster, R./Kade, J.: Ungewissheit. Pädagogische Felder im Modernisierungsprozess. Weilerswist. S. 23–49.

Lutz, T. (2011): Zwang und Erziehung. Irrwege in der Jugendhilfe. In: Gintzel, U./ Hirschfeld, U./Lindenberg, M. (Hrsg.): Sozialpolitik und Jugendhilfe. Frankfurt (Main). S. 149–159.

Kade, J./Seitter, W. (2003): Jenseits des Goldstandards. Über Erziehung und Bildung unter den Bedingungen von Nicht-Wissen, Ungewissheit, Risiko und Vertrauen. In: Helsper, W./Hörster, R./Kade, J.: Ungewissheit. Pädagogische Felder im Modernisierungsprozess. Weilerswist. S. 50–71.

Koch, J./Peters, F. (2004): Das Projekt integrierte, flexible Erziehungshilfen. Zur Einleitung. In: Peters, F./Koch, J. (Hrsg.): Integrierte erzieherische Hilfen. Flexibilität, Integration und Sozialraumbezug in der Jugendhilfe. Weinheim. S. 7–25.

Magyar-Haas, V./Grube, N. (2009): Sicherheit. Anspruch – Versprechen – Utopie. In: Soziale Passagen 1/2009, S. 35–48.

Macdonald, G./Sheldon, B./Gillespie, J. (1992): Contemporary Studies of the Effectiveness of Social Work. In: British Journal of Social Work, 22, S. 615–643.

March, James G. (1999): The Pursuit of Organizational Intelligence. Oxford.

Michel-Schwartze, B. (2002): Handlungswissen der sozialen Arbeit. Opladen.

Müller, B. (2003): Kritische Ereignisse, Ungewissheit und kreative Distanz. In: Helsper, W./Hörster, R./Kade, J.: Ungewissheit. Pädagogische Felder im Modernisierungsprozess. Weilerswist. S. 162–183.

Otto, H.-U. (2007): Zum aktuellen Diskurs um Ergebnisse und Wirkungen im Feld der Sozialpädagogik und Sozialarbeit – Literaturvergleich nationaler und internationaler Diskussion. Berlin.

Otto, H.-U./Ziegler, H. (2006): Managerielle Wirkungsorientierung und der demokratische Nutzwert professioneller Sozialer Arbeit. In: Badawia, T./Luckas, H. /Müller, H. (Hrsg.): Das Soziale Gestalten. Über Mögliches und Unmögliches der Sozialpädagogik. Wiesbaden. S. 95–112.

Pfadenhauer, M. (2003): Professionalität. Eine wissenssoziologische Rekonstruktion institutionalisierter Kompetenzdarstellungskompetenz. Opladen.

Rabe-Kleberg, U. (1996): Professionalität und Geschlechterverhältnis. Oder was ist „semi" an traditionellen Frauenberufen? In: Combe, A./Helsper, W. (Hrsg.): Pädagogische Professionalität. Frankfurt am Main. S. 276–302.

Schütze, F. (1992): Sozialarbeit als „bescheidene" Profession. In: Dewe, B./Ferchhoff, W./Radtke, O. (Hrsg.): Erziehen als Profession. Zur Logik professionellen Handelns in pädagogischen Feldern. Opladen. S. 132–170.

Schütze, F. (1996): Organisationszwänge und hoheitsstaatliche Rahmenbedingungen im Sozialwesen: Ihre Auswirkung auf die Paradoxien des professionellen Handelns. In: Combe, A./Helsper, W. (Hrsg.): Pädagogische Professionalität. Frankfurt (Main). S. 183–275.

Seckinger, M./Gragert, N./Peucker, C./Pluto, L. (2008): Arbeitssituation und Personalbemessung im ASD. Ergebnisse einer bundesweiten Online-Befragung. München.

Sheldon, B. (1986): Social Work Effectiveness Experiments: Review and Implications. British Journal of Social Work, 16, S. 223–242.

Taylor, C./White, S. (2001): Knowledge, Truth and Reflexivity. The Problem of Judgement in Social Work. In: Journal of Social Work, Heft 1, S. 37–58.

Theißen, K. (2006): Vereinbarungen und Kooperationen im Kontext des § 8a SGB VIII. In: IzKK-Nachrichten, Nr. 1–2, S. 24–28.

Webb, S. (2001): Some considerations on the validity of evidence-based practice in social work. In: British Journal of Social Work, 31, S. 57–79.

Wolf, K. (2010): Machtstrukturen in der Heimerziehung. In: neue praxis 6/2010, S. 539–557.

IV. Teil
Nachbetrachtung

Friedhelm Peters
Warum „Haltungen" nicht ausreichen, aber man dennoch darüber sprechen muss … 216

Friedhelm Peters

Warum „Haltungen“ nicht ausreichen, aber man dennoch darüber sprechen muss ...

Vorbemerkung

In diesem Artikel soll der Frage nachgegangen werden, was man unter (pädagogischen, professionellen) „Haltungen“ zu verstehen hat, ob sie angesichts des oftmals konzedierten Technologiedefizits der Erziehung als Technologieersatz fungieren können (oder sollen) und warum derzeit vermehrt über „Haltungen“ diskutiert wird. Gefragt wird danach, ob es eine prinzipielle Begründbarkeit spezifischer ethisch fundierter Haltungen gibt, die allgemein Geltung beanspruchen (können), oder ob Haltungen organisational abgerufen und nur kontextgebunden zur Geltung kommen (können).

Eine knappe historische Annäherung

Schaut man in ein beliebiges Wörterbuch, so wird „Haltung“ dort umschrieben mit „Gesinnung“; „die auf ein Ziel gerichtete generelle Grundhaltung eines Menschen“; „innere Einstellung“, „ethisches Prinzip, Gesinnung“ aber auch „Gelassenheit“/„Selbstbeherrschung“ (Contenance); als „gemessenes, würdiges Verhalten im Umgang mit anderen“ (Knigge), sowie „Verweilen in einem Zustand“, „Körperhaltung“.

Lassen wir einmal die „Körperhaltung“ und das „Verweilen in einem Zustand“ außer Acht, auch wenn beides erzieherisch in den unterschiedlichsten Kontexten[1] mannigfaltig aufgerufen wird und sich primär als Handlungsanweisung für Machtunterworfene dechiffrieren lässt, sind es im Wesentlichen zwei Elemente, die Haltung *positiv* ausmachen: Eine (innere nach ethischen Prinzipien ausgerichtete) Einstellung einer Person als ihre Grundhaltung und ein dieser Gesinnung entsprechendes Handeln, in dem sich moralisch begründete oder begründbare Werte und Normen performativ realisieren – eine Bestimmung, die man auch aus ethischen Begründungen Sozialer Arbeit kennt.

Blickt man zurück in die jüngere Geschichte, liegen die Dinge vergleichsweise klar: Im Gefolge der „68er-Bewegung“ war *Parteilichkeit* als Haltung angesagt: SozialberuflerInnen waren parteilich im Sinne der KlientInnen, im Sinne der Arbeiterklasse, diverser Minderheiten, dann der Mädchen/

[1] Z.B. in der Familie – „beim Essen stützt man sich nicht mit dem Ellenbogen auf“, „mit vollem Mund spricht man nicht“; in der Schule – „Sitz gerade“, „Ruhe bitte, hier wird nicht getuschelt“; in der Armee – „Nehmen Sie Haltung an“; in der Kirche – „Knie nieder“ usw.

Frauen … Damit einher gingen Vorstellungen, zu einer egalitären Gesellschaft beizutragen oder zumindest kompensatorisch die Lage der „SystemverliererInnen" zu beeinflussen, oftmals gepaart mit deutlicher Staats- und Bürokratiekritik, die sich allerdings weniger auf sozialstaatliche Leistungen richtete als auf den Herrschaftsaspekt, den (kapitalistischer) Staat und Bürokratie per se verkörpern. Auf wessen Seite man stand, war eine zuvörderst praktische Frage, wurde aber durchaus auch akademisch – mit Folgen für die Theorie – diskutiert (vgl. u. v. Becker 1967; Gouldner 1968; Mollenhauer 1968; Hornstein u. a. 1980/1982). Entscheidend war aber, dass diese Parteilichkeit als eine *politische Haltung* getragen war von einer gesellschaftlichen Bewegung und Zeitströmung (vgl. Peters 2008; 2009) mit deren Niedergang – ich kürze ab – auch Parteilichkeit aus der Disziplin selbst heraus infrage gestellt wurde. Letzte Reste solcher Parteilichkeit finden sich vielleicht noch in der Frauen- und Mädchenarbeit oder der Arbeit mit Flüchtlingen/MigrantInnen und im Konzept, „sich am Jugendlichen orientieren" (vgl. Hekele in d. Bd.), hat aber ansonsten an Orientierungskraft verloren – auch weil sich die im Anschluss nach „68" entstandenen sozialen Bewegungen, z. B. Jugend-, Bürgerrechts-, Frauen-, Friedens-, Homosexuellen-, Umweltbewegung, als Inklusionsbewegungen in Richtung staatlicher Inklusionsvermittlung erwiesen haben (vgl. Halfmann 1993, S. 207), die darüber ihre Mobilisierungs- und lebensweltlich vermittelte Integrationskraft verlieren. Damit wiederholt sich in generationsgeschichtlicher Perspektive und auf informierterem wissenschaftlichen Niveau und in neuer Qualität ein Prozess, der auch zu Beginn der Professionalisierung der Sozialen Arbeit[2] schon beobachtbar war, nämlich die „Verdampfung" der Solidarität gewachsener Gemeinschaften in einer neuen ethisch basierten Disziplin und Praxis. Das Zusammenfallen des Aufkommens der „neuen Fachlichkeit" und die Bedeutungseinbuße sozialer Bewegungen scheint so kein Zufall. Historisch am deutlichsten zeigt sich dieses Geschehen bei H. Nohl, der die unterschiedlichen „geistigen Energien" der sozialen Bewegungen seiner Zeit, insbesondere Arbeiter-, Frauen-, Jugendbewegung, Innere Mission (Volkskirche), Caritas, pädagogische Bewegung etc. aufnimmt und ungeachtet ihrer Widersprüchlichkeiten vereinheitlicht unter der Perspektive einer neuen (Sozial-)Pädagogik. Diese sieht er – konkurrierend zur Politik und konsequent auf das Individuum bezogen – als (einzige) geistige, bildende Kraft in der Lage, neue sinnstiftende Orientierungen zu bieten. Das Gemeinsame in diesen Bewegungen war für Nohl, dass sich in ihnen ein „pädagogisches Ethos" Aus-

---

2 „Sozialpädagogik und Sozialarbeit werden im Folgenden – unbeschadet ihrer unterschiedlichen pädagogischen bzw. sozialfürsorgerischen Wurzeln – in ihrer heutigen Funktionsverschränkung zusammen gesehen und auch zusammen gefasst als Soziale Arbeit benannt (…)" (Böhnisch/Schröer/Thiersch 2005, S, 9)

druck verschaffte, „das auf die Höherbildung der Menschheit gerichtet sei" (Nohl 1926, S. 140). „Was (von den „Bewegungen" – F. P.) allein zurückbleibt, ist deren moralische Potenz: die Kollektivitätsorientierung der Profession, die akademische Berufspraxis … in professionellen Rollen" (Brunkhorst 1996, S. 346f.), in denen „Solidarität mit Fremden"[3] sekundär („höherstufig") institutionalisiert wird; ein Prozess, den auch Parsons – erläutert an der Rolle des Arztes – als den wesentlichen Bestandteil des Professionalismus ausmacht. „*Höherstufige Solidarität* setzt … bis zu einem gewissen Grade die Zerstörung und die bewußte Neutralisierung der *naturwüchsigen Solidarität* von konkreten, partikularen Lebensformen und von geschichtlich gewachsener Solidarität voraus. Professionalisierung erfordert die Transformation von moralischer („Charakter"), menschlicher („Bildung", „Weisheit"), natürlicher („Alter") oder sozialer („Klassenlage", „Rang") Autorität in spezifische *Fachautorität.* Und diese Form der „Autorität" unterscheidet sich von den anderen letztlich dadurch, dass sie im Zweifelsfall durch Wissen begründet und nur durch besseres Wissen bestritten werden kann" (Brunkhorst 1996, S. 345).

Dennoch wird auf eine besondere (altruistische) Haltung nicht verzichtet. B. Müller geht z. B. davon aus, dass es ein „klassisches Modell" des Verhältnisses von Fachwissen und Berufsmoral gibt, „welches das fachliche Selbstverständnis des Sozialpädagogenberufs seit seinen Anfängen geprägt hat. Dieses Modell unterstellt, dass sittliches Engagement, Einsatzbereitschaft für Menschen in Not, Bereitschaft, sie als Person zu achten und nicht für irgendwelche Zwecke zu funktionalisieren, Bereitschaft, gesellschaftliches Unrecht nicht einfach hinzunehmen etc., dass all dies als *sittliche Haltung* zusammengefasst, das eine Bein ausmacht, auf dem Sozialpädagogen stehen" (Müller 1987, S. 35 – Hervorh. F. P.).

Von „Haltungen" zu „Kompetenzen" zu „Haltungen"?

Wegen des strukturellen „Technologiedefizits der Pädagogik" (Luhmann/Schorr 1982) und der damit einhergehenden hohen Bedeutung des Einsatzes der eigenen „Person als Werkzeug" (vgl. Gildemeister 1983, S. 121 f.) und „Technologieersatz" in sozialarbeiterischen/-pädagogischen und erzieherischen Interaktionsprozessen, deren (Experten-Laien-)Struktur zudem durch spezifische berufliche Paradoxien gekennzeichnet ist (vgl. Schütze

[3] Der Umgang mit „Fremden" stellt zwar von Beginn an ein konstitutives Moment Sozialer Arbeit dar, ist aber zunächst durchaus nicht mit Solidarität verbunden, sondern primär mit deren Kontrolle – vgl. Müller 1993, S. 3 f. sowie die dortige Literatur.

1992), erwartet man von sozialpädagogischen Fachkräften[4] eine Kompetenz, die, folgt man einem weitverbreitetem neueren Methodenbuch, fußt auf

- der „Betrachtung der lebensgeschichtlich erworbenen Persönlichkeitsmerkmale und (darauf aufbauend) die Aus- und Weiterbildung von Schlüsselkompetenzen und weiteren beruflich erforderlichen Kompetenzen
- der Relationierung und Kontrastierung des erfahrungsgeleiteten Alltagswissens durch den Erwerb wissenschaftlichen Erklärungswissens
- der Reflexion der vorberuflichen *Einstellungen* und Wertestandards und ihre Weiterqualifizierung zu einer wertgeleiteten, durch die Profession definierten ‚beruflichen Haltung'" (v. Spiegel 2004, S. 85).

Der letzte Punkt verweist zunächst auf die besondere Bedeutung der „beruflichen Persönlichkeit", die seit Beginn der Professionalisierung – zumal in Deutschland – bis in die Mitte der 70er-Jahre des vorigen Jahrhunderts im Zentrum der Verfachlichung stand. War es zu Beginn des 20. Jhs. bei Alice Salomon die „geistige Mütterlichkeit" und die damit verbundene Einstellung der „Sorge", die als entscheidende Qualifikation für den Sozialberuf galt, so war es in der deutschen Reformpädagogik der „pädagogische Eros", die „Hingabe", die Fähigkeit, ein „leidenschaftliches Verhältnis" im personal gedachten „pädagogischen Bezug" herstellen zu können. Auch nach dem Zweiten Weltkrieg änderte sich zunächst nichts an der Bedeutung der persönlichen Haltung: „Das wesentliche Kompetenzmerkmal (ist) die von einer hohen Ethik durchdrungene Persönlichkeit des Sozialarbeiters ..., dessen technisch-instrumentelle Fertigkeiten ... eher Ausdruck seiner Persönlichkeit sind als „Techniken" im engeren Sinne" (Peter 1982, S. 27). Das Professionsmodell dieser Zeit enthält entsprechend Forderungen nach persönlicher Reife, Integrität, Weisheit, Ganzheitsschau, Erfahrung, Motivation, Identifikation, „Fingerspitzengefühl", Charakterstärke sowie eine ausgesprochene ethische Orientierung (vgl. Dewe/Ferchhoff/Peters 1984; Dewe/Ferchhoff 1986).

In den 70er- und 80er-Jahren rückt nach einer kurzen Phase der Versuche, Praxis im Sinne einer „Versozialwissenschaftlichung" zu fundieren, der Kompetenzbegriff in den Vordergrund (vgl. exempl. Müller/Otto/Peter/Sünker 1982/1984). Dennoch bleiben Persönlichkeitsmerkmale und Haltungen ein zentraler Punkt hinsichtlich der Qualifikationsanforderungen sozial-

4 Zu den sozialpädagogischen Fachkräften werden hier sowohl SozialarbeiterInnen, SozialpädagogInnen wie ErzieherInnen und DiplompädagogInnen gerechnet, kurz alle, die im Feld der erzieherischen Hilfen auf der Grundlage einer i. w. S. sozialpädagogischen Ausbildung arbeiten; im Text wird nicht zwischen den Gruppen unterschieden und die Begriffe werden synonym und in Bezug auf ihre Funktion/Tätigkeit verwendet.

pädagogischer Fachkräfte (vgl. v. Spiegel 2004, S. 81f.) – jetzt allerdings in Relation gesetzt zu Wissen als hervorgehobenem Element und Können, wodurch die ursprünglich gedachte „engagierte Einheit" von Berufsmoral und Fachwissen sowie Können tendenziell auseinander- bzw. in Gegensatz treten.

Als bedeutsam für professionelles Handeln stellt sich dabei dar, dass das abstrakte, universelle (wissenschaftliche) Wissen nicht einfach routinemäßig in einem technischen Sinne verwandt oder abgeleitet werden kann, sondern lediglich eine orientierende Funktion erfüllt. PraktikerInnen gehen mit wissenschaftlichem Wissen autonom und selektiv nach den Bedingungen der Praxis um. Sie greifen wissenschaftliches Wissen zumeist nur dann auf, wenn es ihnen für – durchaus kontingente – Zwecke nützlich erscheint. Der Umgang mit „Wissenschaft" folgt „jeweils spezifischen, situativ pragmatischen Regeln ..., wobei im Adaptionsprozess wissenschaftliches Wissen erst durch den Handelnden selbst aktiv in praktische Problemlösungsweisen und -situationen eingeführt wird" (Kade1989, S. 59 – zitiert nach v. Spiegel 2004, S. 56). Es findet, worauf ja auch schon die Verwendungsforschung aufmerksam gemacht hatte, eine – u. U. zeitlich und örtlich und durch vielfältige Vermittlungsinstitutionen und -situationen gekennzeichnete – Neukonstitution von handlungspraktisch wirksamen Wissen statt. Dieses teilt mit disziplinärem Wissen Referenzpunkte und Perspektiven, stellt allerdings in seiner Eingebundenheit in Handlungszwänge, spezifische organisatorische Rahmenbedingungen und Zeitbeschränkungen eine Realität „sui generis" dar.

Nimmt man diese Überlegungen ernst, verbietet sich jegliche Form einer Über- oder Unterordnung von wissenschaftlichem und professionellem Wissen. „Konstitutiv für die Handlungslogik des professionellen Praktikers ist die gleichzeitige Verpflichtung auf beide Urteilsformen (reflexives Wissenschaftsverständnis und situative/sozialkontextbezogene Angemessenheit) ohne eine zu präferieren, nicht aber das Zusammenzwingen zweier Wissenskomponenten unter einem Einheitspostulat. Professionen bilden eine Institutionalisierungsform der Relationierung von Theorie und Praxis, in der wissenschaftliche Wissensbestände praktisch-kommunikativ in den Prozess der alltäglichen Organisation des Handelns und der Lösung hier auftretender Probleme fallbezogen rekontextualisiert werden" (Dewe/Otto 2002, S. 193). Idealtypisch stellt der Kompetenzbegriff „eine Beziehung her zwischen den aus dem individuellen Gesamtbestand jeweils als erforderlich angesehenen und ausgewählten Kenntnissen (Wissen), den Fähigkeiten und Fertigkeiten (Können) und den Motiven und Interessen (Wollen, Haltungen) ... Kompetenz bezeichnet also die Fähigkeit zur *situationsspezifischen* Konkretisierung und Relationierung von Person und Umwelt" (v. Spiegel 2004, S. 82 – Hervorh. im Orig.).

Der Kompetenzdiskussion kam eine nur vergleichsweise kurze Laufzeit zu. Sie entfaltete zwar eine Begründungskraft für die Einführung der akademischen Studiengänge, setzte sich aber nicht durch, weil einerseits der Status des Kompetenzbegriffs letztlich ungeklärt blieb und eher ein „Wissen über Handlungen“ ausdrücke, sich damit eher der episteme statt techne zuordne (Winkler 1984, S. 217). Zum anderen rückte der Gedanke, dass sich in professionellen Tätigkeiten die „Wissenserzeugung“ und „Wissensverwendung“ immer „uno actu“ vollziehe und stets auch unaufhebbare Anteile von Nicht-Wissen beinhalte und folglich Unbestimmtheiten und Ungewissheiten professionelles Handeln kennzeichne, wieder stärker in den Mittelpunkt des Interesses (vgl. Düring in d. Bd.).

Und nun also wieder der Rekurs auf „Haltungen“? Es gibt offenbar überall dort, wo man ein erzieherisches Verständnis zugrunde legt (z. B. in der Heimerziehung) ein neues, wieder erstarktes Interesse an „Haltungen“. Gestützt wird dieser Eindruck, wenn man sich mit pädagogisch Interessierten oder auch mit Fachleuten darüber unterhält, was „gute“ Hilfe zur Erziehung oder überhaupt „gute“ Erziehungsverhältnisse ausmacht. Dann hört man oft Sätze wie: „Es braucht natürlich ausreichende materielle Bedingungen, aber letztlich kommt es auf die Menschen an“, „man muss eine gute Beziehung herstellen“, „die Haltung ist ausschlaggebend …“ o. Ä. Damit wähnt man sich ungeachtet der impliziten Normativität solcher Aussagen – zunächst[5] nicht zu Unrecht – auf der sicheren Seite. Wer würde abstreiten, dass in einem Bereich, in dem es um so elementares zwischenmenschliches, personales Handeln wie „Erziehung“ geht, „Persönliches“ (oder „Persönlichkeit“) und Beziehungen wichtig sind. Unterstrichen wird dies durch Erfahrungsberichte oder persönliche Erlebnisse auch gerade von (ehemals) Betroffenen z. B. aus der Heimerziehung. Herbert Colla resümiert diese Erfahrungen, wenn er schreibt: „Junge Menschen, die sich in ihrer Biographie mit den Angeboten von Jugendhilfe auseinandergesetzt haben, berichten … überwiegend von intersubjektiven Beziehungen, die für sie stets mehr als bloße Zweck-Mittel-Relationen waren, thematisieren die Bedeutung von gelebter und erfahrener pädagogischer Beziehung als Besonderheit von sozialen Beziehungen, sprechen über gelungene oder gescheiterte personenbezogene pädagogische An-

5 Diese Einschränkung ergibt sich daraus, dass mit solchen Formulierungen die zweite Dimension jeglicher Erziehung außerhalb des Elternhauses, nämlich ihre Organisiertheit, tendenziell aus dem Blick gerät. Eine solche Betrachtungsweise hat sich inzwischen aber als obsolet erwiesen. In den jüngeren Fachdebatten wird nicht länger am oftmals bemühten Widerspruch zwischen „Organisation“ und „pädagogischem Handeln“ angesetzt, sondern die Organisiertheit jeglichen pädagogischen Handelns wie die damit jeweils spezifisch verbundenen professionellen Deutungsmuster werden – explizit oder implizit – zusammen gedacht. „Erziehung“ gilt z. B. als ein soziales System, das zumindest in den beiden Dimensionen von Interaktion und Organisation gedacht werden muss, hier auch Probleme zeitigen und Veränderungen verlangen kann.

erkennungsverhältnisse, die immer mehr sind als bloß verbal vermitteltes Normen- und Handlungswissen ..." (Colla 2006, S. 104f.; vgl. auch Colla 1999). Sie berichten selbst unter belastenden Bedingungen wie von Geschlossenheit über persönlich förderliche Beziehungen zu bestimmten ErzieherInnen (vgl. z.B. Pankofer 1997). Was in biographischer und erlebter Dimension nachvollziehbar ist, erklärt aber noch nicht das neue Interesse an Haltungen, denn in solchen Erfahrungen („Geschichten") – wie in den gegenteiligen von Ausgrenzung, Kontrolle, Unterwerfung, Übergriffigkeit und Gewalterfahrung – drücken sich grundsätzliche, also in gewissem Sinne zeitlose, Antinomien der (Fremd-)Erziehung aus. Es muss also andere, *gegenwartsbezogene* Gründe geben, warum vermehrt (pädagogische, professionelle, berufsethische) Haltungen thematisiert und deren Ausbildung gefordert werden.

Der Rekurs auf „Haltung" als Versuch der Bearbeitung des Technologieproblems der Erziehung

Meine Vermutung ist, dass der vermehrte Rekurs auf Haltungen im Wesentlichen als Reaktion auf eine z.T. „von Außen" herangetragene, z.T. selbst verursachte Verschärfung des Technologieproblems der Erziehung zu verstehen ist. Die Bedeutung der Technologie in Erziehungsvorgängen i.w.S. leitet sich ja gerade nicht überwiegend aus ihrer Ausprägung ab, sondern aus ihrer Abwesenheit, da Erziehungsprozesse (als Interaktionsprozesse) sich gerade nicht (vollständig) routinisieren und standardisieren lassen, weshalb ja auch auf Professionalität als Bearbeitungsmodus gesetzt wurde. Durch ein Infragestellen dieses Modells sowohl durch ein verändertes Wohlfahrtsregime (vgl. White 2003) als auch durch eine stärkere Wirkungsorientierung nebst Versuchen, die Praxis evidenzbasiert zu steuern (vgl. Sommerfeld 2005; Peters 2008a, S. 79ff.) sowie einen veränderten „Zeitgeist"[6] wird das Technologieproblem neuerlich virulent. Als eine Antwort auf dieses Problem wird „Haltung", sowohl instrumentell im Sinne der Stärkung der „eigenen Person als Werkzeug" als auch als „ethische Überzeugung", (re-)aktiviert (s.u.).

Die politisch forcierte Einführung von Management, Markt, Wettbewerb bei gleichzeitigem Ansteigen sozialer Probleme und Beschneidung finanzieller Leistungen verändert die (sozial-)politische Großwetterlage einschneidend. Wir beobachten unter dem Vorzeichen des Neo-Liberalismus eine Verschiebung von der „Grammatik der Sorge" zu einer „Grammatik der Härte" und individueller Selbstsorge und -verantwortung, von denen tendenziell auch

[6] Leider kann ich aus Zeit- und Platzgründen nicht näher auf das Phänomen „Zeitgeist" und dessen diskursive Vermittlung eingehen, aber vgl. als Einstieg in die Diskussion zu diesem Thema u.v.: Brand 1993.

Kinder und Jugendliche nicht ausgenommen werden[7]. Hierzu gehören auch die Vorstellung von einem „robusterem“ Umgehen mit Normabweichlern, der Rehabilitierung und Naturalisierung von Zwang (vgl. Schwabe u. a. 2005; Schwabe 2007) und rechtlich bedenkliche Grauzonen von „Time-out-Räumen“ und -zeiten diversesten Zuschnitts sowie die „geschlossene Unterbringung“. Betont werden nun weniger die Mittel, sondern die Wirkung jeglicher Maßnahmen[8] (vgl. Otto/Polutta/Ziegler 2008; Peters 2006). „Im Mittelpunkt der Betrachtung … muss die intendierte Wirkung beim Hilfeempfänger stehen. Nur dieses Ergebnis rechtfertigt und begründet letztlich den notwendigen Aufwand“ (Struzyna 2007, S. 6). Ganz offensichtlich geht es um die Effizienz und Effektivität der Jugendhilfe aus Sicht der Geldgeber, aber damit wird zugleich – was für unsere Diskussion an dieser Stelle entscheidender ist – die alte Subjekt-Objekt-Struktur eines theoretisch in den „68er-Jahren“ kritisierten (vgl. exempl. Mollenhauer 1968 a–d; Peters 2008; 2009) und eigentlich als überholt geltenden Erziehungsbegriffs neu in Szene gesetzt. Pädagogisches Handeln wird neuerlich gekoppelt mit kausalen „Ursache-Wirkung-Vorstellungen“ „um … zu erreichen“; die pädagogischen Mittel – zumeist verhaltenstheoretisch unterlegte (Stufen-)Programme – hatten schon als Punktesystem in der Fürsorgeerziehung ihren Platz. In Kombination mit den zunehmenden „Trainings“ signalisieren sie deutlich den Wechsel von der „Verhältnis- zur Verhaltensänderung“.

Des Weiteren werden im Rahmen der Reform des öffentlichen Sektors (New Public Management) und deren (kaum verzögerten) Übertragung auch auf Freie Träger (vgl. Peters 2011) zunehmend Institutionen Sozialer Arbeit in „Organisationen wie andere auch“ (vgl. Brunsson/Sahlin-Andersson 2000) und Sozialarbeit zunehmend zu riskanter Lohnarbeit umgewandelt. Damit verschärft sich auch der Widerspruch, der grundsätzlich in der Lohnerziehertätigkeit angelegt ist, zwischen „Lohnarbeitergleichgültigkeit“ und „inhaltlichem Interesse“ an der Arbeit mit den Betroffenen (der Gebrauchswertseite des Handelns sozialpädagogischer Fachkräfte)[9], der ebenfalls mit unterschiedlicher Betonung/Anrufung der pädagogischen Haltung als einer besonderen gemildert werden soll.

---

7 Man denke hier z. B. an die Reaktionen der britischen Behörden auf die Unruhen in London im August 2011; zu Entwicklungen in Deutschland s. Heite u. a. 2007, Eßer 2010.

8 Tony Blair wird dazu folgende Aussage zugeschrieben: „It doesn't matter whether social workers carry a bible or a communist manifesto under their arms – what counts is what works“ – vgl. Ziegler 2003.

9 Als LohnarbeiterInnen haben – umgangssprachlich ausgedrückt – auch sozialpädagogische Fachkräfte das Interesse, ihre Arbeitskraft möglichst wenig zu verausgaben, langfristig zu erhalten und für möglichst wenig Arbeit ein möglichst hohes Einkommen zu erzielen, was aber mit dem Interesse an z. B. einem gelingendem Aufwachsen von Kindern, konfligiert, geht es doch bei gelingenden Näheverhältnissen um die Verausgabung, nicht Einsparung von Zeit.

Aus den angedeuteten Veränderungen ergeben sich auch auf der Mikroebene der „Leistungserbringersituation“ Änderungen: „Wettbewerb, Markt, Management … liefern nicht nur Anhaltspunkte für eine rationale Präferenzbildung auf der Ebene der Steuerung und der Allokation von Programmen und Diensten, sondern auch Instrumente zur Umsetzung von Entscheidungen auf der Ebene der Organisation mit entsprechenden Auswirkungen auf Arbeitsvollzüge und Handlungspraxen. (…)“. Die impliziten Annahmen lauten: „Handlungskoordinierung auf der Basis präziser Zielformulierungen und Aufgabenbeschreibung ist rationaler als Handlungskoordinierung auf der Basis von Wissen, abstrakten Regeln (auch Ethiken) und Aushandlungssystemen“ (= Absage an Professionalität – F. P.) und „Ergebniskontrolle auf der Basis objektiv quantifizierbarer Parameter ist rationaler als Ergebniskontrolle auf der Basis kommunikativer Abstimmungs- und Rückkoppelungsprozesse (= Absage an Verhandlungssysteme und Nutzerbestimmung – F. P.)“ (Otto/Schnurr 2000, S. 7).

Der Kinder- und Jugendhilfe und Sozialpädagogik werden auf Effizienz ausgerichtete Denk- und Handlungsformen verordnet, die versuchen, Hilfeprozesse im Sinne von eindeutigen Ziel-Mittel-Relationen zu standardisieren, unterstützt durch Versuche, Soziale Arbeit insgesamt evidenzbasiert auszurichten (vgl. Sommerfeld 2005). Um die Probleme professioneller Praxis zu lösen, sollen PraktikerInnen systematisches, quantitativ forschungsgeneriertes Wissen anwenden. Dieses Modell technischer Handlungsrationalität setzt allerdings unzweifelhafte Ziele und feststehende Arbeitsbedingungen und die modelltreue Umsetzung so eventuell gewonnener Interventionsprogramme voraus (vgl. Ziegler 2005, S. 31 ff.). Formuliert wird also der Anspruch, szientifisches Wissen mit praktischem Handlungswissen zur Deckung zu bringen.

Solche Vorstellungen implizieren einen strukturellen Verlust von Professionalität, denn entgegen einer hier in Anspruch genommenen technologischen Rationalität, sind „die Wirksamkeit der Analyse- und Bearbeitungsprozeduren der Profession und die Reaktion des Zustandssystems des Klienten auf die Intervention mittels dieser Verfahrensabläufe … in ihrer Qualität nicht exakt voraussagbar; deshalb sind weder eine minutiöse konditionelle Schritt-für-Schritt-Planung (…) noch eine exakte retrograde Planung aus dem Blickwinkel erwarteter späterer Problem- und Zielzustände und ihrer Optimierung (…) möglich“ (Schütze 1996, S. 232). Deswegen bleibt in komplexen, ungewissen, mehrdeutigen sowie von Wert- und politischen Interessenkonflikten geprägten Situationen, wie es für die berufliche Praxis im Sozial- und Erziehungsbereich typisch ist, eine „reflexive Professionalität … alternativlos – auch wenn dieser Sachverhalt gegenwärtig … bestritten wird“ (Dewe 2009, S. 104).

Unterschiedlich begründete Rückgriffe auf „Haltung“

In der Kinder- und Jugendhilfe werden die vorstehend geschilderten Entwicklungen im Wesentlichen durch zwei – nur idealtypisch rein zu trennende – Näherungsweisen repräsentiert: Die Einen, auf die hier nur kurz eingegangen werden soll, suchen in der Tat Anschluss an technologische Interventionsprogramme und folgen der Logik möglichst entwickelter Diagnose- und Assessmentverfahren und genau darauf bezogener, spezialisierter Interventionsprogramme, was einzelne Kinder und Jugendliche (und ihre Herkunftsfamilien) betrifft als auch – in größerem Maßstab – die Identifikation von Risikogruppen (Zielgruppenorientierung) und genau darauf bezogener, möglichst s. m. a. r. t. formulierter Interventionsprogramme. Idealerweise lassen sie sich durch drei zentrale Prinzipien leiten: dem Risikoprinzip, dem Bedarfsprinzip und der Programmintegrität. Das Risikoprinzip besagt, dass die Intensität der Reaktionen direkt an den Grad des diagnostizierten Risikos gekoppelt sein soll. Das Bedarfsprinzip verlangt, dass Interventionen sich gezielt auf die möglichst effektive Neutralisierung personaler Risikofaktoren beziehen sollen. Das Prinzip der Programm-Integrität schließlich steht für „eine möglichst gradlinige Exekution Erfolg versprechender Programmanweisungen in Form von Practice Guidelines bzw. einer Manualized Best-Practice“ (Ziegler 2006, S. 88).

Parallel allerdings, darauf wurde eingangs unter dem Gesichtspunkt eines veränderten Zeitgeistes, zunehmender Härte sowie vermehrter Wirkungsorientierung kurz hingewiesen, steht – inhaltlich mit diesem Ansatz verwoben – ein „robusterer Umgang“ mit als „problematisch“ identifizierten Kindern/Jugendlichen auf der Tagesordnung, was sich in der Zunahme an diversen mit der Vorsilbe *intensiv-* einhergehenden Programmen und Einrichtungen, an der Neulegitimierung des Einsatzes von Zwang und Zwangsmitteln in Hilfen zur Erziehung zeigt. In Stellenanzeigen etwa „... wird eine klare, konsequente erzieherische Haltung“ als Grundeinstellung/Haltung erwartet und in Vorstellungsgesprächen kann man schon mal mit der Frage konfrontiert werden „Können Sie sich vorstellen, sich notfalls auf ein Kind zu setzen?“ (vgl. Westerhoff 2010).

Genau diese Position und eine solche Haltung will die andere Fraktion, die ebenfalls auf die Bedeutung von „Haltung“ rekurriert, *vermeiden*, indem sie sich mehr oder weniger deutlich auf die Tradition geisteswissenschaftlicher (Sozial-)Pädagogik rückbezieht. Diese Interpretation liegt jedenfalls nahe, nimmt man das Sprechen von „pädagogischer Kunst“ und „Haltung“ und die damit implizite Bezugnahme auf „Takt“ und somit auf J. F. Herbart und H. Nohl ernst.

Herbart unterscheidet 1802 in seinen „ersten Vorlesungen über Pädagogik" die pädagogische Kunst als Praxis von der Theorie, deren Gegenstand allgemeines Wissen und universelle Gesetzmäßigkeiten seien (vgl. Herbart 1982, S. 124f.). Aber da weder Theorie noch die Praxis alleine die „wahre Förderung des einzelnen pädagogischen Falls" (Herbart – zit. nach Colla 1999, S. 349) gewährleisten können (vgl. Herbart 1982, S. 125f.), bedarf es des pädagogischen Taktes als Bestandteil der pädagogischen Kunst (Praxis). „Herbarts Frage lautete..., wie der Erzieher sicherstellen könne, auch dort handlungsfähig bleiben zu können, wo er in seinem pädagogischen Tun an Stellen gerate, „welche die Theorie leer ließ" (Herbart 1802, S. 286). Seine Antwort lief darauf hinaus, dass der „Tact" in diese Stellen eintrete „und so der unmittelbare Regent der Praxis werde", worauf der Erzieher sich „durch Ueberlegung, durch Nachdenken, Nachforschung, durch Wissenschaft vorbereiten" könne, und zwar „nicht sowohl seine zukünftigen Handlungen in einzelnen Fällen, als vielmehr sich selbst ... und der Lage, in die er gerathen wird (ebd.)" (Niemeyer 1998, S. 142). „Im Handeln nur lernt man diese Kunst, erlangt man Takt, Fertigkeit, Gewandtheit, Geschicklichkeit; aber selbst im Handeln lernt die Kunst nur der, welcher vorher im Denken die Wissenschaft gelernt, sie sich zu eigen gemacht hat, sich durch sie gestimmt ... hatte" (Herbart 1982, S. 127).

Modern gesprochen, geht es also um die sozialisatorische Einübung in einen spezifischen beruflichen Habitus, der aber – nimmt man die Aussage, man „könne die Kunst nur im Handeln lernen", wörtlich – nur in konkreten, d.h. aber auch unterschiedlichen Praxen erworben werden kann, sodass fraglich bleibt, ob es zur Herausbildung *eines* (einheitlichen sozialpädagogischen) Verständnis dessen kommen kann, was hier unter Takt gefasst wird.

Nohl jedenfalls greift den Begriff von Herbart auf und stellt ihn in Relation zum „pädagogischen Bezug", von dem aus er auch theorie*politisch* seinen Ansatz einer „neuen (Sozial-)Pädagogik" für die Jugendhilfe begründet[10]. In aller Kürze lässt sich Nohls Begründung der Sozialpädagogik wie folgt charakterisieren: Auszugehen ist von einer Erziehungswirklichkeit, die sich historisch herausgebildet hat und die es nachvollziehend zu verstehen gilt. Für das Handlungsfeld der Jugendfürsorge hieß das, sich mit dem vorherrschenden, durch Wichern geprägten, Verständnis von Heimerziehung auseinanderzusetzen. „Es lag, anders und mit Weniger gesprochen, in der langjährigen ‚Alleinherrschaft der konfessionellen Anstalten' begründet, dass die pädagogische Theorie ‚sich

10 Ich beziehe mich hier nur auf die Jugendhilfe, da eine grundsätzliche Auseinandersetzung mit H. Nohl und dessen Bedeutung sowie der geisteswissenschaftlich-hermeneutischen Pädagogik insgesamt bei Weitem den Rahmen sprengen würde – vgl. dazu z.B. Schulze 1979; Thiersch/Ruprecht/Hermann 1978; Niemeyer 1998.

zunächst mit der konfessionellen Anstaltserziehung auseinandersetzen und in der Kritik ihrer Methoden die eigenen Gedanken entwickeln muss' (Weniger 1927a, S. 164). Was die (sozial-)pädagogische Methodenkritik zutage förderte, war vor allem, dass hier, in den konfessionellen Anstalten, ‚alte Erziehung' (Nohl 1924, S. 180) dominierte" (Niemeyer 1998, S. 132).

Die Gegenposition auch zu Wichern (vgl. ebd.) fand Nohl in der inzwischen zum Allgemeingut avancierten Formel: „Die alte Erziehung ging aus von den Schwierigkeiten, die das Kind *macht*, die neue von denen, die das Kind *hat*" (Nohl 1926a, S. 157). Ein erneuerter Bildungsbegriff soll dabei zum Zentrum pädagogischer Theorie und Praxis werden. Pädagogik soll sich als „Individualpädagogik" und kompromisslose Anwältin der Individualität des Einzelnen, insb. des Kindes und seiner Bildung definieren – erst dies begründe die *Autonomie der Pädagogik* gegenüber den „Weltanschauungen" und „gesellschaftlichen Mächten" ihrer (jeweiligen) Zeit. Das hieraus resultierende Spannungsverhältnis der Pädagogik zwischen individueller Bildung (Anspruch des Einzelnen) und Ansprüchen der Gesellschaft löst Nohl darin auf, dass es sowohl um die „Einordnung in die Kulturgemeinschaft und die Gewinnung der selbstverantwortlichen Persönlichkeit" (Nohl 1925, S. 175 – zit. nach Niemeyer a. a. O., S. 131) – und der Sozialpädagogik primär um Letzteres gehe. Der Sozialpädagoge ist anders als der Lehrer nicht an die Vermittlung besonderer Inhalte gebunden. „Aber er ist Teilhaber eines Bildungsprozesses, der, wie wir nun mit Nohl sagen können, ausgehen muss von den Schwierigkeiten, die ein Kind „hat". So gesehen gründet die Besonderheit des Auftrags, den Nohl der Sozialpädagogik ausgehend von seiner Theorie der Bildung erteilt, darin, sich als gekonnte Theorie und Praxis des Bildungsprozesses – unter weitgehender Absehung von der Theorie der Bildungsinhalte – darzulegen" (Niemeyer – a. a. O., S. 133).

Gerade weil hier keine bestimmten Inhalte Erziehungsvorgänge determinieren, rückt die Reflexion des Prozesses selbst und damit die Qualität und Begründung des „pädagogischen Bezugs" in den Mittelpunkt des Interesses. Erziehung wird dabei als nicht linear und nicht als einseitiger Prozess der Beeinflussung des „Zu-Erziehenden" seitens der „Erzieher" gedacht, sondern als „Bildungs- oder Lebensgemeinschaft" von Erzieher und Zögling. Das Besondere („das Wesen") der Erziehung liegt im *pädagogischen Bezug*, der *jeglicher* Pädagogik zugrunde liegt (vgl. Nohl 1926a, S. 154) und inhaltlich bestimmt ist als „das leidenschaftliche Verhältnis eines reifen Menschen zu einem werdenden Menschen, und zwar um seiner selbst willen, daß er zu seinem Leben und zu seiner Form komme" (Nohl 1963, S. 134). Die Fundierung dieser ungleichen (!) Beziehung ist für Nohl – hier Pestalozzi erinnernd – die (pädagogische) Liebe, eine „hebende", nicht begehrende Liebe zu einem

Kind als seinem Ideal – „ein geistiges Verhalten selbständiger Art, das sich auf den werdenden Menschen richtet, um seiner höheren Form Willen“ (Nohl 1963, S. 134). Liebe erscheint hier gleichsam – darauf hat Bollnow (1979) hingewiesen – als Tugend (neben Geduld und Vertrauen) im Sinne der griechischen arete, als vollendete Tauglichkeit für einen bestimmten Zweck[11]. „Takt“ schließlich, um den Bogen zu schließen, hat für Nohl nicht die gleiche herausragende Bedeutung wie für Herbart, sondern fungiert bei ihm als „einsichtige Selbstbegrenzung (Litt)“, mehr als „kontaktsteuernde Funktion“ und ermöglicht, „dass der Erzieher im pädagogischen Handeln eine ‚Distanz zu seiner Sache wie zu dem Zögling‘ (Nohl 1963, S. 13) bewahrt“ (Colla 1999, S. 350).

Praktische Klugheit?

Obwohl diese Position grundlegend kritisiert wurde (vgl. u. v. Schulze 1979; Mollenhauer 1968; 1972; Niemeyer 1998) und in Reinform auch kaum noch vertreten wird, mag es in gewissem Sinne klug sein, wenn sich aus der Praxis heraus an zentralen Annahmen dieses pädagogischen Verständnisses orientiert wird. Man kann – zumal in Zeiten politischer Stagnation und Rückschritts und beim Verblassen (sozial-)politischer Utopien – „unparteiisch“ Partei nehmen für das Individuum und die wohlverstandenen Interessen seines Klientels. Wie schon Nohl gegen Wichern, kann man sich gegen eine Heimerziehungspraxis, die sich an „äußerer Regel, Disziplin, Ordnung und Schema“ (Nohl 1924, S. 180) orientiert, positionieren, um mithilfe des „Beziehungsparadigmas“, der „personalen Bindung … zu den überpersönlichen Werten zu führen“ (ebd., S. 181) und den „lohnenden Lebensort“ betonen. Auch gegen die unheilige Allianz aus Medizin und Psychiatrie und die Ausgrenzungsthematik gegenüber Erziehungsschwierigen – eine höchst aktuelle Thematik, wie wir oben gesehen haben – lässt sich die Nohl'sche Position in Stellung bringen: Nohl wollte weg von der Diskussion über Anlagen, weg von „einer rein naturwissenschaftlichen Einstellung zu der neuen ‚verstehenden Betrachtungsweise‘“ (ebd., S. 175), in deren Logik es lag, „Verwahrlosung als Niederschlag eines unzulänglich gestalteten ‚pädagogischen Bezugs‘ zu deuten“ (Niemeyer 1998, S. 152).

Des Weiteren kann man – mit etwas Wohlwollen – aus dem pädagogischen Bezug auch ein *prinzipielles* Anerkennungsverhältnis (vgl. hierzu u. v.: Brumlik 1987, 1992, 2000; Brunkhorst 1996; Honneth 1994, 1997, 2010; Mührel

---

[11] Ob man allerdings berufsmäßig lieben kann, darf durchaus bezweifelt werden – vgl. Sachße 1986 S. 311.

2005; Heite 2008) – und damit eine ethische Begründung für pädagogisches Handeln – herauslesen[12].

Für Honneth z. B. und die Soziale Arbeit, die sich auf ihn bezieht, bilden drei Anerkennungsformen den moralischen Standpunkt, dessen Einnahme als grundlegende Einstellung/Haltung die Bedingungen der persönlichen Integrität von Individuen sicherstellt: Anerkennung als ein Individuum, dessen Bedürfnisse und Wünsche für eine andere Person von einzigartigem Wert sind; Anerkennung als eine Person, der dieselbe moralische Zurechnungsfähigkeit wie allen anderen Menschen zukommt; Anerkennung als eine Person, deren Fähigkeiten von konstitutivem Wert für eine konkrete Gemeinschaft sind. Hieraus ergeben sich verallgemeinerbare, verpflichtende Handlungsaufforderungen an Subjekte, also auch an Professionelle der Sozialen Arbeit, nämlich die Pflicht zu Fürsorge bzw. Liebe (bedingungslose Zuwendung), moralischen Respekt (universelle Gleichbehandlung) sowie die solidarische Anteilnahme (besondere Wertschätzung, Solidarität) (vgl. v. Spiegel 2004, S. 70 f.). „Soziale Arbeit hat also die Adressat/innen – in jener introspektiv-selbstreflexiven Perspektive auf die eigene Profession und die eigene Position als Theoretiker/in, Forscher/in und Sozialarbeiter/in – als Freie und Gleiche anzuerkennen und deren Möglichkeiten zu partizipatorischer Praxis zu gewährleisten. Mithin gilt es für disziplinäre und professionelle Praxen der Theoriebildung, Analyse, Deutung und Intervention in der doppelten Perspektive von selbstreflexiver und gesellschaftsanalytischer Überlegungen eine … Bewegung von Anerkennung und Anzweifelung zu realisieren" (Heite 2011, S. 196).

Anzweifelung hat hier insoweit einen Platz als Soziale Arbeit Lebenslagen und -äußerungen, Wünsche, Bedürfnisse ungleichheitsanalytisch erfasst und gerechtigkeitstheoretisch prüft und entsprechend relationiert (vgl. ebd.). „Die anerkennungstheoretische Idee stellvertretender Repräsentation zeigt sich (überdies)… als instruktiv für die Idee „advokatorischer Ethik' (Brumlik 1992). Eine solche sichert die individuelle Integrität und die Rechte der Adressat/innen im Sinne deren „körperlicher Unversehrtheit, psychischer Anerkennung als handlungs- und verantwortungsfähige Personen sowie dem Respekt vor der kulturellen Zugehörigkeit der Person" (Brumlik 2000, S. 281) (ebd., S. 196). Brumlik fasst diesen Punkt noch schärfer, wenn er unter Rekurs auf

---

12 Auch die Diskussion um „Soziale Arbeit als Menschenrechtsprofession" (Staub-Bernasconi), die allerdings wie alle „codes of ethics" der Gefahr unterliegen, dass sie – zwar vermutlich zustimmungsfähig, aber eben sehr allgemein formuliert – Praxis nicht erreichen und gleichsam vor die Klammer einer ansonsten technologisch ausgerichteten Praxis gestellt werden, böte hier ebenso einen Anknüpfungspunkt wie das „Konzept Lebensweltorientierung" und der „Capability Approach", die – was hier nur behauptet werden kann – eher in der Lage sind, Praxis folgenreich zu gestalten, weil sie normative/ethische Prinzipien mit Möglichkeiten kritischer Berufspraxis material begründen – vgl. dazu: Müller 1987; Thiersch 1978, 1986, 1995, 2001; Peters 2004; Otto/Scherr/Ziegler 2010.

Schleiermacher und Berücksichtigung der Erfahrungen des deutschen Faschismus die Vermeidung der Beeinträchtigung der körperlich/geistigen Integrität des/der Anderen, wer immer sie seien, als den zweiten Imperativ einer advokatorischen Ethik neben dem kategorischen Imperativ der Bemündigung extra herausstellt. „Für Immanuel Kant noch schienen die Würde und die Mündigkeit menschlicher Personen zusammenzufallen, ja die Würde, d.h. die Integrität eines Vernunftwesens, schien geradezu darin zu bestehen, sich in seiner Existenz selbst Zweck sein zu müssen und daher nach Maßgabe des kategorischen Imperativs diese Unbedingtheit ebenfalls allen anderen Vernunftwesen zubilligen zu müssen" (Brumlik 1987, S. 69f.). Skeptisch durch die geschichtlichen Erfahrungen – und im Nachhinein nochmals bestätigt durch die jüngste Diskussion anlässlich der Aufarbeitung Geschichte der Heimerziehung und der Diskussion um sexuelle Gewalt in pädagogischen Institutionen –, schlägt Brumlik vor, „das Konzept von *Würde und Integrität eines Menschen von seiner Personenhaftigkeit bzw. Mündigkeit abzukoppeln*" und ihm sogar Priorität einzuräumen (ebd., S. 70 – Hervorh. im Orig.). Dennoch bleiben wir verpflichtet, die Unmündigen unter Wahrung ihrer Integrität zu bemündigen. „Das … stets fragile Gleichgewicht, das zwischen diesen beiden Prinzipien angesichts der konkreten Existenz eines/einer unmündigen Anderen waltet, möchte ich als *Takt* bezeichnen. (…) Takt stellt sich … als die praktisch gewordene Urteilskraft dar, die zwischen zwei ansonsten möglicherweise widersprüchlichen Prinzipien zu vermitteln weiß" (Brumlik 1987, S. 70 – Hervorh. im Orig.).

Schlussendlich: Offene Fragen

Auch wenn diese Einstellung als ethisch begründete Haltung als solche zunächst festzuhalten ist und man insofern über Haltungen sprechen sollte, bleiben Fragen. Takt (s.o.) tritt an die Stelle, „die die Theorie leer ließ", und kann nur im Handeln erworben werden, hieß es. Wenn dem so ist, kann die diesbezügliche Einstellung nicht vorab, z.B. in wissenschaftlichen Ausbildungen, erworben werden, auch wenn wissenschaftliche Erkenntnisse eine Voraussetzung darstellen. Pädagogisches Handeln erfolgt immer konkret, unterschiedlich und in unterschiedlichen organisationellen Kontexten. Organisationen, also auch pädagogische Einrichtungen und Dienste, können als Konstruktionen gesehen werden, die spezifische Kooperationen auf Dauer stellen und zwar in drei Dimensionen: in einer „Ordnungsdimension, Gebildedimension und Vergemeinschaftungsdimension" (Türk u.a. 2006, S. 20). „Ermöglichen die Konstrukte der Ordnung und des Gebildes eine normative Rational-Irrational-Perspektive bzw. eine ereignisbezogene Innen-Außen-Perspektive, so impliziert die Bedeutungskonstellation der Vergemeinschaftung eine personenbezogene Wir-und-die-Anderen-Perspektive" (ebd., S. 30). Gerade die letztgenannte Dimension des praktischen Handelns, das Miteinander-Umgehen in einer gemeinsamen Praxis, könnte die Unterschiede ansonsten gleicher Institutionen (mit-)erklären, denn in dieser Hinsicht sind Organisationen im Wesentlichen geprägt durch die interaktive Praxis konkreter AkteurInnen und die jeweils lokalen Regeln.

Hier im Alltag(-shandeln) bildet sich Takt im o. g. Sinne oder auch nicht, wie man befürchten muss. Allerdings erklären sich dadurch unterschiedliche Praxen, kulturelle lokale Ordnungen und Haltungen von MitarbeiterInnen gleicher Ausbildung und vergleichbarer Wissensbasierung in ansonsten gleichen pädagogischen Settings[13]. Allerdings erfüllen Organisationen (Einrichtungen), die ja ihre MitarbeiterInnen rekrutieren, immer auch eine „Vorsortierfunktion“: Liest man z. B. in einer aktuellen Stellenausschreibung unter dem Punkt persönliche Voraussetzungen des Bewerbers/der Bewerberin u. a. „erwartet wird eine klare, konsequente erzieherische Haltung“, so assoziiert man dies vielleicht mit dem *Agieren in* oder der *Einstellung zu* einer geschlossenen oder wie es heute zumeist euphemistischer heißt – „intensivpädagogischen“ – Gruppe, nicht aber bringt man es in Verbindung mit der Arbeit z. B. in einem Kontaktladen im Kontext einer niedrigschwelligen, akzeptierenden Drogenarbeit. Hier nämlich wäre eine „akzeptierende Haltung“ gegenüber Drogenkonsum und Konsumenten eher gefragt als die o. g. und hier dysfunktionale „konsequente erzieherische Haltung“. Dieses Beispiel macht aber deutlich, dass der Begriff „Haltung“ *kontextspezifisch unterschiedliche Erwartungen* an *Personen*, resp. ihre innere Einstellung zum jeweiligen Arbeitsfeld oder der Institution, in der sie arbeiten, zum Ausdruck bringt.

„Haltung“ bezieht sich insofern nicht auf eine eindeutige oder einheitliche Realität. Die Frage, was wir tun sollen, bleibt, aber es wäre zu bedenken, ob eine einseitige Orientierung an einer universalistischen Moralvorstellung (*einer spezifischen* „Haltung“), wie Nohl noch glaubte, der komplexen Motivationsstruktur menschlichen Handelns unter pluralisierten Bedingungen gerecht wird (vgl. auch Honneth 2010, S. 55). Vielleicht wäre statt mehr an Ethik doch die Position einer „reflexiven Professionalität“ (Dewe 2009) angemessener. Reflexive Professionalität wäre dann die *Form* selber, die als *innere habitualisierte Haltung* – systemtheoretisch gesprochen – „immer mitliefe“.

---

13 Sarah Henn hat dies z. B. sehr deutlich in einer unveröffentlichten Masterarbeit (Henn 2011) für den Bereich betreuten Wohnens gezeigt; Brita Krucsay u. Roland Gambots (2010) zeigen am Beispiel der Arbeit mit sog. Schulschwänzern, wie sich in einem Arbeitsfeld mit Problemjugendlichen in einem Programm bei gleicher Problembeschreibung (Wissensnutzung) der PraktikerInnen – aufgrund der unterschiedlichen Organisationskulturen – grundlegend unterschiedliche pädagogische Handlungsstrategien herausgebildet haben.

Literatur

Becker, H. S. (1967): Whose Side are We on?, in: Social Problems 14/1967, S. 234–247.

Bollnow, O. F. (1979): Über die Tugenden des Erziehers, in: Lehren und Lernen, Heft 7/1979, S. 1–10.

Böhnisch, L./Schroer, W./Thiersch, H. (2005): Sozialpädagogisches Denken. Wege zu einer Neubestimmung, Weinheim, München.

Brand, K. W. (1993): Pädagogische Diskurse, Konjunkturen des Zeitgeistes und gesellschaftlicher Problemwandel, in: Neue Praxis, 23. Jg., Heft 1 + 2/1993, S. 11–24.

Brumlik, M. (1987): Ist eine advokatorische Ethik möglich?, in: Rauschenbach,Th./Thiersch, H. (Hg.): Die herausgeforderte Moral, Bielefeld, S. 59–72.

Brumlik, M. (1992): Advokatorische Ethik. Zur Legitimation pädagogischer Eingriffe, Bielefeld.

Brumlik, M. (2000): Advokatorische Ethik und professionelle Kompetenz, in: Müller, S./Sünker, H./Olk, Th./Böllert, K. (Hg.): Soziale Arbeit. Gesellschaftliche Bedingungen und professionelle Perspektiven, Neuwied/Kriftel, S. 279–287.

Brumlik, M. (2011): Zur ethischen Grundlage sozialer Dienste, in: Thiersch, H./Treptow, R. (Hrsg.): Zur Identität der Sozialen Arbeit, Lahnstein, Neue Praxis Sonderheft 10, S. 93–97.

Brunkhorst, H. (1996): Solidarität unter Fremden, in: Combe, A./Helsper, W. (Hg.): Pädagogische Professionalität, Frankfurt/M., S. 340–367.

Brunsson, N./Sahlin-Andersson, K. (2000): Constructing Organizations: The Example of Public Sector Reform, in: Organization Studies, Vol. 21/4, S. 721–746.

Colla, H. (1999): Personale Dimensionen des (sozial-)pädagogischen Könnens – der pädagogische Bezug, in: Colla, H./Gabriel, T./Millham, S./Müller-Teusler, S./Winkler, M. (Hg.): Handbuch Heimerziehung und Pflegekinderwesen in Europa, Neuwied/Kriftel, S. 341–362.

Colla, H. (2006): Liebe in der Sozialpädagogik, in: Heimgartner, A./Lauermann, K. (Hg.): Kultur in der Sozialen Arbeit, Klagenfurt/Ljubljana, S. 98–122.

Dewe, B. (2009): Reflexive Sozialarbeit im Spannungsfeld von evidenzbasierter Praxis und demokratischer Rationalität – Plädoyer für die handlungslogische Entfaltung reflexiver Professionalität, in: Becker-Lenz, R./Busse, St./Ehlert, G./Müller, S. (Hg.): Professionalität in der Sozialen Arbeit, Wiesbaden, S. 89–109.

Dewe, B./Ferchhoff, W. (1986): Altruismus, Expertentum oder neue Fachlichkeit? – Strukturprobleme sozialarbeiterischen Handelns, in: Theorie und Praxis der sozialen Arbeit, Heft 4/1986, S. 148–156.

Dewe, B./Ferchhoff, W./Peters, F. (1984): Professionelle Kompetenz im Wandel: alte Probleme und neue falsche Propheten?, in: Müller, S./Otto, H. U./Peter, H./Sünker, H. (Hg.): Handlungskompetenz in der Sozialarbeit/Sozialpädagogik II, Bielefeld, S. 297–337.

Dewe, B./Otto, H. U. (2002): Reflexive Sozialpädagogik. Grundstrukturen eines neuen Typs dienstleistungsorientierten Professionshandelns, in: Thole, W. (Hg.): Grundriss Soziale Arbeit, Opladen, S. 179–198.

Eßer, F. (2010): Kindheit zwischen Familie und Wohlfahrtsstaat. Ein historischer Rückblick, in: Forum. Erziehungshilfen, 16. Jg., Heft 2, S. 68–72.

Foucault, M. (1976): Überwachen und Strafen, Frankfurt/M.

Gildemeister, R. (1983): Als Helfer überleben. Beruf und Identität in der Sozialarbeit/Sozialpädagogik, Neuwied/Darmstadt.

Gouldner, A. W. (1968): The Sociologist as Partisan: Sociology and Welfare State, in: The American Sociologist 1968, S. 102–116.

Grunwald, K./Thiersch, H. (2004): Das Konzept Lebensweltorientierte Soziale Arbeit – einleitende Bemerkungen, in: Diess. (Hg.): Praxis Lebensweltorientierter Sozialer Arbeit, Weinheim, München.

Halfmann, J. (1993): Moderne soziale Bewegungen in der Bundesrepublik Deutschland, in: Berliner Journal für Soziologie, Heft 3/1993, S. 205–214.

Heite, C. (2008): Soziale Arbeit im Kampf um Anerkennung, Weinheim/München.

Heite, C./Klein, A./Landhäußer, S./Ziegler, H. (2007): Das Elend der Sozialen Arbeit – Die „neue Unterschicht" und die Schwächung des Sozialen, in: Kessl, F./Reutlinger, C./Ziegler, H. (Hg.): Erziehung zur Armut? Soziale Arbeit und die „neue Unterschicht", Wiesbaden, S. 55–79.

Henn, S. (2011): Die Konstruktion von Klientenbildern in Teamsitzungen sozialpädagogisch betreuter Jugendwohngruppen, unveröffentl. Masterarbeit, TU Dortmund.

Herbart, J. F. (1982): Die ersten Vorlesungen über Pädagogik (1802), in: Johann Friedrich Herbart: Kleine pädagogische Schriften, hrsg. von W. Asmus, 1. Bd., Stuttgart.

Honneth, A. (1994): Kampf um Anerkennung, Frankfurt/M.

Honneth, A. (1997): Anerkennung und moralische Verpflichtung, in: Zeitschrift für philosophische Forschung, 51, S. 25–41.

Honneth, A. (2010): Moral im sozialen Kontext, Frankfurt/M.

Krucsay, B./Gambots, R. (2010): Nischen in der Marktlogik? Zum Einfluss institutioneller Einbettung auf Konzeptualisierungen sozialer Probleme in der Sozialen Arbeit, in: Gronemeyer, A. (Hg.): Doing Social Problems, Wiesbaden, S. 152–169.

Luhmann, N./Schorr, K. E. (1982): Das Technologiedefizit der Erziehung und die Pädagogik, in: Luhmann, N./Schorr, K. (Hg): Zwischen Technologie und Selbstreferenz. Fragen an die Pädagogik, Frankfurt/M., S. 11–40.

Mollenhauer, K. (1968a): Erziehung und Emanzipation, München.

Mollenhauer, K. (1968b): Pädagogik und Rationalität, in: Ders.: Erziehung und Emanzipation, S. 55–74.

Mollenhauer, K. (1968c): Funktionalität und Disfunktionalität in der Erziehung, a. a. O., S. 22–35.

Mollenhauer, K. (1968d): Sozialarbeit im Spannungsfeld sozialer Konflikte – Aspekte eines zukünftigen Selbstverständnisses, in: Neues Beginnen, 4. Jg., S. 129–135.

Mollenhauer, K. (1972): Theorien zum Erziehungsprozeß, München.

Mührel, A. (2005): Verstehen und Achten. Philosophische Reflexionen zur professionellen Haltung in der Sozialen Arbeit, Essen.

Müller, B. (1987): Sozialpädagogische Ethik. Zum Verhältnis von Fachwissenschaft, Handlungskompetenz und Berufsmoral, in: Rauschenbach, Th./Thiersch, H. (Hg.): Die herausgeforderte Moral, Bielefeld, S. 35–58.

Müller, B. (1993): Das Soziale und die Fremden, in: Neue Praxis, 23. Jg., Heft 1+2/1993, S. 1–11.

Müller, B./Thiersch, H. (Hg.) (1990): Gerechtigkeit und Selbstverwirklichung, Freiburg.

Müller, S./Otto, H. U./Peter, H./Sünker, H. (Hg.) (1982/1984): Handlungskompetenz in der Sozialarbeit/Sozialpädagogik, 2 Bde. Bielefeld (Bd. I 1982, Bd. II 1984).

Nassehi, A. (2003): Inklusion. Von der Ansprechbarkeit zur Anspruchsberechtigung, in: Lessenich, St. (Hg.): Wohlfahrtsstaatliche Grundbegriffe. Historische und aktuelle Diskurse, Frankfurt/M., S. 331–352.

Niemeyer, Ch. (1988): Die Zukunft professionellen Handelns in der Heimerziehung, in: Peters, F. (Hg.): Jenseits von Familie und Anstalt, Bielefeld, S. 264–297.

Niemeyer, Ch. (1998): Klassiker der Sozialpädagogik, Weinheim/München.

Niemeyer, Ch. (1999): Heimerziehung als Forschungsfeld des Praktikers, in: Colla, H./Gabriel, Th./Millham, S./Müller-Teusler, St./Winkler, M. (Hg.): Handbuch Heimerziehung und Pflegekinderwesen in Europa, Neuwied/Kriftel, S. 813–828

Nohl, H. (1924): Die Pädagogik der Verwahrlosten, in: Ders.: Pädagogik aus dreißig Jahren, Frankfurt/M., S. 173–181.

Nohl, H. (1926): Die geistigen Energien der Jugendwohlfahrtsarbeit, in: Ders.: Pädagogik aus dreißig Jahren, Frankfurt/M. 1949, S. 133–142 (wieder abgedruckt in: Thole/Galuske/Gängler (Hg.): KlassikerInnen der Sozialen Arbeit, Neuwied 1998, 121–130).

Nohl, H. (1926a): Gedanken über die Erziehungstätigkeit des Einzelnen mit besonderer Berücksichtigung der Erfahrungen von Freud und Adler, in: Ders.: Pädagogik aus dreißig Jahren, Frankfurt/M., S. 151–160.

Nohl. H. (1935/1963): Die pädagogische Bewegung in Deutschland und ihre Theorie, Frankfurt/M.

Otto, H. U. (2007): Zum aktuellen Diskurs um Ergebnisse und Wirkungen im Feld der Sozialpädagogik und Sozialarbeit – Literaturvergleich nationaler und internationaler Diskussion, Expertise im Auftrag der AGJ, Bielefeld/Berlin.

Otto, H. U./Schnurr, S. (2000): Playing the market game, in: Diess. (Hg.): Privatisierung und Wettbewerb in der Jugendhilfe, Neuwied, S. 3–22.

Otto, H. U./Ziegler, H. (Hg.) (2008): Capabilities – Handlungsbefähigung und Verwirklichungschancen in der Erziehungswissenschaft, Wiesbaden.

Otto, H. U./Polutta, A./Ziegler, H. (Hg.) (2008): What Works – Welches Wissen braucht die Soziale Arbeit? Zum Konzept evidenzbasierter Praxis, Opladen.

Otto, H. U./Scherr, A./Ziegler, H. (2010): Wieviel und welche Normativität benötigt die Soziale Arbeit?, in: Neue Praxis, 40. Jg., H. 2/2010, S. 137–163.

Pankofer, S. (1997): Freiheit hinter Mauern. Mädchen in geschlossenen Heimen, Weinheim/München.

Peter, H. (1982): Handlungskompetenz in der „klassischen" Methodenliteratur der Sozialarbeit und Perspektiven für eine Neuorientierung, in: Müller, S./Otto, H. U./Peter, H./Sünker, H. (Hg.): Handlungskompetenz in der Sozialarbeit/Sozialpädagogik I, Bielefeld, S. 5–32.

Peters, F. (2004): „Lebensweltorientierung" – ein noch unausgeschöpftes theoretisches Konzept zur Theorie- und Praxisentwicklung, in: Lutz, R. (Hg.): Rückblicke und Aussichten. Sozialarbeit im Wandel, Oldenburg, S. 89–112.

Peters, F. (2006): Wirkungsorientierte Steuerung – kritisch betrachtet, in: Drößler, T./ Gintzel, U. (Hg.): Vom Eigensinn pädagogischer Fachlichkeit, Aachen, S. 183–220.

Peters, F. (2008): „Achtundsechzig" und die Wiederentdeckung praktischer Gesellschaftskritik, in: Forum Erziehungshilfen (FORE), 14. Jg., Heft 5, S. 260–267.

Peters, F. (2008a): Hilfen zur Erziehung in europäischen Modernisierungsprozessen, Frankfurt/M.

Peters, F. (2008b): „Es gab schon mal andere Zeiten …". Unsystematische Einblicke in das schwieriger werdende Verhältnis zwischen ASD und Freien Trägern, in: Forum Erziehungshilfen, 14. Jg. Heft 3, S. 145–150.

Peters, F. (2009): Die „Dialektik der Aufklärung" zeigt sich auch in der Jugendhilfe, in: FORE, 15. Jg., Heft 1, S. 46–53.

Peters, F. (2011): Von der Qualitätsdebatte zur Wirkungssteuerung – die Feinjustierung administrativer Hegemonie, in: Forum Erziehungshilfen, 17. Jg. Heft 3, S. 152–156.

Rauschenbach, Th./Thiersch, H. (Hg.) (1987): Die herausgeforderte Moral. Lebensbewältigung in Erziehung und sozialer Arbeit, Bielefeld.

Sachße, C. (1986): Mütterlichkeit als Beruf. Sozialarbeit, Sozialreform und Frauenbewegung 1871–1920, Frankfurt/M.

Schulze, Th. (1979): Herman Nohl. Wirkung und Gestalt, in: Neue Sammlung, 19. Jg. Heft 6, S. 542–564.

Schütze, F. (1992): Sozialarbeit als „bescheidene" Profession, in: Dewe, B./Ferchhoff, W./Radtke, F. O. (Hg.): Erziehen als Profession. Zur Logik professionellen Handelns in pädagogischen Feldern, Opladen, S. 132–170.

Schütze, F. (1996): Organisationszwänge und hoheitsstaatliche Rahmenbedingungen im Sozialwesen: Ihre Auswirkungen auf die Paradoxien des professionellen Handelns, in: Combe, A./Helsper, W. (Hg.): Pädagogische Professionalität, Frankfurt/M., S. 183–275.

Schwabe, M. (2007): Zwang in der Erziehung und in den Hilfen zur Erziehung, in: Widersprüche, 27. Jg., Heft 106, S. 19–40.

Schwabe, M./Evers, T./Vust, D. (2005): Wie erfolgreich arbeiten Settings für Systemsprenger mit Elementen von Zwang in sozialpädagigischer Absicht?, in: Evangelische Jugendhilfe, Heft 3, S. 159–166.

Spiegel, H. v. (2004): Methodisches Handeln in der Sozialen Arbeit, München/Basel.

Staub-Bernasconi, S. (2008): Menschenrechte und ihre Relevanz für die Soziale Arbeit als Theorie und Praxis. Oder: Was haben Menschenrechte überhaupt in der Sozialen Arbeit zu suchen?, in: Widersprüche 28. Jg. Heft 107, S. 9–32.

Stichweh, R. (1996): Professionen in einer funktional differenzierten Gesellschaft, in: Combe, A./Helsper, W. (Hg.): Pädagogische Professionalität, Frankfurt/M., S. 49–69.

Struzyna, K. H. (2007): Wirkungsorientierte Jugendhilfe – Hintergründe, Intentionen und Ziele des Bundesmodellprogramms, in: Wirkungsorientierte Jugendhilfe, Bd. 1, Münster, S. 5–13.

Thiersch, H. (1978): Die hermeneutisch-pragmatische Tradition der Erziehungswissenschaft, in: Thiersch/Ruprecht/Hermann, (1978): Die Entwicklung der Erziehungswissenschaft, München, S. 11–108.

Thiersch, H. (1978a): Alltagsorientierte Sozialpädagogik, in: Neue Praxis, 8. Jg., Heft 1, S. 6–35.

Thiersch, H. (1987): Schwierigkeiten im Umgang mit Moral, in: Rauschenbach, Th./ Thiersch, H. (Hg.): Die herausgeforderte Moral, Bielefeld, S. 15–34.

Thiersch, H. (1986): Lebensweltorientierte soziale Arbeit, Weinheim/München (3. Aufl. 1997).

Thiersch, H. (1995): Lebenswelt und Moral, Weinheim/München.

Thiersch, H. (2001), Erziehungshilfen und Lebensweltorientierung – Bemerkungen zu Bilanz und Perspektiven, in: Birtsch, V./Münstermann, K./Trede, W. (Hg.), Handbuch Erziehungshilfen …, Münster, S. 213–233.

Thiersch, H./Ruprecht, H./Herrmann, U. (1978): Die Entwicklung der Erziehungswissenschaft, Weinheim/München.

Türk,K./Lemke, T./Bruch, M. (2006): Organisation in der modernen Gesellschaft. Eine historische Einführung, Wiesbaden.

Westerhoff, M. (2010): „Können Sie sich vorstellen, sich notfalls auf ein Kind zu setzen?“ Zum Umgang mit Organisationskulturen, in: IGFH Arbeitskreis FORUM START (Hg.): Berufseinstieg Jugendhilfe, Frankfurt/M., S. 18–21.

White, V. (2003): Drei Modi des Managements sozialer Arbeit. Entwicklungen in Großbritannien, in: Dahme, H. J./Otto, H. U./Trube, A./Wohlfahrt, N. (Hg.): Soziale Arbeit für den aktivierenden Staat, Wiesbaden, S. 419–435.

Winkler, M. (1984): Pädagogische Denktradition und Handlungskompetenz – Längere Notiz im Blick auf eine mögliche Theorie der Sozialpädagogik, in: Müller, S./Otto, H. U./Peter, H./Sünker, H. (Hg.): Handlungskompetenz in der Sozialarbeit/Sozialpädagogik, Bielefeld Bd. II, S. 215–230.

Winkler, M. (2008): Hat Mitmenschlichkeit in der Sozialarbeit ihren Platz?, in: Forum Erziehungshilfen, Heft 2, S. 67 (Kommentar).

Ziegler, H. (2003): Diagnose, Macht, Wissen und „what works"? – Die Kunst dermaßen zu regieren, in: Widersprüche, 23. Jg., Heft 88, S. 101–116.

Ziegler, H. (2005): What works in Social Work – Challenging the Political Agenda, in: Sommerfeld, P. (Ed.): Evidence-Based Social Work – Towards a New Professionalism?, Bern, S. 31–51.

Ziegler, H. (2006): Über den Umgang mit „problematischen" Kindern und Jugendlichen im Vereinigten Königreich, in: Witte, M./Sander, U. (Hg.): Erziehungsresistent? „Problemjugendliche" als besondere Herausforderung für die Jugendhilfe, Baltmannsweiler, S. 71–92.

AutorInnenverzeichnis

Marie Dulle, Dipl.-Päd.: Dipl. Sozialarbeiterin/Dipl. Sozialpädagogin, Einrichtungsleiterin, Delegierte der IGfH, Mitglied der IGfH-Fachgruppe Heimerziehung

Diana Düring, Dr. phil.: wiss. Referentin der Internationalen Gesellschaft für erzieherische Hilfen. Arbeitsschwerpunkte: Kinder- und Jugendhilfe; qualitative Forschung; Professions- und Organisationstheorie

Kurt Hekele, Dipl.-Psych.: langjährig beschäftigt als Fachberater im „Verbund sozialtherapeutischer Einrichtungen (VSE) Celle e. V." und zwischen 1998 und 2001 als Moderator im INTEGRA-Projekt in Celle; jetzt selbstständig tätig als Praxisberater und Fortbildner

Gabriele Kasswan, Dr. päd.: Fachschullehrerin, Beraterin, Teamleiterin der Spezialklassen „Erlebnispädagogik" und „Hilfen zur Erziehung" am Oberstufenzentrum für Sozialwesen II in Berlin

Hans-Ullrich Krause, Dr.: Einrichtungsleiter des Kinderhauses Berlin-Mark Brandenburg e. V.; IGfH-Vorsitzender

Martina Kriener, Dipl.-Päd.: Fachbereich Sozialwesen, Fachhochschule Münster, Delegierte der IGfH

Heinrich Kupffer, Dr.: emeritierter Professor für Sozialpädagogik und einstiger Leiter von Landerziehungsheimen; 1. IGfH-Gründungssekretär

Jörn Meyer: Geschäftsführer Jugendhilfe Cottbus e. V.

Dirk Nüsken, Prof. Dr.: Fachbereich Soziale Arbeit, Evangelische Fachhochschule Rheinland-Westfalen-Lippe; Vorstand der IGfH

Friedhelm Peters, Prof. Dr.: Sozialarbeiter, Dipl.-Soz., Fakultät Sozialwesen der FH Erfurt; Vorstand der IGfH

Regina Rätz, Prof. Dr.: Dipl. Sozialarbeiterin/Sozialpädagogin, Soziologin, Professorin für Soziale Arbeit an der Alice Salomon Hochschule Berlin; Delegierte der IGfH

Martin Stoppel: Jurist, ehemals Abteilungsleiter Erzieherische Hilfen im Landesjugendamt; Projekt „Pädagogik und Recht"

Talibe Süzen, Dr. phil.: Dr. phil. Diplom-Sozialarbeiterin/Sozialpädagogin, Lehrbeauftragte im Studiengang Soziale Arbeit, Evangelische Hochschule Berlin

Michael Winkler, Prof. Dr.: Lehrstuhl für Allgemeine Pädagogik, Friedrich-Schiller Universität Jena

Mechthild Wolff, Prof. Dr.: Fakultät für Soziale Arbeit, Hochschule Landshut. Arbeitsschwerpunkte: Kinder-, Jugend- und Familienhilfe, Beteiligung in den Hilfen zur Erziehung, Kinderschutz in Institutionen